哈佛百年经典

西塞罗论友谊、论老年及书信集
小普林尼书信集

[古罗马]西塞罗 / [古罗马]塞古都斯◎著
[美]查尔斯 · 艾略特◎主编
梁玉兰 等◎译

北京理工大学出版社
BEIJING INSTITUTE OF TECHNOLOGY PRESS

图书在版编目（CIP）数据

西塞罗论友谊、论老年及书信集 / (古罗马) 西塞罗著；梁玉兰等译. 小普林尼书信集 / (古罗马) 塞古都斯著；梁玉兰等译. —北京：北京理工大学出版社，2014.11（2019.9重印）

（哈佛百年经典）

ISBN 978-7-5640-8971-9

Ⅰ. ①西… ②小… Ⅱ. ①西… ②塞… ③梁… Ⅲ. ①西塞罗，M.T.（前106～前43）—文集②塞古都斯—书信集 Ⅳ. ①B502.42-53②K835.465.6

中国版本图书馆CIP数据核字(2014)第047966号

出版发行 / 北京理工大学出版社有限责任公司
社　　址 / 北京市海淀区中关村南大街 5 号
邮　　编 / 100081
电　　话 /（010）68914775（总编室）
　　　　　82562903（教材售后服务热线）
　　　　　68948351（其他图书服务热线）
网　　址 / http: //www.bitpress.com.cn
经　　销 / 全国各地新华书店
印　　刷 / 三河市金元印装有限公司
开　　本 / 700 毫米 × 1000 毫米　1/16
印　　张 / 21.5
字　　数 / 400千字
版　　次 / 2014 年 11 月第 1 版　2019 年 9 月第 2 次印刷
定　　价 / 59.00元

责任编辑 / 刘　娟
文案编辑 / 刘　娟
责任校对 / 周瑞红
责任印制 / 边心超

出版前言

人类对知识的追求是永无止境的，从苏格拉底到亚里士多德，从孔子到释迦牟尼，人类先哲的思想闪烁着智慧的光芒。将这些优秀的文明汇编成书奉献给大家，是一件多么功德无量、造福人类的事情！1901年，哈佛大学第二任校长查尔斯·艾略特，联合哈佛大学及美国其他名校100多位享誉全球的教授，历时四年整理推出了一系列这样的书——*Harvard Classics*。这套丛书一经推出即引起了西方教育界、文化界的广泛关注和热烈赞扬，并因其庞大的规模，被文化界人士称为The Five-foot Shelf of Books——五尺丛书。

关于这套丛书的出版，我们不得不谈一下与哈佛的渊源。当然，*Harvard Classics*与哈佛的渊源并不仅仅限于主编是哈佛大学的校长，*Harvard Classics*其实是哈佛精神传承的载体，是哈佛学子之所以优秀的底层基因。

哈佛，早已成为一个璀璨夺目的文化名词。就像两千多年前的雅典学院，或者山东曲阜的“杏坛”，哈佛大学已经取得了人类文化史上的“经典”地位。哈佛人以“先有哈佛，后有美国”而自豪。在1775—1783年美国独立战争中，几乎所有著名的革命者都是哈佛大学的毕业生。从1636年建校至今，哈佛大学已培养出了7位美国总统、40位诺贝尔奖得主和30位普利策奖获奖者。这是一个高不可攀的记录。它还培养了数不清的社会精英，其中包括政治家、科学家、企业家、作家、学者和卓有成就的新闻记者。哈佛是美国精神的代表，同时也是世界人文的奇迹。

而将哈佛的魅力承载起来的，正是这套*Harvard Classics*。在本丛书里，你会看到精英文化的本质：崇尚真理。正如哈佛大学的校训："与柏拉图为友，与亚里士多德为友，更与真理为友。"这种求真、求实的精神，正代表了现代文明的本质和方向。

哈佛人相信以柏拉图、亚里士多德为代表的希腊人文传统，相信在伟大的传统中有永恒的智慧，所以哈佛人从来不全盘反传统、反历史。哈佛人强调，追求真理是最高的原则，无论是世俗的权贵还是神圣的权威，都不能代替真理，都不能阻碍人对真理的追求。

对于这套承载着哈佛精神的丛书，丛书主编查尔斯·艾略特说："我选编*Harvard Classics*，旨在为认真、执着的读者提供文学养分，他们将可以从中大致了解人类从古代直至19世纪末观察、记录、发明以及想象的进程。

"在这50卷书、约22 000页的篇幅内，我试图为一个20世纪的文化人提供获取古代和现代知识的手段。

"作为一个20世纪的文化人，他不仅理所当然地要有开明的理念或思维方法，而且还必须拥有一座人类在从蛮荒发展到文明的进程中积累起来的，有文字记载的，关于发现、经历以及思索的宝藏。"

可以说，50卷的*Harvard Classics*忠实记录了人类文明的发展历程，传承了人类探索和发现的精神和勇气。而对于这类书籍的阅读，是每一个时代的人都不可错过的。

这套丛书内容极其丰富。从学科领域来看，涵盖了历史、传记、哲学、宗教、游记、自然科学、政府与政治、教育、评论、戏剧、叙事和抒情诗、散文等各大学科领域。从文化的代表性来看，既展现了希腊、罗马、法国、意大利、西班牙、英国、德国、美国等西方国家古代和近代文明的最优秀成果，也撷取了中国、印度、希伯来、阿拉伯、斯堪的纳维亚、爱尔兰文明最有代表性的作品。从年代来看，从最古老的宗教经典和作为西方文明起源的古希腊和罗马文化，到东方，欧洲的意大利、法国、斯堪的纳维亚、爱尔兰、英国、德国，以及拉丁美洲的中世纪文化，其中包括意大利、法国、德国、英国、西班牙等国文艺复兴时期的思想，再到意大利、法国三个世纪、德国两个世纪、英格兰三个世纪和美国两个多世纪的现代文明。从特色来看，纳入了17、18、19世纪科学发展的最权威文献，收集了近代以来最有影响的随笔、历史文献、前言、后记，可为读者进入某一学科领域起到引导的作用。

这套丛书自1901年开始推出至今，已经影响西方百余年。然而遗憾的是，中文版本却因为各种各样的原因，始终未能面市。

2006年，万卷出版公司推出了*Harvard Classics*全套英文版本，这套经典著作才得以和国人见面。但是能够阅读英文著作的中国读者毕竟有限，于是2010年，我社开始酝酿推出这套经典著作的中文版本。

在确定这套丛书的中文出版系列名时，我们考虑到这套丛书已经诞生并畅销百余年，故选用了“哈佛百年经典”这个系列名，以向国内读者传达这套丛书的不朽地位。

同时，根据国情以及国人的阅读习惯，本次出版的中文版做了如下变动：

第一，因这套丛书的工程浩大，考虑到翻译、制作、印刷等各个环节的不可掌控因素，中文版的序号没有按照英文原书的序号排列。

第二，这套丛书原有50卷，由于种种原因，以下几卷暂不能出版：

英文原书第4卷：《弥尔顿诗集》

英文原书第6卷：《彭斯诗集》

英文原书第7卷：《圣奥古斯丁忏悔录 效法基督》

英文原书第27卷：《英国名家随笔》

英文原书第40卷：《英文诗集1：从乔叟到格雷》

英文原书第41卷：《英文诗集2：从科林斯到费兹杰拉德》

英文原书第42卷：《英文诗集3：从丁尼生到惠特曼》

英文原书第44卷：《圣书（卷Ⅰ）：孔子；希伯来书；基督圣经（Ⅰ）》

英文原书第45卷：《圣书（卷Ⅱ）：基督圣经（Ⅱ）；佛陀；印度教；穆罕默德》

英文原书第48卷：《帕斯卡尔文集》

这套丛书的出版，耗费了众多工作人员的心血。首先，翻译的工作就非常困难。为了保证译文的质量，我们向全国各大院校的数百位教授发出翻译邀请，从中择优选出了最能体现原书风范的译文。之后，我们又对译文进行了大量的勘校，以确保译文的准确和精练。

由于这套丛书所使用的英语年代相对比较早，丛书中收录的作品很多还是由其他语言转译成英文的，翻译的难度非常大。所以，我们的译文难免还存有艰涩、不准确等问题。感谢读者的谅解，同时也欢迎各界人士批评和指正。

我们期待这套丛书能为读者提供一个相对完善的中文读本，也期待这套承载着哈佛精神、影响西方百年的经典图书，可以拨动中国读者的心弦，影响国民的情感、性格、精神与灵魂。

目
Contents
录

西塞罗关于友谊和老年的论述

On Friendship And Old Age

〔古罗马〕马库斯·图利乌斯·西塞罗

主编序言

马库斯·图利乌斯·西塞罗，古罗马最伟大的演说家和拉丁散文大师，公元前106年1月3日出生于阿尔皮纳姆。他的父亲属于骑士阶层，是个有钱人。西塞罗还在孩提时代，他们就搬到了罗马。在那里，这个未来的政治家在修辞学、法律、哲学方面接受了良好的教育，并跟随当时最著名的学者们学习和实践。25岁，他开始他的律师职业生涯，很快他就被公认为不仅是一个优秀人才，而且也是面对重大的政治风险时，敢于支持正义的人。做了两年的律师后，他离开罗马去希腊和亚洲旅行，利用被提供的一切机会，师从杰出的大师们学习雄辩艺术。他回到罗马，健康状况显著好转，专业技能方面也有了巨大的进步。

公元前76年，他当选财务官吏一职，被分配到西西里岛的利里巴耶姆省，他执政的活力和公正为他赢得了当地居民的感激。公元前70年，正是在当地居民的要求下，他担当了维勒斯案的公诉人。维勒斯作为西西里岛的执政官，掠夺和压迫西西里人民。在这件案子中，他表现得非常成功，结果维勒斯被定罪，遭到流放，而他自己也因为这件案子的成功从此开始了他的政治生涯。公元前67年，他成了一名行政官员，并在公元前64年以多数票当选为罗马执政官。他执政时期最重要的事件是“喀提林阴谋”。这个臭名昭著的、有着贵族血统的罪犯和许多人密谋去夺取国家的主要职权，并且通过掠夺城市来使他们摆脱由于荒淫无度造成的金钱方面和其他方面的困难。他们中许多人是出身高贵但却沉迷于酒色的年轻人，西塞罗推翻了他们的阴谋，其中五个卖国贼被处决，并瓦解了准备聚集起来支持已死的科提林的军队。西塞罗认为自己是国家的救星，他的国家似乎此刻应该感谢他。

但是事实正相反，当时正值政坛上三人组——庞培、恺撒和克拉苏（他们被称为“三人执政团”）执政时期，西塞罗一个叫P. 克洛迪乌斯的政敌，提出了“驱逐未经审判就把罗马公民判死刑的任何人”的法案。这旨在针对西塞罗，因为他参与处理了科提林阴谋。公元前58年3月，西塞罗离开了罗马。同一天通过一项法律，他被驱逐除名，财产被掠夺和破坏，他城里房子的原址上竖起了一座自由神庙。流亡期间，西塞罗在某种程度上失去了昔日的刚毅。他从一个地方漂泊到另一个地方，寻求高官的保护以免被暗杀；写信敦促他的支持者鼓动召回他，有时指责他们不冷不热，甚至背信弃义，哀叹他的国家忘恩负义；他为导致他权益被剥夺的做法感到后悔，并且为与妻儿分离而极度悲伤，他的政治抱负也破灭了。终于，公元前57年8月颁布的一项法令，恢复了他的名誉和地位，次月他便回到了罗马，受到民众的热情欢迎。在接下来的几年里，三人执政团的交替执政使西塞罗在政治上被排除在领导集团之外，他重新开始了他的法庭事务。他最重要的案子也许是为米洛辩护，起因是米洛被控谋杀了西塞罗的最棘手的敌人克洛迪乌斯。这篇演说词，我们看见的是其修订版，虽然其原版未能确保米洛无罪，但它被认为是演说艺术的最优秀的范本。与此同时，西塞罗也投入很多时间从事文学作品的写作，他的信件表露出了他对政治局势的沮丧和对国内的各党派摇摆不定的态度。公元前51年，他去了小亚细亚的西里西亚国当地方总督，在处理民政事务方面，他办事高效而廉洁，并在军事管理上取得了巨大成功。在次年年末他返回意大利，元老院对他的工作公开表示感谢，但他希望胜利的愿望没有实现。恺撒和庞培之间的政权争夺在持续了一段时间后日益明显，在公元前49年恺撒率领他的军队穿过卢比孙河后终于全面爆发。西塞罗犹豫良久，站在了庞培一边，然而后者次年在法萨罗战役中被推翻，而后在埃及被谋杀。西塞罗回到意大利，恺撒宽宏大量地原谅了他，一段时间内他曾致力于哲学和修辞写作。公元前46年，他与结婚30年的妻子特瑞提亚离婚，然后为了减轻自己经济困难，他和年轻且富有的普布里利亚结婚，但不久她也和他离婚了。恺撒当时已经成为罗马最高统帅，在公元前44年被暗杀。虽然西塞罗没有参与这个阴谋，但他似乎赞成过这次行动。在接下来的混乱政局中，他支持了反对安东尼的阴谋事业，结果安东尼、屋大维、雷必达三人执政成立后，西塞罗被放逐，并于公元前43年12月7日被安东尼的手下杀害，头和手被砍下来在罗马展出。

他生命的最后几个月中最重要的演说是14篇《菲利皮科斯》，是抨击安东尼的演说，这种敌意使他付出了生命的代价。

在同时代的人眼里，西塞罗主要是伟大的律师和政治演说家，他有58篇演讲让我们见证了他的演讲技巧、机智、口才和激情，这些造就了他的卓越成就。这些演讲涉及了许多细节，需要欣赏它们的人充分了解当时的历史、政治和人物。另一方面，无论是在风格还是在对当时事件的处理上，他的这些信件都不够精细，然而它们用极其生动形象的方式使人了解在共和国的最后几天里罗马人的生活，这也有助于展现他的个性。西塞罗作为一位名人，尽管自负，在绝望的危急时刻政治立场有过动摇，曾抱怨他那个时代的不幸，但他仍然是位杰出人物，诚实正直，是位爱国的罗马人。他一生致力于阻止共和国的衰落——要知道它的衰落是无法避免的。那些暗中破坏共和国的邪恶行为和那些威胁今日美国公民和国民生计的行为是如此相似，以至于他的作品对当今世界的贡献绝不只是具有史学价值。

作为一个哲学家，西塞罗最重要的贡献是让他的同胞了解希腊思想的主要流派。与他其他的原著相比，这部分的内容我们大多不甚在意。但他在宗教理论方面，以及如何把哲学理念应用到生活中这些方面做出了重要的、直接的贡献。本书从这些作品中选了两篇论文：《论老年》和《论友谊》。这是两篇流芳百世的作品，涉及一个高尚的罗马人对人类生活一些主要问题的思考，其方式给后人留下了深刻的印象。

查尔斯·艾略特

论友谊

马库斯·图利乌斯·西塞罗

占卜官昆图斯·穆丘斯·斯凯沃拉过去常常讲起他岳父盖乌斯·莱利乌斯的事，他记忆精准，讲述生动，每次提到岳父，都会毫不犹豫地冠之以“智者”的称号。我刚穿上托加袍（古罗马的成年服）时，父亲就把我引荐给斯凯沃拉。借此良机，只要这位德高望重的长者有暇，我就尽我所能地待在他身边，结果我记住了他许多的论述和简洁精辟的箴言。简而言之，我竭力学习他的智慧。他去世后，我又师从大祭司斯凯沃拉。无论是从能力方面还是从人品方面来看，我敢说他都是国人中最杰出的。但是关于后面这个斯凯沃拉的事，我以后再谈。现在谈谈占卜官斯凯沃拉。在诸多关于他的事情中，有一件事我记得特别清楚。有一天跟往常一样，他坐在花园里的一个半圆形的凳子上，当时只有我和他的几个亲密的朋友在场，他碰巧把话题转到一件当时许多人都在议论的事情上。阿提库斯，你和普布利乌斯·苏尔皮西乌斯关系非常亲密，你一定还记得，他从前与执政官昆图斯·庞培的关系很亲近，感情深厚。可是后来他当了护民官后，却与昆图斯·庞培反目成仇，成了死对头，为此人们感到非常惊讶，甚至愤慨。这次，斯凯沃拉碰巧提到了这件事后，他便向我们详细地转述了莱利乌斯有关友谊的论述，那是莱利乌斯在阿非利加努斯死后没几天，对斯凯沃拉和他的另一个女婿盖乌斯·范尼乌斯——马尔库斯·范尼乌斯之子说的。那些论述的要点，我记了下来，并把它们整理在本书中。为了避免重复记叙文中的那种“我说”“他说”的字样，我把谈话者本人带到了我的舞台上，从而使得论述具有一种使读者置身于正在聆听他们说话的意境中。

你常常请求我写点关于友谊的文章，我非常清楚，这个题目看起来好像是值得每个人来研究，而且特别适合于你我之间存在的那种亲密的交情。因此，我很愿意答应你的请求，做有益于公众的事情。

关于这个舞台的出场人物：在我献给你的《论老年》一文中，我引入“加图”来作为主要的发言人。我想，除了那种年纪比任何人都大，而且身体又格外健朗的老人，就没有人更有资格来谈论老年了。同样，据说在所有的友谊中，盖乌斯·莱利乌斯和普布利乌斯·西庇阿之间的友谊是最值得称道的，所以我认为莱利乌斯是最适合谈论友谊的人，而且斯凯沃拉记得他确实谈论过友谊。此外，讨论这类问题应尽量借古人之口，特别是古代的名人之口，这样才能使讨论具有一定的权威性。因此，当我读我自己写的《论老年》一文时，经常有这样的感觉：仿佛讲话的人就是加图，而不是我。

最后，正如我把前一篇文章（即《论老年》）作为一个老人给另一个老人的一件礼物送给你一样，我把《论友谊》这篇文章献给你，就当是一个最亲密的朋友给他朋友的一件礼物。在前一篇文章《论老年》中，主讲人是加图，他是他那个时代年纪最大而且最有智慧的人；在《论友谊》这篇文章中，其主讲人是莱利乌斯，他不但是一位智者（那是人们授予他的称号），而且还以笃于友谊而著称。请你暂时忘掉我吧，设想现在是莱利乌斯在讲话。

在阿非利加努斯去世后，盖乌斯·范尼乌斯和昆图斯·穆丘斯去看望他们的岳父。他们提问，莱利乌斯作答。整篇文章都是关于莱利乌斯对友谊的论述。当你在读这篇文章时，将会看到你自己的身影。

范尼乌斯：莱利乌斯，你说得没错，没有人比阿非利加努斯更好更杰出了。但是你应当知道，现在所有人都注视着你。大家都称呼你为杰出的“智者”，认为你就是这样的人。不久前，人们曾把这个尊贵的头衔授予加图；而且我们还知道，在上一代，卢西乌斯·阿梯利乌斯也被叫作“智者”。但这个词用在这两个人身上，其含义是不同的：阿梯利乌斯是法学家，由于其精通民法而被称为“智者”；加图，在处理事务方面，他经验丰富，深谋远虑，立场坚定，并且在元老院里和公众演说中常常发表一些卓有远见的见解，所以到他老年时便获得了“智者”的称号。但是你呢，虽然也被称为“智者”，但你被称作“智者”的理由在某种程度上却和他们不一样——不仅是因为你的天赋和品性，还因为你的勤勉和学识。他们给你这个头衔，并不是从一般普通人的眼光评价你，而是有学问的人对你的一种评价。在这种意义上，我们认为整个希腊没人可被称为智者，除了那个雅典人（指苏格拉底）；确实，他还曾被阿波罗神谕宣示为“最聪明的人”。在挑剔的批评家眼里，他们并不承认当时所谓的“七贤”能跻身“智者”之列。人们认为，你的智慧在于：你把自己看成自给自足的，并把人生的各种变化和机遇看作无法影响你的美德的东西。因此，他们总是问我，而且毫无疑问，也问过斯凯沃拉：对于阿非利加努斯的去世，你是如何承受悲痛的？本月7日我们这些占卜官照例在德基穆斯·布鲁图斯的乡间别墅聚会议事，然而你没有到会，而以前你总是准时赴会的——这一事实更激起了他们的好奇心。

斯凯沃拉：确实如此，莱利乌斯，人们常常问我范尼乌斯提到的这个问题，但我是依据自己的观察来回答的。我说，你是以一种理智的方式来承受这位最杰出的人物和非常亲密的朋友的去世给你带来的悲痛。当然，你不可能不悲伤，因为那不太符合你温文尔雅的性格；但是，你缺席我们社团聚会的原因是由于生病，而不是由于哀伤。

莱利乌斯：谢谢你，斯凯沃拉。你说得非常正确，说出了事实的真相。事实上，如果不是我身体不好的话，我没有权利因为任何个人的不幸而耽误自己履行的职责。我还认为，任何事情都不能使一个有原则的人怠忽职责。范尼乌斯你对我说，大家授予了我这一荣誉称号（对于这个头衔我实不敢当，也不敢奢求），你这样做无疑是出于对我的偏爱，但是我必须说，在我看来，你对加图的评价似乎不够公正。如果说世上曾有过“智者”的话——对此我是有怀疑的——那便是他。抛开其他的事情不说，看看他是如何忍受丧子之痛的吧！我不曾忘记保卢斯，我也亲眼见过加卢斯。但他们的儿子都是在幼年时夭折的，而加图的儿子却是在功成名就的成年去世的。所以，即便是那个如你所说的被阿波罗宣称为“最聪明的人”，也不要随随便便就把他置于加图之上。因为前者的名气在于品行，而后者的名气在于言辞。

现在我告诉你们俩，并请你们相信，就我而言情况是这样的：如果我说，对于西庇阿的去世我并不感到哀伤的话，那么我就得让哲学家们来解释我的这种行为，但是事实上我是在撒谎。失去了这样一位朋友，我当然悲伤，因为我认为以后永远也不会再有这样的朋友了。而且我敢说，这样的朋友在以前也是从来没有过的。但是我不需要药物来治疗内心的伤痛。我能找到自我慰藉的方法，主要是我能摆脱一般人在丧失朋友时产生痛苦的那种错误的看法。我相信西庇阿并没受罪，要是说有人遭受苦难的话，那就是我。如果是因自己的不幸而悲痛万分，那表明你不是爱你的朋友，而是爱你自己。

至于他，除非他想长生不老——他从没这种想法，谁能说他这一生过得不好？世人所希求的东西哪一样他没有呢？在他童年时代，国人就对他寄予很高的期望，后来他不负众望，证明自己勇武过人。他从不参加执政官的竞选，却曾两次当选为执政官：第一次当选是在尚未达到法定年龄之前；第二次当选，对于他来说，来得太快了，但就国家的利益来说，几乎是太晚了。他攻陷了两座帝国劲敌的城池，从而结束了当时残酷的战争，并且还杜绝了以后可能发生的战争。他那和蔼可亲的态度、对母亲的孝顺、对姐妹的慷慨、对亲戚的宽宏、对他人的诚实，这些你们都已经知道，还用得着我说吗？最后，从他葬礼中的哀悼情形，便可看出国人是多么敬重他。这样的人即便再多活几年，还能多得到些什么呢？虽然我记得在他去世前两年，加图曾对我和西庇阿这样说过，“老年不一定是一种累赘”，但这必然要减少西庇阿至死仍享有的锐气。因此，我们断言，他的一生是再幸运不过的了。他生前所得到的荣誉简直无可比拟；而且他的突然去世也让他省去了死神的折磨。至于他是怎么死的，这很难说，你们明白人们猜疑的是什么。不过，我可以说：西庇阿一生中有许多日子都是在胜利的喜悦中度过的，但最快乐的却是他死前的那一天。那天正值元老院开会，他由元老院议员、罗马市民、同盟者和拉丁人护送回家。他临死前受人敬重，看来他死后自然是升入天堂，而不是下到地狱。

我不是现代哲学家，因为现代哲学家们坚称，我们的灵魂随着肉体的死亡而消逝，人死后什么都没了。对我影响比较大的是古代的看法，或是我们祖先的看法，他们为死者举行隆重的哀悼仪式，如果他们相信死者已完全消亡的话，他们显然不必这样做；或是那些在大希腊繁荣时的哲学家们的看法，他们的箴言和学说教育着他们的国家（虽然现在已经毁灭了），也曾到访过这个国家；或是被阿波罗神宣示为“最聪明”的那个人的看法，他始终不变地（大多数哲学家的思想总会有些变化）教导人们：“人的灵魂是神圣的，它离开肉体后便回归于天，最容易升天的是那些最有德行、最公正的灵魂。”西庇阿也持有同样的观点。就在他去世前几天——他好像预感到什么东西要发生似的——他谈了三天国事。参加那次谈话的有菲勒斯、曼利乌斯和其他几个人。斯凯沃拉，我也带你一起去过。他谈话的最后部分主要涉及灵魂不朽，因为他告诉我们的是大阿非利加努斯曾经托梦给他讲的话。如果一个人越善良，在他死后他的灵魂就越容易摆脱肉体的桎梏，那么还有谁比西庇阿更容易升天呢？所以，我倾向于认为，对他的去世感到悲伤，这是嫉妒的表现，而不是出于友谊。但如果事实是肉体与灵魂一起消亡，不再有什么感觉，那么，虽然死没有什么好处，但至少也没有什么坏处。因为一个人没了感觉，那他就好像从未出生过一样；但是这个人曾经出生过，他的出生对我来说是一件喜事，而且对于这个国家来说，也将永远是一件值得庆幸的事。

因此，我在前面已经说过，他的一生是美好的。我却不如他，我比他早来到人世，也应当比他早离开才对。不过当我回想起我们的友谊，我觉得很高兴，以至于认为自己的人生也是幸福的，因为我的一生有西庇阿为伴。不管是公事还是私事，我们都相互帮助。在罗马我和他住在一起，后来我们又一起到国外服役。我们的兴趣爱好、追求和观点完全协调一致，这才是友谊的真正秘诀。因此，我一想到这些我们友谊的回忆将能永世长存，我就觉得由衷的高兴，而范尼乌斯刚才提到的我在“智慧”上的声誉——特别是因为这种说法没有什么根据——并不能让我如此愉悦。我更加在意友谊的原因是：历史上自古以来真正诚笃的朋友只有三四对。我希望西庇阿和莱利乌斯的友谊也能像他们一样在后世流传。

范尼乌斯：当然，那肯定会是这样的，莱利乌斯。但是既然你提到了友谊这个词，而且现在我们也闲着，请你和我们谈谈友谊吧。如果你能像通常谈论其他问题一样，谈谈你对友谊的看法、友谊的本质，以及关于友谊所应遵循的原则，我想斯凯沃拉也会赞成我这一提议的。

斯凯沃拉：我当然举双手赞成。我也正想提出这种请求，但范尼乌斯却抢先说了，我们两人都很愿意听你谈友谊。

莱利乌斯：倘若我觉得自己对友谊这个问题很有把握的话：我是不会拒绝的。因为这是一个很崇高的话题，正如范尼乌斯所说，我们现在也闲着。但是，我算什么呢？我有什么能耐呢？你们所提议的完全是专业的哲学家才能做到的事情，特别是希腊哲学家，不管你突然提出什么问题，他们往往都能侃侃而谈。这是一件相当难的任务，需要接受过很多的训练。所以我认为，你们要想聆听关于友谊的正式论述，就应当去请教专业的讲演家。我所能做的就是，劝你们把友谊看作人生的头等大事，因为世上没有东西比友谊更合乎我们的天性，或者说，无论在顺境或逆境中，友谊都是我们最需要的。

但首先我得确立这样一条原则——友谊仅存在于好人之间。不过，我并没有像某些哲学家一样严格地贯彻这一原则，他们把自己的定义搞得过分准确。也许他们自有其道理，但这并没有什么实用价值。我指的是那些哲学家，他们宣称，除了“智者”以外没有一个是“好人”。我接受这种说法，但是他们所说的“智慧”并不是凡人所能得到的。我们看事情必须根据日常生活的实际情况来考虑问题——不是凭想象或理想。甚至连盖乌斯·范尼乌斯、曼尼乌斯·库里乌斯和提贝里乌斯·科伦堪尼乌斯（我们的祖先认为他们是“智者”），我也会按照他们的标准宣称这些人是“智者”。那么，就请他们收回“智慧”这个词吧。它激起了每个人的不快，没人能理解它究竟指什么。只要他们承认我所提到的这些人是“好人”就行了，但是，他们是不会承认这一点的。他们说，除了“智者”以外谁也不能得到这个头衔。那么让我们把他们排除在外，并且像俗语所说，用我们自己“有限的智力”来做好吧。

我们说的“好人”是指这样一些人：他们的行为和生活无疑是高尚、清白、公正和慷慨的；他们不贪婪、不淫荡、不粗暴；而且他们有勇气去做自己认为正确的事情。例如，我刚才提到的这些人，这样的人一般被认为是“好人”。让我们也同意这样称呼他们吧，他们尽人之所能顺从“自然”，而“自然”则是美好人生的最好向导。

现在在我看来，这个道理是很清楚的——生活在世界上，我们彼此之间会形成一种纽带，把大家联结在一起，而且彼此越亲近，这种纽带也就越牢固。所以我们在感情上喜爱自己的同胞甚于喜爱外国人，喜爱自己的亲戚甚于喜爱陌生人，因为对于自己的同胞和亲戚，彼此之间自然会产生一种友谊，尽管这种友谊缺少些永久的成分。友谊胜过亲戚关系，因为亲戚可以是没有感情的，而友谊则绝不能。没有感情的亲戚名分上还是亲戚；而友谊没有感情就不成其为友谊了。你通过考察以下事实便可更好地理解这种友谊：仅仅就那些联结人类的自然的纽带而言，它们可以是无限的，而友谊却是非常集中的，它被限制在一个非常狭小的范围里，只有两个人或者最多几个人才能分享这份情感。

我们现在可以把友谊定义为：对有关人和神的一切事物完全一致的看法，糅合相互之间的那种亲善和挚爱。除智慧以外，我倾向于认为，没有什么比得上友谊，它是不朽的神灵赋予人类的最好礼物。有些人喜欢财富，有些人喜欢健康，有些人喜欢权力，有些人喜欢官职，许多人甚至喜欢感官的快乐——最后一种是兽类的理想；至于其他各种，我们可以说，它们也是脆弱不定的，它们主要是依靠变幻莫测的命运，而不是靠我们自己的才干。另外还有一些人，他们觉得德行是“最美好的东西”。这当然是一种崇高的见解。但是，他们所说的德行正是友谊的孕育与保护者；没有德行，友谊就不可能存在。

我再次强调，让我们按普通人接受的词义来使用“德行”一词，而不是用那些言过其实的语言来定义它。让我们把这样的人——譬如像保卢斯、加图、加卢斯、西庇阿和菲勒斯——看作好人。就日常生活来说，这些人已经够好的了，我们无须因找不到完人而苦恼。

对于上面所提到的这些人，友谊的好处多得不胜枚举。首先，用恩尼乌斯的话来说，生活中如果没有朋友间的相互亲善中的恬静，活着还有什么乐趣？你对一个人绝对信任，什么事情都对他说，就像跟自己谈话一样，还有什么比这更令人愉快的呢？如果没有人能够与你分享快乐，那么你的成功不是失去了一半价值吗？另一方面，如果没有人比你自己还着急地为你分忧，那么你有了灾难就会难以承受。总而言之，其他的欲望都有特定的目的——财富是为了使用、权力是为了赢得尊敬、官职是为了荣耀、娱乐是为了感官的享受、健康是为了免除疾苦和充分利用身体的各种功能。但是友谊有数不尽的好处。无论走到哪里，友谊近在咫尺。它无处不在，而且永远不会不合时宜，永远不会不受欢迎。用通俗的话来说就是，人们对友谊的依赖程度，不下于水与火。我现在所讲的不是普通的或泛泛的友谊（虽然这种友谊也是快乐和裨益的一个源泉），而是那种真正的友谊，它存在于少数几个名人之间。这种友谊既能使成功增色，也能通过分忧解愁减轻失败的痛苦。

并且友谊的好处很大也很多，它无疑是一个绝好的东西。友谊能使我们对未来充满希望，能驱除懦弱和绝望。一个人真正的朋友就是他的另一个自我，所以说，他的朋友与他同在，如果他的朋友很富，他就不会穷；虽然他很弱，但他朋友的力量就是他的力量；他死后仍然可以在朋友的生活中再次享受生活。最后这一点也许是最难想象的。但这是朋友的敬重、怀念和悲悼跟随我们到坟墓的结果。它们使死亡易于为人们所接受，而且给生者的生活增添色彩。但是，如果你把这种感情的纽带从世界中排除出去的话，家庭和城市将会消亡，甚至土地的耕作也将无法进行。如果你不明白友谊与和睦的好处，那么，你通过观察仇恨与不和的后果就明白了。有哪个家庭、哪个国家能够坚固到能够不被敌视与分裂彻底摧毁呢？这就告诉我们友谊的好处有多大。

据说阿格利琴托有一位哲学家，他在一首希腊诗歌中，以一个预言家的权威口气提出这样一种理论：自然界和宇宙中不可变的东西，都借助友谊这种结合的力量才如此；凡是可变的东西，都是由于倾轧这种分离的力量才如此。事实上，这是一个人人皆知且事实上已为经验所证实的真理。要是有人忠实于友谊，当朋友遇到危难时能挺身而出，或与朋友分担危险，那么，每个人都会拍手叫好的。在我的朋友和宾客帕库维乌斯所写的一出新戏中，有一幕赢得了整个剧院的喝彩。其情节是：国王不知道两个人中谁是俄瑞斯特斯，愿为朋友而死的皮拉得斯说自己就是俄瑞斯特斯，但真正的俄瑞斯特斯则坚称他才是俄瑞斯特斯。当时，剧院里的观众都站立起来，报以热烈的掌声。虽然这只是一个虚构的故事。我们想想看，要是在现实生活中，真有这种事情出现，他们又会怎样做呢？不难看出，这是一种很自然的情感，虽然他们自己没有决心这样做，但却认为别人这样做是非常正确的。

关于友谊我没有更多的话要说了。如果还有什么可说的（毫无疑问还有很多话可说），要是你们愿意的话，你们可以去请教那些专门讨论这类问题的人。

范尼乌斯：我们还是愿意听你讲。尽管我也常常请教那些人，并且也很高兴听他们谈，但是你的言论似乎另有一种风味。

斯凯沃拉：范尼乌斯，假如前几天我们在西庇阿的乡间别墅讨论国家问题时你也在场的话，你就会说得更多了。当时他坚持正义，驳斥菲勒斯的诡辩，真是太了不起了！

范尼乌斯：哎呀！对于最正义的人，坚持正义自然是很容易的。

斯凯沃拉：那么，友谊是什么？谁能比一个在维护友谊方面最忠诚、最执着、最正直，因而享有盛誉的人更轻松地谈论友谊呢？

莱利乌斯：你们实在是强人所难。这跟强迫有什么区别，你们就是在强迫我呀。因为拒绝我女婿的要求，尤其是正当的要求，不但很难，而且也不合情理。

在思考友谊这个问题时，我常常想到，最主要的是要考虑这样一个问题：追求友谊是不是因为脆弱或贫乏？我的意思是友谊的目的是不是互惠，以便相互取长补短？或者，虽然互惠是属于友谊的好处，但友谊源于另一种完全不同的原因，这种原因从时间上来说更加古远，从性质上来说更加高尚，而且更直接地出于我们的本性，这难道就不可能吗？“友谊”（amicitia）这个拉丁词来源于“爱”这个词（amor），而爱无疑是相互之间产生感情的原动力。对于物质上的好处，事情常是这样的：即便那些人用虚情假意博得别人好感，或是出于利益的动机获得别人敬重，他们也能得到好处。但是，本质上，友谊是容不得半点虚假的，它是自发的、真诚的。因此，我认为，友谊是出于一种本性的冲动，而不是出于一种求助的愿望。它出自一种心灵的倾向，这种倾向与某种天生的爱的情感结合在一起，而不是出于可能获得的物质上的好处的精打细算。你甚至可以在某些动物身上看到这种情感。在某一段时期内它们非常爱它们的后代，它们的后代也很爱它们，可见，它们都有这种自然形成的情感。对于人类，这种情感就更明显：首先，子女与其父母之间的那种自然的情感，除非由于极端的邪恶，这种感情是不会破裂的。其次，当我们发现某个人的脾气性格与我们相同时，我们便会对他产生一种爱慕之情。因为我们认为，我们在他人的身上看到一种我可以称之为“美德”的东西。没有什么比美德更可爱、更能赢得人们的好感了。所以，从某种意义上说，即便对于那些未曾谋面的人，因为他们的诚实和美德，我们也会产生爱慕之情。比如，虽然人们从未见过盖乌斯·法布里齐乌斯和曼尼乌斯·库里乌斯，但谁能想起他们而不会产生爱慕之情呢？或者反过来说，又有谁不憎恨塔尔昆·苏帕布斯、斯普利乌斯·卡西乌斯、斯普利乌斯·梅利乌斯呢？为了保卫帝国，我们曾经在意大利同两位著名的将军——皮勒斯和汉尼拔——打过仗。因为前者正直，我们对他没有太深的仇恨；而后者由于残忍，我们全国人民将永远憎恨他。

正直的吸引力如此之大，以至于我们不仅能爱素未谋面的正直之人，甚至还能够爱一个正直的仇人。那么，当人们认为他们在那些可能与其能亲密结交的人身上看到了美德和善时，就会产生一种爱慕之情，这就不足为奇了。我不否认，得到实惠、觉察到一种乐意效劳的愿望，以及密切的交往都能使爱慕之心变得更加强烈。当这些与我前面所说的那种心灵的最初冲动结合时，就会产生奇异的爱慕之情。而如果有人认为这种爱慕之情是出于一种脆弱感，以便使别人帮助他实现特殊需要，那么我能说的是（如果我可以这样说的话）：当他坚持认为它是产生于贫乏时，他把友谊的动机看得很低贱，而不是出自一个高贵的思想。如果实际情况如此，那么，一个人越穷，他就会越是想得到友谊。然而事实并非如此。因为当一个人最自信时，当他因具有美德和智慧感到很充实，无须求助于人，完全能够独立自主的时候，就是在这个时候他是最喜欢结交朋友最珍视友谊的。是否阿非利加努斯有求于我呢？一点也不！我对他也是一无所求。在我看来，我爱他，因为我钦佩他的德行；他也喜欢我，也许是因为他对我的性格也有好感。密切的交往加深了我们彼此之间的感情。虽然友谊的确产生了许多物质上的好处，但是我们并不是为了得到这些好处才互相爱慕的。正像我们慷慨行善不是为了得到别人的感恩，我们不是把行善看成一种投资，而是遵循一种慷慨的天性。因此，我们把友谊看作值得努力追求的东西，也不是因为日后能得到回报才对它感兴趣；而是相信：它所给予我们的东西自始至终包含在情感本身之中。

有些人如野兽一般将一切都归因于感官上的快乐，他们的观点则与此大相径庭，这是不足为奇的。当然思想卑劣的人不可能看到任何崇高而神圣的东西。所以，我们现在不谈论这种人。让我们接受这样一种观点：爱慕和喜欢都出自一种自发的情感。只要是正直的存在，就会产生这种情感。一旦人们对他人有了爱慕之心，他们当然会试图依附他们所爱慕的对象，而且会越来越接近于他。他们的目的是他们可以平等地互敬互爱，并且乐意为对方效劳而不求回报；他们之间应当有这种高尚的竞争。那么，双方就会以诚相待。我们会从友谊中得到最大的物质好处；当友谊是出自本性的冲动而不是出自需求感时，它就会越发崇高，越符合实际。如果友谊是靠物质上的好处维系的话，那么，物质上的好处的任何变化都会使友谊破裂。而本性是不可能改变的，因此真正的友谊是永恒的。

对于友谊的起源就讲这么多，也许你们早就不愿听了吧。

范尼乌斯：不，请继续讲下去，莱利乌斯。我有权代表这里的朋友说话，因为我比他们年纪大。

斯凯沃拉：你说得很对！让我们继续听他讲吧。

莱利乌斯：那么好吧，我的朋友们，我就给你们讲讲我和西庇阿讨论友谊时常常提到的一些观点。但是，首先我必须告诉你们：他常说，终生不渝地保持友谊是世上最难的事情。朋友之间可能会发生许多这样的事情：利益的冲突，政见的不同，人的性格也常常会变化——有时是因为遭遇不幸，有时是因为年龄增长。他常常拿儿童作比喻来论证这些观点，因为童年时的友情往往随童装一起被抛掉。即使他们设法将儿时的情谊保持到了青年时代，往往也会由于成为情敌，或者由于相互争利而决裂。即使友谊被延长到了青年时代以后，如果两人碰巧都想争取同一职位，他们的友谊往往也会受到猛烈的冲击。虽然在大多数情况下，对友谊最致命的打击是贪财，但就上层人物来说，对友谊最致命的打击是争夺名利，它往往会使最亲密的朋友变成最大的敌人。

此外，还有一种反目是情有可原的，此种情况源于要求朋友做一件不道德的事情，比如说，要他去煽动他人邪恶的欲望或帮他干坏事。当这种要求遭到拒绝时（虽然这种拒绝是完全正确的），被拒绝的一方往往会指责对方不够朋友。正是这种人的反责，往往不仅破坏友谊，而且还会产生持久的敌意。他常说，事实上这种厄运大量地威胁着友谊，要想完全避免，不仅需要智慧，还需要好运气。

在这种情况下，如果你们愿意的话，让我们探讨一下这样的问题：

个人感情在友谊中应当起多大的作用？例如，假定科里奥拉努斯有一些朋友，难道他们都应当和他一起去侵略别的国家？再拿维色利努斯或斯普利乌斯·梅利乌斯来说，难道他们的朋友都应当帮助他们篡夺王位？现举例说明，我们知道，当提比略·格拉古试图发动革命时，昆图斯·图贝罗和一些与他年纪相仿的朋友都背弃了他。但是，斯凯沃拉，你家的一个朋友——年迈的盖乌斯·伯劳西乌斯却附逆了。当时我是莱努斯和鲁庇利乌斯两位执政的顾问，负责审问这些谋反者。伯劳西乌斯要求我宽恕他，其理由是：他对提比略·格拉古非常敬重，以至于把提比略·格拉古的话奉若圣旨。于是，我问他："要是他叫你到朱庇特神殿去放火，你也去干吗？"他回答说："他绝不会叫我去干这种事情。"我说："但假如他叫你去呢？""那我也会去干的。"你们看，他的说辞有多邪恶！而事实上他做的比说的更有过之，因为他不是受命于提比略·格拉古，而是他们的主谋，不是一个狂热的支持者，而是一个领导者。他昏聩的结果是：他由于害怕受特别法庭的审讯，逃到亚细亚投靠了敌人，因为背叛祖国而受到了严厉惩罚。所以口口声声说为了朋友才犯的罪，这不是一个正当的理由。因为，友谊是源于对一个人美德的信赖，如果他抛弃了美德，那么友谊也就很难继续存在了。但是，如果我们断定朋友间有求必应是对的，那么，要是没有造成任何危害的话，我们就得假定双方都有完美的智慧。事实上我们不能假定这种完美的智慧，因为我们现在所说的是通常遇到的朋友，无论是我们确实见过他们，还是听人谈过他们——也就是说，日常生活中的人。我尽量挑选最接近于我们智慧的那些人来举例。例如，派帕斯·埃弥利乌斯是盖乌斯·路斯奇努斯的密友。历史告诉我们，他们曾两度同任执政官，一度同任监察官。另外，据记载，曼尼乌斯·库里乌斯和提贝里乌斯·科伦堪尼乌斯与他们关系非常密切。毫无疑问，这些人是不可能要求朋友去做有损于其名誉、有悖于其誓约或危害国家利益的事情的。就他们而言，下面这种说法毫无意义：即便有人提出这种要求，他们也是不会接受的；因为他们都是非常虔诚的人，提出这种要求和接受这种要求都是违背宗教义务的行为。但是，盖乌斯·卡波和盖乌斯·加图的确曾追随于提比略·格拉古，这是千真万确的；他的弟弟盖乌斯·格拉古当时虽然没有追随他，但现在却是他们中最狂热的追随者。

因此我们为友谊制定这样一条原则：不要求朋友做坏事；倘若朋友要你做坏事，你也不要去做。因为“为了友谊”是一个不名誉的托词，是决不会得到原谅的。这条规则适用于一切不道德的行为，尤其是叛国。亲爱的范尼乌斯和斯凯沃拉，我们现在所处的形势十分严峻，我们必须提高警惕，防止一切扰乱国家的事件发生。现在的政体已经有些超越了我们祖先为我们选定的道路。提比略·格拉古曾企图获得类似于国王的权力，或者，更确切地说，他曾享有了几个月那种权力。罗马人民从前听说过，或者看到过这样的事情吗？甚至在他死后，追随他的那些亲戚朋友还成功地对普布利乌斯·西庇阿下了毒手。一提起这件事情，我就忍不住流下泪来。至于卡波，由于最近提比略·格拉古受到了惩罚，我们已经想方设法顶住了他的攻击。但要是让盖乌斯·格拉古当了护民官，那将来的情况就很难预料了。一件事引发另一件事，一旦在堕落的道路上迈出了第一步，那就会以越来越快的速度往下滑，并且一发不可收拾。就拿投票来说，起先是加比尼亚法案，两年后又出了卡西亚法案，它们引发了多么严重的后果呀！我似乎看到，民众与元老院已经疏远了，一些重大的事情任由民众摆布。因为你们可以确信，更多的人将学会如何挑起而不是如何制止这类事情。这话是什么意思呢？意思是说做这类事情非得有朋友帮助才行。因此，我们必须提醒善良之人：如果不幸和这种人成了朋友，那么就应当不顾情面，和这种背叛国家的朋友一刀两断。坏人总是怕受惩罚：无论是胁从犯还是首犯，一律都严惩不贷。在希腊，有谁比地米斯托克利更显赫、更有权势的呢？在波斯战争中他曾率领军队浴血奋战，解救了希腊。他把自己的放逐归因于他人的嫉妒，不服从他那忘恩负义的国家对他的错判（他本该服从这一判决）。他像20年前我们国家的科里奥拉努斯一样，反叛了。但是没有一个人帮助他们去攻打他们自己的国家，结果他们两人都自杀了。

因此，这种邪恶者的同盟不但不能以友谊为托词替自己辩解，而且相反，它应当受到最严厉的惩罚，这样就能使大家都知道：切不可为了忠实于朋友而背叛自己的祖国。鉴于现在出现的种种迹象，我倾向于认为，这种事情迟早会发生。所以我不但关心国家的现状，而且也关心身后的国事。

所以我们把这定为友谊的第一条规则：只要求朋友做好事，而且也只为朋友做好事。但我们也不能等朋友要求了才去做，永远要热心主动地去做，不要迟疑。我们要有勇气坦率地提出劝告。在友谊中，让能进忠言的朋友发挥最大的作用，忠言不但要坦诚，而且情况需要的话，还要尖锐。而当朋友做这种劝告时，就应当听从。

我之所以给予你们这些规则，是因为我听说在希腊有些以智慧闻名的人持有一些令人惊奇的看法。顺便说一句，以他们的诡辩无事不可主张。他们中有些人教导人们说："我们应当避免过分亲密的友谊，以免一个人要为几个人担忧。"他们说一个人为自己的事情就已经够忙的了，要是再管别人的事，那就太烦了。最明智的方法是把友谊的缰绳尽可能地放得长一些，这样你愿意收紧时就可以收紧，愿意放松时就可以放松。因为幸福生活的首要条件就是无忧无虑，如果一个人除了自己的事情以外还得为他人之事操心，那么他便不能享受幸福的生活。还有一些人的看法听起来更不合人情，我刚才已经简要地提到了这个问题。他们断言人们寻求友谊只是为了得到他人的帮助，而根本不是出于什么情感上的动机和爱慕。因此，越是无能和贫穷的人，就越是渴求友谊。所以柔弱的妇女比男子更希望得到友谊的庇护，穷人比富人更需要友谊的扶助，不幸的人比尊贵的幸运者更需要友谊的帮助。多么清高的哲学！他们把友谊从生活中摒除就等于把太阳从天空中摘走，因为友谊是诸神赐予我们的最好、最令人愉悦的恩惠。

让我们来考察一下这两种观点。这种"无忧无虑"有什么价值呢？乍一看，它似乎很吸引人，但实际上常常不得不被抛弃。因为你不可能为了避免烦扰总是拒绝去做道义上我们必须去做的事情，或者虽去做了，但却有始无终。并且如果我们想要避开烦扰，那我们就必须回避德行本身，因为德行在排斥与其相反的品质时（比如仁慈排斥暴戾，自制排斥放荡，勇敢排斥怯懦）必然会产生某些思想上的烦扰。因此你可以观察到：正义的人最憎恨非正义，勇敢的人最痛恨怯弱，有节制的人最痛恨放荡。因此乐于行善和疾恶如仇是一个正直的人具有的品性。既然贤明的人也难免有苦恼（除非我们假定他们根本就没有人性，否则的话，就必然有苦恼），那么我们为什么害怕友谊会给我们带来种种苦恼而将它从我们的生活中摒除呢？且不说人和兽类的情感差异，如果你摒除了情感，人和石头、木头或其他诸如此类的东西还有什么两样呢？

我们也不应相信这样的学说，认为美德是像铁一样僵硬和呆板的东西。事实上美德在友谊问题上，也像在许多其他事情上一样，是很柔软和敏感的。可以说，它是随朋友的贫富顺逆而变化的。我们因此得出结论：虽然基本的美德会带来某些麻烦和苦恼，但是我们不能因此而摒弃这些美德。同样，虽然我们常常因为朋友的缘故导致精神上的痛苦，但是这种痛苦也不足以使我们将友谊从我们的生活中驱除。

我再次强调：清楚表现出的美德，如果自然为具有同样品质的心灵所吸引，这就是友谊的肇始。在此情况下，必然会产生爱慕之心。有些人爱许多不会作答的东西（如官职、名声、华厦、丽服、宝饰等）而不爱（或不太爱）有德行的、有爱心的或能以爱相报的东西（如果我可以这样表述的话），还有比他们更荒唐的吗？其实，没有什么比爱的回报和互爱互助更能令人愉快的了。我们完全可以这么说，“物以类聚”用在友谊上是再恰当不过了，那么人们马上就会承认事实确实如此：好人爱好人，好人喜欢与好人交往，好像他们之间有一种天生的血缘关系。因为人的天性是最喜欢追求（或者更确切地说，渴求）与其相似的东西。所以，亲爱的范尼乌斯和斯凯沃拉，我们可以把这看成一个既成的事实，好人与好人之间必然有一种友好的情感，这种情感是友谊之源泉。这种友爱之情也会影响许多人。因为它绝不冷酷、自私和孤傲，它甚至保护全民族，为他们谋幸福。倘若它蔑视对普通百姓的爱心的话，它就肯定不会这样的了。

此外，在我看来，相信“利害关系”理论的人摧毁了友谊之链中最有吸引力的一环。因为使一个人感到愉快的原因，与其说是由于朋友而得到的实利，不如说是朋友的一片爱心。只有当朋友的帮助是出于真诚，我们才会感到愉快。如果认为贫穷是寻求友谊的原动力，那就完全错了。通常最慷慨、最仁慈的正是那些最有钱财，尤其是最有德行（德行毕竟是一个人最好的支柱）因而无须别人帮助的人。其实，我倾向于认为，朋友之间应当经常互相帮助。比如无论在国内或国外，要是西庇阿从未需要我的劝告和协作，那我怎能表达我对他的爱心呢？所以，不是友谊起因于物质利益，而是物质利益起因于友谊。

因此我们不应当听信那些过分精明的人士对友谊的论述，他们无论在理论上还是实践上都不懂友谊。因为谁会选择一种虽然极其富有、但却不准他爱任何人或被任何人所爱的生活呢？那是暴君才能忍受的生活，暴君当然不会指望有什么忠贞、挚爱，也不会相信任何人的善意。对他们来说，存在的只有猜疑和忧虑，根本不存在友谊的可能性。谁会爱一个自己所怕的或者知道是怕自己的人？虽然这种人有时也会对他们装出一副很友好的样子，但这只是暂时的假象。一旦他们失势（通常这是难免的），他们就会立刻看到昔日的朋友纷纷离他们而去，这时他们是多么孤独！所以据说塔尔奎在被放逐时说过这样一句话：虽然他现在知道他的那些朋友中谁是真朋友、谁是假朋友，但为时已晚，他已经既不能报答那些真朋友，也不能惩治那些假朋友了。不过使我感到诧异的是像他这样傲慢乖戾的人居然也会有朋友。正如他的这种性格使他不可能有真正的朋友一样，非常富有的人也常常会遇到这种情况——他们的财富妨碍了真诚的友谊。因为“幸运”，不但自己是盲目的，而且通常也使受其恩宠的人盲目。他们往往会忘乎所以，变得狂妄而任性；世界上没有谁比成功的蠢材更让人难以忍受的了。你们常常可以看到这样的人：以前他们态度谦和，但一旦有了权势，就一反常态，嫌弃旧友而热衷于结识新友。

那些具有幸运、财富和权势的人只知道去谋求那些能用钱买到的东西——马匹、奴隶、华丽的饰物和昂贵的器皿——而不去设法结交朋友（朋友是人生中最有价值、最漂亮的“家具”，如果我可以这样表述的话）。难道还有什么人比他们更愚蠢的吗？当他们获得那些财物时，他们还不知道将来谁能享用它们，也不知道自己辛苦是为了谁，因为它们最终都会落入强者之手。而每一个人对自己的友谊却有稳固不变、不可剥夺的所有权。尽管那些财物的确很经久（在某种意义上，它们是命运的恩赐），但生活中如果没有朋友的安慰和做伴，也是不会快乐的。

接下来我想谈谈我们题目的另一个方面：现在我们必须设法确定友谊中应当注意的各种限制——比如我们的爱慕之情不能超越什么界线。就我所知，关于这一点，有三种看法，但我对这三种看法都不敢苟同。第一种是：我们应当像爱我们自己一样爱我们的朋友，而不应当有过之；第二种是：我们对朋友的爱慕之情应当完全对应和等同于朋友对我们的爱慕之情；第三种是：对一个人的评价应当和他的自我评价完全相同。上述三种看法我都不赞成。第一种看法是我们对自己的关心应当是我们对朋友的关心的一种尺度，这当然是不对的，因为有许多事我们从不会为自己去做，却会为朋友去做。有时我们只好向卑微的人请求，甚至低三下四地恳求；有时不得不用比较尖刻的语言去骂人，用比较激烈的语言去攻击人。这一类行为，如果是为了自己的利益，则是不光彩的，但如果是为了朋友的利益，则是值得称赞的。此外，禀性正直的人还会自动地放弃（或者心甘情愿地让人剥夺）许多好处，以便让他们的朋友有机会去享用。

第二种看法把友谊限制为一种彼此间服务和情感的等量交换。这种观点把友谊降低到了一种心胸狭窄而卑俗的斤斤计较的地步，因为它要求“借贷双方”完全平衡。在我看来，真诚的友谊比这种账簿式的友谊要富足和慷慨。它不斤斤计较自己的得失，唯恐所得多于给予。在友谊这个事上，我们不应当总是担心自己所给予的某些好处会不会白给，会不会超过了我们的限度或者会不会由于过分地致力于友谊而适得其反。

但是最坏的是最后那种看法：朋友的自我评价应当是我们对他的评价的尺度。常常会存在这样的事：一个人非常自卑或者对改善自己的命运没信心。在这种情况下，他的朋友就不应当像他看待他自己那样看待他，而是应当想方设法使他振作起来，使他重燃希望之火，具备更健全的思想。

因此我们必须寻找另一种限制。但是首先我得提一下过去常常遭到西庇阿最严厉批判的那种观点。有这样一句名言：“你在爱你的朋友时应当意识到，你总有一天会恨他的。”西庇阿常说没有谁比这句话的作者更有悖于友谊精神了。西庇阿并未受他人影响，认为这句话是出自“七贤”之一的比阿斯之口。他认为，说这句话的人一定是某个有险恶动机和野心的人，或者是把一切都看作影响他自己霸权的人。一个人如果认为他的朋友将会变成他的仇敌，那么他怎么能和别人做朋友呢？照此说来，他就应当希望他的朋友尽可能多地犯错，好让他有更多的理由反对他。反过来说，当他的朋友做出正确的行为或交好运时，他就应当感到生气、恼怒和嫉妒。不管是谁说的这句格言，它都会彻底摧毁友谊。正确的原则是择友必须谨慎，如果我们觉得这个人将来我们也许要恨他，就绝不能和他交朋友。而且根据西庇阿的说法，即便我们不幸交错了朋友，我们也得维持下去，切不可伺机断然绝交。

友谊必须遵守的真正限制是：两个朋友的品格必须是纯洁无瑕的，彼此的兴趣、意向必须完全和谐一致，无一例外。因此如果出现这样的情况，即，朋友希望（严格说来，这种愿望本身是不正当的）我们在涉及他生命或声誉的事情上给予支持，那么，只要不会导致极端耻辱的事情，我们就得在正道上做出某种让步——为了友谊，总得做点妥协。我们也不能完全不顾自己的声誉，虽然以谄媚和圆滑的话语来博取同胞的好评是卑劣的，我们也不能在处理人生事务时忽视同胞的好评这一武器。我们决不应当摒弃美德，因为它使我们产生爱慕之情。

再次回到西庇阿的话题上来，他是论述友谊的唯一权威。他曾经抱怨说：相比其他事情，没有人会对友谊那么上心。每个人都知道他有多少只羊，却不能准确地说出他有多少个朋友。可以说他们买羊时煞费苦心，而择友却漫不经心。他们择友没有特定的标准，或者说，没有适合于他们自己的评判友谊的准则。我们选择朋友应该选那种坚定、稳健、持之以恒的人。但具有这种品质的人很少，而且不经过考验，很难做出判别。然而人们只有在友谊实际存在期间才能进行这种考验，所以友谊常常先于判别，那种事先的考验是不可能的。如果我们当时谨慎择友，我们就能像驾驭马车一样控制自己感情的冲动。对于友谊，我们也应当如此，我们应当通过一种尝试性的友谊来检验朋友的品性。常常会出现这样的情况：有些人在小额的钱财问题上完全暴露出他们是不可信赖的；而又有一些人，虽然抵得住小额钱财的诱惑，但如果是大额钱财，就会暴露出自己的真面目。但是即使有这样的人，他们认为宁要金钱而不要友谊是卑劣的，我们到哪里去找那种把友谊看得比升官发财还重、在进行选择时宁要友谊而不要这些东西的人呢？置政治权力于度外并非属于人的本性，如果人们为政治权力而付出的代价是不得不牺牲友谊，那么他们总认为比起这巨大的回报来他们的背信弃义是微不足道的。因此真正的友谊很难在那些争权夺利的政客身上找到。你哪里能找到那种宁可自己不升职也愿意让朋友升职的人？更别说对于大多数人而言，替别人分担政治上的不幸是多么不舒服、多么难以忍受——几乎没有一个人愿意那样做。恩尼乌斯说："患难见真情。"这句话虽然不错，但是绝大多数人却以这两种方式暴露出他们不可信赖的品性：得意时看不起朋友，或朋友有难时就抛弃朋友。因此谁要是在这两种情况下都能表现出一种坚定不移、忠贞不变的友谊，我们就应当把他看作世界上最了不起的那类人，几乎可以说是"超人"。

人们所寻求的、能保证友谊永恒不变的品质是什么呢？那就是忠诚。任何缺乏忠诚的友谊都是不能长久的。而且我们选择朋友时还应当找那种性格直爽、友善且富有同情心的人，能和我们一样被某一事物所感动。所有这些品性都有助于保持忠诚。你绝不能相信一个老谋深算、城府很深的人。事实上，如果一个人没有同情心，不能和我们一样被某一事物所感动，那么他就不可能让人们相信他会对友谊持之以恒。补充一点：他不但不应当以指责我们为乐，而且当别人指责我们时也不应当予以相信。所有这些都有助于形成我一直在试图描述的那种忠贞的品格。而结果如我一开始所说，友谊只能存在于好人之间。

好人（这里等同于"智者"）在对待朋友的态度方面总是会表现出这样两个特征：第一，他完全没有虚情假意，因为性格直率的人宁可公开表示厌恶，也不愿意装出一副笑脸掩盖自己；第二，当朋友受到别人指责时，他不仅会加以驳斥，而且他本人也不会怀疑，或者说他总是认为他的朋友绝不会做错。此外，言谈举止的温文尔雅也能给友谊增添不少情趣。阴沉的脾气和始终如一的严肃态度固然可以给人留下很深刻的印象，但友谊应该少一点拘束、多一点谦和，并且应该更趋向于友善和温厚的性格。

但是这里出了一个小小的难题：就像我们喜欢小马而不喜欢老马一样，我们是否有时也会认为新友比老友更好呢？不管怎么说，答案是毫无疑问的。因为友谊不像其他东西，它是不会餍足的。友谊犹如美酒，愈久愈醇。俗话说得好，“长相知，永相守”。新的友谊其实也有它的好处，我们不应该看不起它。它犹如绿油油的禾苗，总有希望结出果实。但是也应该让老朋友有其适当的位置。事实上，时间和习惯的影响是很大的。再拿刚才所举的马这个例子来说，如果其他情况均相同，那么每个人都喜欢骑自己骑惯了的马，而不喜欢骑没有经过训练的新马。这条规则不仅适用于有生命之物，而且还适用于无生命之物。比如说我们对于久居之地总有一种依恋，尽管它们多山且为森林覆盖。然而友谊的另一条重要规则是：你应当和朋友平等相处。常常会有这样的情况：有些人处于优越的地位，如西庇阿，他是吾辈中地位最高的人。但是他对菲勒斯、鲁庇利乌斯、穆米乌斯或其他地位比他低的朋友从不摆架子。又如他的哥哥昆图斯·马克西穆斯，虽然毫无疑问，也是个有名的人物（其实地位绝没有他高），但是他总是很敬重他的哥哥，因为他比他年长，他还常常希望他的所有朋友都能因为他的帮助而更加体面。这一点我们都应当效仿。我们中间如果有谁在个人品质、才智或财产上有任何胜于他人的地方，那么我们就应当乐于让我们的朋友、合伙人和同伴分享这些。如果他们的父母处境卑微，他们的亲戚在才智和财富方面都没有什么实力，那么我们就应当接济他们，并且尽力提高他们的地位。

你们知道，在神话故事中有些孩子由于不知道自己的身世，一直过着奴隶般的生活。后来虽然他们知道了自己是神或国王的孩子，但对过去多年来一直当作自己父母的牧羊人仍然情深。对于自己亲生的父母，那就更应当如此了。总而言之，才智和美德以及其他各种优点，只有在把它们施加在最亲近的人身上时，才能得到最充分的体现。

在友谊和亲属关系中，正像具有优势的人应当与不太幸运的人平等相处一样，不太幸运的人也不应当因为自己的才智、财富或地位不如别人而生气。但是他们中间大多数人却还是怨天尤人，特别是当他们自以为尽力为朋友做了什么事的时候更是如此。那种为别人做了一点事就总是挂在嘴边的人是让人最讨厌的。接受帮助的人固然应当把他人的帮助铭记于心，但帮助别人的人则不应当时时提起。因此对待朋友，地位高的人应当降低自己的身份，这样做从某种意义上说也就是抬高了比他们地位低的人，因为有些人由于自惭形秽而不愿与人为友。一般说来，只有那些认为自己理应如此的人才会出现这种情况。因此不但应当用言语，而且还应当用行动向他们表明他们的看法是毫无根据的。首先，你应当尽自己的能力帮助他们；其次，你应当根据他们的承受能力去关心他们。因为不管你个人的威信有多高，你不可能把你所有的朋友都提拔到国家的最高职位上。比如西庇阿能使普布利乌斯·鲁庇利乌斯成为执政官，却不能使他的弟弟卢西乌斯成为执政官。即便你有很大的权力，能随意提拔任何人，你也得考虑他是否能够胜任。

一般说来，我们应当等到人的性格成形且达到一定年龄之后，才考虑友谊方面的事情。例如有些人小时候喜欢打猎或踢足球，他们长大以后就不应当仍然把所有曾有同样爱好的伙伴视为可靠的朋友。按照那个规则，如果这只是一个时间问题，那么，保姆和陪我们上学的奴隶就会最有权利要求得到我们的爱了。这并不是说他们应当被疏远，而是说我们对他们是另外一种情感。只有那种成熟的友谊才是长久的，因为性格的不同会导致旨趣的不同，而旨趣的不同最终会导致朋友关系疏远。比如好人之所以不可能与坏人交朋友，或者说坏人之所以不可能与好人交朋友，其唯一的原因就是因为他们的性格和旨趣相去甚远。

友谊的另一条规则是：不要因为自己没有分寸的善意而妨碍朋友的大事。这种情况时有发生，我以一个神话故事来举例，如果涅俄普托勒摩斯听从吕科墨得斯的话，就永远也攻不下特洛伊城，而后者对前者有养育之恩，并且声泪俱下地劝他不要去攻打特洛伊城。此外，还常常会出现这样的事：某人因为重任在身而需要离开朋友，而因不能忍受这种分离而试图阻止其去执行任务的那种人不但是脆弱的，而且也不够朋友。你寄希望于朋友的事情，以及当朋友对你提出要求时你所应当应许他的事情，都是有限度的。在任何情况下，你都得仔细掂量这些事情是否超出了限度。

另外可以这样说，和朋友断然绝交可以说是一种不幸，而有时这种不幸却是不可避免的。在这一点上，我们所谈的不是智者的笃情而是普通人的友谊。有时会发生这样的事：一个人突然干出一件伤害朋友或陌生人的邪恶之事，而他的朋友却因此蒙羞。此种情况下，应当通过断绝交往使友谊逐渐消逝。加图过去常说，对于这种友谊，与其反目倒不如疏远，除非那种邪恶的行为确实凶残得令人发指，唯有立即分道扬镳才能符合廉耻和正义。此外如果性格和旨趣发生了变化（这种情况时有出现）或者如果政见的分歧导致了感情上的疏远，那么当我们打算放弃友谊时，我们应当格外谨慎，防止出现公开的敌意。因为最可恨的事情莫过于同昔日的密友反目。你们都知道，西庇阿因为我的缘故而抛弃了他同昆图斯·庞培的友谊。此外由于政见不同，他和我的同僚梅特卢斯也疏远了。在这两件事情上他做得既稳妥又不失尊严，尽管他确实很生气，但没有结仇。

因此首先我们应当防止朋友之间出现不和；倘若出现了不和，我们也要设法使友谊自然消亡，而非断然绝交。其次，我们应当谨慎，别让友谊变成仇恨，因为仇恨往往是争执、恶语和怒斥的根源。但是即便出现了争执乃至恶语或怒斥，我们也应当能忍则忍，应当看在老朋友的情分上，容忍伤害人的一方犯错，而不是受伤害的一方犯错。一般说来，要想避免这种不快和麻烦只有一个办法，那就是在给予爱心方面不要操之过急，不要把爱心完全给那些不值得你爱的人。

我所说的“值得结交”是指那些本身具有令人爱慕品质的人，然而这种人是很稀少的。其实凡是卓越的东西都是很稀少的，世界上很难找到那种十全十美的东西。但是大多数人不仅认为除了有利可图的东西之外，在我们的生活中没有什么美好的东西，而且甚至还把朋友当作谋利的工具；

他们最关心的是那些有可能使他们获得最大利益的人。因此，他们不可能有那种自发性的最纯真的友谊，因为这种友谊所企求的只是友谊本身，没有任何不可告人的目的。他们也不能从自己的感情中感悟友谊的性质和力量。每个人之所以爱自己，并不是因为这种爱可以得到某种回报，而是因为他对自己的爱是独立于其他任何事情之外的。但是如果这种感情不转移到另一个人身上，那么他就永远也得不到真正的朋友，因为真正的朋友就是另一个自我。但是无论是空中的、海里的，还是陆上的；无论是野生的，还是驯养的，我们发现动物都有两种本能：第一是爱自己（实际上一切生物天生就是如此），第二种是渴望寻求并依恋于其他同类；而且，如果这种自然的行为伴有欲望和某种类似于人类的爱的东西，人类按照其自然的法则想必更是如此了。因为人不仅爱自己，而且还寻求与他情投意合、心心相印的另一个人。

但是大多数人都不明事理，更不用说坦诚了，他们要求朋友去做他们自己做不到的事情，希望从朋友那里得到他们自己不肯给予的东西。正确的做法是，首先自己做一个好人，然后再去找和自己品质相仿的人做朋友。正是在这种人之中，我们所说的那种稳固的友谊才能得到保证。也就是说，在那种情况下，由于爱慕而结合在一起的人们，首先知道控制住奴役他人的感情，其次喜欢以平等和蔼的态度对待朋友，彼此倾心相助，绝不要求对方去做任何有悖于美德和公正的事情，并且不仅相互关心和爱慕，而且还相互敬重。我主张“敬重”，因为如果没有“敬重”，友谊就失去了最光灿的“宝石”。这就表明有些人所认为的友谊给放荡和罪恶开了绿灯的这种看法是错误的。“自然”给予我们的友谊是美德的侍女，而不是罪恶的同谋：因为美德不能在孤单的情况下达到最高目标，它只有在与他人的联合和同伴关系中才能做到这一点。不管是现在、过去或将来，享有这种同伴关系的那些人，都应当被认为是为达到自然的至善而获得了优异和幸运的结合。这种同伴关系含有人们所认为的值得企求的一切——道德上的正直、名声、心情的平静、安详；因为有了这些，生活是幸福的，而若是没有这些，生活便是不幸的。这是我们最好最高的目标，假如我们想得到幸福，我们就必须致力于美德，因为要是没有美德，我们就既得不到友谊，也得不到其他任何值得企求的东西。事实上，如果忽视美德，一旦遇到某个严重的灾祸而迫使他们去考验他们的朋友，那些自以为有朋友的人就会发现自己的错误了。因此，我必须再三重复：你在爱慕一个人之前应当先对他进行评判，而不是先爱慕后评判。我们在许多事情上都因粗心马虎而受到惩罚，在选择朋友和培养友谊方面尤其如此。我们无视老话，本末倒置，贼走关门。因为我们虽然长期过从甚密或由于互惠而结成友谊，但是一旦彼此间发生某件不愉快的事情，便会马上中断友谊。

在最重要的事情上犯这种粗心马虎的错误更应该受到谴责。我之所以说“最重要”乃是因为友谊是一种人人都一致认为有益的东西。甚至连美德也不是那样，因为许多人常常以轻蔑的口气谈论美德，好像它只是一种虚假和自许的东西。财富也是那样，许多人蔑视财富，他们安于贫穷，以粗衣恶食为乐。至于官职，有些人趋之若狂，但是也有好多人视如敝屣，认为世上没有什么比官职更虚浮的了。

其他东西也是如此，在某些人看来是值得企求的东西，在许多人眼里却一文不值。但是对于友谊，所有人的看法都一样。无论是那些致力于政治的人还是那些喜欢科学和哲学的人，无论是那些与世无争只顾自己做生意的人还是那些耽于声色的人——他们全都认为，如果没有友谊，生活就不成其为生活；即便他们想过一种自由的生活，无论如何不能没有友谊。因为友谊总是千方百计地进入我们每个人的生活，它不允许有任何完全不受其影响的生活。虽然有人生性粗暴乖戾，厌恶并避免与他人交往（据说雅典的泰门就是这样的一个人），但即便这种人，他也得找一个人以便他发脾气时有人听他的咒骂。如果有可能出现下述情况的话，我们就会非常清楚地看到这一点：某个神灵把我们带离人群，将我们置于完全与世隔绝的某个地方，然后供给我们丰富的生活必需品，但绝不允许我们见到任何人。有谁能忍受这种生活呢？有谁不会因孤寂而失去对于一切乐事的兴趣呢？我认为，实际上塔兰托的阿契塔就说过类似的话（他的话我是间接地听说的；我是听我的前辈说的，他们是听他们的前辈说的），他说“假如一个人能升到天上，清楚地看到宇宙的自然秩序和天体的美景，那奇异的景观并不会使他感到愉悦，因为他必须要找到一个人向他述说他所见到的壮景，才会感到愉快”。因此人的本性是厌恶孤独，总是喜欢寻求扶持，而我们在最亲密的朋友那里就能得到那种最自然的扶持。

尽管人的本性通过如此多的迹象表明他的希冀、目标和欲望是什么，我们却置若罔闻，不愿倾听他的呼声。朋友间的交往是形形色色、错综复杂的，出现各种猜疑和不快必然是常有的事，对此，聪明的人有时会避而不提，有时会大事化小、小事化了。但是当你朋友的利益和你自己的忠诚危在旦夕时，就不应当回避了。比如说，朋友之间常常需要劝告，甚至责备，只要他们是出于好意，都应当欣然接受。但是，我的朋友特伦斯在其《安德罗斯女子》中所说的话好像也有些道理。他说：顺从易结友，直言遭人恨。如果直言招致忌恨，从而破坏友谊，那么它就会给人们带来麻烦。但实际上顺从给人们带来的麻烦则更大，因为姑息朋友的错误会使朋友无所顾忌地走向毁灭。但是，最该受责备的是那种拒纳直言而最终却为奉承所害的人，因此在这一点上自始至终需要小心谨慎。我们劝告时不应当尖刻，责备时不应当使用侮辱性的语言。至于顺从（因为我喜欢借用特伦斯的言辞），尽管对人应当谦恭有礼，但是我们决不应当阿谀奉承，怂恿他人去作恶，因为这种行为对于自由民来说都是可耻的，更不必说朋友了。与暴君相处是一回事，而与朋友相处则是另一回事。但是如果一个人拒纳直言，甚至听不进朋友的忠言，那么我们就可以认为，他是无药可救了。加图下面这句话说得非常深刻：（“献媚的朋友比尖刻的敌人更坏，因为后者常说真话，而前者从不说真话。”）此外还有一件怪事，那就是：有些人受了劝告之后，不恼恨他所应该恼恨的事，反而非常恼恨他所不应该恼恨的事。他们对自己的过错一点不恼恨，而对朋友的责备却非常恼恨。其实正相反，他们应当恨自己的过错，并乐于改正错误。

因此提出劝告和接受劝告（前者率直，但不尖刻；后者耐心，且不恼怒）特别适合真正的友谊。那么，没有什么比阿谀奉承和谄媚对友谊的破坏性更大了。我尽量多用些词语来形容这种人：他们邪恶、轻佻、不可信任，说话只求取悦于人而全然不顾事实真相。在任何情况下虚伪都是不好的，因为它使我们不能辨清真假。它对友谊比对于其他任何东西更加有害，因为它能完全摧毁真诚，而要是没有真诚，友谊也就徒有其名。友谊，从本质上说，就是将两颗心灵融为一体。所以，如果两颗心灵虽然聚集在一起，但不是单纯的和一致的，而是易变的和复杂的，那么怎么可能产生真正的友谊呢？世上最柔软、最摇摆不定的莫过于那种人的心灵，他们的态度不仅取决于他人的情感和愿望，而且还取决于他人的脸色和首肯。

“他说‘不’，我也说‘不’；他说‘是’，我也说‘是’。总之，他怎么说，我也怎么说。”这是我老朋友特伦斯的话。不过这些话他是假借格南托之口说的。当然和这样的人做朋友是很愚蠢的。但是像格南托那样的人很多，当他们具有较高地位，或拥有较多财产，或享有较大名声时，由于他们地位上的优势弥补了他们性格上的缺陷，他们的奉承就更加有害。但是只要我们仔细加以考察，就不难辨别出谁是真正的朋友、谁是阿谀奉承的朋友，这就像区别其他任何东西一样，只要仔细考察，就能辨别出什么是货真价实的珍品、什么是伪造的赝品。虽然参加民众集会的都是些没有什么文化的人，但他们还是能清楚地辨别谁是蛊惑民心的人，谁是作风正派、有名望、稳重的人。前几天，为了想通过一条允许护民官连任的法案，盖乌斯·帕皮利乌斯就是用这种阿谀奉承的语言去讨好参加集会的群众的。我当时就表示反对这个法案。在这里我不想谈论我自己，还是谈西庇阿更好些。啊！他的讲话是多么感人、多么庄重！凡是听过他讲话的人都会毫不犹豫地说，他不仅是罗马人民的公仆，而且也是他们的领袖。当时你们也都在场，而且手里都拿着他的演讲稿。结果是，这个旨在取悦民众的法案却被民众否决了。你们是否还记得，卢西乌斯·曼奇努斯和西庇阿的哥哥昆图斯·马克西穆斯两人做执政官的时候，盖乌斯·利基尼乌斯·克拉苏所提出来的一个“关于祭司团选举”的法案是多么受人欢迎。根据这个提案，祭司团补充自己空额的权力应由人民决定。顺便提一下，正是这个人，他面向广场对人民讲话。但是，尽管如此，由于我站在保守派一边进行反驳，宗教还是轻而易举地击败了他那似是而非的演讲。

当时我只是个司法官，五年之后才被选为执政官，这表明我之所以成功主要不是由于官职显赫，而是因为事情本身就在理。

在舞台上虽然有许多东西是虚构的或半真半假的（民众集会实质上就是这样的一个舞台），但是只要真实的东西完全被揭示出来，并暴露在光天化日之下，它还是会占优势的。那么，完全依赖于真诚的友谊什么时候才出现呢？在友谊中，通俗地说，除非你们坦诚相见，否则任何事情都不能相信——甚至连相互之间的感情都不能相信，因为你们不能确定它是真诚的。但是不管奉承多么有害，它只能伤害那种喜欢并且接受奉承的人。由此可见，最喜欢听奉承话的人就是第一个奉承自己、最钟爱自己的人。我承认美德是自爱的，因为它了解自己，知道自己确实非常可爱。但是我现在谈的不是纯粹的美德，而是人们自以为有美德的那种信念。事实是真正有美德的人不多，大部分人都希望被人认为有美德。这种人最喜欢别人奉承。当别人为了满足他们的虚荣心而有意地奉承他们时，他们则把这种无聊的戏弄看作自己确实具有某些值得称赞之处的证据。因此，一方不愿意听真话，而另一方则喜欢说谎话，这根本不是真正的友谊。在喜剧中，要是没有像自夸自大的武夫那种人，我们看到食客的那副奴才相就不会觉得可笑了。“泰依丝真的非常感谢我吗？”本来回答“非常感谢”就够了，但他非得说“万分感谢”。奴颜婢膝的谄媚者总是夸大其词，投其所好。因此，虽然这种虚伪的谄媚对于那种喜欢别人奉承的人特别有效，但是即便性格坚强稳重的人也得随时提防，否则狡诈隐蔽的谄媚就会乘虚而入。公开的谄媚任何一个人都能识破，除非他是一个地地道道的傻瓜；而狡诈隐蔽的谄媚者则是我们应当加以小心提防的。识破这种人的谄媚当然不是世界上最容易的事情，因为这种人往往假借反驳来掩盖其奴颜婢膝，假装争论来掩饰其谄媚，最后表示屈从，自甘服输，以便使对方误以为自己英明。还有什么比被愚弄更不体面的呢？所以你应当提高警惕，否则你就会像《女继承人》中的那个丈夫一样，出现这样一种情况：

简直把我当成了大傻瓜！任何舞台上喋喋不休的老糊涂也从来没有这样被愚弄过。

因为即便在舞台上，我们所看到的最愚蠢的角色也不过是那种目光短浅且容易受骗的老人。但不知怎么搞的，我已经离题了，我所谈的已经不是那种完人，即“智者”的友谊，而是那些庸俗的、不牢固的友谊。那么让我们回到原题，并最后作总结。

好吧，范尼乌斯和穆丘斯，我再重复一遍我前面说过的话。美德，也正是美德，它既创造友谊又保持友谊。兴趣的一致、坚贞、忠诚皆取决于它。当美德崭露头角，放出自己的光芒，并且看到另一个人身上也放出同样的光芒时，她们就交相辉映，相互吸引；于是从中迸发出一种激情，你可以把它叫作“爱”，或者你愿意的话，也可以把它叫作“友谊”。这两个词都出自同一个拉丁文词根。爱就是对于你所爱的人的那种依恋之情，它既不受贫乏的驱使，也不是为了得到某些好处——虽然友谊自然会产生好处，但你们可以看到，它并不以此为目的。我过去就是怀着这种纯洁的感情爱慕卢西乌斯·保卢斯、马尔库斯·加图、盖乌斯·加卢斯、普布利乌斯·纳西卡、我亲爱的西庇阿的岳父提比略·格拉古。年纪相仿的人，这种爱慕之情甚至更加强烈，如西庇阿、卢西乌斯·富利乌斯、普布利乌斯·鲁庇利乌斯、斯普利乌斯·穆米乌斯和我本人就是。现在我老了，反而喜欢和年轻人交往，譬如你们，还有昆图斯·图贝罗。不仅如此，我还喜欢和比你们更年轻的人交朋友，比如说普布利乌斯·鲁梯利乌斯和奥鲁斯·维吉尼乌斯。因为新的一代生生不息是人生和人性的规律，所以最值得企求的是和与你同时起跑的同时代人一起，达到人生的终点。但是由于人事易变，我们应当不断地寻求我们所爱且又爱我们的人。如果人生失去了爱慕和友善，它就会变得索然无味。虽然西庇阿突然去世了，但对于我来说，他仍然还活着，而且永远活着。因为我爱的是他的美德，而他的美德是不会死的。不但在我看来他的美德永远存在（因为我一生都能体会到它），而且他的美德还会放出绚丽的光彩，照及子孙后代。如果一个人回忆不起或想象不出摆在他眼前最美好的东西，他就绝不会有远大的抱负或崇高的理想。我断言，无论是财富还是天赋所赐予我的一切恩惠中，没有一件能比得上西庇阿对我的友谊。在我们的友谊里，不但有对社会问题的一致看法，有对私人事务的彼此商量，而且还有消磨闲暇时无忧无虑的欢乐。就我所知，甚至在最细小的事情上我也从来没有得罪过他；我也从来没有听见他说过一句我不希望他说的话。我们住在同一座房子里，同桌吃饭，一起生活。我们不但一起在海外服役，而且在外出旅行和乡间度假时也总是在一起。至于我们在闲暇时常常找一个僻静的地方一起专心致志地研究学问，这还用得着说吗？如果对这些往事的回忆也随着他的去世而消逝，那么，失去一个在生活中与我如此亲密的伴侣的悲痛我可能会承受不起。但是这些往事并没有消逝，它们在我的记忆中越来越清晰。即使现在我完全想不起它们来了，我已到了这个年纪也无所谓了，因为我忍受这种悲痛的时间已经不可能太长了。任何短暂的痛苦，不管有多强烈，都可以忍受的。

这就是我对友谊的所有看法。临别时我给你们一点建议。一定要记住：美德是第一位的，没有美德就不可能有友谊。但除了美德之外（而且仅次于美德），一切事物中最伟大的是友谊。

论 老 年

提图斯，如果我能帮你去除困扰你心灵的烦恼，
拔掉使你的心灵发炎化脓的毒刺，
你将如何报答我呢？

阿提库斯，上面这几行诗原本是那个财产上贫穷而名誉上富有的人写给弗拉米尼努斯的，现在我把这几句诗转赠给你，但是我完全相信你不会像弗拉米尼努斯那样一天到晚忧心忡忡。

因为我知道你是一个富有理智、性情沉稳的人；而且我还知道，你从雅典带回来的不只是一个姓氏，而且还有雅典的文化和丰富的见识。但是我觉得，目前使我感到忧虑的一些情形有时也会使你感到烦恼。但是在这方面给予你安慰是件比较重大的事情，有机会时再谈。现在我已决定为你写一部关于老年的论著。由于你我都已年近古稀，或者至少说都已步入老年，因而都有一种心理上的负担。尽管我完全相信你也会像对待其他任何事情一样镇静达观地对待老年问题，但我还是想为消除我们的这种负担做一点事。当我决定撰写关于老年的论著时，我马上就想到了你，觉得这

也许对我们两人都有好处，所以把它作为礼物赠送给你。对于我来说，撰写这本书确实是件非常愉快的事情，它不仅将老年的烦恼一扫而光，而且甚至还使晚年生活变得悠闲而又快乐。因此，对哲学怎么称赞都不会过分，因为它能使其忠实的信徒毫无苦恼地度过一生中的各个时期。关于其他的论题我已经谈得很多了，并且将来有机会还要再谈；但是，我现在献给你的这本书是谈论老年的。在这整本书中，我并不是像科斯的亚里斯托那样，假借提托诺斯之口来论述老年的（因为神话毕竟是不可信的），而是假借年事已高的马尔库斯·加图之口来论述老年，以便使我的论著更有分量。此外，我还设计了这样一个场景：莱利乌斯和西庇阿在加图家里，对加图能如此安逸地遣度余年表示惊奇，于是加图就回答他们所提出的问题。如果本书中的加图似乎显得比人们通常从他自己的著作中所看到的更有学问，那么，这应当归功于希腊文学，因为人们都知道，他晚年曾潜心研究希腊文学。我还需要说什么呢？你马上就可以从加图的口中了解到我对于老年的全部看法。

马尔库斯·加图、普布利乌斯·科内利乌斯·西庇阿·阿非利加努斯（小西庇阿）、盖乌斯·莱利乌斯

西庇阿：马尔库斯·加图，我在和我的朋友盖乌斯·莱利乌斯谈话时，常常对你各方面显露出来的那种卓越超群、完美无缺的智慧表示钦佩，尤其令我钦佩的是，老年对于你来说好像从来不是一种负担，而绝大多数老人却非常讨厌老年；他们说自己的负担比埃特纳山还重。

加图：亲爱的西庇阿和莱利乌斯，你们所钦佩的事情，我觉得不难做到。当然，自己不是知道如何过一种愉快而幸福的生活的人，无论什么年纪都会觉得活得很累。但是，那些从自身寻求一切愉悦的人绝不会认为那些因自然规律而不可避免的事物是邪恶的。在这类事物中排第一的当属老年：人人都希望活到老年，然而到了老年又都抱怨。人就是这样愚蠢、这样矛盾和不合情理，他们抱怨说，自己不知不觉地到了老年，真没想到它

来得这么快。首先，谁让他们抱有这样一种错觉呢？有什么理由说成年人不知不觉地步入老年要比儿童不知不觉地长大成人更快呢？其次，假如他们活到800岁而不是80岁，对于他们来说老年的烦恼又会少多少呢？因为他们的往昔不管有多长，一旦消逝，就不可能慰藉一个愚昧的暮年。因此，如果你们常常称赞我的智慧（但愿我能不辜负你们的赞许，不辱没我自己的姓氏），那么，我的智慧其实就在于这样一个事实：我追随“自然”这个最好的向导：对她敬若神明，遵从她的命令。既然她已经把人生戏剧的其余部分写得有声有色，在写最后一幕时她是绝不会像某些懒懒散散的诗人那样随随便便、漫不经心的。但是不管怎么说，“最后一幕”是不可避免的，正像树上的果子和田里的庄稼最终都要坠落和枯萎一样。聪明的人是不会为此而抱怨的。与“自然”抗衡——那不是像巨人向诸神宣战一样可笑、一样不自量力吗？

莱利乌斯：但是加图，如果你能在我们尚未步入老年之前（因为我们都希望，或至少是愿意活到老年），就预先告诉我们如何才能最轻松地承受住老年的负担，那你就给了我们莫大的恩惠（不知我的话能不能代表西庇阿）。

加图：莱利乌斯，我当然很愿意告诉你们，就像你所说的，如果你们两个人想法一样的话。

莱利乌斯：加图，如果你觉得不麻烦的话，我们的确很想知道，你走过了很长的人生旅途，现在究竟达到了一个什么样的境界？因为我们早晚也是要走上这条路的。

加图：莱利乌斯，我会尽力而为的。我有幸经常听到我的同时代人的抱怨（你们知道，俗话说，“物以类聚，人以群分”）。比如说盖乌斯·萨利那托和斯普利乌斯·阿尔比努斯（他们曾任执政官，年龄与我相仿），他们总是满口怨言。首先，他们抱怨说，他们已经失去了感官上的快乐，没有感官上快乐的生活根本不成其为生活。其次，他们抱怨说，曾经总是向他们献殷勤的人现在不把他们放在眼里了。我觉得，他们没有找对指责的对象。因为如果这是老年的过错的话，那么，这些不幸同样也会落在我和其他一些老年人的头上。但是我认识许多老年人，他们从来也没有抱怨过老年一句，因为他们非常乐意摆脱情欲的奴役，而且根本没有被他们的朋友所轻视。事实上，对于所有这种抱怨来说，应当指责的是性格，而不是人生的某个时期。因为通情达理、性格随和、胸怀开朗的老人都会觉得晚年很好过；而性情乖戾、脾气不好的人，无论什么年纪，都会觉得日子不好过。

莱利乌斯：加图，你说得不错。不过，也许有人会说，你有大量的钱财，又有很高的地位，当然觉得晚年好过了；而像你这样幸运的只是极少数。

加图：莱利乌斯，这话有些道理，但并不全面。例如，我们知道有这样一个故事：有一次，地米斯托克利和一个塞里弗斯人吵架，后者说，地米斯托克利的显赫地位不是凭他自己的本事，而是借助于他国家的声誉获得的。地米斯托克利回答说："不错，如果我是一个塞里弗斯人，我可能永远不会出名；但即使你是一个雅典人，你也永远不会出名的。"对于老年，我们也可以说诸如此类的话。如果一个人非常贫穷，他虽然很达观，可能也不会觉得老年是安逸的；但愚蠢的人，即使他是个百万富翁，也肯定会觉得老年是一个负担。亲爱的西庇阿和莱利乌斯，你们可以相信，最适宜于老年的武器就是美德的培养和修炼。如果一生中各个时期都坚持不懈地培养和修炼美德——如果一个人不但长寿而且还活得很有意义——那么老年时就会有惊人的收获，这不仅是因为它们必然能使我们安度晚年（尽管那是最重要的），还因为意识到自己一生并未虚度，并回想起自己的许多善行，就会感到无比欣慰。

例如昆图斯·法比乌斯·马克西穆斯，我指的是收复塔兰托的那个人。当我年轻时，他已经是个老人了，但我非常爱他，觉得他好像和我是同一代人似的。因为这位伟人不但严肃庄重而且平易近人，老年并没有改变他的性格。说实在的，我刚认识他时，尽管当时他的年纪已经不小了，他的确还不是个老人，因为在我出生后的第二年他就首次出任执政官了。当他第四次担任执政官时，我还是一个非常年轻的小伙子，在他的军队里当兵，随他一起去征伐卡普亚，五年后又去征伐塔兰托。四年后，图地塔努斯和凯特格乌斯任执政官，我被选为检察官。那一年他发表演说支持关于“禁止接受馈赠”的《辛西安法》，那时他确实已经很老了。

在晚年，法比乌斯·马克西穆斯打起仗来仍然像年轻时一样英勇善战。他用持久战的方法逐渐拖垮了汉尼拔，当时他充满了年轻人的那种自信心。我的朋友恩尼乌斯在其诗作中曾赞誉过他，那几行诗写得多么精彩啊！

为了我们，被命运的暴风雨所击倒的人们。
这个人巧施拖延之计，收复了国家的土地。
赞誉和谩骂均未左右他始终如一的心境，
忠于自己的目的，忠于祖国的利益！
因此，他的美名将流芳百世，永放光彩。

此外，在攻打塔兰托的过程中他表现得多么机警、多么有谋略！我曾亲耳听到他反驳萨利那托（他在塔兰托城失守后躲进了一个堡垒）的那句名言。萨利那托说：“法比乌斯，幸亏有我，你才夺回了塔兰托。”法比乌斯哈哈大笑，回答说：“你说得很对，要不是你把这个城市丢了，我怎么能收复它呢？”法比乌斯不但是一个杰出的军事家，而且还是一个杰出的政治家。在他第二次任执政官时，护民官盖乌斯·弗拉米尼乌斯无视元老院的决议，主张把皮森尼人和高卢人的土地分给平民。虽然另一位执政官对此事保持沉默，但法比乌斯则极力抵制弗拉米尼乌斯的提案。还有，他虽然是个占卜官，竟敢说：凡是有利于国家的事情必然是最大的吉兆，凡是有损于国家的法律必然是最大的凶兆。在这位伟人身上有许多值得称道的东西，但最使我敬佩的是当他忍受丧子之痛时所表现出来的那种理智的态度（他的儿子是个才华横溢的人，生前曾任执政官）。他在儿子的葬礼中所致的悼词，广为流传。我们读后觉得，世界上再没有比他更达观更有理智的人了。实际上，他的伟大之处不仅仅表现在罗马公民有目共睹的那些事迹上，他在许多鲜为人知的方面更是出类拔萃。多么健谈！多么善撰格言！多么通晓古史！多么精通占卜！对于罗马人来说，他还是一个很有文学修养的人。他的记忆力很好，对各种战争史（无论是罗马的战争，还是国外的战争）都记得清清楚楚。当时我总是如饥似渴地聆听他的教诲，好像我已经预料到他死后就不会有人来教导我了，事实上结果就是如此。

那么，我为什么要用这么长的篇幅来谈论马克西穆斯呢？因为我想让你们知道，凭良心说，像他的那种老年不可能被认为是不幸福的。当然不是所有的人都能像西庇阿或乌克西穆斯一样，可以回想当年曾攻克过哪些城市、参加过哪些海战和陆战、指挥过哪些战役、打过哪些胜仗。除此以外，还有另一种恬静、清白和优雅的生活，它也能使人获得一种宁静安逸的老年，例如，我们知道柏拉图就是如此，他临死前还在写作，享年81岁。还有伊索克拉底，他说，当他写《雅典娜女神节祝辞》这本书时他已经有94岁了，此后他又活了5年。他的老师高尔吉亚活到107岁，却从未停止过学习和工作。有人问他为什么愿意活得这么长，他回答说："我并没有觉得老年有什么不好。"回答得真好，不愧是个学者！愚蠢的人总是把他们自己的脆弱和过错归咎于老年，而我刚才提到过的恩尼乌斯则不然，他在诗作中说：

> 好像一匹勇悍的骏马，
> 常在奥林匹克赛场上获胜，
> 现在老了，
> 不再想参加比赛，而想休息了。

他把自己的老年比作一匹勇毅常胜的赛马的老年。其实你们还可以完全想得起来他，因为他死于现任执政官提图斯·弗拉米尼努斯和马尼乌斯·阿基利乌斯当选前的第19年，当时是凯皮奥和菲利普斯任执政官（后者是第二次任执政官）。那一年我66岁，曾发表演说支持《沃柯尼法案》，当时嗓音还很洪亮，底气还很足。那一年恩尼乌斯虽然已经70岁了，但对于人们认为最沉重的两种负担——贫困和老年，他却负重若轻，甚至好像乐于承受这两种负担似的。

事实上，只要好好想一想就可以发现，老年之所以被认为不幸福有四个理由：第一是，它使我们不能从事积极的工作；第二是，它使身体衰弱；第三是，它几乎剥夺了我们所有感官上的快乐；第四是，它的下一步就是死亡。如果你们同意的话，让我们对这些理由逐一作一番考察，看它们究竟有无道理。

老年使我们不能从事积极的工作。究竟不能从事哪一些工作呢？你是指那些非得年轻力壮才能干的工作吗？那么即使老年人身体很虚弱，难道他们连从事脑力劳动也不行吗？要是果真如此的话，昆图斯·马克西穆斯就是个废物了！西庇阿，你的父亲、我儿子的岳父——卢西乌斯·埃弥利乌斯也是个废物了！还有其他老年人——例如，法布里齐乌斯、库里乌斯和科伦堪尼乌斯——也是如此，尽管他们正在用自己的忠告和影响支撑着国家，他们也都是废物了！阿庇乌斯·克劳狄乌斯更没用了，因为他不但老了，而且连眼睛也瞎了；但正是他，在元老院倾向于同皮勒斯媾和并缔结盟约时，毫不犹豫地直言陈词，恩尼乌斯用诗的形式将他的话记叙如下：

以前这么坚强的决心到哪里去了？
现在怎么变得这么糊涂、这么没骨气？

后面的一些话语气也非常激烈。你们都知道这篇诗作，而且，阿庇乌斯本人的演说词现仍存在。他发表这篇演说是在他第二次担任执政官后的17年；他两次担任执政官之间，隔了10年。而且，他在担任执政官之前还做过监察官。由此可见，在同皮勒斯打仗时他已是一个年事很高的老人了。不过这是个前人流传下来的故事。

所以，说老年不能参与公众事务是没有道理的。这就等于说：舵手对船的航行没有用处，因为有的水手在爬桅杆，有的水手在舷梯上跑上跑下紧张地工作，有的水手在抽舱底污水，而他却静静地坐在船尾掌舵。他虽然不干年轻人所干的那些事情，但他的作用却要比年轻人大得多、重要得多。完成人生伟大的事业靠的不是体力、活动，或身体的灵活性，而是深思熟虑、性格、意见的表达。关于这些品质和能力，老年人不但没有丧失，反而越发增强了。我参加过各种战争，曾当过士兵、军官、将军和执政官，现在我不再打仗了，所以，你们很可能以为我就无事可做了。但是我现在仍在指导元老院的工作，告诉他们该做什么，以及如何去做。长期以来迦太基一直想侵略我国，因此我及时地向它宣战。只有将这座城市夷为平地，才能消除我的这块心病。西庇阿，我祈求诸神将踏平这座城市的荣誉留给你，使你能完成你祖父未竟的功业。虽然你的祖父去世已经32年了，但人们一直没有忘记这位伟人。他是在我做监察官之前的一年、做执政官之后的第九年去世的。在我做执政官时，他已是第二次担任执政官了。假如他当时活到了100岁，他会因年高而抱憾吗？当然是不会的。因为他虽然已不能急行军了，不能冲锋陷阵了，不能远距离投矛了，也不能短兵相接了，但是他还能提出忠告，进行推理，在元老院里一展雄辩。要是我们老年人不具备这些特长，我们的祖先也就不会把他们的最高议事机构称作“元老院”了。在斯巴达，那些担任最高职务的人就叫作“长老”，而且实际上他们也确实是些年长的老人。如果你们不怕费事，愿意阅读或聆听外国的历史，那么你们就会发现：那些最强大的国家往往都是差一点毁在年轻人的手里，而老年人则是国家的栋梁，他们总是在危急关头力挽狂澜，使国家转危为安。在诗人奈维乌斯的《竞赛》一剧里，有人提出这样一个问题：

> 请问，究竟是哪些人使得你们国家这样快地灭亡？

对此有一段冗长的回答，但要点是：

> 一大批我们所培养的新的演说家，
> 以及那些愚蠢、浅薄和自以为是的年轻人。

因为莽撞当然是青年的特征，谨慎当然是老年的特征。

但是，据说记忆力是要衰退的。这是毫无疑问的，除非你经常锻炼自己的记忆力，或者你生来就有些愚钝。地米斯托克利能记住雅典所有公民的名字，难道你能想到他老了之后常常把阿里斯提得斯叫作吕西马库斯？至于我，不但知道现在这一代人的名字，还知道他们的父亲和祖父叫什么名字。根据一般的迷信说法，读墓表会使人丧失记忆。但我却不怕，因为相反，读墓表会使我重新回想起那些死者。而且事实上我也从来没有听说过有哪位老人忘了自己藏钱的地方。凡是与他们切身利益有关的事情，他们是不会忘记的。例如，保释后出庭的日期，业务性约会，他们欠谁的钱，谁欠他们的钱。律师、大祭司、占卜官和哲学家老了之后怎么样？他们的记忆力还好得很呢！老年人只要经常动脑筋想问题，就能保持良好的记忆力。在这方面，不仅达官显贵是如此，而且安度晚年的普通百姓也是如此。索福克勒斯直到耄耋之年仍孜孜不倦地写作悲剧。他专心致志于悲剧创作，以至于被认为不善理财，于是他的儿子就把他带到法庭，说他年老智衰，要求法庭剥夺其管理家产的权利——希腊的法律也跟我们的法律一样，要是家长挥霍家产，通常就剥夺其管理家产的权利。据说，这位年迈的诗人当场把他刚刚写完且正在修改的剧本（《俄狄浦斯在科罗诺斯》）读给法官们听，并且问他们：这个剧本像是一个弱智的人写的吗？陪审团听了他朗读的剧本后，判他胜诉。可见，索福克勒斯并没因为年迈而放弃自己的事业。荷马、赫西奥德、西摩尼得斯，或我在前面提到过的伊索克拉底和戈尔加斯，或哲学学派的创立者，如毕达哥拉斯、德谟克里特、柏拉图、色诺克拉底，或后来的芝诺和克莱安西斯，或你们也在罗马见过的斯噶亚学派的第欧根尼，也是如此。所有这些人都从未停止过创作或研究，一直到他们去世为止。

但是，即使撇开这些崇高的事业不谈，我也能举出一些萨宾地区的罗马农夫，他们是我的邻居和朋友。凡是重要的农事，不管是播种、收割或屯粮，他们几乎没有不参加的。在其他事情上这也没有什么好令人惊奇的，因为任何人不管怎么老，也不会认为自己已经活不了一年。但是这些人辛辛苦苦所干的事情，他们知道对于他们自己是没有任何好处的。正如我们的诗人凯基利乌斯·斯塔提乌斯在其《青年伙伴》中所说：

他是为后人种树。

的确，假如有人问一位农夫，他是为谁而种的，不管他的年纪有多大，他会毫不犹豫地回答："为了不朽的神灵，他们不但希望我接受祖先的这些东西，而且还希望我把它们传给子孙后代。"

凯基利乌斯·斯塔提乌斯对于这位老人的那番评论比以下的说法更中肯：

如果说老年的坏处只是，
由于活得长久而看到
许多不愿看到的事情，
那已经使我们够不幸的了。

不错，一个人由于活得长久会看到许多他不愿看到的事情，但是，他也许还会看到许多他乐意看到的事情。再说，他年轻时也常常遇到他不高兴的事情呀！

凯基利乌斯还提到一种更糟的观点：

据说，老年最大的痛苦是：
老年人觉得年轻人讨厌自己。

一般说来，年轻人并不讨厌老年人，而是比较喜欢老年人。因为，正如明智的老年人喜欢同有出息的年轻人交往，年轻人的亲近和爱戴可以减除老年的孤寂一样，年轻人也乐于聆听老年人的教诲，这些教诲有助于他们去寻求美好的人生。我觉得，你们从与我交往中所得到的愉悦也并不亚于我从与你们交往中所得到的愉悦。但这足以向你们表明：老年非但不是萎靡和懒惰的，而且甚至是一个忙碌的时期，总是在做或试图做某件事情，当然，每个人老年时所做的事情与其年轻时所干的工作在性质上是相同的。不仅如此，有些老人甚至还在不停地学习呢！譬如说，我们知道，梭伦在他的诗中就夸耀自己虽然老了却“每天都在学习新的东西”。或者拿我来说也是一样，我只是到了晚年才开始学习希腊文学，的确，我曾贪婪地——而且也可以说是如饥似渴地——阅读希腊的文学著作，所以你们可以看到，我现在已能自如地引用希腊文学典故了。我听说苏格拉底在晚年还学会了弹七弦琴，我也很想学，因为古人往往都会弹这种乐器。但是，不管我学不学得会，我在文学方面总是下过功夫的。

其次，虽然我年轻时向往有牛或大象的力量，但现在已不向往有青年人的体力（因为这是老年的第二点坏处）。一个人应当量力而行，而且，无论做什么事情都应当全力以赴。还有什么比克罗顿的米洛的呼号更懦弱的呢？据说，他晚年时看到一些运动员在跑道上练习跑步，于是他就望着自己的胳膊，流着泪大声地喊道：“哎呀，现在这些肌肉实际上已经死了！”其实，这些肌肉一点也不比他这个无聊的人缺少生机，因为他绝不是靠他自己的真才实学，而是靠他的胸大肌和二头肌才出名的。塞克斯图斯·埃利乌斯则从未说过这类话，比他还早许多年的提图斯·科伦堪尼乌斯，或离我们较近的普布利乌斯·克拉苏，也从未说过这类话——他们都是有实践经验的法学专家，他们关于自己专业方面的知识是至死不灭的。演说家到了老年恐怕精力就不济了，因为演说不仅要靠理智，而且还要靠肺活量和体力。但是一般说来，人老了以后嗓音就会变得雄浑悦耳，因此，在某种意义上甚至会使演说更具魅力——你们看，我这么大年纪了，仍不曾失去这种雄浑。然而尽管如此，老年人毕竟适合于那种平静温和的演说风格，老雄辩家精练、温雅的演说往往能博得听众的好感。即使你本人达不到这一点，你还可以教导一个叫西庇阿的人和一个叫莱利乌斯的人呀！老年人被一群热情的青年人围绕着，还有什么比这更令人愉悦的呢？难道我们不承认即便老年也仍然有力量教导和训练青年履行人生的一切职责？还有什么事情比这更高尚的呢？我过去常常认为，普布利乌斯·西庇阿、格奈乌斯·西庇阿，以及你的两个祖父——卢西乌斯·埃弥利乌斯和普布利乌斯·阿非利加努斯，都是些幸运的人，因为他们周围都有一群杰出的年轻人。而且我们还认为，凡是美术老师，不管其体力多么衰弱，是不会不幸福的。然而这种体力的衰弱往往是年轻时期的不检点所致，因为年轻时放荡不羁，到了老年身体自然就垮了。例如，色诺芬笔下的居鲁士在其老年临终时曾说，他从未觉得自己老年时比年轻时衰弱。我记得小时候，卢西乌斯·梅特卢斯（他在第二次任执政官后四年又做了大祭司长，这个职务他担任了22年）临终时身体仍很强健，并没有衰老的迹象。至于我本人，那就用不着我说了，像我这样年纪的老人一般说来当然是有资格和权利谈论自己的。你们没有看到荷马史诗中涅斯托耳常常谈论自己的优点吗？当时他已活到了第三代，当他实事求是地谈论自己的情况时，也根本用不着担心别人会不会觉得他过分自负或夸夸其谈。因为正如荷马所说，“从他嘴里讲出来的话比蜜还甜”，而说这种甜蜜的话他是不费任何吹灰之力的。尽管埃阿斯勇武过人，希腊军的那位著名统帅却认为，有10个像埃阿斯那样的人还不如有10个像涅斯托耳那样的人，因为有10个像涅斯托耳那样的人，就可以很快地攻克特洛伊城。

不过还是回过头来谈谈我自己吧！我现在已经84岁了，也希望能像居鲁士一样夸耀自己。但是我不得不承认，我现在的精力确实已不如当年了，想当初在布匿战争中当列兵和检察官的时候，或在西班牙做执政官的时候，或四年后在执政官马尼乌斯·阿基利乌斯·格拉布里奥的指挥下作为一名军事指挥官参加温泉关战役的时候，我的精力是何等旺盛。不过，你们也看得出，老年并没有完全摧毁我的肌体，并没有使我彻底崩溃。我还有精力指导元老院的工作，或发表演说；我的朋友、门客或外国客人也都认为，我的精力并未枯竭。我从来就不赞成那句流传甚广的古老谚语：

早衰老者，
老年长。

对于我来说，宁愿老年时期短一些，也不愿意提前进入老年时期。因此，迄今为止，只要有人想见我，我从不回绝。但是，你们也许会说，我的力气没有你们的大。可是你们也没有百人队的队长T. 庞梯乌斯的力气大呀！他因此就比你们更了不起了吗？每个人最好还是适当地节用体力，量力而行，这样当然就不会因自己体力衰弱而感到遗憾了。据说，米洛曾在奥林匹克竞技会上扛着一头活公牛步入会场。那么，你们究竟愿意要米洛的体力呢，还是愿意要毕达哥拉斯的智力？总之，当你身强力壮时，你就享受那份幸福；当你身体衰老时，你就别再指望恢复昔日强健的体魄——除非我们认为，年轻人应当希望自己再回到童年时代，中年人应当希望自己再回到青年时代。生命的历程是固定不变的，“自然”只安排一条道路，而且每个人只能走一趟；我们生命的每一阶段都各有特色；因此，童年的稚弱、青年的激情、中年的稳健、老年的睿智——都有某种自然优势，人们应当适合时宜地享用这种优势。西庇阿，你祖父的外国朋友马西尼萨现在已经90岁高龄了，关于他的情况我想你是知道的。他一旦开始徒步旅行，中途绝不骑马；如果一开始就骑马，他从不半路下马。即便是刮风下雨或天寒地冻的天气，他也从不戴帽子。他的身体很健康，所以仍能亲理朝政。因此，一个人只要他坚持锻炼身体和有节制地生活，那么到了老年，在某种程度上仍能保持其青年时代的强健体魄。

老年是缺乏体力的，不过人们也并不要求老年人有体力。所以，法律和习俗均豁免我这样年纪的人履行那些没有体力便不能承担的义务。因此，人们不但不强迫我们去做那些力所不及的事情，甚至也不要求我们去做那些力所能及的事情。但是，也许有人会说，有许多老年人很孱弱，他们甚至连生活都不能自理。孱弱可不是老年人所特有的，身体不健康者同样也会孱弱。你们看，普布利乌斯·阿非利加努斯的儿子，也就是西庇阿的养父，他的身体是多么弱呀！他的健康状况有多糟，或者更确切地说，根本无健康可言！如果不是这个缘故，他早就成为政界的第二号大人物了；因为他除了具有他父亲的那种伟人的气质以外，还有渊博的学识。因此，既然连年轻人也难免会孱弱，老年人有时体弱又有什么可奇怪的呢？

亲爱的莱利乌斯和西庇阿，我们应当抵御老年的侵袭，尽量使它到来得晚一些。正如我们应当同疾病做斗争一样，我们也必须同老年做斗争。我们应该注意自己的身体，进行适当的锻炼，每天所摄取的食物要正好能补充体力消耗所需要的营养，不暴饮暴食。我们不但应当保重身体，而且更应当注意理智和心灵方面的健康。因为它们宛如灯火：若不继续添油，便会油干灯灭。此外，锻炼往往会使身体变得粗壮，但是理智方面的锻炼却能使头脑变得更加精细。凯基利乌斯所说的"喜剧中的老糊涂"是指那种轻信、健忘、邋遢、马虎的老人。轻信、健忘、邋遢、马虎并不是老年本身所固有的缺点，只有那些懒散迷糊、老年昏聩的人才是如此。比起老年人来，年轻人往往是比较任性和放荡的，但也不是所有的年轻人都是如此，只是那些品性不好的年轻人才是如此。那样，老年痴呆（通常叫作"愚钝"）也不是所有老年人的通病，只有心智不健全的老人才是如此。阿庇乌斯虽然又老又瞎，却仍然能指挥四个身强力壮的儿子和五个女儿，仍然是一家之主，所有那些门客也都听他的调遣。这是因为，他的心灵总是像一张拉满了弦的强弓一样绷得紧紧的，绝不因年老而逐渐松懈。他在家里不仅是个有影响的人物，而且是绝对权威：他的奴隶怕他，他的儿子敬重他，所有的人都爱他。的确，在那个大家庭里，祖先的习俗和戒规仍充满了活力。其实，只要老年人表明自己的权威，维持自己正当的权利，不屈从于任何人，他便是值得尊敬的。因为，正如我钦佩老成的青年一样，我也钦佩有朝气的老年。凡力求保持青春活力的人，虽然他的身体也许会老，但他的心灵是永远不会老的。我现在正在编撰《史源》第七卷。我收集所有的古代史料。这段时间，我还在整理我以前在所有重大场合发表的演说词，准备出版。我正在撰写有关卜法、教会法和民法的论文。此外，我还在努力学习希腊文；并且，为了不让自己的记忆力衰退，我仿效毕达哥拉斯派学者的方法，每天晚上把我一天所说的话、所听到的或所做的事情再复述一遍。上述这些就是对理智的锻炼，它们是心灵的"训练场"：当我在这些事情上干得很起劲时，我很少感到自己丧失体力。我为朋友出庭辩护；我还经常出席元老院的会议，并且在会议上常常主动地提出一些建议，这些建议都是经过长时间的深思熟虑之后才提出的。我做这些事情靠的是脑力，而不是体力。即使我身体很弱，不能做这些事情，我也能坐在沙发上享受想象之乐——想象我现在没有能力去做的那些事情。但是，我现在之所以能做这些事情，是由于我过去的生活所致。因为一个总是在这些学习和工作中讨生活的人，是不会察觉自己老之将至的。因此，他是在不知不觉中渐渐地衰老的。他的生命不是突然崩溃，而只是慢慢地寂灭。

指责老年的第三个理由是：它缺乏感官上的快乐。如果老年能使我们抹去这个年轻时代最大的污点，那真是一件大好事！亲爱的年轻朋友们，请听塔兰托的阿契塔（希腊最伟大、最杰出的人物之一）是怎么说的吧。他在一次谈话中说（他的这篇讲话是我年轻时跟随昆图斯·马克西穆斯在塔兰托得到的）：“感官上的快乐是自然赋予人类最致命的祸根；为了寻求感官上的快乐，人们往往会萌生各种放荡不羁的欲念。它是谋反、革命和通敌的一个富有成效的根源。实际上，没有一种罪恶、没有一种邪恶的行为不是受这种感官上的快乐欲的驱使而做出的。乱伦、通奸，以及一切诸如此类的丑恶行径，都是这种淫乐的欲念（而且无须掺杂其他的冲动）激起的。理智是自然或上帝赐予人类最好的礼物，而对这一神圣的礼物最有害的莫过于淫乐。因为，我们受欲念支配时，就不可能做到自我克制；在感官上的快乐占绝对统治地位的领域里，美德是没有立足之地的。为了使这一点看得更清楚，设想有一个人，他尽情地享受着感官上的快乐，兴奋到了极点。毫无疑问，这种人，当他的感官处于这种亢奋状态时，是不可能有效地运用理智、理性或思维的。因此，再没有比淫乐更可恶、更要命的东西了，如果一个人长期沉湎于淫乐之中，他的灵魂之光就会泯灭，变成一团漆黑。”

以上是阿契塔对萨谟奈人盖乌斯·庞梯乌斯所说的一番话，后者就是在考迪翁战役中击败斯普利乌斯·波斯图弥乌斯和提图斯·维图利乌斯两位执政官的那个人的父亲。我的朋友塔兰托的涅阿库斯（他始终忠于罗马）告诉我，他曾听某个老人转述过这番话，而且他还说，当时雅典哲人柏拉图也在场。后来我查明，在卢西乌斯·卡米卢斯和阿庇乌斯·克劳狄乌斯任执政官时，柏拉图确曾到过塔兰托。

我为什么要引证阿契塔的话呢？为的是要告诉你们：如果我们借助理性和哲学还不能摈弃淫乐的话，我们就应当感谢老年，因为它使我们失去了一切不良的嗜好。淫乐阻碍思维，是理性的敌人，因此可以说，它蒙蔽心灵。此外，它与美德是完全不相容的。很遗憾，我不得不把卢西乌斯逐出元老院，他是大名鼎鼎的提图斯·弗拉米尼努斯的弟弟，而且还做过七年执政官。但是我想，将粗俗好色的行为视为耻辱加以摈斥是绝对必要的。因为他在高卢当执政官时，曾在一次宴会上答应他情妇的要求，将一个被指控犯有死罪的囚犯斩首。在他哥哥提图斯当监察官（他是我的前任）的时候，他没有因此受到惩处。但是，我和弗拉库斯不能姑息这种罪恶放荡的行为，尤其是，它不仅玷污了他自己的名誉，而且还给政府带来了耻辱。

我常听那些年纪比我大的人说（他们说，他们也是小时候听老人说的），盖乌斯·法布里齐乌斯在皮勒斯国王的大本营里当使节时听帖撒利亚人基尼阿斯说，有一个雅典人，他自称是一个“哲学家”，并且断言我们所做的一切都是同快乐有关。对此，盖乌斯·法布里齐乌斯常常表示很惊讶。当他把基尼阿斯的这些话告诉曼尼乌斯·库里乌斯和普布利乌斯·德奇乌斯以后，他们两人常说，他们希望萨谟奈人和皮勒斯本人也都持这种观点。因为如果他们一旦沉湎于淫乐之中，那么，征服他们就容易得多了。曼尼乌斯·库里乌斯和普布利乌斯·德奇乌斯很要好，德奇乌斯在库里乌斯任执政官前四年就为国捐躯了。法布里齐乌斯和科伦堪尼乌斯也认识他，并且根据他们自己的生活经验和普布利乌斯·德奇乌斯的行为，认为确实存在某种内在的、高尚而又伟大的东西，人们之所以追求它，就是为了它本身，因此，一切高尚的人无不以此为目标，而鄙弃和忽视感官上的快乐。那么我为什么在快乐问题上费这么多口舌呢？因为，老年对任何快乐都没有强烈的欲望这一点绝不是指责老年的理由，相反，这是老年最值得赞誉的优点。

但是，你们也许会说，老年被剥夺了饮食之乐，即失去了饱餐美食、开怀畅饮的乐趣。不错，它的确不能享受这些快乐，因此也没有酒醉头疼、胃肠失调、彻夜难眠的痛苦。不过我们应当承认，快乐具有很大的吸引力，要想抵御它的诱惑不是件容易的事情。柏拉图说得好，他把快乐称作“罪恶的诱饵”，因为人们确实像鱼上钩一样，很容易上它的当。因此我认为，老年虽然必须避免豪奢的宴饮，但是参加一些有节制的宴会还是可以的。我小时候常看到盖乌斯·杜伊利乌斯赴宴归来。他是马尔库斯的儿子，当时已是一个老人了。他很会享受，常常让一群人举着火把、吹着长笛护送他回家，这对于一个普通人来说是前所未有的。他的光荣历史使他享有这一特权。但是何必讲别人呢？还是回过头来讲讲我自己吧。首先，我始终是一个“俱乐部”的成员。你们知道，在我做监察官的时候，由于对大母神的崇拜从伊得山传入罗马，成立了许多俱乐部。因此，我经常参加我们俱乐部的聚餐。总的来说，吃得相当俭朴，然而我却津津有味，非常愉快；但是后来年事渐高，吃的兴趣也就日益减退了。实际上，甚至对于这些聚餐，我从来不在乎于物质上的享受，我最大的快乐就在于朋友们能聚在一起聊聊天。我们的祖先把宴请宾客（意指共同享受）叫作“一起生活”（convivium），是很有道理的。它比希腊文好，希腊文的意思是“一起喝酒”或“一起吃饭”，它们所表达的实际上是宴会的一些最不重要的方面。

对于我来说，因为喜欢交谈，所以甚至早在下午就已经开始享受宴会的乐趣了。我不但喜欢与我同代人（现在还活着的已经没有几个了）交往，而且也喜欢与你们以及像你们这种年纪的人交往。我非常感谢老年，它使我对谈话的兴趣越来越浓厚，对饮食的兴趣越来越淡薄。但是如果有人的确能享受到饮食的乐趣（看来不能毫无例外地反对一切快乐，因为它或许是一种由本性所激起的情感），那么我觉得，即使对于这些快乐，老年也并不是完全没有鉴赏力。就拿我自己来说吧，我甚至喜欢照老规矩推定筵席的席主；喜欢按祖先遗下的风俗，在斟完酒后，从坐在左手边最末尾的那个人开始谈话；还喜欢用色诺芬在《会饮篇》中所描绘的那种只能盛一点点酒的小酒盅；而且，夏天喜欢喝凉酒，冬天喜欢喝用太阳晒热或用火煨热的温酒。即使我住在萨宾乡下的时候，我也一直保留着这些爱好，每天都和邻居们聚餐，我们边吃边聊，无话不谈，一直延续到深夜。

但是你们也许会说，老年人已经没有那种令人兴奋的快感了。是的，这是毫无疑问的。但是他们也并不那么希望有这种快感。凡是你不希望有的东西，你若没有，是不会感到难受的。当索福克勒斯已经很老很老的时候，有人问他是否还有男女间的床笫之事，他回答得很好，他说："绝无此事！摆脱了那种事情，尤如摆脱了一个粗鲁而又疯狂的主人一样，我简直高兴极了。"对于确实向往这种事情的人来说，若没有这种事情，他们可能会觉得很苦恼，很难受；但对于腻味这种事情的人来说，缺乏这种事情比享有这种事情更快乐。不过，不想有这种事情的人，你就不能说他缺乏这种事情。因此，我的论点是：没有这种欲念乃是最愉快的事情。

但是，即使年轻人更热衷于这种快乐，也应当指出以下两点：第一，我已经说过，享受这种快乐是毫无意义的；第二，老年虽然不能充分享有这种快乐，但并不是完全没有这种快乐。正像坐在剧院里观看安必维乌斯·图尔皮奥的喜剧表演，虽然坐在前排的人所得到的快乐比坐在后排的人多些，但是坐在后排的人毕竟也能得到快乐一样，年轻人因为离这种快乐较近，看得比较真切，所以他们的乐趣也许就更大些，但是老年人，即便离它们较远，看得不太真切，也能得到不少乐趣。可以说，一个人在经历了情欲、野心、竞争、仇恨以及一切激情的折腾之后，陷入沉思，享受超然的生活，这是何等幸福啊！实际上，如果有一些研究能力或哲学功底的话，世界上再没有比闲逸的老年更快乐的了。我们亲眼看到，C. 加卢斯（西庇阿，他是你父亲的一位朋友）直到他死的那一天还在专心致志地绘制地图和天体图。他经常是从晚上开始计算一道难题，在不知不觉中迎来了黎明，或者，从清晨开始工作，一直干到夜幕降临！当他在日食和月食远未出现之前就向我们预报它们的出现时间时，他是多么高兴啊！另外，有些人在晚年则从事一些较为轻松的工作，但这也需要敏捷的智力。例如，奈维乌斯以著述《布匿战争》为乐事，而普劳图斯则以撰写《凶宅》和《吹牛军人》为乐事。我甚至还见过李维乌斯·安德罗尼库斯，他在我出世前六年就已经开始写剧本了（当时是堪多和图地塔努斯当执政官），在我青年时代他还活着。至于普布利乌斯·利基尼乌斯·克拉苏对于教会法和民法的热心，或当代的普布利乌斯·西庇阿（他前几天刚被任命为大祭司长），那还用得着说吗？我发现，我上面提到的这些人在晚年都热衷于这些工作。还有马尔库斯·凯特格乌斯，恩尼乌斯公正地称他为“说服人的能手”——我们可以看到，他甚至到了老年，演讲时还是多么有激情啊！吃喝嫖赌的快乐能和这种快乐相提并论吗？这种快乐完全是一种求知的乐趣，对于有理智的、受过良好教育的人来说，这种快乐是随着他们年龄的增长而增强的。其实，梭伦在我前面引用过的那首诗里就表达了这种高尚的情感——他活到老学到老，每天都要学习许多新的东西。其他一切快乐当然不可能大于这种理智上的快乐。

现在我来谈谈农夫的快乐。我觉得务农真是其乐无穷。这种乐趣并不因年老而消减，而且我认为，它最适宜于理想中的贤哲生活。因为他必须同土地打交道，而土地犹如一个银行，从不拒绝提款，却不用付给利息，虽然有时利率确实有点低，但总的说来利率还是比较高的。不过对于我来说，使我快乐的并不只是物产，而且还有土地本身的力量和自然的生产性。因为她把播撒在翻松了的土地上的麦种抱在自己的怀里，首先把它遮盖起来（因此，完成这道工序的“耙地”一词原来是“隐藏”的意思）；接着，她把麦种抱紧了，用自己的热量给予它温暖，使它发芽，长出绿色的叶片。然后，麦苗靠须根吸收养分，一点点长大，在叶鞘中长出一根有节的主茎，因而使它保持直立状态，但这时它还没有成熟。当主茎从叶鞘中脱颖而出以后，它就开始抽穗，穗上有排列整齐的麦粒；而且，为了防止小鸟啄食，穗上还长有起栅栏作用的麦芒。

至于葡萄的起源、种植和生产，还用得着说吗？我告诉你们，我老年的消遣就是种葡萄，我觉得种葡萄真是其乐无穷。从土里繁殖出来的一切东西都具有一种自然力，因为泥土能使一粒细小的无花果籽、一粒葡萄核，或其他谷类和植物的最小的种子，长成硕壮的枝干。关于这种自然力，我在这里就不谈了。但是，槌形切枝、接穗、插枝、压条——难道这些还不够令人惊喜吗？葡萄的枝蔓生来就是下垂的，如果没有东西支撑，它就卧在地上；但是为了使自己直立起来，凡是它能够着的东西，它都用自己的卷须将它们缠住，这些卷须像手一样四处攀缘。但当它蔓延开来，越缠越多，越长越疯时，园丁怕它到处攀绕，怕它因长势过盛而荒芜，便用剪子对它进行修剪。因此，开春时，在保留下来的枝条的每一节疤处就长出一个“芽眼”。日后，从这些芽眼中长出葡萄。在土地的滋润和阳光的照射下，它一点点长大。最初它的味道是酸涩的，但到后来成熟时就变甜了；而且，由于有卷须遮掩，葡萄棚里既不缺乏适中的温度，又能避免太阳的暴晒。还有什么比葡萄更可口、更美观的呢？正如我在前面说过的那样，使我欣喜的并不只是它的实利，而且还有它的栽培方法和生长的自然过程：一排排棚柱，顶上的一条条横档，枝条的绑缚，压条繁殖，我已经提到过的对于冗枝的修剪，对于其他枝条的定位。至于灌溉、挖沟和松土以增加土壤的肥力，那就更不用说了。关于施肥的好处，我在论农业的那本书里已经讲过。博学的赫西奥德虽然在他的著作中谈到过土地的耕种，可是对这个问题却只字未提。但荷马（我认为他要比赫西奥德早好多代）曾经描写过，莱耳忒斯因思念儿子遂以耕种和施肥自遣。农夫的乐趣也不仅仅限于麦田、草场、葡萄园和森林，他们还喜欢花园、果园、牧羊、养蜂，以及各种各样的花卉。不但种植是件很有趣的工作，嫁接也很有意思，它无疑是农夫最巧妙的发明。

我还可以继续列举田园生活的种种乐趣，不过我觉得自己已经说得太多了。但是，你们应当原谅我，因为务农是我非常喜欢的一种消遣，并且，人一老，说起话来自然就会絮絮叨叨——不要以为我完全没有老年人的那些缺点。

曼尼乌斯·库里乌斯在举行了战胜萨谟奈人、萨宾人和皮勒斯的凯旋仪式之后，就是以这种生活度过其晚年的。每当我看到他的乡间住宅（因为他的乡间住宅离我的住处不远），我都不禁为这个人的俭朴或那个时代的精神所倾倒。有一次，库里乌斯正坐在火炉边，萨谟奈人给他送来一大块黄金，被他拒绝了。他说，在他看来拥有黄金并没有什么了不起，能统治拥有黄金的人才是了不起。你们想，这样高尚的人在老年能不快乐吗？

不要离开我自己的行当，还是再回过头来谈谈农夫吧。从前，有些元老院议员（即老人）就住在乡下，据说，L. 昆克提乌斯·辛辛纳图斯正在耕地，有人跑来通知他说，他已被委任为独裁官。于是，他就命令骑兵统帅C. 塞维里乌斯·阿哈拉以试图篡夺王位的罪名捕杀斯普利乌斯·梅利乌斯·库里乌斯，其他老人在他们的农舍里也常常接到通知，请他们出席元老院会议，根据这一情况，人们把传达这种通知的人叫作“旅行者”。那些在耕作中自得其乐的老年人有什么可怜悯的呢？依我看，农夫的生活是最幸福的，这不仅是因为它的实际效用（因为农业有益于整个人类），而且还因为这种生活的确很快乐（这一点我已经说过），它能大量提供人们养生和祭神所必需的一切食品。所以，既然这些东西是某些人欲求的对象，让我们同快乐言和吧。因为勤劳能干的农夫，他的酒窖、油罐、食品贮藏室总是满满的，而且他的整个农舍也显得很富裕，到处都是猪肉、山羊肉、羔羊肉、禽肉、牛奶、乳酪和蜂蜜。另外还有菜园子，农夫们把它叫作“另一种腊肉”。他们还利用余暇捕鸟打猎，为餐桌增添美味。至于绿草如茵的牧场、一排排的树木、美丽的葡萄园和橄榄树林，还用得着说吗？简言之，没有什么比精耕细作的土地既能提供更丰盛的必需品，又能呈现更美的景象的了。老年人享受这种田园之乐不但没有障碍，而且还特别适宜。因为田园生活最有利于老年人的身心健康，天冷时可以到户外晒太阳，或坐在炉子旁烤火，天热时可以在树荫下或小河边纳凉——除了乡村之外，你还能找到更惬意的地方吗？至于武器、马匹、矛戈、钝剑、皮球、游泳池和跑道，让年轻人独自去享用好了。但是请他们把骰子和筹码留给我们，因为有许多体育活动不适宜于我们老年人。如果他们不愿意把骰子和筹码留给我们，那也没关系，没有它们老年人照样能生活得很快乐。

色诺芬的著作内容非常丰富，在许多方面都能给人以很大的教益。我建议你们好好读读他的著作。他在那本论田产经营的书（书名为“经济论”）中用多么丰富的词语来称赞农业啊！为了让你们知道色诺芬认为耕地是最适合于公子王孙的嗜好，我愿把该书中苏格拉底对克里托布鲁斯所说的那段话翻译出来：

“波斯王子居鲁士是位品性卓越、政绩辉煌的统治者。他在萨狄斯时，来山得来拜访他。这位极其豪侠的斯巴达人为居鲁士带来一些同盟者赠送的礼物，受到居鲁士的盛情款待。在访问期间，居鲁士带他参观了一个精心培植的庭园。来山得对于庭园中树木的高大及其梅花形的严整排列、土地的精细耕作以至于毫无杂草，和花卉所散发的芬芳表示赞美。接着他又说，他所赞叹的不仅是园丁们工作的勤勉，而且还钦佩规划和设计这个庭园的人的匠心。居鲁士回答说：‘喔，这整个庭园都是我规划的。树木的排列也是我设计的，有许多树还是我亲手栽的呢。于是，来山得望着他的紫袍、堂堂的仪表，以及镶有金子和许多宝石的波斯式样的装饰品，说：‘居鲁士，怪不得人们说你幸福，因为你不但才华出众，而且很幸运。’”

因此，老年人是可以享受这种幸运的。年龄也无碍于我们从事其他各种事业，尤其是农业，老年人一直可以干到去世为止。例如，据记载，M.瓦勒里乌斯·柯尔维乌斯退休后便回故里务农，当他活到100岁时还在过这种田园生活呢。从他第一次任执政官到他第六次任执政官，中间隔了46年。所以说，他服公职的年数相当于我们祖先所规定的从出生到老年开始的岁数。此外，他老年的最后一段时期比他中年的最后一段时期还快乐，因为他那时工作不太辛苦，而威望却很高。威望是老年的最大荣耀。

卢西乌斯·凯基利乌斯·梅特卢斯多有威望！阿梯里乌斯·卡拉提努斯的威望也很高，他的墓志铭是：“许多阶层一致认为，此人是全国最卓越的人物。”我想你们一定知道这句墓志铭，因为它就刻在他的墓碑上。因此，如果一个人一直受到人们一致的称赞，他自然就有威望。此外，在近代，大祭司长普布利乌斯·克拉苏及其继任者M.李必达是多么伟大的人物啊！至于保卢斯、阿非利加努斯，或我在前面提到过的马克西穆斯，那就更不用说了。他们不但在元老院里发言很有影响，而且即便轻轻地点一下头也很有分量。实际上，老年的威望，尤其是享受尊荣的老年的威望，其价值相当于青年时代一切快乐的总和。

但是在我的整个谈话过程中，你们必须记住，我所赞美的只是那种年轻时代已经打好基础的老年。由此可以推断出我曾经发表过的那种为人们普遍赞同的观点：需要自我辩解的老年肯定是一种可怜巴巴的老年。无论是白发还是皱纹都不可能使人突然失去威望，因为一个人最终享有威望乃是他早年品行高尚的结果。虽然有些事情一般被看作微不足道和理所当然的，比如受人敬礼、被人求见、为人让路、来人时起立、去演讲时来回都有人陪同、征求意见等，但这一切都是尊敬的表示，我们奉行这些礼节，其他国家也是如此——社会风气越好的地方，对老年人总是越尊敬。据说，来山得（即我前面提到过的那个斯巴达人）常说，斯巴达是老年人最享尊荣的故乡；因为再也没有比斯巴达更尊敬老年的地方了。而且我还听说过这样一个故事：在雅典，一个老年人去看戏，当他走进剧场时戏已经开演了；在剧场里，他的广大同胞没有一个给他让座，但当他走到斯巴达人的座位旁边时（作为使节，他们有自己特定的座位），他们都不约而同地站了起来，请他入座。当全场报以热烈的掌声时，有一位斯巴达人说："雅典人知道什么是对的，但自己却不愿意去做。"

我们的占卜院也有许多好规矩，但是与我们现在所讨论的题目有关的最好的一个规矩是：辩论时发言的先后以年龄大小而不以官职高低为顺序，即便官职最高的大官，也得让比他年长的人先说。哪一种感官上的快乐能与威望方面的报酬相比拟呢？我觉得，生活犹如演戏，善于享用这种报酬的人总是能成功地将这出人生的戏剧演到底，而不是像初出茅庐的演员那样到最后一幕把戏演砸了。

不过，有人也许会说，老年人烦躁不安，脾气古怪，不好相处。如果这样说的话，他们还很贪婪。但这些都是性格的缺点，不是年龄的缺点。而且，烦躁不安以及我所提到的其他缺点毕竟还是有理由的（当然，这个理由是不充分的，但它仍不失为一个理由），那就是：老年人自以为被人忽视，被人看不起，被人嘲弄。此外，由于身体孱弱，哪怕最轻微的伤害都会导致痛苦。不过，只要性格开朗并受过良好的教育，这些缺点是可以克服的。在现实生活中就有这方面的例子。而且《两兄弟》这出戏中的那两兄弟也是一个例证：一个是多么尖刻，一个是多么宽厚！事实上，人的性格就像酒一样，酒放时间长了并不都会变酸，同样，人的性格到老年也并不都会变得尖刻。我赞成老年人要有威严，不过这也应当像其他事物一样，有一个适当的限度。但是我绝不赞成尖刻。至于老年人的贪婪，我真弄不懂他们究竟图的是什么。因为这好比一个旅行者：剩下的旅途越短，他越想筹措更多的旅资。难道还有比这更荒唐的事情吗？

剩下还有第四个理由——死亡的临近。它似乎比其他任何一个理由更使我这种年纪的人苦恼，使他们处于焦虑之中。应当承认，老年人离死是不远了。但是，如果一个老年人活了一辈子还不知道死亡并不是一件可怕的事情，那么他肯定是一个非常可怜的老糊涂！死亡无非有两种可能：要么使灵魂彻底毁灭，要么把灵魂带到永生的境界。如果是前者，我们完全无所谓；如果是后者，我们甚至求之不得。除此之外，绝无第三种可能。如果我死后注定是没有痛苦，或者会很幸福，那么我又有什么可害怕的呢？有谁（不管他有多么年轻）会蠢到竟然敢打包票说，自己一定能活到今天晚上呢？实际上，年轻人死亡的机缘比我们老年人还多：他们更容易得病，而且生起病来更厉害，治疗起来也更困难。因此，只有少数人才能活到老年。如果不是这么多年轻人不幸早亡的话，人生就会变得更加美好，人也会变得更有智慧，因为有思想、有理性、能做到深谋远虑的正是那些老年人。没有老年人，国家就完全不可能存在。但我还是回过头来谈谈死亡的迫近这个问题。死亡的迫近怎能算是老年的缺憾呢？要知道，年轻人同样也存在这个问题。我之所以相信无论什么年纪都是会死的，那是有理由的，因为我失去了我优秀的儿子。西庇阿，你也一样，失去了两个兄弟，他们都有希望获得最高的荣誉。你们也许会说：是的，但年轻人希望活得长久，而老年人却不可能有这个希望。谁要是抱这种希望，他就是个傻瓜，因为他把不确定的事物看作确定的，把虚幻的事物看作真实的，还有什么比这更愚蠢的呢？也许有人会说："老年人甚至没有什么可希望的了。"嘿，正是在这一点上。他就比年轻人强，因为年轻人所希望的东西，他都已经得到了。年轻人希望活得长久，而他却已经活得长久了。

然而，天哪！人怎样才算是活得“长久”呢？因为即便我们能活到塔特苏斯的国王那样的岁数，那也是有极限的。我从一篇记载中获知，加德斯有个叫作阿伽陶尼乌斯的人，他在位80年，活了120岁。但是我觉得，只要有“终结”，那就算不得长久，因为大限一到，过去的一切都将消逝——唯有一样东西可以存留，那就是你用美德和正义的行为所赢得的声誉。实际上，年、月、日、时都在流逝，过去的时间一去不再复返；至于未来，那是不可知的。因此，每个人无论能活多久都应当感到满足。一个演员，为了赢得观众的称赞，用不着把戏从头演到尾；他只要在他出场的那一幕中使观众满意就行了。一个聪明的人也不需要老是留在人生的舞台上一直等到最后的“喝彩”。因为不管生命怎么短暂，活得光明磊落和体面总还是可以的。但是假如你的寿命比较长，你也不应当发牢骚，就像农夫不应当因为春季的消逝和夏秋的来临而发牢骚一样。“春天”这个词在某种程度上使人联想到青春，并意味着未来的收获，而其他季节则适合于谷物的收割和储藏。我以前常说，老年的收获就是对早年生活中幸福往事的大量回忆。另外，一切顺乎自然的事情都应当被认为是好事。但是还有什么比老年人寿终正寝更顺乎自然的呢？当然，年轻人也会夭折，但那是违背自然的。因此，我觉得，年轻人的死亡犹如熊熊烈火被一场暴雨所浇灭；而老年人去世就像一团火在没有任何外力作用的情况下渐渐烧尽而自行熄灭一样。青绿的苹果很难从树上摘下，熟透的苹果会自动跌到地上。人们像苹果一样，少年时的死亡，是受外力作用的结果，老年时的死亡是成熟后的自然现象。我认为，接近死亡的“成熟”阶段非常可爱。越接近死亡，我越觉得，我好像是经历了一段很长的旅程，最后见到了陆地，我乘坐的船就要在我的故乡的港口靠岸了。

另外，老年没有固定的界限，只要你能担负起责任，将生死置之度外，你就是在非常恰当地利用老年。因此，老年甚至比青年还自信、还勇敢。这就是梭伦对僭主庇西斯特拉图斯所作的如下回答的含意——庇西斯特拉图斯问梭伦：“你凭什么，竟敢如此大胆地反对我？”梭伦回答说：“凭我的老年。”但人最好是在头脑清楚、感官健全的时候死去，“自然”组装起来的东西仍然由“自然”来拆散。建筑家亲自建造的船只或房屋，他自己拆起来比其他任何人更容易；同样，“自然”把人体组合在一起，由她来亲自拆毁人体，也是最合适的。再说，新砌的房屋总是很难拆毁的；如果是旧房子，那么就很容易拆毁。

因此，老年人对于自己短暂的余生既不应当过分贪恋，也不应当无故放弃。毕达哥拉斯告诫我们：若没有我们的指挥官即上帝的命令，切不可撤离生命的堡垒和前哨。梭伦确实很聪明，他在为自己所写的挽歌中说，他不希望自己死时没有朋友为他哀悼。我想，他可能缺乏朋友的挚爱。但是，我倒觉得恩尼乌斯说得更好：

> 谁也不要用眼泪对我表示敬意，更不要号啕大哭，
> 使我的葬礼沉浸在悲哀的气氛中。

他认为，死后灵魂不朽，所以死并不是一件令人悲伤的事情。

此外，人临终时可能会有某种痛苦，但这只是短暂的，尤其是老年人。当然，死后，人们或者感到很快乐，或者什么感觉也没有。但是我们必须从青年时代起就接受这方面的教育，才能置生死于度外，因为没有这方面的知识就不可能有宁静的心境；因为人总有一死，而且谁也不能肯定自己今天会不会死。因此，死亡每时每刻都在威胁着我们，所以，要是怕死，心里怎么能够安宁？

但是我想，这个问题用不着我再多说了，尽管我还记得以下这些人的英雄事迹：卢西乌斯·布鲁图斯为了保卫祖国而遭杀害；德奇乌斯父子以大无畏的精神骑马冲向敌阵，战死于疆场；马尔库斯·阿梯里乌斯·雷古卢斯为了不违背自己对敌人所许下的诺言，宁愿返回异国遭受刑戮；西庇阿兄弟甚至决定用自己的身体阻挡迦太基人前进；西庇阿，你的祖父卢西乌斯·保卢斯在坎尼的那次可耻的失败中因同僚的失职而赔上了自己的生命；还有马尔库斯·马尔采卢斯，甚至最凶残的敌人也会允许对他进行厚葬。只要回忆一下下述情形就足够了：我们的军团常常雄赳赳、气昂昂地

开赴战场（我在《史源》中曾对此作过记述），然而士兵们心里都清楚，他们是不可能从战场上活着回来的。因此，连年轻人——他们不但没有受过教育，而且都非常幼稚——都认为无所谓的事情，我们这些有知识的老年人还有什么可害怕的呢？我认为，对一切事情的厌倦必然会导致对人生的厌倦，这是一条普遍真理。有些事情适合于童年，难道年轻人还会留恋那些事情吗？有些事情则适合于青年，到了所谓“中年”的那个时期，难道还会要求去做那些事情吗？另外有些事情则适合于中年，到了老年就不会想去做了。最后，还有些事情则属于老年。因此，正像早年的快乐和事业有消逝的时候一样，老年的快乐和事业也有消逝的时候。到了那个时候，人也就活够了，可以毫无遗憾地谢世了。

我认为，我完全可以把我个人对死亡的看法告诉你们，因为我觉得，自己离死亡比较近，所以相对地说来对这个问题看得也比较清楚。西庇阿和莱利乌斯，我相信你们的父亲——他们是杰出的人物，都是我最亲密的朋友——现在还活着，并且过着一种真正是名副其实的生活。因为，只要我们被囚禁在这躯壳里，我们就得履行某种职责，就得做命运分配给我们的工作。实际上，灵魂来源于天国，是从其至高无上的故乡遣送下来的，因此也可以说是被埋在尘世——与其神圣和不朽的本性格格不入的地方。但是我想，不朽的诸神之所以要把灵魂植入人的躯体，就是为了能有某种东西俯瞰这个世界，同时还注视天体的秩序，以便将这种永恒不变的秩序贯彻于人类生活之中。使我产生这种信仰的不仅仅是推理和论证，而且还有那些最杰出的哲学家的声望和权威。我过去常听说，毕达哥拉斯和他的弟子们——他们几乎都是我们的同胞，古时候被称为“意大利哲学家学派”——从不怀疑我们的灵魂都是从普遍的神圣理智中选拔出来的。此外，我还经常重温苏格拉底临终时所发表的那篇关于灵魂不朽的谈话；而苏格拉底，他曾被德尔斐神谕所宣布为最有智慧的人。我没有必要再多说什么了。我对此深信不疑，并且认为，既然灵魂活动迅速，多才多艺，学识渊博，发明诸多，能清楚地记得过去和预知未来，那么，如此神通广大的东西，其本身是不可能死的。既然灵魂总是处于活动之中，而且这种活动并没有外在的原因，因为它是自动的，那么我可以断言，它永远也不会停止活动，因为它绝不可能抛弃自己。另外，既然从性质上说，灵魂并不是合成的，它的内部并不掺杂有任何不同性质的东西，因此我可以断言，它是不可分的；既然它是不可分的，那么它就不可能消亡。还有，小孩子学东西很快，往往一学就会，好像他们不是初次接触这些东西，而是唤起对于过去的记忆似的。这也是一个很有力的证据，证明人们的许多知识是生下来以前就有的。柏拉图的论证大致上也是如此。

在色诺芬的著作中我们还可以看到大居鲁士在临终时曾说过这样一番话："我亲爱的儿子们，你们不要以为我离开你们之后就不再存在了。即使我和你们在一起的时候，你们也看不见我的灵魂，但是根据我的所作所为就可以知道，我的躯体里是有灵魂的。所以，虽然你们以后还是看不见我的灵魂，但是你们应当相信我的灵魂依然存在。假如名人的灵魂并没有做过某种能使我们追念他们的事情，那么当他们死后，他们的荣誉也就不复存在了。至于我本人，我从来不相信灵魂在有死的躯壳里是活的，一旦离开这种躯壳便死了。我也不相信灵魂离开了那没有理智的躯体之后反而完全失去了理智。我倒是认为，只有完全摆脱了躯体，灵魂才会开始变得纯洁无瑕，这时灵魂才会变得更有智慧。此外，人死之后，他的肉体就分解成为各种元素，而其他的每种元素究竟去向何方，那是显而易见的：它们原来是从什么地方来的，现在又都回到什么地方去。唯独灵魂是看不见的：它在躯体里的时候是看不见的，离开躯体的时候同样也是看不见的。而且，你们都知道，没有什么比睡眠更像死亡的了。当人处于睡眠状态时，灵魂便最清晰地显示出它的神性，因为灵魂在无拘无束的情况下能预见许多事情。这就表明，灵魂完全摆脱肉体的桎梏之后可能会是什么样的情形。所以，如果情况果真如此，那么我将成为神灵，你们应当服从我。但是如果我的灵魂与躯体同朽，那么你们这些活人，出于对诸神的敬畏（他们监视和统治着这个美好的宇宙），也应当以忠诚和虔敬的态度来缅怀我。"

以上是居鲁士的临终遗言。要是你们同意的话，我现在来谈谈我自己的看法。我亲爱的西庇阿，你的父亲保卢斯，以及你的两个祖父保卢斯和阿非利加努斯，或者阿非利加努斯的父亲，或者他的叔叔，或者其他许多无须列举的名人，假如这些人不知道后人会纪念他们，谁也不能使我相信他们会做出这种令子孙后代景仰的丰功伟绩。假如我相信我的荣誉只是以我的有生之年为限，那么——享受老年人的特权，说句有点自夸的话——你们想我还会在国内外夜以继日地从事这么繁重的工作吗？过一种与世无争、舒心安逸的生活不是更好吗？但是不知怎么搞的，我的灵魂不甘寂寞，它的眼睛总是盯着后世，好像确信：它只有离开躯体之后才能开始过一种真正的生活。但要是灵魂不是不朽的，那么一切最优秀人物的灵魂就不会做出最大的努力去追求一种不朽的名声。

此外，最聪明的人总是能从容地去死，最愚蠢的人总是最舍不得去死，这又怎么解释呢？这是因为有些灵魂的目光比较锐利，看得比较远，知道死后自己要到一个更好的地方去，而有些灵魂的目光比较短浅，看不到这一点，难道你们不这样认为吗？至于我，现在很想去见你们的父亲，他们都是我所敬爱的人。我不但非常想见我所认识的那些人，而且也非常想见我所听说过的、在书中读到过的或在我本人的历史著作中写到过的那些人。当我动身去见他们的时候，当然谁也很难把我拉回来，或者像煮珀利阿斯那样把我的生命再“煮”回来。而且，即使有某个神灵允许我返老还童，让我再次躺在摇篮里哇哇啼哭，我也是会断然拒绝的，因为我几乎已经跑完了全程，确实不愿意再被叫回来从头跑起。活在世上有什么意思呢？还不是受累？即使假定活在世上是很有意思的，但不管怎么说，最终也会有活够了的时候。我并不想，像许多人和有些著名的哲学家常常所做的那样，贬低人生；我对自己活在世上也不感到后悔。因为我一生的经历使我觉得我并没有白来这尘世一趟。但是我告别人生，好像是离开旅馆，而不是离开家。因为“自然”给予我们的是一个暂时的寓所，而不是永久的家园。

啊，到时我将离开这喧噪污浊的世界，前往天国参加灵魂的聚会，那是令人愉快的日子！因为届时我不但可以见到我前面提到过的那些人，而且还可以见到我的儿子加图，世界上没有比他更好、更孝顺的人了。本来应当由他来焚化我的尸体，结果，却反而由我来焚化他的尸体。但是他的灵魂并没有遗弃我，而是一直在回头看着我；他的灵魂必定是先去了那个他知道我早晚也必定要去的地方。人们认为，我在丧子一事上表现得很英勇豁达，其实我也很悲痛；但是我一想到我们之间的分离不会长久，便觉得有所安慰。

亲爱的西庇阿，我正是用这些方法来减轻自己老年的负担，因此我觉得，老年不但不是难以忍受的，而且甚至是很愉快的（因为你说，你和莱利乌斯常常对这一点表示惊讶）。但是我认为人的灵魂是不朽的，即便我的这一观点是错误的，我也愿意这样错下去，因为这一错误给予我如此多的快乐，我不愿在我有生之年失去它。但是，像有些蹩脚的哲学家所认为的那样，如果我死后就没有知觉了，那么，我也就用不着担心哲学家们死后会嘲笑我的错误了。此外，假如我们不是永生的，那么，一个人在适当的时候死去也是件值得欣慰的事情。因为“自然”为一切事物设定了极限，人的生命也不例外。可以说，老年是人生的最后一幕，这时我们已疲惫不堪，尤其是当我们自己也觉得已经活够了的时候，那就该谢幕了。

对于老年，我就说到这儿。愿你们都能活到老年，那时你们就可以通过实践来检验我的话是否正确。

西塞罗的书信

Letters

〔古罗马〕马库斯·图利乌斯·西塞罗

主编序言

西塞罗的书信特点多样，范围从与家庭成员非正式的交流，到最严肃和复杂的书信体形式的论述。大部分书信都在抒发他当时的心情，风格比较轻松而且口语化，因为当时没有想到出版的可能性。其他写给其他公众人物的信和他的演讲本质上基本相同，都是通过对政治问题的探讨来影响公众的看法，在当时的罗马人的生活中起的作用，类似于现今社会著名期刊里的评论或社论。

虽然我们能在其私人书信里发现大多数能解释作者性格的东西——这也是很自然的事情——但就上述两大类情况而言，西塞罗的兴趣主要由两部分组成：个人的和历史的。这些书信尽管都发自作者内心，但对于它们能否展现出作者的个性，学者中却存在巨大的争议。而且观点分歧之大、争论之激烈，使我们想起了当今人们对格莱斯顿或罗斯福这样的人的讨论。公平地说，那些能理解政治上的压力和变化是如何导致一个政治家发表了前后不一致的言论的人，整体上比那些专业学者更能公正地评价西塞罗——后者由于缺乏实践经验，言论经不起严格的逻辑推敲。

这些书信也反映了西塞罗政治生活以外的许多方面。从信中我们可以看到继承了大量财富的雄心勃勃的罗马绅士是如何开始从事法律事务，并借此逐步成为社会名人；他的财富是如何通过诉讼费、朋友和被监护人的遗产，甚至是一些完全陌生的、想出名的人来增加的。我们还可以了解：一个省的地方长官是如何在一年内发家致富的；罗马富人的孩子是如何给他们的家庭教师制造麻烦，如何被送往雅典去我们今天意义上的大学学习的——他们一年超过相当于今天的4 000美元的零用钱还不够他们挥霍。同样，我们看到这个罗马最伟大的演说家在结婚30年后和他的妻子离婚，表面上是因为她轻率或在金钱方面不择手段。而在他63岁时，他和由他监护的一个年轻女孩结婚，他承认和这个女孩结婚是因为她的财产。这些交易表现出的冷酷脾性和他对他女儿图里亚的深情和爱是矛盾的，他从不厌倦地称赞女儿的聪明和魅力，女儿的死几乎使他心都碎了。

西塞罗的书信都用墨水写在纸上，或用芦苇笔写在羊皮纸上，有一些写在木片上或用蜡覆盖的象牙板上，象牙板上有尖笔书写的痕迹。早期的信，都是他自己亲手写的，后来在极少数情况下，才是他口述让秘书来记录。当然，那时没有邮政服务，所以书信都是由私人信使，或经常在省级官员和首都穿梭的信使携带传送。

除了给阿提库斯的信，西塞罗的其他书信的收集、整理和出版也都归功于他的秘书提若—— 一个博学的自由民，西塞罗有些书信也是写给他的，提图斯·珀姆珀尼乌斯·阿提库斯编辑了大量西塞罗写给他的信。他是一个受过良好教育的罗马人，在雅典住了超过20年，目的是求学。他对教育的热情与成功地追求财富相结合，虽然西塞罗在公共和私人事务方面依靠他的援助和咨询，但他们的友谊并不能阻止阿提库斯和西塞罗的政敌建立良好的关系。

阿提库斯慷慨大方、和蔼可亲又有教养，但他并不是因为坚守原则和忠于他人而出的名。泰瑞尔教授说："他是西塞罗一生的朋友"，"这个称号是对阿提库斯最好的纪念。阿提库斯这个人很和善，办事小心谨慎，也很精明，但仅此而已——他从来就没有什么伟大或高贵的品格，他是谨慎平庸的化身"。

西塞罗书信所涵盖的时期，在世界史上也算是最让人关注和最重要的时期，这些信件，通过一个人的笔——这个人不仅他自己本人参与了争论，而且他也是完美的文学大师，刻画了当时的主要人物和最重要的事件。

查尔斯·艾略特

致阿提库斯（雅典）

公元前65年7月，罗马

我想你肯定对我参选的相关事宜非常感兴趣，就目前知道的程度而言，事情是这样的。事实上，唯一拉票的人是P. 苏尔比基乌斯·加尔巴，他遭到了老式的、不加掩饰的拒绝。一般认为，这种过早的游说拉票不见得对我就不利，因为对于选民来说，一般他们出于义务都会给出他们拒绝的原因。所以，我希望在一定程度上这将提高我获胜的前景，因为这份报道让人们知道，我的朋友多不胜数。我正想开始拉票时，森司乌斯告诉我，就是7月17日护民官选举之日，你的仆人写了这封信。我的候选人对手，如果只提那些似乎是肯定会当选的人，有加尔巴、安东尼乌斯和Q. 科尔尼菲西乌斯。我想你一定在为此微笑或者叹息。嗯，有人真认为卡桑尼乌斯将当选，这大概会让你气得狠狠地击打你的额头吧？我不认为阿奎留斯会当选，因为他公开声明放弃选举。他找了个借口，声称他的健康状况不佳，他在律师界的领导地位也不高。你可以想象，如果陪审团发现处于壮年的候选人干得不出色，那么喀提林肯定会成为候选人。至于奥蒂迪乌斯和帕里卡努斯，我认为你不希望从我这儿听到关于他们的事。对于今年参加选举的候选人，大家认为恺撒是肯定当选的，舍姆斯被认为是斯拉努斯的劲敌。后面提到的人在朋友和声誉方面是如此薄弱，似乎不可能给他们带来成功。但别人可不这样认为。最让我感兴趣的是舍姆斯应该和恺撒站在一条线上。目前拉票的人没人能占上风，如果回到我竞选那年，似乎没有人能成为更强有力的候选人。事实上舍姆斯是弗拉米尼亚的委员，当选举结束，如果看到他当选这次选举的执政官，我将会大大地松了一口气。这样的职位是迄今为止有关候选人的最高荣誉。对于我自己，我愿意尽最大努力来履行候选人的职责。也许，因为高卢人似乎有相当可观的投票权，罗马的事务一结束，我就有时间在9月份去拜访皮索，但不得迟于1月份回来。如果我有什么好的想法，我会写信给你。我的竞争对手现在在城里，无论如何，我希望一切都能顺利。你必须给我承诺，保证要鼓励我们的朋友庞培，因为你是比我离他更近的人。告诉他如果他不来参加我的选举，我不会生气。关于那事，就到此为止。但是有件事我很担心，你应该原谅我。你的叔叔凯基利乌斯被瓦日乌斯骗了一大笔钱，他开始了反对他表弟A. 卡尼尼乌斯·萨提洛斯取得财产（就如他所宣称的那样）的行动，后者是通过密谋勾结从瓦日乌斯那儿买来的。凯基利乌斯加入了其他债权人发起的这次行动，其中还有卢修斯·和P. 西庇阿。虽然在诉讼这个阶段就谈论接受者有点荒唐，但他们认为如果财产被拍卖，那么那个将正式接管该笔财产的人是卢修斯·庞提乌斯。凯基利乌斯要求我代理他出庭控诉萨提洛斯。现在，萨提洛斯天天到我家来拜访，他关注的主要对象是L. 多米提乌斯，其次才是我。他在我们的竞选中一直为我和我的弟弟昆图斯服务。我感到非常尴尬，因为我和萨提洛斯，也和多米提乌斯关系亲密，我竞选的成功取决于他们。我对卡其利乌斯指出这些事实，同时我向他保证，如果这件事只跟他和萨提洛斯有关，我的所作所为就正是他所希望的。正如事实所证明的那样，所有相关的债权人以及两个具有最高职位的人（他们没有获得卡其利乌斯专门留下来的人的援助），也不会有任何困难来维护共同的事业。唯一公平的是，他既考虑了我们的私人友谊，也考虑了我现在的处境。他似乎有点不太礼貌地接受了这个事实，他的态度有点出乎我的意料，我想这种态度在贵族中也是少见的。从那时候起他完全断绝了与我只有数天的亲密关系。请原谅并相信我，在如此重要而又让人压抑的时刻，考虑到他给予我的善意和关注，天生善良的我不会诋毁朋友的名誉。但是，如果你倾向于用更苛刻的目光审视我的行为，可以认为是我拉选票的想法阻止了我那样做。然而，即使是这样，我想你应该原谅我，“因为我不是人面兽心的人或戴面具的人”。事实上，你看我的职位，我认为它对我是必需的，我不仅要保留它，而且还要获得所有可能的名声。我希望你能理解我的行为，无论如何我都渴望这样做。你送我的袖蝶我很喜欢，它放在健身室很吸引人，整个健身室似乎是专门为它准备的。非常感谢！

致阿提库斯（雅典）

公元前65年，7月，罗马

我得告诉你，在L. 尤里乌斯恺撒和C. 马修斯·依古鲁斯当选为执政官的那天，我家添了一口人，是个小男孩。特瑞提亚做得很好。

为什么这段时间没有你的来信？我已经把我的情况全部写信告诉了你。在目前我正在考虑是否要为我的候选伙伴卡蒂林辩护。我们有一个陪审团，它完全得到了检察官的同意。我希望，如果他被无罪释放，他会和我在游说活动中团结更紧密，但如果情况相反，我会以辞职来承受这一切。你早点回来对我来说是非常重要的，现在流行着一个很可信的说法，你的一些亲密朋友包括职务级别高的人将反对我竞选。我要赢得他们的欢心，我非常需要你。所以如果你同意，请你1月份来罗马。

致庞培·马格纳斯

公元前62年，罗马

M. 图里乌斯·西塞罗，马库斯的儿子，欢迎庞培，西内乌斯的儿子，古罗马皇帝。

如果你和部队的情况都好，我会很欣慰。你的官方急件让我和其他人都很满意，大家只对你很依赖，因为我向所有人保证，你给了我们和平的希望。但是我必须告诉你，你的宿敌们虽然现在摆出一副是你朋友的样子，在收到你的急件后却经受了一场打击。他们曾抱有很高的奢望，但他们失望了，无比沮丧。虽然你给我的信中略微表达了你对我的感情，但我可以向你保证，它给了我快乐，因为没有什么比得上真诚为朋友服务带来的满足。任何情况下，如果我没有获得足够的回报，我也不会因为你对我的好不及我对你的好而抱怨。即使我对你非凡的热情没能把我们团结起来，我也毫不怀疑国家的利益肯定会影响我们的相互依恋和联盟。然而，我想告诉你，在给你的信里我将坦率地写明我希望在你的信中看到什么，这是我自己的性格和我们共同的友谊要求我这样做的。我真的希望在你的信中有对我的成就的祝贺，同时也是为了我们的友谊和共和国的利益。关于这一点，我相信，你是因为害怕伤害其他任何人的情感而把它省略了。但我告诉你，我为拯救国家所做的一切都会被世人所认可的。你比阿福如卡乌斯伟大，但我也并不逊于莱利乌斯。当你回家的时候，你会见识我行事谨慎和精神饱满，你就不会因为在政治上和私人友谊上和我联合而感到羞愧。

致阿提库斯（在伊庇鲁斯）

公元前61年，12月5日，罗马

在你的信中，你附上我弟弟昆图斯给你的信的副本，它使我认识到我的弟弟的情感经历了巨大变化，他的评价和判断变化无常。这不仅让我痛苦——这种痛苦是源于我对你们两个的深爱——而且也让我想知道是什么让我的弟弟昆图斯冒犯了你，或为什么他的情感变化如此之大。但我已经知道，我看到你向我告别时，你就开始怀疑他好像隐藏着不满，他的感情是不是受到了伤害，这种不友好的怀疑深深地刺痛了他的心。前几次我曾尝试让他放弃这种想法，但我给他分配职权后，我比以往任何时候更急切地想缓和他的这些看法。一方面我没有发现如你的信所表明的他的冒犯之举；另一方面我没有在缓和他的想法方面取得如我所愿的进展。但是，我安慰自己，认为毫无疑问，他在迪亚奇乌姆看到过你，或在乡下的某处——如果有这事，我敢肯定，并完全相信，你们之间一切都将顺利，不仅通过对话和相互解释，而且通过近距离的交谈。我不必写信给你说这事，你很清楚我弟弟有多善良，脾气有多温和，他这个人很容易生气，所以你就原谅他吧。但不幸的是你根本就没有看到他。他从其他人那儿获得的对你的不好印象，比职责和友谊或者说你们长期存在的最具影响力的老交情对他的影响要更大。

然而应该怪谁造成误解呢？这事儿想想就算了，写在信里就很为难：因为我害怕我在保护我的家人时，我不能饶恕你。因为我认为虽然没有给家庭成员造成实际的伤害，他们至少可以治愈创伤，但在这种情况下，伤害的根会延伸更长。我们见面时，如果方便的话我应当向你解释。对于他从帖撒罗尼迦给你寄来的信，你认为他使用的语言是他在罗马和你朋友在一起时使用的那种语言，也是他在旅途中使用的那种语言。我不知道事情到了哪一步，但我希望通过你的善意能消除这种不愉快。因为，如果你决心相信，最好的人往往是那些人，他们的感情是最容易被激怒和安抚，他们反应敏捷、性格敏感，这是好人的标志。最后的，也是主要的是，我们必须互相忍受对方的笨拙（我可以这样说吗？），或缺点，或有害的行为，那么这些误解，我希望很容易消除。我请你采纳此观点，因为它是我真心希望的，我的家人和朋友没有不爱你的，也没有你不爱的。

你的信里有一部分完全是多余的，你提到不管是平时还是在我当执政官时期，你忽略了在省城或小城做生意的机会：我彻底被你的慷慨和宽宏大量所折服，我也没有想过你和我之间有何区别，除了选择的职业生涯。抱负促使我寻求官场的进步，而你那完全值得赞赏的决心使你寻求值得尊敬的隐居。真正的荣耀是建立在诚实、勤劳和虔诚上的，我认为你比我和其他任何人都更优秀。事实上，我看到和彻底地理解了你的焦虑和快乐是如何与我的命运的变化紧密相连的。你的祝贺经常增添了赞美的魅力，你的安慰是值得欢迎的解毒剂。不仅如此，在你缺席的情况下，不仅是你的建议——你最擅长给予他人建议——还有我们的交流——没有人像你给我这么多的喜悦，这是我最怀念的，我能否这样说：在政治上或在我的法律事务中，考虑到升职，我以前一直坚持这样的观点，慎重是我义不容辞的责任，其目的是通过确保我的受欢迎程度来保持我的位置，或仅仅为了我家庭的事务？这一切都让我很怀念，我想起了在我的兄弟离开罗马之前我们的谈话，从那之后我更想念他们。不管是我工作还是休息，我忙于事务还是空闲，在职场还是在家，是公事还是私事，我都不能没有你的安慰和最深情的问候。谦虚谨慎是我俩的特点，这经常阻止我提这些事实；但这一次有必要提到，你的来信表示希望能摆正和明确你在我眼里的形象和性格。然而，不幸的疏远和生气都是他的错，幸运的是——你决心不去就职，你让我和你的朋友们都知道（并不时声称），你不和他在一起这有助于你的个人品位和判断，你们之间也不会争吵和破裂。因此，这些已被打破的关系将恢复，我们如此虔诚地将保留所有老交情不受侵犯。在罗马，我发现政治局势动荡不安，一切都不令人满意，这预示着变化。因为我毫不怀疑你已知道，我们的朋友——骑士阶级已和元老院疏远。首先他们不满元老院授权颁布的一项法案，要求审判受贿行为并给以判决。在该法令通过时我碰巧不在家，但当我发现骑士规则与此不一致时，我没有公开发表意见。考虑到它不符合我从事的事务，我向元老院提出了严正抗议，我想，我的讲话是非常严肃和有说服力的。但骑士阶级这边却保持无法忍受的冷静，我不仅顺从他们的意思，而且还尽可能地帮助他们。已与亚细亚监察官订有合约的商人团体抱怨说，激烈的竞争让他们为了拿到合约付出了沉重的代价，他们要求合约应予以取消。我支持，或者更确切地说，我是附议，因为是克拉苏诱导他们在这种需求上冒险。这个案件是可耻的，这种要求是不光彩的，还有不计后果的投机是注定要后悔的。然而，有一个很大的风险，如果他们不让步，他们将完全和元老院疏远。在这里，我帮助他们，使他们有一个完整的和非常温馨的房子，12月1日和12月2日，我就两个法令的严肃性和和谐性发表长篇大论。该事务尚未完成，但我在元老院却留下了良好印象：没有人发言反对，除了副执政官梅特路斯，而我们的英雄加图，虽然在短暂的一天难得轮到发言，他还是获得了机会。因此，维护我的稳定政策、保持我的能力、维护和谐的秩序是我的工作，但因为这一切现在似乎处于一个疯狂的状态，我希望，我在铺一条安全的道路，它能维护我们的权力。在给你的信中我不能完整地描述它们，但我仍会给你一个提示：培养与庞培的亲密关系。我预见到你会说什么。我将使用一切必要的预防措施，下次我会详细书写关于我管理共和国的计划。你要知道，卢西乌斯一门心思想当执政官，据说只有两个候选人有希望。恺撒想通过他的代理人艾瑞乌斯与他建立良好关系，比布鲁斯也认为，他可能通过C. 皮索来影响他的联盟。你笑啦？这不是开玩笑的事，相信我。我应写什么给你呢？什么？我有很多的话要说，但必须把它留在下次。如果你打算等待，直到你收到我的来信，那麻烦你让我知道。你温和的请求让我很满足，尽管它是我所渴求的，你应该尽快到罗马来。

致特瑞提亚、图丽亚，还有小西塞罗（在罗马）

公元前58年，4月29日，布林迪西

是的，我写信给你们的时间较少，因为我总是很沮丧。然而，当我写信给你或读你的信时，我的眼泪就忍不住掉下来。哦，这就是生活！至少我原本不该知道生活中真正的悲哀是什么，或者不该承受太多的悲哀。然而，无论任何时候，如果我有恢复任何职位的任何机会，我都绝不会做错：如果这些痛苦是永久性的，我只希望能尽快见到你，亲爱的，哪怕死在你的怀里。无论是你虔诚敬奉的神，还是我曾经服务过的人们，他们都没有给予我们任何的回报。在布林迪西的M. 拉利乌斯·弗拉库斯家里，我待了13天。他是一个非常优秀的人，他保证我的安全，他鄙视冒险获得财富，也不怕不公正的法律的惩罚。他对我热情又友好。真希望我能有机会报答他。4月29日，我从布林迪西出发，打算通过马其顿到齐库斯。真是个糟糕的秋天！这是一场灾难！我能说什么？是否我应该叫你来看我，而你身体不好，心都快碎了？是否我应该不叫你来？那么就好像我的生命中没有你呢？我认为最好的做法是这样的：如果我有任何恢复健康的希望，就留下来促进事情的进展。但是，我害怕，希望渺茫，只有祈求你在你的权力允许范围内来看我。有一点是肯定的，生命中有你，我就不觉得我完全迷失了。但是，我亲爱的图里亚会怎么样呢？你现在必须好好照顾她——我什么也做不了。但肯定的是，我们必须尽一切努力使这个可怜的小姑娘结婚幸福、享有声誉。再次，我的孩子小西塞罗他将做什么？无论如何，我都会保佑他的。我不能多写了。眼泪阻止我继续写下去。我不知道你过得怎样，你是否拥有一定的财产，我担心财产是否已经被完全掠夺。皮索，如你所说，我希望他永远是我们的朋友。你不必为奴隶的解放不安。首先，我向你保证，他们每个人都值得你好好对待。到目前为止，俄耳甫斯的表现很好，除了他以外没有人如此突出。对于剩下的几个农奴，我的安排是：如果我的财产被没收，他们应该成为我的自由民，希望他们能够在法律上维持该状态。但是，如果我的财产被保留下来，那他们就继续为奴隶，除极少数几个以外。但这些都是小事。又回到你的建议上来，我应该保持我的勇气，不放弃恢复我的职位的希望。我希望有好的理由来满足这样的希望。正因为如此，唉，你能给我回封信吗？谁将把它带给我？我会在布林迪西等待，但水手们不会允许的，因为他们不愿逆风行驶。余下的，我亲爱的特瑞提亚，尽你所能保持尊严的面容吧。我们曾有辉煌的时候，但我们的时代结束了。不是我们的过错毁了我们，而是我们的美德。除了当我失去荣誉时，我保留了我的生命，我没有走错一步。但是，由于我们的孩子更热爱我的生命，那就让我们承受一切（即便无法忍受）。然而，那个经常鼓励你的我，却不能鼓励自己。我已让忠实的伙伴克洛迪乌斯·费里合塔如斯回家，因为他视力不好。撒路斯提乌斯似乎比其他人更关心我。珀利乌斯对我很好。我希望他能细心地照顾你。斯卡说他会陪我，但他已经离开布林迪西。保重，请相信我，你的抑郁会让我比自己的苦闷更难受。我亲爱的特瑞提亚，我最忠实最好的妻子，还有我亲爱的小女儿，还有我们家最后的希望，小西塞罗，再会！

布林迪西，4月29日

致他的弟弟昆图斯（在去罗马的路上）

公元前58年，6月15日，帖撒罗尼迦

兄弟！兄弟！兄弟！你是否真的担心，以为我因为愤怒，没有给你写信就把奴隶送到你那儿？甚至以为我不希望看到你吗？你认为我在跟你生气！我可能跟你生气吗？人们会认为是你把我拉下台的！你的敌人、你的不得人心，彻底毁了我，而不是我的不幸毁了你！事实是，我所称赞的那个执政官让我失去了你、我的孩子、故乡和财富，我希望你什么都没失去，除了我以外。当然，在你看来，我所经历的是令人尊敬和让人满意的事；在我看来，你为我的倒台悲伤，为你自己担心，感到后悔、哀伤和仿佛遭到遗弃。你觉得我不希望看到你吗？而事实是，我不愿意你看到我。因为你看到的兄弟已不是你当初离开时的那个兄弟，也不是你所认识的那个兄弟，也不是分手时泪眼相望的兄弟，也不是当你离开要去你所在的省那个跟着你后面的兄弟，也不是有着一丝淡淡印象的兄弟，而我可能是像一具行尸走肉。哦，你很快就会看见或听说我像一具尸体！哦，我可能留下你，让你独自生活，你的生活中将没有我，只有我那未削弱的等级！不过，我呼唤所有的神让我活过来，因为在一定程度上你的生活取决于我。在这件事上，我犯了一个错误，我该受惩罚。因为，如果我死了，死亡本身会给出明确的证据，证明我对你的尽责和爱。就这样，虽然我还活着，我却让你失去了我的帮助，因为我自己都需要别人的帮助。我的声音，曾经成功地在为陌生人的辩护中运用，当危险威胁着我的家庭时，它却失去了作用。我没有提前给你写信就把奴隶派到你那儿，真正的原因是我也实在没有办法，只有流不尽的泪水和悲伤。你猜我在写这些时流了多少眼泪？太多了，它们值得你一读！不想你或想你时，我能忍住不流泪吗？当我想你时，难道我只是在想念我的兄弟？更确切地说，我想的是几乎和我同龄的、陪伴我成长的兄弟，一个把我的愿望放在心上的儿子，一个有着聪明建议的父亲。如果我没有你，或者你没有我，还会有什么乐趣呢？当我想念我的女儿时，我又是如何想的：多么孝顺！多么谦虚！多么聪明！

从她身上能看到我的面容、我的谈吐、我的灵魂。又或者我能不想我的儿子——最漂亮的男孩、我内心的欢乐？我真是个残忍的、不人道的怪物！我撇下他，使他没有接受我所期望的良好教育，可怜的孩子开始明白发生了什么事。结果，自己的儿子，自己的形象，我的小西塞罗爱我就像爱一个哥哥，他现在开始尊称我为大哥哥！我是否还有必要提到我是如何拒绝让我那不幸的妻子——最忠实的配偶——来陪我，因为必须要有人来保护我们共同的孩子？不过，尽我所能，我确实写了一封信给你，并把它交给你的自由民费洛哥卢斯，我相信，这封信已经送到你手里。在此我重复我的意见和恳求，这一直是我通过我的奴隶转给你的消息，你应该继续你的旅程，不要急于去罗马。因为，首先，我想要你的保护，因为我的倒台并没有让我的敌人的残酷得到满足。其次，我害怕我们会面会引发我新的愁绪：我不堪忍受你的离去，担心你的信里所提到的事，你无法从中挣脱。由于这些原因，我没能见到你的巨大痛苦——我原本认为，这对于最深情和团结的两个兄弟来说，没什么比它更让人痛苦沮丧的了——比起见面后又分别，痛苦的程度还要轻一些。虽然你一直被我视为一个勇敢的人，但现在却不是。现在如果可以的话，我要鼓励你，为你可能要面对的任何竞争聚集你的能量。如果我的希望有用的话，我希望你完美的品格和你的同胞们的爱，甚至我的悔恨，都可能给你一定的保护。但事实得是你没有个人危险。毫无疑问，你会做任何你认为可以为我做的事情。在这一问题上，事实上，许多写信给我的人声明他们对我不抱希望——我个人也没有看到什么希望，因为我的敌人具有较大的影响力。我的朋友们在一定的情况下抛弃我，在其他事情上甚至背叛我，也许他们担心我的职位恢复后，我将谴责他们背信弃义的行为。但是，你对这些事是怎么想的？请你务必告诉我。考虑到你可能要经历的危险，无论如何，只要你需要我，我将继续生活，还要尽可能活长点。要知道，不管是智慧还是哲学，都不能使我坚强得足以承受这样巨大的悲痛。我知道有时间去面对死亡，它应该更体面、更有利的；这不是我唯一遗漏的事。如果我要选择哀叹，我只是徒增你的悲伤，并强化我自己的愚蠢。但有一件事我一定不会去做，它实际上是不可能的——如此悲惨、毫无尊严地生活着。至于我，上天赐予我兄弟、孩子、妻子和财富，而在地位、影响力、美誉度和知名度方面，尽管有区别，但我不逊于任何人。我要强调的是，我不能再感叹自己的悲伤，不能让亲爱的人受到羞辱或被彻底毁灭。所以，你写信给我谈及汇票谈判之事是什么意思？虽然我现在不完全依赖于你的财产！而这仅仅是我看到和感受到的东西，让我痛苦的是我为我无目的挥霍钱财而感到内疚，这些钱财是你给我的，而你必须为了你和你儿子来满足债权人的要求。但是，你在信中提到一定数目的钱已经支付给了M. 安东尼乌斯，相同数额给了斯皮欧。目前在我手中的钱财总和足以让我考虑应该做什么。因为存在这两种情况，要么是我恢复职位，要么我在绝望中放弃，我不需要有更多的钱。对于你自己，如果你被骚扰，我想你可以起诉克拉苏和卡里迪乌斯。我不知道霍尔登修可信度有多高。我自己对他比较好，但是感情也较复杂，而他却没有原则甚至背叛我，Q. 艾瑞乌斯在这方面帮了他：一切行动听从他的意见、承诺和指令。我无奈地陷入了这场灾难。而你不明白这些，害怕他们可能会伤害你。保重，我觉得你应该自己通过珀姆尼乌斯培养霍提舍乌斯，当假证词无法证明行政官候选人是你时，那么我们的敌人会认为对罗马公法加以讽刺的人是你。对此我很害怕，因为人们知道我有多可怜，我祷告希望你无罪释放，他们可能会用更大的暴力攻击你。我认为你应该和梅萨拉真正走近些，庞培我认为他还故作姿态。可能你从来没有对这些进行验证！我祷告的时候，我知道神从来没有停止听我的祈祷。不过，我认为，他们可能会认同我们承受的无尽的苦难，其中，毕竟，没有因为做了任何错误而遭到诋毁。悲伤是开始也是结束。可悲的是，最严重的处罚是我们的行为无懈可击。至于我的女儿和我的小西塞罗，为什么我要把他们引荐给你，我亲爱的兄弟？我很伤心，他们没有父亲在身边会使你比我还悲伤。然而，只要你不被判有罪，他们就不会是孤儿。其余的，我希望我的职位能恢复和有权死在我的祖国，我的眼泪让我无法写下去！特瑞提亚，我也请你保重，有事写信给我。现实需要我们勇敢去面对。

帖撒罗尼迦，6月15日

致阿提库斯（在伊庇鲁斯）

公元前57年，9月，罗马

我径直到达罗马后，发现没有一个人能让我放心地把信托付给他再转交给你，我认为我应该做的第一件事就是我应该对你表示祝贺，虽然我回来时你不在这儿。因为我知道，开诚布公地说，虽然你给我建议，但你不够勇敢和有远见，也没有考虑到我以往对你的忠心——你小心地保护我免于灾难，然而你——起初分担我的过失或者愚蠢的行为，还有我那无缘无故的恐惧，你对于我们的分离感到万分地悲痛，在确保我回来的过程中，你付出了巨大的努力、热情和关怀。因此，我能够向你保证这一点，这是最大的喜悦和最令人欣慰的祝贺，我要盛满酒向你祝贺或与你拥抱。如果以往我失去了它，当我再次拥有它，我不强求过去的苦日子能一下子转变为现在令人愉悦的新生活，我一定会考虑我是否配得上我的好运的到来。

对于我的政治地位，我想我将很难恢复。我在法庭上的机智、在元老院的影响力和在忠诚于我的人们中的知名度是我所渴求的。然而，在私有财产方面，你很清楚他们已经被破坏到什么程度，它们被瓜分、被掠夺，我陷入了巨大的财务危机。你的意见是让我收拾残局。就目前而言，虽然我相信你的朋友给你的信——甚至是通过信使和谣言——让你知道了这些情况，但我还是给你写封短信，让你了解更清楚。我在8月4日从迪亚奇乌姆出发，那天颁布了针对我的法令。8月5日我抵达布林迪西。我亲爱的图丽奥拉来接我，那天是她的生日，那天也是布林迪西的殖民日和你家附近的平安寺庙建立之日。巧合的是布林迪西公民对我的到来表示热烈的祝贺和庆祝。8月8日，仍然在布林迪西，我从昆图斯那儿了解在百人会议上通过了一项法律，那些大量从意大利来的选民无论年龄和职级都表现出极大的热情。然后，我开始了我的旅程，其中在布林迪西赢得了较高的赞美，当地的使节对我都表示祝贺。在附近的城市，我的到来使城里每个人都出来迎接我，但不能掩饰或否认的事实是我的那些敌人要除外。在我抵达珀塔卡彭那神庙后，神庙的每级石阶挤满了民众，他们的响亮掌声表示他们对我的祝贺，类似的人群，相似的掌声伴随着我到了国会大厦，在广场和在国会大厦聚集了大量的人群。第二天，在元老院，也就是9月5日，我感谢元老院的长老们。两天后，玉米价格上升，许多群众络绎不绝来到会场，然后到元老院内部大声嚷嚷，他们是在克洛迪乌斯的怂恿下来的，玉米匮乏这事由我管——那些天元老院正在开会讨论玉米的问题，不仅是平民，而且还有贵族都一致要求庞培来负责管理其供应问题，而且他自己也渴望得到这样的委任。大多数人喊着我的名字，要我支持这项法令的执行，我这样做了，我发表了措辞谨慎的讲话，然后他们给我投了赞成票。梅萨拉和阿福瑞乌斯以为不来投票可以确保他们的安全，所以他俩没有出席会议。其他的长老们通过了元老院的一项法令，从某种意义上说，它是我提出的议案，即庞培应整顿商业，法律应该对此加以保护。元老院的这项法令在当着众人的面公开宣读，但法令中存在难以理解的、新奇的定义，他们提到我的名字，让我发表讲话。除了一个执政官和两个护民官以外，所有在场的地方法官都叫我发言。第二天，整个元老院，包括所有的领事，授予庞培要求的一切权利。需要15位使节，他把我列在名单上的第一位，并说，他应该把我当作第二个他的自我。执政官制定了庞培未来五年对整个世界的玉米供应控制权的法律。第二项法律是由梅斯乌斯制定的，授予他管理国库的权力，加上一个舰队和一支陆军，他的地位高于在帝国其他省的长官。之后，我们的领事法似乎温和，而梅斯乌斯制定的法律是相当令人无法容忍的。庞培自称更喜欢前者，他的朋友喜欢后者。在长老们面前我没有说话，我的住宅问题他们还没有给我答复。如果他们撤销上次对我的批判，我将有很好的住处。执政官，按照元老院的一项法令，要先估计它的建设成本，但如果另有决定，他们就停止克劳迪亚的建设，以自己的名义签订一个合同，并给我房子的成本和价值估算。因此，我们的现状是“虽快乐但并不好，虽不好也并不是最糟糕的”。在金钱方面，你知道我十分窘迫。此外，还有一些家庭问题，这是我不愿写的。我亲爱的弟弟昆图斯，因为他的忠诚、美德和善意，他值得我的爱。我渴望见到你，求求你赶快回来让我接受你的建议。我的第二次生命已经开始。

某些人在我背后秘密策划怨恨，现在我在这里，他们无法公开他们的嫉妒。我非常想你。

致他的弟弟（昆图斯，在撒丁岛）

公元前56年，2月12日，罗马

我曾告诉过你前些时候的情况，现在我来告诉你接下来发生的事。使节的派遣从2月1日推迟到13日。前一天，我们的事务并没有带来和解。米洛2月2日出庭受审，庞培来支持他。我拜访了马塞勒斯，他发了言。我们表现出色。案件押后至7日。同时，在元老院，使节的派遣已被推迟到13日。财务官的职位分配问题和执政官办公配备问题摆在了元老院面前。结果什么也没有做成，因为许多讲话被打断，他们公然抨击共和国政体。盖乌斯·加图发表了他召回伦图卢斯的提案，不久伦图卢斯的儿子就穿上了丧服。2月7号米洛露面。庞培发言，或者说想发言。当他站起身来后，克洛迪乌斯的同伙发出一片喊叫声，在整个演讲中，他被打断，不仅有敌对的喊声，而且有对他个人的谩骂和侮辱的言论。然而，在这种情况下，他完成了他的讲话——他显出极大的勇气，他并没有被吓倒，他说了他必须要说的话，他居高临下的姿态确保了他说话时人们应有的安静。当他一说完，克洛迪乌斯就站了起来。因为元老院已经处罚了他，他朝我们嚷嚷，他的声音之大，他显然失去了理智、说话的力度或对情绪的控制。到了两点钟，庞培完成了他的讲话——在讲话中，他对克洛迪乌斯和克劳迪亚的行径进行了谩骂和最直言不讳的无礼的讽刺。克洛迪乌斯气得脸色铁青，疯狂地叫喊，并向他的同伙喊话："是谁让饥饿的平民死亡？"他的同伙歹徒回答说"庞培"。"是谁曾想被派往亚历山大？"他们回答说"庞培"。"你们想谁去？"他们回答说"克拉苏"。后者当时在场，且和米洛感情不够好。大约三点钟，仿佛是预定的信号，克劳迪亚他们开始向我们的人吐口水。愤怒在人群中爆发。他们开始了骚乱行动，想迫使我们离开。但当我们的人冲上去后，他的那些恶棍却逃跑了。克洛迪乌斯被推下了讲台，然后我们也担心在骚乱中有人会搞恶作剧，所以我们撤走了。元老院会议改到库里亚举行，庞培回家了。不过，我并没有进入元老院，免得我要被禁止提及如此严重的问题，或者我为庞培辩护（因为当时比布鲁斯、库瑞欧、法沃尼乌斯和小瑟维利乌斯在攻击他）会冒犯那帮忠臣。事情被推迟到第二天。克洛迪乌斯把他的起诉安排在了奎里努斯的节庆（2月17日）那天。8日在阿波罗神庙元老院举行聚会，庞培可能参加。庞培做了令人印象深刻的讲话。那一天没有得出任何结论。9日在阿波罗神庙元老院通过了一项法令，“2月7日发生的事件是叛国行为”。在这一天，加图猛烈地抨击庞培，并在他的讲话中盘审他，好像他是在法庭受审。他说了我很多事，虽然听起来还挺好，事实上却令我厌恶。当他攻击庞培对我的背信弃义时，我的敌人静静地听着。庞培大胆地用一个明显的典故回答克拉苏，说他将采取更好的预防措施来保护他的生命，而不像阿弗瑞克鲁斯，他被C. 卡波刺死。因此，对我来说重要事件还悬而未决。对于庞培，他明白是怎么回事，他与我分开，他认为有人密谋威胁他的生命。盖乌斯·加图支持克拉苏，钱送给了克洛迪乌斯。克拉苏和库瑞欧以及比布鲁斯在背后支持他们。庞培必须采取超常规的预防措施，以防止蛊惑人心的政客——他们众叛亲离，是充满敌意的贵族、不怀好意的元老和一群堕落的年轻人。于是，他做好准备，并从国家召唤忠于他的人。在他看来，克洛迪乌斯在聚结他的团伙：一大群人集结在一起。对于这种场合，我们是占优势的，因为有庞培自己带来的军队，还有从皮斯努姆和高卢会来一支庞大的队伍，使我们能够推翻加图针对米洛和伦图卢斯的议案。

2月10号，尼瑞乌斯举报瑟斯提乌斯，说他受贿，同日一个叫M. 图利乌斯的人也举报他。他生病了。我立即去看他，我一定要到他家去看他、照顾他，这有些出乎人们的意料。他们认为我有跟他生气的理由。其结果是我向瑟斯提乌斯和全世界证明了我的善良和感激之情，我就像我所说的那样好。但是，这个举报人尼瑞乌斯把伦图卢斯和科利乌斯告到了委员会那儿。就在同一天元老院通过了一项法令，“必须打破政治俱乐部和联盟，并且针对这些政治联盟应制定一部法律出来，那些不和定有骚乱罪的人断绝关系的人也应受到相同的刑罚处罚”。

2月11日，在非常拥挤的法院，我当着执政官多米提乌斯的面为贝斯提亚辩护，他被控贿赂罪。当我演讲时，我碰巧提到了瑟斯提乌斯事件，他在建造卡斯托寺庙的过程中受了重伤，但由于贝斯提亚的帮助，他才得以活下来。在这里，我趁机事先为瑟斯提乌斯被起诉的罪名的驳斥铺平了道路，我说他当之无愧应受到赞扬，从而得到大家的一致同意。他本人感到非常满意。我告诉你，是因为你常常在你的信中劝我与瑟斯提乌斯保持友谊。我写这个是在2月12日拂晓前，在这一天我将出席庞珀尼乌斯的婚礼并和他一起吃饭。

在其他方面，我们的立场就像你常常在我意志消沉时鼓励我的那样——你告诉我它应该具有尊严和名气。我想起了昔日的你和我，我的兄弟，你的耐心、高尚品格、忠诚再加上你的和善对我的影响很大。在皮索的小树林旁的李锡尼的房子已为你备好。但是我希望，在几个月内，7月1日之后，你会搬到你自己的房子去住。

一些极好的租户如拉米亚已经住在你卡瑞纳的房子，我没有收到你的来信。我想知道你过得怎样，你有没有发现什么好玩的东西。但最重要的是尽快见到你。好好照顾自己的身体，我亲爱的兄弟，虽是冬天了，但毕竟你在撒丁岛。

2月15日。

致阿提库斯（从伊庇鲁斯回来）

公元前56年，4月，安提乌姆

如果你来这里看我们，我将很高兴。你会发现提瑞尼欧已经为我写的书做了很好的安排，剩下的事情比我预期的要好。不过，我希望你能给我送来几个会读写的奴隶来给提瑞尼欧当帮手，并告诉他们拿一些精美的羊皮纸来供文章标题使用，你们希腊人把它叫“色利比”。但是如果你不方便就算了。不管怎样，你确定你要来——如果你可以在这样的地方停留片刻，而且能说服皮丽雅陪你来。如果能这样就太好了，图利亚热切地盼望她来。我也这样想。你已拥有了一支很好的队伍！我听说你的角斗士打得很棒。如果你选择让他们出场，你会通过最后两场比赛来结清你的支出。我稍后会谈到这个。你一定要来，因为你爱我，一定把会读写的奴隶带来。

致L. 鲁西伊特杰斯

公元前56年，4月，阿尔皮纳姆

我常常试图亲自告诉你我要写什么，但被一种几乎傻气腼腆的情绪所阻止。现在我不在你面前，我才敢大胆地说出来，因为写信不会让我脸红。我心里燃烧着一个不可思议的热切愿望，我觉得我没有理由为此感到羞愧，那就是：在你写的历史记载中，我的名字会比较显眼，并被人赞誉。虽然你常常告诉我你打算这样做，但我希望你能原谅我的不耐烦。你写作的风格，虽然我一直怀有最高期望，但事实上已经超出了我的期望，你的水平在我之上，或者更确切地说，它激发了我的想象力，我渴望我的成就能尽快地写在你的历史记录里。因为不仅未来的人们会谈到我的成就，这使我似乎有了不朽的名声，而且在我有生之年我渴望得到你权威的评判，或这代表了你对我的善意，或体现了你天才的魅力。虽然我不知道你是在什么压力下来努力描述史实，但你已经开始写了。但是，我看到你对意大利和内战的描述都已经完成了。你也对我说，你已经着手剩余部分的工作，我决心不失时机，想建议你是否愿意把我写进你历史记录的主要章节中。要知道许多希腊文学家已经这样做了——卡利斯提尼斯，佛西斯人的战争；蒂迈欧，皮拉斯的战争；波力比阿斯，努曼提亚之战。他们都把我提到的战争和主要的故事分开来写——你会像他们一样，把民间的阴谋和国内外的战争分开叙述。就我那部分而言，我不认为这对我的名誉很重要，但它确实关乎我的耐心。你不应该一直等待，直到真相大白；你应该立即预料到整个问题的讨论和那个时代的历史。同时，如果你的整个想法关乎一个事件，一个人，我可以想象你的材料将是多么全面，你会做多么细致的工作。然而，我很清楚，我不够谦虚：第一，我给你强加如此沉重的负担（因为你的订婚可能很大程度地阻止你完成我的要求）。第二，要求你展现并突出我的优势。如果你不欣赏这种处理该怎么办？然而，毕竟，一旦一个人越过谦逊的界限，他就会对此装作满不在乎，厚颜无耻。所以，我干脆一而再，再而三地请你用你觉得较暖人心的措辞来赞扬我的那些行动，因此你可能忽视历史的规律。我请你，就个人的偏爱，你在序言中要用最让人愉悦和明确的话语来写——你可能会像色诺芬的大力神一样，不能因为要取悦他人而改行——不是要你违背原则，只是让你稍微偏向我一点点，而不是要你放弃真理。但如果我能诱使你这样做，我深信，你会有值得你的天才和丰富的语言去写的东西。因为自打有人搞阴谋不让我从流亡中回来开始，我认为可以写一段中等篇幅的独白。一方面，你可以利用你关于内乱的专业知识，无论是为了解救革命事业或弥补罪恶，同时你可以指责你认为应该谴责的事件，通过解释他们所依赖的原则来树立你所认为的正义；另一方面如果你认为直言不讳是对的（你常常这样做），你会揭露很多人的背信弃义、尔虞我诈及对我的背叛。我的沧桑经历会为你提供多种材料，这本身就是一种魅力，在你的作品中能够强有力地使读者保持想象。

虽然实际经历可能有所差别，但没有什么比多变的情况和多舛的命运更能吸引读者阅读的兴趣：平静地回忆过去的不幸有它自己的魅力。的确，世上的其他人他们自己没有麻烦，对别人的不幸就不会感同身受，对他们而言，怜悯是快乐的源泉。看到义巴敏诺达在曼提尼亚死去的场景，我们中间什么样的人会虽然感情上还有一丝同情，但觉得不高兴呢？你知道，直到别人回答了他的问题，他才允许别人从他身上拔出标枪。尽管伤口很疼，但他的盾是完好无损的，他带着荣耀平静地死去。谁又不会对米斯托克利的流放和返回表现出长时期的兴趣呢？确实，仅仅是编年史的序时记录，对我们而言，只具有非常小的魅力——仅仅写进纪年表而已。但一个杰出人物多舛的命运，涉及他的这些情感：惊奇、焦虑、欢乐、悲伤、希望、恐惧；如果这些命运变化伴有光荣的死亡，其想象力就符合阅读带来的最迷人的快乐。因此，如果你分离你的叙述的主要部分，请按我的愿望，你记录连续的历史事件——我把这叫作动作戏和命运：包括不同的行为和不断变化的政策和环境。我也不怕通过谄媚的方式给你建议，我宣布，我渴望你的恭维和赞美。你并不是个对自己的能力毫不了解的人，或不知道相比那些赞美你、恭维你的人，吝于赞美你的人更多的是出于嫉妒。再者，一个人本应有天才的荣耀，我也不会蠢得希望他因为这样把名声集于我一身而失去这样的机会。著名的亚历山大本人也不愿仅仅是出于个人喜好，就让阿佩莱斯给他作画，他也不想让利西波斯给他造的雕像高于其他人，因为他认为这些都是艺术的荣耀。确实，这些艺术家过去常常塑造出让陌生人都熟知的形象，但即使这种形象从来没有存在过，杰出的人也依旧显赫。斯巴达·阿格西劳斯不允许给他作画和塑雕像，不愧是减轻人们麻烦的很好的榜样。在一个小册子中色诺芬称赞，国王本人实际比那些画像和雕像更生动有形。我喜欢赫克托在拿维乌斯说的话，他不仅喜欢他“被赞扬”，而且他补充说他喜欢“被一个受到称赞的人赞扬”。但是，如果你无法满足我的要求，这相当于说，某些东西阻止你这样做——因为我认为你是不可能拒绝我的请求的，或许我将被迫做点什么来满足自己的需求，我给自己写颂词，毕竟过去有杰出的人物这样干的先例。但你会注意到那种写法的以下缺点：在写自己时，人们受到约束，值得称道的事就保留，并省略该责备的事。再加上他们的文字缺乏说服力和分量。总而言之，很多人就会对此很挑剔，说在公共场合比赛的掌礼官就更为谦虚，总是在比赛结束后，在把胜利的花环颁给其他人后，大声宣布他们的名字，他们可不会自己说自己是胜者。我想避免这一切，如果你开始着手我的那一部分，我会避嫌，因此，我请你帮这个忙。

但是，既然你已经经常向我保证，你打算在你的书里以一小部分提及我的政策和我当执政官的活动，你很有可能会问为什么我现在提出这个要求——希望你认真记录，并用较多的话语来书写？原因是我在我的信开头已经说了我有这个强烈的渴望（因为某个紧急的事，我现在很没有耐心）。人们应该从你的书里知道我是谁，虽然我还活着。当我活着时，我也有享受我的点点荣耀的权利。关于这个问题你打算怎么做？如果你不觉得麻烦的话，我想请你写点关于我的东西。如果你愿意承担这个任务，我将把所有发生在我身上的事收集在一起。但如果你把这事推迟到将来某个时间，我会跟你讨论这件事情。同时，不要放松你的努力，全力把你储存的东西完美展现，并继续爱我。

致M. 法迪乌斯·杰拉斯

公元前55年，5月，罗马

收到你的信时我刚刚从阿尔皮纳姆回来，同一个信使送来的还有阿维尼乌斯的来信，信里有非常慷慨的提议，说他来到罗马后，让我自己选择日子，以便他来登记我欠他的钱。希望你站在我的立场考虑一下：首先就哪一天开始记账提出你的请求，对于要求超过一年的赊账，这样做是否和你或我的谦逊相符？但是，我亲爱的噶鲁斯，如果你买了我想要的东西，一切都将容易解决，而现在的问题取决于我希望的价格。然而，根据你的信，你的采购不仅得到了我的认可，我还得感谢你：我完全理解你采购你所喜欢的东西时所显示的热情（因为你觉得它们值得我拥有），因为我想过，你在所有的事情上的品位都具有最挑剔的判断。不过，我想达玛斯普斯遵守他的决定，没有任何东西比得上这些采购的东西让我如此在乎。但你不熟悉我的习惯，你买的东西中有四五样的雕像价格我不是很赞同。你拿酒神的女伴这个雕像与梅特路斯的缪斯雕像相比。这两者有何相似之处呢？首先，我没觉得缪斯女神雕像值那个钱，我想缪斯女神已经同意了我的判断：它应该适合于图书馆那个地方，这也是我要说的。但是看看酒神的女伴那个雕像！它们应该放在我家什么地方呢？但是，你会说，它们很漂亮。我知道它们非常好，我也经常看到它们。如果我决定买雕像，我会明确地委托你。我习惯买的那种雕像是装饰后看起来时尚，并放在健身室这样的地方。再次，我这个热爱和平的人，怎样来处理马尔斯这个雕像？我很高兴，这不是农业之神的雕像，因为我早该想到这两个雕像给我带来了债务！我宁愿选择马克瑞雕像。

然后，我想我和艾瑞阿乌斯议定的价格更合适一些。你说你表达了自己的立场，嗯，那么如果你喜欢它，就留下它。但是，如果你改变了主意，我就将买它。事实上，你要的钱，我宁愿购买一个叫塔瑞舍那的地方，以防止我背上债务的负担。总之，我认为这是我的自由民犯的错，我已经清楚地委托他购买一定的东西，还有尤里乌斯，我想你知道，他是阿维尼乌斯的一个亲密的朋友。我已经在我的休憩室构建了新的一个小型柱廊。我需要一些绘画作品来装饰：如果我能从中享受到快乐的话，那应该是绘画本身。但是，如果我让你去买，我想请你告诉我它们在哪儿、到哪儿去取，以及要乘坐什么运输工具。因为如果达玛斯普斯不信守诺言的话，我将寻找和达玛斯普斯那里一模一样的东西，即使亏本我也在所不惜。

至于你说的房子，因为我要出城，我把此事托付给我的女儿图里亚，就在我离开时，我收到了你的来信。我还与你的朋友尼西亚斯讨论了此事，因为你知道他与卡修斯很亲密。但是，在我回来的路上，在收到你最后一封信前，我问图里亚她做了什么。她说，她曾找过里瑟莉亚（虽然我认为卡修斯与他的妹妹不是很贴心），她说她可以在丈夫不在家时（狄西乌斯去西班牙）大胆地改变房屋状况。我感到非常高兴的是你如此重视我和我的家庭生活。首先，买一套房子，这将使你不仅靠近我的生活，还和我完全在一起。第二，你是在匆忙中改变居住地的。但是，我敢说，我还不能接受你那样的安排。因此，我会想尽一切办法来适应这种安排。因为我看到这对我是有利的，的确也对我们俩有利。如果我成功地做了什么事，我将让你知道。如果你高兴，希望你写信告知我你的详情，这是我所期望的。

致M. 马里乌斯（在卡姆斯）

公元前55年，10月，罗马

如果由于身体疼痛或健康不佳，你不能参加比赛，我会认为这是运气的问题而不是你的才智的问题。但如果你觉得，这些世界上其他人所赞赏的东西只配你鄙视，并且，虽然你的健康还可以，你自己却不愿来的话，那么我就可以高兴地确定以下两个事实——你身体不再疼痛了，而且你有理由鄙视其他人随便乱钦佩的东西。只是我希望你的休闲时光即将到来，真正的休闲，你可以有很好的机会尽情地享受，保证在你可爱的乡下你几乎是独自一人待着。因为我不怀疑你的学习，你已经打开了一扇通向斯塔宾水域的海湾的窗户，从那儿可以看见米色努姆；在你学习的那些日子里，你利用早上的时间看看书，而把你一个人留在那儿的那些人，他们在观看平淡无味的滑稽戏时多半都几乎睡着了。每一天的其余时间，你享受快乐，你有自己的安排以适应自己的品位，而我们不得不忍受任何事情都得通过斯普如斯·马也西乌斯的批准。整体而言，如果你愿意知道，比赛是最精彩的，但不合你的品位，这是我自己的判断。因为，首先，作为那种场合的一种特殊荣誉，那些表演者回到了自己离开的舞台。事实上，你最喜欢的我的朋友杰索普，在这样的状态下，没有人能说一个字来反对他从这个行业退休。就在开始背诵誓言之际，他的声音让我们没听到他的话："如果我存心欺骗。"为什么我应该继续这个故事呢？你知道，所有其余的比赛甚至没有中等规模的比赛通常具有的魅力。场面如此复杂，以至于没有给欢快的享受留下任何余地。我想你不必为错过它而感到遗憾。因为在《克吕泰涅斯特拉》一剧中，一连串的600双尖头鞋；或在《特洛伊木马》剧里，三千个大酒杯或色彩艳丽的步兵和骑兵的盔甲出现在战斗中——它们能带来什么乐趣呢？这些东西只能引起老百姓的兴趣，但并未给你带来快乐。但是，如果在那些日子里，你听你的陪读普柔托根斯给你读书，至少他读的不是我的演讲词，你一定比我们任何一个人有更大的乐趣。因为我想你不想看到希腊或奥斯坎的戏剧，尤其是当你能够在元老院看到奥斯坎的滑稽戏。在那里，你不喜欢希腊人，你一般甚至不会沿着希腊路去你的别墅。既然你瞧不起角斗士，为什么我又会认为你担心错过那些运动员的比赛呢？在观看比赛时，甚至庞培自己都承认，这消除了他的麻烦和痛苦。还有两场狩猎活动，为期5天，蔚为壮观——没人会否认。然而，当一个瘦弱的人被一个非常强大的动物撕裂，或一个高大的动物被狩猎长矛刺穿，对于一个文雅的人会有什么乐趣呢？毕竟，如果这些东西值得一看，你之前就已经经常看到了。我也没有发现有什么乐趣，在目前的竞技中，没有看到什么新鲜的东西。最后一天出场的是大象，庸俗的人群发出惊讶声，但没有任何乐趣。不仅如此，甚至人们对它表示同情，产生一种看法：这种动物与人类有共同之处。但是，对于我而言，这一天，戏剧还在上演。你觉得我太有福了，我几乎尽我所能保护你的朋友卡尼尼乌斯·噶鲁斯。但是，如果人们纵容我就像他们纵容吉首普一样，我想我已经很高兴放弃我的职业，与你和其他人一起生活。事实是以前我对此感到厌倦，即使年龄和抱负督促我前进。以前我可以拒绝为我不喜欢的任何人辩护，但现在的情况是没有什么像样的生活值得拥有。因为，一方面，我不希望我的劳动能给我带来多少利益，另一方面，我有时被迫为不是我的朋友辩护，这是应那些我有义务帮忙的人的要求。因此，我在寻找借口来根据我自己的品位来经营我的生活，我强烈支持你的退休生活，也赞同你不常出现在我们中间。我想辞职，因为你在罗马，我不能享受你的生活魅力，所以如果我能拥有的话，希望那也是我的生活，我太忙了——如果我可以得到任何的放松——我不希望完全放松，我会就如何过一种高尚的生活给你一些提示。保重你的身体，并继续好好照顾自己，这样当你拜访我的乡下住房时，我可以和你一起游玩。我给你写了一封比平常更长的信，字数太多，不涉及休闲，而关乎感情。因为，如果你还记得，在你的来信中你让我给你写点东西，以避免你因为错过比赛而感到遗憾。如果我已经成功地做到了，我很高兴；如果没有，我还得用回信来安慰自己，当你以后来参加比赛和来看望我时，你就不再希望依赖我的信来享受快乐了。

致他的弟弟昆图斯（在乡下）

公元前54年，2月，罗马

因为你便条上强烈的语气，我写下了这封信。而对于你出发之日发生的事，我觉得绝对没什么好写的。但是当我们在一起，我们从来没有觉得无话可说，所以我们的信件交流有时会背离主题。那么好吧，首先，特尼蒂安人的特权已稍有改变，没有人为他们说情，除了我自己、比布鲁斯、卡里迪乌斯和法沃尼乌斯。马格尼斯亚和斯皮鲁伊斯两个使节恭维性地提及你，他们说你拒绝了L. 瑟斯提乌斯·潘萨的要求。在元老院，如果有什么事发生，我会让你知道，甚至是如果没有什么的话，我每一天也会写信给你。在12日我不会让你或庞珀尼乌斯失败。卢克莱修的诗就像你说的那样，有许多天才般的闪光之处，但具有太强的艺术性。当你返回时，如果你读了萨利乌斯提乌斯的《哲学概论》，我把你视为少有的人类英雄。

致他的弟弟昆图斯（在英国）

公元前54年，9月28日，罗马，阿尔皮纳姆

经历非常热的天气后——我不记得还有更热的天气了——在阿尔皮纳姆我已经让自己焕然一新，并在比赛期间欣赏到了极其可爱的河流。我离开了我的村落，留下菲罗提乌斯负责照管。9月10日，我在奥坎奴姆那儿找到了梅西迪乌斯和费罗神努斯。在你的别墅不远处我看到水，水流很畅通，特别是考虑到极端干旱天气，他们说他们要收集更丰富的水源。贺瑞斯的一切都顺利。在你的玛尼莲庄园我碰到迪菲鲁斯，他比以前动作麻利些了，不过，他没有什么可以建的，除了浴缸、海滨长廊和鸟舍。我非常喜欢这个别墅，因为别墅中铺设的柱廊，连它的空气中都弥漫一种十分庄严的气氛。我直到现在才欣赏到柱廊本身是开放性的，并已打磨光亮。这一切都取决于——我指望——粉刷的细致完成。人行道铺得很好。我不喜欢天花板，命令他们加以修改。至于他们说的你写字的地方，是一个正在建的小门厅，即在柱廊旁，我更喜欢它。我不认为入口大厅空间足够大；也不是通常只有一个入口，除了那些建筑物有较大的庭院，它也不能有卧室和联排寓所。由于它拱形屋顶非常漂亮，可作为令人羡慕的夏天乘凉室。然而，如果你不这样认为，请尽快回信。对于澡堂，我把供热室移到

了更衣室的另一角，因为这样放置，其蒸汽管就直接在卧室下方。我很喜欢大小合适的卧室和一个供冬天用的房间，它们都宽敞且设备齐全，位于长廊的上方，最接近澡堂。迪菲鲁斯把柱子垂直排列，而不是彼此相对。当然，这些他必须取下来，总有一天他将学会使用铅垂线和量尺。从总体上看，我希望迪菲鲁斯的工作能在数月内完成：卡西乌斯，他当时和我在一起，他起着监督工程的作用。

从那里，我开始沿着威图拉瑞一直走到你在伏费狄安努姆的房子，这套庄园是几个星期前我们在阿尔皮纳姆花10万赛斯特斯给你买的。我从来没有在夏天见过比这更阴凉的地方了；在夏季，有非常丰富的泉水。总之，卡西乌斯认为，对你来说，你很容易灌溉50亩草地。就我而言，我可以向你保证，你将有一个非常满意的别墅，外加一个鱼塘、喷泉、健身房和灌木丛。有人告诉我，你想保留伯维尔斯庄园。你想好了你自己决定。卡尔乌斯说即使你没有水的控制权，即使供应商把持了引流水的权利，即使在此地产上强加了地役权，万一我们想出售房子，我们仍可以保持它的价钱。他说，他已经同意和你一起工作，一英尺[①]3赛斯特斯，他已经量了3英里[②]。这似乎对我来说太多了。但我会保证有个好价钱。我从维纳弗如姆请来了塞罗，但在那一天他的四个同伴和学徒在维纳弗如姆被隧道的坠落物砸死。9月13日，我在拉特瑞乌姆。我检查了道路，对我来说它似乎是那么完美，几乎像一条大路，除了只有150步长——因为我是沿着萨瑞库姆的方向测量的，小桥在福瑞那寺庙旁。在那里，他们除去了尘土，而不是砾石（砾石应改换），且路的那一部分是一个非常陡峭的斜坡。但我知道，它不能沿着其他任何方向延伸，尤其是你不希望它穿过路库斯塔或沃罗的房子。后者独自修了一条好路，它避开了自己的房产。路库斯塔还没有动工，但我会在罗马拜访他，而且我想我能让他开工；同时，我想我会询问M. 察鲁什，他现在在罗马，他告诉我答应允许你这样做　　通过他

---

① 1英尺≈0.304 8米。

② 1英里≈1 609.344米。

的房子建一个水道。我非常赞同你管家奈斯佛瑞斯的说法，我问他对于在拉特瑞乌姆建个小楼你有什么吩咐（关于这小楼你对我说过）。他回答说他自己签约做的工作，工钱为1.6万赛斯特斯，但后来你额外加了很多的任务，却没有加工钱。因此，他停工了。虽然有点辛苦，我还是非常同意你增加工作量。虽然这别墅似乎充满一个哲学家的气氛（好像要去责备其他奢侈的别墅），然而，毕竟，这些额外添加的东西令人赏心悦目。我称赞你的园艺师：他已经用常春藤装饰一切，无论是别墅的基础墙还是走廊之间的空间。在我看来，那些希腊雕像似乎是花哨的园艺，更显眼的是常春藤。最后，没有什么能比澡堂的更衣室更凉快的了，其墙上长满了青苔。这是我要说的有关乡下的事务。事实上，园艺师以及菲罗提乌斯和森司乌斯是按照你城里的房子的装饰装修的，但我也经常亲自察看。因为对于我来说这不是难事。所以请你不要担心。

至于你总是向我问起你的儿子，我当然体谅你，但我必须请你也体谅我，我不允许你爱他比我爱他还多。哦，这几天在阿尔皮纳姆，他和我在一起，他自己做了决定，我也为他做了不少的决定。至于珀普珀妮雅，请你在信里这样说，当我出城去任何地方，她一定会和我在一起，并且带上这个男孩。我会让他取得惊人的成就。闲着无事时，我会让他在我身边：在罗马没有时间停下来喘息。你知道我以前这么做。你承诺给予我回报，你想期待什么呢？当我在阿尔皮纳姆，我接连收到了好几个包裹，里面都是你的来信。在一天之内我收到你三封信。事实上，它们似乎是你在同一时间寄发出来的。有一封信特别长，你说我给你的信的日期比给恺撒的信的日期早，原因是欧皮乌斯有时帮不上忙。他收到我的来信，并定期把信送到信使那儿。但有些事使他耽搁了，他送信比预计的要晚，我不想麻烦他改变我曾经交给他一封信的日子。你写到恺撒对我们的厚爱。对你来说，这感情让你感到温暖，我会用尽我所能来提升我们的情谊。关于庞培，如你建议的那样，我现在小心行事，并将继续如你建议的那样去做。我允许你在这儿待久一些，因为你受到我的欢迎。虽然在你缺席的情况下我很伤心，非常想念你，但我还是很高兴。我不明白你为什么派这样的人来——黑珀达姆斯和其他一些人。

那些家伙没有一个不想从你那儿得到一份相当于一座郊区房子的礼物。但是，你没有任何理由对我的朋友崔巴提乌斯跟他们区别对待。我派他去了恺撒那儿，恺撒所做的都是我所期望的。如果他没有这样做，完全是他为自己着想，我一定不会酬谢他。我同样可以让你免除他对你的要求。你说你每天最喜欢和恺撒在一起，对此我非常满意。至于巴尔布斯，就像你说的，他促进事情的发展，我很喜欢他。我真的很高兴，你和我的朋友特波尼乌斯相互喜欢。至于你说的军队护民官的职位，我肯定为库尔提乌斯向恺撒祈求过，恺撒回信明确地说有库尔提乌斯的职位，并斥责我谦逊的要求。如果我为其他任何人谋求一个职位——我会告诉欧皮乌斯写信告知恺撒——我不会因为他拒绝我的请求而恼火，因为这些纠缠我回信的人会因为收到我的拒绝信而恼火。我喜欢库尔提乌斯，因为我已经告诉他，这不仅是因为你要我这样做，而是因为他的性格。从你的来信看，我看见了他对我职位恢复的热情。至于英国探险队，从你的来信我得出结论，我们没有必要恐惧或大喜。至于公共事务，你希望提诺给你写信，我已经写信给你，迄今这些信比平常少些严谨，因为我知道，所有的事件，不论大小，都要上报恺撒。现在我已经对你那封最长的信给予了回复。

现在，我不得不说件小事。第一点是关于克洛迪乌斯给恺撒的信。我同意恺撒对那件事的处理，我们无法满足你的要求，只给那个愤怒者写了一个字回复。接下来的事情，是关于卡尔文提乌斯《马吕斯》的演说。我很惊讶你说你认为我应该对此表示响应，特别是因为没有人会去读他的讲稿，如果我对此表示响应，每个学生就会练习我的讲演稿而不是他的。你所期待的我所有的书，我已经开始写了，但我不能在很短的时间内完成。你吩咐给斯卡如斯和普拉斯乌斯准备的发言稿我已经完成。写给恺撒的诗我已经开始了，我把它缩短了一些。只要我有时间，你要求我写什么我将写什么，因为你的诗作源泉已经枯竭了。

现在谈谈第三封信。我从你的来信获知这个令人愉快和值得欢迎的消息，巴尔布斯即将到罗马来和我做伴，真好！他将继续留在我身边直到5月15日。在同一封信中，包括在以前你给我的许多信里，你嘱托我要有抱负和实干精神，当然我会按你所说的去做，但我何时才能享受我的生活呢？

在9月13日，我收到你的第四封信（8月10日从英国邮出的）。除了你的《俄瑞格那》，信里没有什么新鲜事。如果我从欧皮乌斯那儿拿到它，我将写信告诉你我对它的看法。毫不怀疑我会喜欢它。哦，对了！我几乎忘记了你在信中提及的那个男子曾写信给恺撒支持米洛，我想恺撒会认为它是如此温暖人心。而在事实上，这支持似乎在一定意义上也是给我的。

我也收到了一封寄了很久的信，很晚才送到我这儿。你让我想起特力圣殿和卡图卢斯柱廊。这两件事都进展顺利。在特鲁斯寺庙旁，我把你的雕像竖了起来。因此，对于你提醒我的郊区的别墅和花园，我都不是很喜欢，现在我镇上的住宅具有一种让人愉悦的魅力。9月18日我抵达罗马，我发现你房子的屋顶已经完工了：休憩客房的上面部分，你不希望它有很多的三角形饰物，现在有点向较低柱廊支撑的屋顶倾斜。我们的孩子，在我不在时，没有中断向他的修辞学老师学习。你没有必要担心他的教育，因为你知道他的能力，而且我也看到了他的实际运用能力。其他的事情我向你保证我会全心全意把它们处理好。

但现在有三个当事人起诉加比纽斯：首先是祭司的儿子L. 伦图卢斯，他起诉君权的滥用；其次，提布、尼禄还有支持他们起诉的许多人；第三是护民官C. 美米乌斯，他和L. 卡皮托配合。9月19日，他来到城墙，没人重视，也无人关心。但在目前法院的状态下，我不敢对任何事充满信心。加图身体不适，他还没有被正式指控犯有敲诈勒索罪。庞培正努力说服我和他和解，但目前为止他还没有成功。如果我保留一丝一毫的自由权，他就成功了。我急切地盼望你的来信。你说人们告诉你，我是执政官候选人联盟的一员——这是个谎言。这个联盟内部的紧密勾结，后来是美米乌斯将之公之于众的，其本质足以让忠诚的人拒绝加入。同时，我也不可能成为这个联盟的一员，况且梅萨拉被排除在这个联盟之外，他对我的每个特定的行为都很满意，我认为，是美米乌斯在使坏。对于多米提乌斯自己，我已经给他提供了他从我这儿所期望的许多服务。在我的保护下，我已经让斯卡如斯承担了重大的事务。然而还不确定两件事：选举什么时候开始，谁会是执政官。

正当我准备把这封信折叠起来时，信使抵达，他带来了你和恺撒（9月20日）的信，这些信历经20多天的旅程。我是多么焦急！恺撒最仁慈的信让我感动，也让我心痛！其信越亲切，我就为他的损失越难过。又回到你的信：首先，我重申我同意你留下，特别是根据你的意愿。你已经就这事咨询过恺撒。我想知道欧皮乌斯和帕布里乌斯之间是否存在某种关系，因为我不希望他们之间有关系。

你在信中说，我将于9月13日做庞培的副手。我没有听说此事，我写信给恺撒告诉他，无论是维布里乌斯还是欧皮乌斯，都没有告诉庞培我现在待在家里。我不知道其中的原因。然而是我阻止欧皮乌斯这样做的，因为维布里乌斯在那件事上起主导作用：恺撒已经和他亲自谈过，和欧皮乌斯只是写信沟通过。我真的不用重新考虑与恺撒有关的事情。在我眼里，我会先考虑你和我们的孩子，然后才是他。我想这样做是出于我的深思熟虑的判断，这一次我有充分的理由，但私人感情毫无疑问影响了我。

就在我写这最后的话时，你的孩子进来和我一起吃饭，因为珀普珀妮雅在外面吃饭。不久前他收到了你的信，他给我读你的信，信里充满了真正的阿里斯托芬戏剧的玩笑和严肃，我对此非常着迷。他也给了我你的第二封信，信里你叫他跟着我这个导师。他对此感到高兴，我也高兴。没有什么比这孩子更有魅力，没有什么比这男孩对我更深情！我将在另一封信里解释他的品格的形成，在吃晚饭时，我口授给提若，让他记下来。

你的来信使安纳里斯非常高兴，你非常关注他，并给他非常坦率而公正的意见。老普布利乌斯·瑟维利乌斯说他收到了来自恺撒的信，宣称他非常感谢你，因为你友好而诚挚地提及了他对恺撒的忠诚。从阿尔皮纳姆返回罗马后，有人告诉我，黑珀达姆斯已经开始加入你的行列。他开始加入你的行列竟然没有我的书信引荐，我无法说我对他的如此无礼之事感到吃惊：我只能说我感到恼火。因为我已经下定决心，如果在信里希望对你表达我的关心，我也会对他这样说。我以一种普通的方式给你寄信，通常里面没有什么内容，如果它落到他人之手，可能会引发烦恼。为了米奴司乌斯、萨尔维乌斯和拉比欧，我必须谨慎。拉贝奥要么晚些启程，要么会留在这儿。黑珀达姆斯甚至没有问我他是否可以为我做点什么。T. 佩纳瑞乌斯给我的来信中提到你，他说他非常喜欢你对文学的追求，喜欢与你谈话，最重要的是和你进晚餐。他一直是我的最爱，我和他的哥哥关系很好，所以继续交往下去，因为你已经开始承认这个年轻的男子与你的亲密关系。

事实上，这封信已经寄出好几天了，由于送信者的延迟，我现在才收到，我已经记下了许多事情，如下：提多·阿尼斯乌斯已经不止一次地向我提到，如果他发现有合适的郊区房产的话，他会毫不犹豫地为你买下。他的这些说法，我觉得两件事情令人吃惊：第一，你写信给他买郊区的房产的事，你不仅没给我提及，而且意思还相反。其次，你写给他信时，你完全忘记了他的信，在图斯卡仑你把它给我看过，有一条“请注意，他是如何处理另一件事的”。事实上，我认为你已经完全忘记了他的面部表情、他的谈话和他的情绪所传达的教训。但这是你的事。至于郊区的物业，一定要让我知道你的愿望，同时确保那家伙不会让你陷入困境。我还有什么可说呢？有吗？是的，是这样的：9月27日夜晚，加比纽斯入城，在两点钟时，按照C. 阿尔菲乌斯法令，他不得不因为“滥用君权”出庭受审，公众的仇恨会把他撕得粉碎。没有什么能超越他受的屈辱。但是，紧接其后的是皮索。因此，我想引进一个奇妙的情节到我的第二本书——阿波罗在众神的会议上宣布两名指挥官的返回情况会怎样？其中一人迷路了，另一人出卖他的军队。9月1日恺撒从英国给我寄了一封信，我在27日才收到，他对英国探险队很满意。他的信的到来缓解了我对你的来信的渴望。他告诉我，当他上岸时，你没有跟他在一起。基于他的哀伤，我没有回复那封信，甚至没有发一个正式的贺词。亲爱的兄弟，深深祝福你的健康。

致P. 伦图卢斯·斯宾塞（在西里西亚）

公元前54年，10月，罗马

M. 西塞罗向P. 伦图卢斯皇帝致以他最热烈的问候。您的来信让我非常高兴，信中我知道您完全理解我对你的忠诚：为什么用“仁慈”这个词？

难道“忠诚”这个词因其具有庄严而神圣之意，显得过于薄弱而难以表达我对您的忠心？至于您说您非常感激我为您服务，其实是您的仁慈使事情成为可能，这些事情如果不是故意的疏忽是不会被漏掉的，您才值得我们的感激。然而，我对您的感情是众所周知和显而易见的。如果在这个时候，我们被分开，我们也会一直在一起，一起在罗马。因为您声明您打算做什么事，没有人能够做到的。我满怀信心地期待您的来信。那就是说，在元老院发言，并在公共生活和政治生活中的每一个部门，我们应该占据一个非常强大的位置（考虑到政治因素，稍后我会解释我的观点和立场，并会回答您的问题）。无论如何，我已经找到了您这个支持者——和我最热烈地连在一起，并具有最高智慧。而我，您会发现我是一个好顾问，也许不是世界上最熟练的那种，但至少忠诚于您的权益。然而，我很高兴，在打了一场胜仗之后，您掌管了职权和一支胜利的军队，您赢得了罗马皇帝的称号。但可以肯定的是，如果您在这里，您将在更大程度上更直接享受我给予您的服务。此外，在报复（您认为在某些情况下会是）您的敌人的过程中，因为您支持我召回的事，您要对那些嫉妒您的辉煌职位的人采取一定的措施。作为您的伙伴，我本应该给予您极大的支持。然而，那个把自己的朋友变成了永久的敌人的人，您给予了他最高的赞美，而他在所有人中却选择您作为他软弱无力的侵犯对象，他惩罚自己，也便省去了我的麻烦。他尝试了无数次，但事情败露使他不仅没有一丝的政治立场，还失去了行动的自由。虽然我宁愿您在处理我的案子中独自获得经验，而不是在处理您的事务中，虽然其中我有点遗憾，但我还是很高兴，您在没有付出巨大代价的情况下，认识到了人类的真诚是有所值的，而我是在经历了极大痛苦的代价后才认识到的。而且我觉得我现在有机会回答您在信中提到的问题，向您解释我的整个立场和观点。您在信中说有人告知您，我已经和恺撒及阿庇斯和解了。您补充说，您没有觉得这有什么问题；但是您想知道是什么让我保护并赞美瓦提尼乌斯。为了使我的解释直白，我必须进一步阐述我的政策和理由。

好了，伦图卢斯，首先，通过您的努力，我顺利地被召回。我觉得我的复出不仅对朋友有意义，对共和国也如此。我欠您一份情，它超越了信仰和我能付出的各种效劳。无论它多伟大、多罕见，它都是赐予您的，也是赐予共和国的。它协助您让我回归，至少我在昔日拥有了这份情感，它表明的是公民应尽的义务，而不是对我所产生的特殊善心所尽的义务。这些是当时我的感想，那时您是执政官，我曾在元老院这样说的，在我们的交谈和讨论中，您有自己的完整看法。然而，从一开始，在很多情况下我的感情就受到了伤害。当您呼吁完全恢复我的职位时，我发现了隐蔽的敌人和一些可疑分子。针对我原来的住所所遭受的非法暴力行径，您和我的兄弟一样没有得到支援，结果我当时就被赶出我自己的房子。这也不是天意，但在那些事情上，他们没有表现出我所期望的好意。虽然由于我破产了，那些东西是必要品，但我却认为它们是最不值钱的——我的意思是由元老院下令赔偿我的损失。虽然我看到了这一切——这并不很难看出——与他们当初出于感激之情为我所做的相比，他们现在的行为没有使我承受这么多的痛苦。因此，虽然根据您自己的断言和见证，我在为庞培服务，虽然我爱他——不仅因为他善良，也出于我自己的感受，所以说，我完全钦佩他——然而在政治上我并没有考虑到他的愿望，我依然遵循我旧时的政治观点。随着庞培坐在法庭上，他的入城做证有利于瑟斯提乌斯。证人瓦提尼乌斯称，我为恺撒的财富和成功所动，我已经开始成为他的朋友；我说，我更喜欢比布鲁斯的财富，虽然他认为这是一种耻辱，但对其他人来说这是胜利。我说在我讲话的另一部分，在询问同一证人期间，同样的人在迫使我离开我的屋子的同时，也在阻止比布鲁斯离开他的房子，我的整个盘问事实上无非是谴责他的护民能力。在整个过程中，我直接提到了暴力问题、占卜的疏忽以及王室的头衔授予问题。事实上，支持这个观点是我近期才说的，虽然我在元老院曾多次这样做。不仅如此，即使在马赛林那斯和菲利普斯执政时期，4月5日元老院对我的议案投票，议案是关于坎帕尼亚土地的问题，它得依赖5月15日元老院的全体会议。莫非我能果断地抨击他的政策的要点，或表明我忘了我自己的当前利益，想起我以前的政治生涯？当我提交这一伟大的建议时，它不仅让元老院留下了深刻的印象，也让那些我从来不想对他们抱有幻想的人留下了深刻印象。根据我的议案这项法令已通过，庞培对我没有一丝的反感，他去了撒丁岛和非洲，并在旅途中拜访了在卢卡的恺撒。恺撒对我的议案意见很大，他在拉文纳看见了克拉苏，此人挑拨他来反对我。众所周知，庞培为此感到很烦恼——别人是这样告诉我的，而我从我的兄弟那儿得到了最明确的消息。因为庞培离开卢卡几天后在撒丁岛遇见了他，庞培说："你是我愿意见到的人，没有什么能比和你交谈更舒服。除非你用非常强硬的态度和你的兄弟马库斯说话，否则你将不得不支付你为他所保证的。"我不想多说。他抱怨了一大堆：提到他对我的服务，回忆起他一遍又一遍对我的兄弟说起的恺撒的"行为"，还有我的兄弟为我做的事；并呼吁我的兄弟见证，说他这样做是基于恺撒的同意，并要求他给我推荐后者的政策和权利诉求，说即使我没有或无法支持他们，我也不应该攻击他。我的兄弟把这些言论转达给我，不过庞培派维布里乌斯给我送来消息，求我不要在他回来之前忙于坎帕尼亚土地的问题。我重新考虑我的立场，恳求国家允许我—— 一个为国家遭受了痛苦和做了这么多事的人——履行义务来感谢我的恩人和兑现我对我兄弟的承诺，并承受一个被认为是诚实公民的人要表明自己的诚实所应该承受的事情。

此外，关于所有我这些似乎是在得罪庞培的议案和演讲，根据某一群人——他们的名字您肯定猜到了，不停地有人向我打小报告，而在公共事务上他们真的很同情我的政策，并一直如此——的说法，他们很高兴庞培对我不满，而且恺撒也很生气地反对我。这事真让我烦恼，但他们说的更是事实。我还要和我的敌人拥抱，和他们寒暄，甚至以亲吻来和他们接触，我能说什么呢？而法律、法院、和平、国家、所有忠诚的人的敌人，他们的确没有唤起我的胆量，因为我已经完全失去了一切，故而只能想象他们做到了。在这种情况下，尽可能地为了人类而慎重起见，我彻底反思了我的整个立场，平衡了各方的利益，我找到了我所有反思的最终结果。现在，我尽量简要地把它摆在您面前。

如果我看到共和国落在了坏人或挥霍无度的公民手中，就像我们知道在执政官秦纳统治时期，和在其他一些场合发生的事一样，我不会有压力。我不求回报——这是最不能影响我的东西，即使面临危险。但毕竟最勇敢的人也会动摇，因此我加入到他们的党派，而不是说他们对我一直很好。正因为如此，共和国的杰出政治家是庞培，他获得了权力，他因为对国家的最卓越的服务和最辉煌的成就而闻名，从我的青年时代起我一直是他的支持者。我做执政官时期，他是积极的推动者，这位政治家通过他的影响力和看法以他自己的力量帮助我（再加上您的协助）。他给予我忠告和热情，我的敌人他认为也是他的敌人。如果在元老院投票中我稍微改变我的看法，我认为我不必担心我说话前后不一致招来的责备，我把我的热情献给了我尊敬的杰出的人，我对他有最大的义务。在这种情绪中，我是一定要把恺撒包括在内的。您可以看到他们的政策和立场是不可分割的整体。在这里，两件事情极大地影响了我——您知道，我和我的兄弟昆图斯与恺撒有旧交情。他善良而慷慨，通过他的书信和对他个人的关注，我们最近明白无误地证明他是这样的人。我也受共和国的强大影响，这似乎是对我的要求，特别是考虑到恺撒的辉煌成就，毫无争议应该和这些人保持关系，以可能的最强烈的方式阻止它变坏。此外，尽管很满意这些感情，我还是震惊，因为庞培把给我的承诺给了恺撒，而我的兄弟又给了庞培承诺。此外，我考虑到柏拉图所说的国家利益的最大化，“这些人是共和国重要之人，他们习惯于成为其他公民中的一员”；我想起了在我当执政官时，从1月1日起，这样的思想奠定了对元老院鼓励的基础。没有人会感到惊讶，在12月5日那天，整个元老院充满了精神和权威的影响力。我还记得，当我是一个普通公民时，那时执政官是恺撒和比布鲁斯，我所表达的意见在元老院起了重要的作用，所有忠诚人士的情感是不变的。之后，当您掌管西班牙帝国的各州时，共和国没有真正的执政官，只有流动商贩、奴隶和煽动叛乱之人。一场意外让我成为不和谐的派别竞争和民间叛乱的争斗之源。而面临危险，元老院全体成员的一致同意是令人吃惊的，意大利人必胜的信念和前所未有的忠诚之士一直支持着我的辩护。我不会说发生了什么事，因为受到责备的人很多，涉及各种的卑鄙；我只简单地说，不是老百姓而是领导者虚伪地应对我。在这个问题上，我不会责备那些没有支持我的人，也不会责备那些抛弃了我的人：如果这些受到责备的人吓坏了，假如有的话，那么他们中更多的人是假装受到惊吓。无论如何，我的政策是公正的，是应当称颂的，因为我拒绝让我的同胞们暴露在无领袖的武装奴隶面前，还因为我相信一致的忠诚会显示出巨大的力量。如果在我倒台之前，他们支持我的事业，那么那年秋天，他们就有足够强大的力量来支持我东山再起。当您提出我的案子时，您不仅可以见识到这些人的真实感受，而且还能看到他们一直以来的鼓励。在推动某项措施时，在我不仅不会反对而且会很高兴地宣布它，以确保我复位时，你会发现最高级别的某些人比那些一直保护我免于倒台的人更勇敢。如果他们选择了保持那种心境，随着我的回归，他们会恢复自己的统帅位置。当忠诚者的精神由于您的执政而更新，您的坚定和正直的官方行为会使他们很沮丧。最重要的是，庞培的支持是确定的；而恺撒，他因为辉煌成就而拥有特权，元老院授予他独特的和前所未有的区别对待和称赞。他现在支持元老院的权威；要知道本来是没有什么机会给玷污共和国的不忠公民的。

现在我请求您关注接下来发生的事。首先，那个擅闯女士纪念活动的人没有对博纳蒂雅显示出比对他的三个姐妹更多的尊重，但他通过投票确保了他的豁免权。那些投票的人，在护民官希望通过合法行为借助忠诚之人的力量惩罚那些煽动公民叛乱的人的时候，剥夺了共和国曾经处罚煽动叛乱的人的权力。同样是这些人，在纪念碑落成的情况下（这个纪念碑不是我的，因为它不是借助我赢得的战利品的收益而建立起来的，除了发布了其建设合同，我与此事无关），他们允许在元老院所建的这座纪念碑上刻上一个公敌的名字，题词用血书写。那些人希望我的安全换来我对他们最深的感谢，但我希望他们不要选择像医生那样只考虑我的安全，而应像培训师那样，考虑我的力量和状况！正如此，就像阿佩莱斯拥有完善的头部，而他的维纳斯拥有最精致的半身像，身体的其余部分都制作得很粗糙，所以某些人努力加工我的头部，而我身体的其余部分却未能得以加工完成。然而，在这件事上我不仅篡改了出于嫉妒的期望，而且篡改了出于完全的敌意的期望。我以前在昆图斯·牧可特鲁斯——卢修斯的儿子——的案子中持有错误的看法，他其实是世界上最有活力、最勇敢的人。在我看来，他有卓越的勇气和坚定的信念。人们会说，他流亡回来后，深受打击，萎靡不振。现在，首先，人们要我们相信，那个曾经愿意和乐意接受流亡，并且从来没想方设法要求被召回的人，因为那件案子而精神崩溃——要知道他曾经比其他任何人，甚至比著名的M. 斯卡如斯表现得都要更坚定不移！但是，他们得到其他人的“报告”，或者更确切地说是猜想，他们很喜欢他萎靡不振。现在他们转移到我身上，猜测我现在应该是精神崩溃。而事实上，共和国激发起我比以前更大的勇气。它清楚地表明我是共和国离不开的一个公民。事实上，召回梅特路斯仅仅是一个护民官提出的议案，而在元老院的带领下，随后是整个意大利召我回来，八个护民官发布了议案，一个执政官在中央议会提出了这个问题，所有人都强烈要求我的回归。那不是我后来提出主张的那件事，这一天我什么都没做，即便可以理直气壮地得罪任何人，即便是得罪最恶毒的人。我唯一能做的是，我不能让我的朋友，还有那些在远方主动服务于我的人，或法律顾问甚至他们个人的努力功亏一篑。也许这种生活方式使那些人不舒服，他们的眼睛紧盯着我显赫的职位，但他们无法体会到我的焦虑和辛劳。

同样，我抛弃了我过去的政策，在元老院发言赞美恺撒时，他们毫不隐瞒地表达了自己的不满。我在解释不久前曾在你们面前提出的观点的时候，因为我已做了简要介绍，就没有一直解释完整。亲爱的伦图卢斯，您没有发现，那些忠于共和国的人的观点和你灌输给他们的一样。我的执政加强了这些理念，但随后间或被削弱。它们在您执政之前已经消失，但您又拯救了这些观点。它们已经被那些有责任维护它们的人所抛弃。事实是，这些人在过去也存在，被称为贵族派，不仅是通过外貌和面部表情表明他们的身份（这一点最容易作假），而且还再次通过他们实际的同情和投票证明了他们的确是贵族派。因此，聪明公民的观点和出发点，我希望两者都必须经历改变。因为这是伟大的柏拉图的格言——我把他看成大师：“保持政治争议，只有这样，你才可以用正义说服你的同胞。永远不要对父母或祖国施以暴力。”他说的是事实，他声称这是他放弃政治的原因，因为他发现雅典人是不能通过说服或任何强迫行为来被统治的。他怀疑说服的可能性，他把强迫看成犯罪。在这一点，我的立场和他不同，因为人民并不糊涂，对我来说从政的问题仍然未明朗，我还是束手束脚的。然而，我很高兴自己被允许从事同一事业，支持一项对自己有利、为每一个忠诚的人所接受的政策。我从政的额外动机是令人难忘的恺撒，对于我和我的兄弟，他是一个具有几乎是超级善心的人，他实至名归，不管他做什么，我都支持他。鉴于他的巨大成功和他的辉煌胜利，即使他没有在我面前表现出来，要求我给他写颂词，我也会写的。我要您相信，除了您，他是召回我的提议者，我承认没有人像他那样有如此的影响力，我甚至会为有这么多的限制而感到高兴。给你解释这件事情后，您问的有关瓦提尼乌斯和克拉苏的问题就很容易回答了。因为您评论阿庇斯，也评论恺撒。“你没有挑出毛病。”我只能这样说，我很高兴您赞成我的政策。但是，对于瓦提尼乌斯，就在庞培当选执政官不久，通过庞培的影响，我们曾出现过一段和解的时期。这是事实，虽然我曾经在元老院的重要发言中责难他的候选人资格，但我并不是为了攻击他而去维护和恭维加图。稍后从恺撒那儿我得到一个非常紧迫的要求，他要我担当他的辩护人。至于我证明他性格的理由，我求求您不要问了，无论是站在被告的立场还是站在其他人的立场，免得当你回家后我问您同样的问题——尽管在你返回之前，我就可以这样做。要记住，你从远方寄来的是关于他性格的证明书。但是，不要害怕，因为这些人都是我所称赞的，并且将继续得到我的称赞。然而，毕竟也有动机促使我担当他的辩护人。其中，在庭审中，当我为他辩护时，我说我所做的正是《伊奴纯斯》里的食客建议上尉这样做的：

“她经常称呼自己为法叶瑞亚，
而你反驳说应该叫帕姆菲拉。如果她暗示，
让我们把法叶瑞亚叫来助兴。
而你说让我们去请帕姆菲拉来唱歌。

如果她要赞美‘他’的长相，
你一定要赞美‘她’，她和他们旗鼓相当，
针锋相对，你可能会刺痛她的灵魂。”

要知道以前给了我很大帮助的某些地位很高的人，现在非常喜欢我的敌人，经常在元老院，就在我的眼皮底下，把他叫到一边悄悄进行重大协商，甚至他们还亲密地拥抱——因为这些人有他们的帕布里乌斯，因此我请求陪审团也给我一个帕布里乌斯，这样我可以通过适度的反驳给他轻微的反击。而事实上，我言行一致，得到神和人的称赞。关于瓦提尼乌斯就说到这儿。现在谈谈克拉苏，为了大体上的和谐，我认为我已经做了很多来确保他会对我产生感激之情，他应该通过一种自愿的遗忘行为祛除他所有的伤痛，这时他却突然为加比纽斯辩护，其中前几天，他还狠狠地攻击过后者。不过，如果他这样做而不攻击我的话，我应该能承受。但是在他攻击我时，虽然我只是争论，而不是猛烈地攻击他，但我想我当时不仅生气了，还有种愤怒之感——气氛还不是很火热——而且听到他对我的诽谤我几乎透不过气来，然后我想我已经完全摆脱了他的诽谤，不知不觉我缓过神来，我的愤怒一下子爆发出来。而正在此时，某些人（同样的人，我经常提及）同时宣布，他们非常喜欢我直言不讳的风格，他们说他们以前从未充分意识到我会以昔日的性格在共和国复位。而当时我争辩的行为使我在元老院外获得了极大的声望，他们开始说他们既很高兴他现在是我的敌人，也很高兴那些与他有关联的人永不是我的朋友。当一些最值得尊敬的人把他们的恶意言论报告给我的时候，当庞培在和克拉苏和解前前所未有地催促我的时候，当恺撒写信给我说他为那次吵架感到非常痛心的时候，我考虑的不仅仅是我的处境，而且还有我的天性喜好：如果我们和克拉苏有和解的可能，将向罗马人证实，他将开始管理他的省，这几乎是我的肺腑之言。他约定了一天和我一起吃饭，在我的女婿克拉茨皮斯郊区的别墅。因此，正如您所说的，别人已经告诉了您这事，在元老院我支持他的事业，这是庞培的强烈建议，因为在道义上我有责任去做。

现在我已经告诉过您，我支持每个措施及对策的动机，以及就我参与的政治活动，我的立场是什么。我希望您弄清楚——如果我还能完全不受约束地自由选择，我应该怀着不变的情感。因为我不能认为与这种压倒性的势力作对是正确的，即使有可能，也不应该破坏最杰出公民的最高权力。而且，当情况发生改变，忠诚之士的感情发生改变，我也不认为自己一定会坚持相同的观点而不会向形势低头。因为坚持同一观点从来没被认为是掌舵国家政权的那些杰出的人应具有的美德，正如驾驶船舶的秘密是在暴风雨来临前快速前进（即使你不能到达港口）。当你见风转向时，坚持你原来的航线而不是通过改变方向让它同样到达你渴望的目的地是很愚蠢的做法。所以虽然我们都应该在国家行政机关始终保持我经常提到的观点，和平与尊严相结合，我们没有义务总是使用同一种语言，而把眼睛紧盯着同一目标。因此，不久前我放下了这种想法，如果在政治上我尽可能腾出处理事务的一只手，那么我就不是现在的我了。而且，某些人善意劝说我采纳这些情绪，驱使我通过伤害他人来这样做。我很高兴能思考和谈论公共事务，我认为它们有助于维护我和共和国双方的利益。而且，我这样的声明会更公开更频繁，这既是因为我的兄弟昆图斯是恺撒的使节，也是因为在支持恺撒时，不管事情多琐碎，我都没有泄露过只言片语。他还没得到我的感激之情以便让我认为我和他息息相关。因此，他的名气让我很有优势，您知道他的名气有多大，还有他的物质资源有多丰富，好像它们也是我自己的。我不认为我可以以任何其他方式挫败无原则的人对我的阴谋，除非我现在已经拥有其他人的保护，除非我一直拥有当权者的好意。我应该相信，如果我有您在这里，我会遵循这一策略，因为我清楚地知道您的判断的合理性和清醒性。我了解您的心思，您与我关系亲近，您是一个不会对他人带有恶意的人；相反，因为您的思想伟大而高尚，您本人非常坦率。我见识了某些人针对您的行为，你可能已经看到了同样的人针对我的行为。同样的事情让我恼火，也肯定会让您生气。但每当我享受你的存在带来的快乐——您对我所有计划的明智批评，您为我的安全着想……我知道你这样做是在维护我的尊严。确实，在您所有的行动、情感和愿望里，甚至你的一切事务中，您可以把我看成是您的伙伴和同盟者。我也不应曾经在我的生活中有任何不坚定的打算——每天你应该越来越高兴，您为我提供了杰出的服务。

至于您的要求，在您离开后，我会寄给您我写的书，也有一些演讲稿，我会把它们给美诺克瑞图斯，不是很多，所以不要担心！因为我现在退出演讲舞台并返回到温和的缪斯怀抱（又从事写作），现在写作比任何东西都能给我带来更大的喜悦。从青年时代起，写作就给了我快乐，然后我用亚里士多德的风格写作，至少这是我的目标。三本书是用对话的形式写成，其中《论演说家》，我想它将为您伦图卢斯服务。因为它们与目前的格言有很大区别，整体上讨论古人在演说方面的理论，它们都是关于亚里士多德和伊索克拉底的。我也用韵文写成三本书，其中《论我的时代》我应该前一段时间送给你——我认为应该予以出版，因为它们是见证人，而且它们会是永恒的见证人，包括你对我的感情和我对你的感情。但我忍住了，因为我害怕那些人可能会认为他们受到了攻击，在那方面，要知道我已经非常节约用词和表现得温和了。但对于我的恩人，我将有义务一直在我的书中提及。然而，书籍就是这样，如果我发现我可以把它们安全地委托给任何人，我会谨慎地向您传达：就我生活的一部分和行为而言，我完全把它提交给您判断。我会成功地完成文学或学习，我最喜欢昔日的放松——在您的批评到来之前，我会在最快乐的地方，您一直也喜欢这样的休闲。至于您在信中说到关于您的家事，您要我做的我会做得很周到。我不喜欢别人提醒我、要求我去做这做那，如果那样的话，我会很痛苦的，事实上那几乎是无法忍受的。至于您说，去年夏天，对于昆图斯的事您无能为力，因为疾病阻止您到西里西亚，而您现在在用您的力量努力去解决它——我可能会告诉您，事实的真相是如果他能够获得房产，我的兄弟会认为这都归功于您，是您使我们祖传的房产得以保存。我喜欢您写的所有关于您的事务，和有关您的儿子小伦图卢斯的学习，还有您对他的亲切而频繁的培养（我认为他也是我的孩子）。相信从未有过任何人能像您那样对我如此亲切和温和，而我不会只会让您有这样的感觉，我会让世界上所有的人甚至下一代人都意识到这一点。

阿庇斯用了一些时间来重复谈话，事后，他甚至在元老院公开表示，如果允许他在贵族大会上提出一项法律，他将与他的同事抽签决定他们管辖的职权；但如果在贵族大会上该法律没有获得通过，他将与他的同事做出安排并接替您的职位。执政官贵族会议产生的法律是一个特有的东西，但不是必需品：因为根据元老院通过的一项法令，他已经拥有职权，他进城后凭借科勒里安法，他本应拥有最高权力。我不知道写信给您关于这个问题有什么关联：据我了解，意见各不相同。也有一些人认为您可以合法地拒绝放弃您的职权，因为，您的继任者没有被贵族会议的法律任命。有的还认为，即使您放弃职权也会有人接替您来管理政府。至于我自己，我不太确定法律的观点，虽然我没有太多的怀疑——因为我这样做是为了您最大的荣誉、尊严和独立，我知道您常常把它们看得高于一切；您对自己的能力毫不怀疑，尤其是当您不能阻止他的贪婪，您会毫不拖延地把您的职权移交给继任者。我认为我的职责是双重的——让您知道我的想法，并捍卫您所做的。

附笔——当我收到您关于税收官的来信，我已经写好了上面的内容，我不能不佩服您的正义行为。我希望您能够借助某个幸运的时机来避免那个命令带来的背道而驰的利益和愿望，因为这是您一向倡导的荣誉。就我而言，我不得不捍卫您的律令，但您知道那个阶层的人使用的手段，您都知道他们对著名的Q. 斯凯沃拉有多么强烈的敌意。不过，为了您自己，我劝您还是调和您的那个命令，或至少软化它（如果您可以通过任何手段这样做的话）。我认为虽然困难，但您的睿智绝对能解决好它。

致C. 崔巴提乌斯·特斯塔（在高卢）

公元前54年，11月，罗马

在《特洛伊木马》结尾处，你还记得这样的话：“太晚了，他们才学到智慧。”但是，你这个老先生是当时明智的人，你的第一批明快的信件让我觉得你够搞笑的；当提到英国，我不怪你对它不好奇。但是现在已经进入冬季，你的营房很冷，多加御寒衣物，这样你就不用担心外出受寒：

“不是在这里和那里，而是无处不在，

明智和谨慎的战士
无法抵挡尖锐的兵器。”

如果我外出就餐，我就不会错过你的朋友屋大维先生；但是我真的谈及过他的多次邀请，“请问，你是谁？”但是这是赫克里斯在开玩笑，他是一个漂亮的家伙，我曾想你把他带在你身边。确定让我知道你现在做什么，以及你是否打算在这个冬天来意大利。巴尔布斯向我保证你将很富有，是否他是在模仿罗马风格，意思是别人将给你提供大量资金，或根据斯多噶学派的格言，即“有钱的人可以享受天空和大地”，我以后就会感悟得到此句话的含义。那些来自你身边的人会指责你的骄傲，因为他们说你不会回答他们问你的问题。然而，有一件事会让你高兴：他们一致认为，在萨马罗布里瓦，没有比你更优秀的律师了。

致阿提库斯（在罗马）

公元前51年，5月，敏图尔杰

是的，当我离开时，我非常明白你的感受。我也很清楚我的感受。这使得你有更多的责任去阻止一项额外法令的通过，这样我们相互间的遗憾才可能不会持续一年多。至于安尼乌斯·撒士尼努的事，你的对策是非常棒的。至于担保，你留在罗马期间，自己决定好了。你会发现几份财产购买的担保书，如美米乌斯房产的担保，或者是阿提利乌斯的。对于欧皮乌斯，这正是我所希望的，特别是你曾支付给他800 赛斯特帖姆[①]，我下定决心无论如何都要支付给他，即使我不得不借钱这样做，而不是等待我自己债务到期的最后一天。

我现在读到你的信的最后一行，你让我照看你的妹妹。事实是：我到达阿尔皮纳姆，我的兄弟来看我，我们的第一个话题便是关于你，我们进行了

① 古罗马货币单位。

详谈。在这之后，我引出了你和我在图斯卡仑谈论的主题，关于你的妹妹。当提及你妹妹，在那个场合，我从来没有见过我的兄弟如此温柔和温和，以至于事实上看不出对于花费的总数他们有何争吵的理因。那一天就谈到这些。第二天我们从阿尔皮纳姆出发。一个乡村的节日让昆图斯在阿卡努姆停了下来，我则在阿奎努姆停下来，但我们在阿卡努姆共进午餐。你知道他这儿的房产。当我们到达那里，昆图斯以最友善的方式说："珀普珀妮雅，你招待女士吃饭；我负责招待男士。"我想，没什么比这更有礼貌了，不仅有实际的言辞，而且还有他的意图和面部表情。但她听到我们的话，她惊呼道："我只是这里的一个陌生人！"我觉得，争吵的起源，就是斯塔提乌斯之前让我们操持午餐会。于是昆图斯对我说："还有这就是我每一天必须忍受的！"你会说"嗯，这是什么话呀？"，事实上，她已经很大程度地激怒了我，甚至我说她的回答已经带有某种不必要的恶语相向（无论是言语还是面部表情）。我隐藏了我的怒火。除了她，我们都在餐桌旁就座，然而昆图斯把桌上的饭菜给她送去，她拒绝了。总之，我想我从来没有见过比我的兄弟更好脾气的人，或比你的妹妹脾气更坏的人，我省略了许多细节。然后我到阿奎努姆，昆图斯在阿卡努姆，第二天一大早他到阿奎努姆与我会合。他告诉我，她不肯和他睡觉，当他离开的时候，她的举止又像我见过她时的那样。需要我多说吗？你可以告诉她，那一天，依我的判断，她明显缺乏善意。我已经详细地告诉你这件事，希望说服你给她指导和建议。只是我求求你在我离开城镇之前结束对我的委托；催促珀菩提乌斯起程。只要你一离开城镇，你务必让我知道，我相信没有人比你更能带给我更多的乐趣。我要对最好的人A. 托奎图斯说再会了，他现在在敏特纳斯，我希望在谈话的过程中，你能对他说我曾在信里提到过他。

致M. 波尔齐乌斯·加图（罗马）

公元前50年，1月，西里西亚

由于你的声望和我对你美德的信任，我确信这对你来说是非常重要的：我认为你应该认识到我所取得的成就，你不应该忽视我们的权益，不应该对我保护我们的联盟和我的职权管理范围漠不关心。如果你知道这些事实，我想我应该更容易确保你赞同我的愿望。

7月的最后一天我上任。因为我必须急速赶往军营，我在劳迪西亚只待了两天，在阿帕米亚四天，在斯纳达三天，还有三天在费罗梅利乌姆。我在这些城镇主要参加巡回审判，免除了大量城市很多令人烦恼的贡品、过分的利息和欺诈性的债务。同样，在我到来之前，军队被类似的暴动所破坏，五个军团——没有一个使节或军事保民官，其实连一个百人队队长也没有——营房在费罗梅利乌姆，而剩下的军队在利考尼亚，我命令我的使节M. 安尼伊吾斯把这五个军团带来加入主力军，从而让整个军队一起到利考尼亚的克里乌姆安营扎寨。他积极执行我的命令，在8月24日我到达营地，同时，按照元老院的法令，收编一些身体强壮的人组成一个具有足够力量的骑兵团，还有一个由自由民和盟国的君主组成的志愿者队伍。一切都在进行中，检阅军队后，8月28日我开始了自己到西里西亚的远征，一些使节怀着恐惧（但也不是没有一定的理由）给我送来科马根君主那儿传来的消息：帕提亚人已经进入叙利亚。听到这个消息，我很为叙利亚和我自己的省担忧，事实上为包括亚洲的所有其他地区担忧。因此，我下定了决心，我一定要带领军队通过卡帕多西亚地区，它与西里西亚毗邻。如果我长驱直入到西里西亚，凭借亚玛奴山脉的天然优势，我可以很容易地占领西里西亚本身——因为这里只有两个峡谷从叙利亚通往西里西亚，这两个峡谷都是由微不足道的卫戍部队掌控，由于他们目光狭隘，可能把这两个通道关闭。但也不能设想叙利亚一方比西里西亚加强了防御工事，但令我感到不安的是卡帕多西亚，它和叙利亚是相通的，它被诸多王国包围，即便这些人私下是我们的朋友，他们也不敢公开敌视帕提亚。因此，我把我的营地驻扎在卡帕多西亚最南部的斯毕士垂亚镇，其不远处是坦如斯山脉，有西里西亚的军队驻扎，这样就可以挫败控制卡帕多西亚的邻近部落的阴谋。同时，在一个非常可怕的战争之中存在严重骚动和焦急的渴望。在你我以及元老院的评价中，国王德欧塔如斯一直有很好的理由受人尊敬，他是一个杰出的人，他对罗马人民怀有良好的意愿和忠诚，并且有杰出的勇气和智慧。使节告诉我说，他正在全力以赴赶往我的营地。他的热情和善良使我深受感动，我送给他一封感谢信，并敦促他加速前进。但是，在斯毕士垂亚耽误了5天，当我的计划成熟时，我把国王阿瑞巴匝尼斯从一场阴谋中救出，你提议让元老院委托我保障他的安全，令他吃惊的是有人告发我反对他——我不仅救了他的命，还煞费苦心以确保他的王室权威能得到尊重。梅特瑞斯和阿特纳奥斯（后者大力赞扬我），由于女王阿森纳伊斯对他们持久的敌意，他们被流放了。我恢复到具有最高影响力的位置并受到国王的青睐。然后，在卡帕多西亚存在严重的敌对行动。神父认为他可能用武器保卫自己，因为他是一名年轻男子，配备有骑兵、步兵和金钱，并依赖那些想要在政治上有任何形式变动的人。我安排他离开王国。国王应通过法院充分授权彻底保证没有内战或诉诸武力，其应保持国度的尊严。

同时，我通过信件和使者从许多方面获悉，大规模的帕提亚人和阿拉伯人曾兵临安提阿镇，其庞大的骑兵队伍已经越过西里西亚，但已在伊皮法尼亚被我的骑兵中队和步兵队列击溃。因此，我看到在卡帕多西亚，帕提亚人的军队在西里西亚不远处的前方阵地，我带领我的急行军到了亚玛奴山脉。到了那里，我了解到，敌人已经从安提阿撤退，比布鲁斯在安提阿，我于是告知德欧塔如斯，让他把强大的骑兵和步兵队伍匆匆加入到我的队伍里——他能激励所有的力量。我认为他没有理由会离开自己的领地，而且在任何新的情况下，我会立即写信并送给他。我打算赶来缓解这两个省的境况，所以现在我继续做我一直下定决心去做的事，以确保这两个省的最大利益，即：以减少阿曼努斯的驻军，并从该山脉消灭永恒的敌人为己任。所以我做了一个假动作：从山脉撤军，开往西里西亚的其他地区，从阿曼努斯山脉行军一天并搭了一个营地。在10月12日，傍晚时分，在伊皮法尼亚，我的军队轻装上阵执行我夜晚行军的命令。13日黎明，我已经在攀登阿曼努斯山脉了。我让步兵队列和预备役排成几列，我和我的使节昆图斯（我兄弟）指挥一列，我的使节C. 珀菩提乌斯指挥另一列，我的使节M. 安尼伊吾斯和L. 图利乌斯指挥其余的队列。我们让当地的居民很惊讶，他们被切断了所有退路，要么被杀要么被俘。但是，伊瑞纳，它更像小镇而不是小村庄，它属于亚玛奴山脉的首府之地，还有在色皮亚和科马斯，从拂晓前至下午4点那里的人们进行了坚决而长时间的抵抗，珀菩提乌斯掌管亚玛奴山脉那部分地区，后来我们占领了该地，杀死大量的敌人，进入村镇并放火烧了几个堡垒。这些军事行动后，我们在亚玛奴山脉的亚历山大附近地区扎营，待了四天，所有的时间我们致力于摧毁亚玛奴山脉剩下的居民，破坏他们在山脉那边的属于我省的土地。结束后，我率领大军离开前往伊力特里斯的一个小镇品得尼苏斯。这个小镇坐落在一个非常高大和壁垒森严的地方，居民从来没有臣服于国王，他们给逃兵提供藏身之处，并翘首企盼帕提亚人的到来。我想，镇压他们的胆大妄为对帝国的威信将有重要意义，这样还可以比较容易地去打击心怀不满的人的精神。我用栅栏包围他们，并建六个堡垒和巨大的营地包围他们：我借助土墙工事、栅栏似的房屋，还有城塔来袭击他们，并运用众多弹弩和弓箭手……通过我们自己的努力（没有麻烦盟国或花费它们的金钱），我们不断地缩小战场，在他们的城镇被打掉或被烧毁后，在战斗打到第57天时，他们向我投降。他们的邻居特巴瑞人依旧掠夺成性和胆大妄为：在占领了品得尼苏斯后，从他们那儿我解救出了人质。然后，我把军队分别派往冬季营房，我让我的兄弟指挥，命令被抓获的人或怀有叛意的人驻扎在村里。

好了，现在我想让你确信，在这些问题上你应该在元老院提出一项决议，如果你投票支持给予我荣誉，那么我认为最高的赞美已被赐给了我。而关于这一点，虽然我意识到在这些问题上，最值得尊敬的人习惯于要求和被要求，但我觉得在你看来，这只是我的一个提醒而不是一个请求。因为你在很多场合通过投票称赞我，在谈话中、在颂词里，甚至在元老院和公众集会的发言中你极力称赞我：如果你开口赞美我的话，我会非常重视你的话语，就像重视我最大的抱负一样。最后我记得你说，你对被告对原告的第二次答辩投了反对票，这是为了纪念一个杰出和高尚的人。如果提议涉及他在做执政官时所做的事，你会投赞成票。还是你，投赞成票给了我一个被告对原告的第二次答辩机会。虽然我只是一个平民，在许多情况下没有做许多事来“好好服务于国家”，但是，我记得“你救了国家”。我回顾了因我而引起的你同我一起要面对的仇恨、我遇到的危险、我遭遇的所有风暴，如果我允许的话，你已经完全准备好与我充分分享它们，最后你把我的敌人看成自己的敌人——这些都清楚地表明你多么看重我，你在元老院通过支持米洛的案子来证明你对我的赞同。另一方面，我也向你证明，虽然你从未要求我对你心怀感激，但这却是肺腑之言——因为我并没有把自己局限于默默称赞你杰出的美德——谁不赞美你的美德呢？在各种形式的演讲中，无论是在元老院还是在法庭，在各种各样的作品中，希腊文或拉丁文，总之，在各种各样我的文学活动中，我不仅会向同时代的人，还会向历史上我们听到过的人宣扬你的优点。

你也许会问，为什么我会强调来自元老院的这个或那个祝贺或恭维。我会坦率地说，这是因为我们共同的品位和相互良好的服务、我们亲密的友谊；不仅如此，还有我们的父辈要求我们之间应有的亲密关系。我想，如果曾经有任何人基于喜好，还有更多的理性思维和反思，厌恶空洞的赞美和庸俗的评价，那个人无疑就是我。你见证了我的执政，其中，在我有生之年，我得承认我热切追求能够产生真正荣耀的东西——只是单纯的荣耀，我从来没有想过野心。因此，我不仅在投票后回避了一个职位，而且也几乎可以肯定我有胜利的希望，以及神职一职（我想你会同意我的看法）我可以毫无任何困难地获得它，可我却没有尝试要去得到它。在对我不公平的罢黜后，你总是指责这是共和国的灾难，这对我却是荣誉而不是灾难，我渴求元老院和罗马人将对我的赞美记录在案。因此首先，我希望去当占卜官。以前我没有因此事而感到困扰，通常元老院的恭维是关于我在战争中取得的成功，虽然它在过去被我忽略，但我现在觉得它也是我所渴求的。你应该赞同和支持我的这个愿望，你可以看到我强烈希望我能治愈自己因罢黜而受到的伤害，虽然我刚才宣布，我不会这样要求，但我现在恳请你；然而条件是你别认为我卑微的贡献是微不足道的，这是源于本性和它的价值——因为许多远不及我成功的人却已经得到了元老院的最高荣誉。我觉得我注意到了这个——你知道我多么用心地听你说话，在批准或阻止给予荣誉方面，你习惯于注重的不是特殊的成就而是品格、信念和指挥官的行为。好吧，如果你用这个标准来验证我的情况，那么你会发现，我以一支弱小的军队来反击非常可怕的战争带来的威胁，对我来说最强大的支撑力是我行为的公正和纯洁。有了这些信念的帮助，我取得了任何一支罗马军队都从来没有取得过的成就，在盟国中我造就了最友好的热爱，取代了最极端的疏远；以最完全的忠诚取代了最危险的背叛。他们因为前景的变化而产生摇摆不定的态度，是我让他们恢复了对昔日统治的喜爱之情。

但我对你说了太多关于我自己的事，我们的盟友抱怨他们好像找到了一个听众。从那些认为自己通过我的行政而恢复了生活的人那里，你将了解真相。当你听到我希望被赞扬时，他们几乎一致同意称赞我，还有你那两个主要的附属国——塞浦路斯岛国和卡帕多西亚王国，关于我的事，他们有话要对你说。所以，我认为德欧塔如斯也会称赞我，他和你关系很亲密。现在，如果这些事情不同寻常，并且从古至今要找到征服自己的欲望的人远比找到能够征服敌军的人的概率要小得多，它符合你的信念，你更少且更难在战争中发现美德和成功相结合，更不会把成功本身看成是更完美、更光荣的。

我只有最后一个办法：哲学。让她为我辩护，好像我怀疑这个纯粹的要求——哲学，我一生中最好的朋友，神赐予人类的最珍贵的礼物。是的！在品位和学习方面，这是我们认可的东西，从少年时代起，我们献身和依附于它，它使我们成为独一无二的个体，把真正的和古代的哲学思想（它仅仅被认为是一种休闲）带到法庭、会议室、军营——和你一起声援我的荣耀：我认为好心肠的加图也不会拒绝它。所以我希望你能说服自己相信它，如果我的急件能让你赞同给予我这个恭维的理由，我将认为由于你的影响力和你的友谊，我心里最大的希望得到了满足。

致阿提库斯（在伊庇鲁斯）

公元前50年，2月22日，劳迪西亚

在特敏纳利亚（2月19日）之前，我在劳迪西亚收到你的来信，那天是星期四。我很高兴地读了它，因为它包含了你的深情、善良、积极和乐于助人的性情。因此，我会一句一句回信——因为这是你的要求，我会按照你的要求回信，不会介绍我的安排。

你说你收到我的最后一封信是9月21日从斯毕士垂亚寄来的，你想知道我已经收到你的哪一封信——几乎所有你提到的信。除了一封，你说在伊奎图提库斯和布林迪西你把它给了伦图卢斯的信使。因此，你的努力没有白费，要知道你为此非常担心，但你确实已经尽力了，也就是说，你的信件给我带来了快乐。因为我从来没有因为其他任何东西而感到高兴。我非常高兴你赞成我在阿庇斯这件事上的自我克制，还有在布鲁特斯那件事上的独立：我认为它多少是个例外。

至于阿庇斯，在他的旅途过程中，他给了我两或三封发牢骚的信，因为我取消了他的一些决定。确实就像一个医生，面对自己的病人被安置在另一个医生处，如果后者改变了他的处方，他应选择对后者生气。因此，阿庇斯，基于这样的方式处理全省事务——消耗，流血，尽其所能去除一切东西，并在全省处于枯竭的状态时把它移交给我，看到我把全省治理得充满活力他会受不了。然而，他有时生我的气，有时也感谢我；因为我所做的并不是针对他。只是我做事的方法不同于他而惹恼了他。更为显著的差异是什么呢？——在他的统治下生活费用和损耗榨干了一个省，而在我的统治下，没有一分钱来自私人或是公共机构。为什么要提及他的执政、工作人员和使节呢？或甚至提及他的掠夺、无法无天和无礼的行为呢？然而事情其实是没有哪个私人住宅由赫库勒斯以这样的方式——我管理我的省的方式来管理的，或基于如此严格的原则和良好的纪律。阿庇斯的一些朋友对此提出了一个荒谬的解释，认为我希望用自己的良好声誉来衬托他的坏，我行为端正不是为了我自己的名声而为了映射他的不好。但是，阿庇斯，就像你说的，如果通过布鲁特斯的信转达他对我的感谢，我将很满意。然而，这一天，在天亮之前，我写了这篇文章，我想撤销他的许多不公平的任命和决定。

现在我谈谈布鲁特斯，基于你的建议我真诚地接受他的友谊。我开始对他产生真正的喜欢——但在这里，我低调点，免得我得罪了你：因为没有什么能让我希望他能兑现他的现金奖励，或者说这是我最想努力得到的东西。现在，他给了我大量的现金奖励，而且你已经与我谈到了同样的事情。我已经尽最大努力推动事情的发展。首先，我向阿瑞巴匝尼斯施压，他想方设法兑现他对我的承诺。只要国王与我同在，事情就进展良好。后来，他开始被庞培数不清的代理人施压。现在因为诸多因素，庞培自己的势力大于所有其余的人加在一起的总和，特别是因为人们有一个理念，他将开始着手准备针对帕提亚人的战争。然而，甚至他也不得不容忍下列规模的付款：每30天支付33阿提卡塔兰特[①]，而且还要通过特别税提高支付款——它还不够一个月的利息。但是，我们的朋友格纳义乌斯是一个好说话的债权人：他不要他的本金，他对利息很满意，甚至不全额支付也行。国王没有支付给其他任何人款项，他没有能力这样做，因为他没有任何库存资本，也没有固定收入。他根据阿庇斯的方法来征税。税收太少，几乎无法满足庞培的利益。国王有两个或三个非常富有的朋友，但他们坚持认为自己的就是自己的。不过，我一直发送信件请求、催促甚至是责备国王。德欧塔如斯也告诉我说，他已派出使者到他那儿去谈布鲁特斯的生意，他们已经给他带回了话：他没有那么多钱。我相信这是真的，没有什么能比像的王国那样被剥夺得如此干净，或者没有谁比国王更贫穷。因此，我想放弃我的监护人的责任，或就像斯卡沃拉为格拉布瑞欧所做的，停止支付全额的本金和等同的利息。不过，通过你，我已经授予布鲁特斯对M. 斯卡普提乌斯和L. 格位乌斯的管辖权，这是我答应布鲁特斯的，他们是布鲁特斯在王国的代理商：他们没有在我的省经商。你会记得我提的条件，他可能会有许多让他满意的管辖权，只要它不是给商界

---

① 货币单位。

人士的就行了。因此，我另外给他派了两个人，但他已经让他们离开了省。现在谈萨拉米尼安斯的事，我认为你觉得这事很新奇，我也这样想的。布鲁特斯从来没有告诉过我这些钱是他自己的。我有他的公文，里面包含着这些话，“萨拉米尼安斯欠我的朋友M. 斯卡普提乌斯和P. 玛提尼乌斯一笔钱”。他把他们推荐给我，他甚至补充说，这也是对我的一种鞭策方式，他还用一大笔钱为他们做担保。我成功地安排他们应该以12%的比率支付利息6年，并增加每年的资本额。但斯卡普提乌斯要求按48%的比率支付。我很担心，如果他得到付款，你将不再对我有任何的好感。我应该收回法令，应该彻底毁了不仅加图还有布鲁特斯保护下的国家，并使其成为自己喜欢的国度。你瞧，在这个非常时刻，斯卡普提乌斯给我带来一封布鲁特斯的信，说明自己的财产受到危害的事实，此前布鲁特斯从来没有告诉过我或者你。他还恳求我赋予他斯卡普提乌斯的管辖权。我把它保留下来给你，“而不是给一个经商者”——可以给任何人，但给这样的人就不行！因为他一直对阿庇斯不满，其实，他手下有一支骑兵小分队，他把元老院围困在萨拉米斯的会议室，使五名参议员死于饥饿。因此，我进入我省的第一天，塞浦路斯使节已经在以弗所拜见了我，我给骑兵团发出命令：立即退出岛屿。由于这些原因，我相信斯卡普提乌斯给布鲁特斯写了一些不利于我的言论。但是，我的想法是这样的：如果布鲁图斯坚称认为我应该赞成48%的利息比率（虽然在整个省，我只承认12%），我将在布告中订下规则，甚至让那些贪婪的放债人也不得不同意。如果他抱怨我拒绝某个人在生意上的管辖权，那我就拒绝我们的朋友托奎图斯对拉米乌斯的监护，和庞培对思科斯特的监护。斯塔提乌斯，我没有冒犯他们，如果他恼火我召回骑兵团，我确实因为他生我的气而感到悲痛，但更大的悲痛是缘于我认为他不是我想象中的那样的人。斯卡普提乌斯拥有很多钱，他有机会在我的朝廷带走法令所允许的整个数目。我将添加一个事实，我担心你可能不会批准。我认为应该中断利息（我的意思是我的法令所允许的利息），但我诱导萨拉米尼安斯不要说及那个。他们臣服于我，这是真的，但如果保卢斯来这里，他们会变成什么样呢？不过，我已批准有利于布鲁图斯的一切。他给你写了一封关于我的很友好的信；但他给我的信，即便是他想拜托我时，他也会以一种傲慢自大的、带有攻击性的语气写信给我。我希望你写信给他谈谈这笔生意，我想知道他对我所做的将采取什么行动。因为你会告诉我的，这是真的，在前面的信里，我写了充分和详细的理由，但我希望你清楚地明白，我从来没有忘记你曾经在一封信里对我说的话：如果我把他的良好意愿带回家，我就做得很好了。无论如何，既然你有这样的意思，我将在不违反职责的情况下和他打交道。好吧，那么，由我判令支付给斯塔提乌斯的钱已经在诉讼中——这是否会是这样，你必须自己去判断，我不会上诉，甚至加图也不会。但是，不要以为我已经忘记了你的劝告，它们已深入我的脑海。你流着泪劝我要小心我的名誉。是否我收到了你没有提及同一主题的一封信？因此，不管谁会生气，我都会忍受它，因为正义在我这边，尤其是因为我已经给了六本书作为保证金——可以这么说，因为我的诚信。我很高兴你喜欢他们，虽然在某一点上，关于弗拉维奥——安尼乌斯的儿子，你质疑过我的历史记录。这是事实，他没有生活在罗马十大执政官之前，因为他是在罗马十大执政官之后多年才履职的办公室高官。通过发行纪年表，他究竟做了什么好事呢？据推测，涉及他们的文本一直保持到某一特定日期，以至于今天经商的信息可能在一小圈人中能找到。事实上，几个部门说一个名叫弗拉维奥的抄写员发行了纪年表，写成诉状的表格形式，所以不要认为是我，或者更确切地说，阿夫坎努斯（因为他是发言人）撰写了事实。所以，你注意到了关于“行动者的行为”的言论吗？你怀疑那其中有恶意，但我却写得很朴实。

你说菲罗提乌斯告诉你我赞扬执政官的事。但我非常肯定，当你在伊庇鲁斯，你收到我关于整个主题的信件——一封信从被占领的品得尼苏斯寄出，另一封信从劳迪西亚寄出，两封信都是交付给你自己的信使。在这些事件中，由于担心海上事故，我给罗马发了一封公文急件，一式两份，由两位不同的信使传递。

至于我的图里亚，我同意你的看法，我已经写信给她和特瑞提亚，后者赞同我的想法。你已经在给我的前一封信里说：“我希望你回到你的老位置。”美米乌斯没有机会改变你的来信，而我更倾向于接受这个来自庞提迪亚的人而不是那个来自塞维利亚的人。因此让我们的朋友索菲乌斯进入议会。他总是对我有好感，现在我想他一定会接受阿庇斯对我的好感；而且他已经继承了剩下的财产。阿庇斯表现出他非常重视我，尤其是在审判布尔萨的过程中。事实上，你解决了我严重焦虑的一个问题。

我不喜欢福尼乌斯的附加条件。因为，事实上，除了他所提的异议以外，没有什么让我恐慌。不过，如果你已经在罗马，我应该在给你的信里对这个问题加以详细说明。我不怀疑你把和平的希望寄托在庞培身上：我相信这是真理，在我看来，你一定想出了一个单词“不诚实”。如果我讨论的话题多少有点随意，那只能责怪你自己：因为我是按照你那随意的提问顺序来叙述的。

我的儿子和侄子彼此都喜欢对方。他们一起学习和操练，就像伊索克拉底说埃夫罗斯和泰奥彭波斯那样，他们一个渴求支配他人，另一个人则需要鼓舞。在成年仪式上，我打算给昆图斯成年服，因为他的父亲委托我这样做。我会观察日子，不考虑闰日。我很喜欢狄奥尼修斯，但是，小伙子们说他陷入了疯狂的激情。毕竟他不可能有更好的学问、纯净的性格和对你和我的爱慕。你听到对赛姆斯和西利乌斯的赞美是实至名归的，他们以最受人尊敬的方式做人。如果你喜欢，你可能会赞扬M. 诺尼乌斯、比布鲁斯和我。我只希望斯科夫有机会也受到赞扬——他是一个出色的家伙。其余的人并不尊重加图的政策。非常感谢霍尔登修对我的称赞。至于阿米安努斯，狄奥尼修斯认为是没有希望的。我没有找到泰伦斯。穆克瑞金斯肯定被杀了。我通过他的区域向前迈进，没有发现任何活着的生命。我不了解这些，当我跟你的人德谟克里特提及此事时，我已下令瑞斯安在那儿处理。但是，喂！你在想什么呢？晚餐你通常为我们提供的是香草，盛在印有蕨类植物的盘子上、漂亮的篮子里：那精美的陶瓷餐具上，我能希望你摆放些什么呢？我已为费米乌斯定制了一个喇叭，一定会给他带来，我只希望他可以玩那些值得玩的东西。

这儿存在帕提亚战争的威胁。卡修斯的急件只是在吹牛，说比布鲁斯还没有抵达，读到信我认为元老院将最终醒悟。现在，我非常焦虑。我希望如果政府不拖延，我只会为6月和7月担心。但愿如此！比布鲁斯将使他们受控两个月。我留在那儿负责的人会发生什么事——尤其是如果他是我的兄弟？再次，如果我不这么快离开我的省，在我身上又会发生什么呢？这是一个很烦人的事情。然而，我同意德欧塔如斯的想法，他将全力以赴加入我的阵营。他有30个军团，每个军团400人，装备先进，还有2 000个骑兵。这些将足够坚持到庞培的到来——他在给我的信中表示，事情将交由他掌控。帕提亚人将在罗马的一个省越冬。预计欧瑞迪斯亲自带队。总之，这是一个很严重的问题。至于比布鲁斯的布告，没有什么新的，除了你在信中提及的附加性条件，“它反映了我们的命令的严重性”。但是，在我具有同等效力的布告里也有一个附加性条款，但几乎没有公开表示（来自普布利乌斯的儿子Q.穆修斯的亚洲法令）——条件是达成的协议依平衡法不会有很大的效力。我在许多观点上听从斯凯沃拉的，尤其在这件事上。希腊人视它为自由宪章，希腊人是根据自己的法律解决彼此之间的争议的。但我的法令通过我的分割法缩短，我认为分两头发布法令：第一，只适用于一个省，有关行政区账目、债务、利率、合同，也有关于税收管理的规章制度；第二，在没有一项法令的情况下，包括那些不能方便交易的，诸如有关继承、所有权和转让及破产受益人的任命等，根据习惯诉诸法律，按照相关法令解决；第三，涵盖其他司法事务的部门，将按照不成文法的规定行事。对于业务范围我发布了法令，我应该使我的决定与在罗马的那些人的相适应，这样一来，我才可以得到普遍的满意。的确，希腊人是兴高采烈的，因为他们有非罗马陪审员。“是的，”你会说，“一种非常差的善意。那很重要吗？”无论如何，他们已经认为他们得到了“自治权”。你在罗马，我想，有良好品性和能力的人在你身边，特皮沃鞋匠和掮客维提乌斯！你似乎想知道我是如何对待税收官的。我宠爱他们，使他们满足，赞美他们，并给他们荣誉——我设法做到使他们不压迫任何人。最令人惊奇的是瑟维利乌斯把高利贷利率写入了他们的合同。我的想法是这样的：我指定相当遥远的一天，在此之前，如果他们已支付，我说我只应当承认12%的利率。如果他们没有支付，费率就按照合同约定。其结果是，希腊人在一个合理的利率内支付，税吏也完全满意我提出的最大限度的税收——他们给予我赞美的言辞，我也经常收到他们的邀请函。需要我多说吗？他们和我关系之好，以至于每一个人都认为自己是我最亲密的朋友。

至于阿福瑞卡努斯的雕像——一片混乱！但是，这正是你信中让我感兴趣的地方。你的意思是那样吗？目前是否梅特路斯·西庇阿不知道他的曾祖父从来不是检查员？为什么放在高海拔的欧普斯寺庙里的雕像没有题词（除了“CENS”这几个字母），而在珀利克里斯的大力神的雕像却有“CENS”这几个字母？通过它的姿势、礼服、戒指和画像本身，可以证明这是同一个人的雕像。但是，在大力神附近，我看见在一群雕像中有一尊镀金骑马的雕像，它是由梅特路斯放在国会大厦的，是阿福瑞卡努斯雕像，它的下面题写的是塞拉皮奥的名字，我想这肯定是工匠的错误。现在我才知道，这是梅特路斯的错误。一个令人震惊的历史大错！那是关于弗拉菲乌斯和纪年表的事，如果它是一个大错，那也是人人都会犯的错，你把这个问题提出来是正确的。我认为，几乎所有的历史学家都会犯这样的错，希腊作家也如此。例如，他们不是都说，欧波里斯——古代喜剧诗人，是被亚西比德在他远航到西西里岛的途中扔进大海的吗？埃拉托色尼反驳：在该日期之后他写了一些戏剧并自己演出。细心的历史学家、萨摩斯岛的达瑞斯是否会一笑置之？因为他与许多人一样，犯过这样的错误。还有，每位作家是否肯定扎拉卡斯为洛克里斯人制定了宪法？我们是否会因为那个缘故而认为泰奥弗拉斯身败名裂，因为你最喜欢的蒂玛鲁斯攻击他的陈述？但一个人从来没想到自己的曾祖父竟然不是检查员，这是让他丢脸的事，尤其是在他一生中他的执政期间没有一个叫克里列斯的检查员。

至于你说的关于菲罗提乌斯和支付20 600（赛斯特帖姆）的事，我听说菲罗提乌斯大约1月1日到达半岛——我没有从他那儿得到消息。欠我钱的卡米勒斯写信告诉我，他已收到钱了，但我不知道是多少——我很想知道的。当形势有利于我们时我们再谈此事。我们什么时候见面呢？我亲爱的阿提库斯，你信末尾的那句话让我很不安。你说：“还有什么说的呢？”然后你用最深情的言语恳求我不要忘了警惕，并让我注意事情的进展。你有没有听说过关于什么人的什么事？我相信没有那类事发生。不，不，不可能！任何事情都逃脱不了我的注意，也将不会。这是你的提醒，措辞谨慎，似乎在暗示着什么。

至于M. 奥克泰维斯，我在此再次重复，你的回答非常好：我希望它还是稍微多点正面回答。凯利乌斯给我送来一个自由民和一封措辞谨慎的信，它是关于美洲黑豹队和元老院的授权。我已经写了回信，对于后者，我感到非常烦恼，因为我的管理方式仍然是让人难以理解的，在罗马的人们不知道我没有从我的省索求一分钱（除了偿还债务以外）。我向他解释，对我俩来说去征钱这是不正确的，对他来说接受钱款也是不正确的，我劝他（我真的很喜欢他）在起诉别人后，他应该额外小心自己的行为。对于前面的要求，我说，当我是地方长官时，赛布拉的人们的打猎费用来自公共支出这事是不符合我的品行的。在看到你的信时，雷普塔高兴地跳起来。这封信写得非常好，在他眼里，我是多么令人愉快。我非常感谢你的小女儿，希望你向她转达我的爱。皮丽雅也很亲切，但你女儿的善良更伟大，因为她将便条送给一个她从未见过的人。因此，祈祷你转达给她们我的爱，以此为报。你的信寄出的日子是12月的最后一天，它亲切地让我想起我那极好的誓言，我至今没有忘记。那天我只是一个普通平民马格努斯。

你的来信我已经完全给予了回复！虽然不如你问的“黄金对青铜”，却也是针锋相对。哦，这里有另外一个小便笺，我不会忘了回答。卢克乌斯，我认为，他在图斯库兰的财产可以卖得一个很好的价钱，除非他的长笛播放器是一个固定装置（那是他的方式），我想知道它现在是什么状况。我们的朋友伦图卢斯，我听说，正打广告销售所有的东西（除了他的图斯库兰地产以外）。我很愿意看到这些人能摆脱经济上的拮据状况，塞斯提亚斯也如此，你还可以加上凯利乌斯，下面这行字对他们这些人都适用：

“惭愧地退缩，而不敢去争取。”

我想你已经听说克瑞斯召回美米乌斯的计划。关于斯蒂斯努姆的伊格纳提乌斯所欠的债务，我不抱希望，虽然它数目不大。你推荐给我的这位皮纳瑞乌斯身患重病，正在被德欧塔如斯非常仔细地照顾。因此，对你的便条也有答复。

我在劳迪西亚时，希望你能经常写信和我交谈，在那儿我将忙到5月15日。当你到达雅典，无论如何给我来信，到那个时候，我们应了解城市的商业和对于职权的安排。所有问题的解决预计在3月。

不过请注意！你是否基于希律王的授权而榨取了恺撒50阿提卡塔兰特？对于这件事我听说你激起了庞培极大的愤怒。因为他认为你已经直接抢了他的钱。在那慕斯狄安娜耶，恺撒的房子很奢华。

P. 韦迪乌斯把一切都告诉了我，一个够愚蠢的家伙，他是庞培的一个亲密的朋友。这个韦迪乌斯指挥着两辆战车、一辆四轮马车、一辆轿子和一大群奴仆来接我。最后，如果库瑞欧执行了法律，他将不得不支付每人100赛斯特帖姆。在战车里有只大头狒狒以及一些野驴。我从来没有见过比他更奢侈的傻瓜。但整个事情就是这样的：他与庞培·温杜鲁斯住在劳迪西亚。当他来见我时，他把他的财产储放好了。此时温杜鲁斯死了，他的财产被要求还给庞培·马格努斯。盖乌斯·维诺尼乌斯来到温杜鲁斯的房子时，所有物品都被贴上了封条。他无意中发现了韦迪乌斯的行李箱，里面有五个小巧的已婚女士的半身画像，其中之一是你的朋友“残暴之人”的妻子，她竟然和这样的人关系如此亲密！还有莱皮杜斯的妻子——正如他的名字一样随和，他很平静地接受了此事！我想顺便让你了解一些野史，因为我们对小道传闻都感兴趣。另一件事情，我想请你仔细考虑。有人告诉我，阿庇斯在埃莱夫西斯建了一个普罗皮拉乌姆。是不是我也应该虚荣一回，在学院旁建一个呢？“我是这么认为的。”你会说。好吧，那么，写信告诉我，这是你的想法。至于我自己，我非常喜欢雅典。我希望人们为了纪念我而给我竖立一个纪念碑。我讨厌雕像上虚假的铭文，它实际代表其他人。随你意思处理好了，你如此善良，足以告诉我哪一天是罗马的秘密宗教仪式的举行之日，以及如何度过冬天。好好照顾自己的健康。

日期：留克特拉战役后的第765天！

M. 波尔齐乌斯·加图给西塞罗的信（在西里西亚）

公元前50年，6月，罗马

我很乐意服从国家和我们友谊的召唤，你在关键时刻显示出的美德、诚信以及活力为众人所知，那时你还是一个平民；既然现在你有军事指挥权，那么在国外你也应努力保持你身上的那些优良品质。因此，我可以认真做好赞美的言辞：你的智慧保卫了全省、阿瑞巴匝尼斯王国以及国王本人，盟国又开始忠诚于我们的帝国，我已经做了发言和表决。如果你宁愿我们感谢神灵，而不是称赞你的成功，但毕竟你杰出的审慎和自律保卫了共和国，那么我就很高兴地看到，共和国颁布了一个涉及感恩的法令。但是，如果你认为感谢有利于胜利的到来，我将更倾向于运气的功劳，让我来提醒你吧，胜利并不总是源于感恩；它是一种荣誉，比元老院宣布胜利的意义更辉煌，即：一个省被保留下来，是由于执政者的正直和温和，而不是军队的实力或上天的青睐——这就是我通过投票要表达的意思。我写这篇文章的详细程度超过我平时写给你的，因为，我想，以上所有的东西，你应该把它当成我不厌其烦地说服你的东西，我认为那是你的最高荣誉，我很高兴你已经得到了你喜欢的东西。在此打住：继续爱我，还有继续你的家庭之旅，用你的诚信和精神确保盟国与共和国的利益。

致M. 波尔齐乌斯·加图（在罗马）

公元前50年，9月，亚洲

赫克托说，“很高兴我被称赞”。我想，在那威乌斯，我能被“广受赞誉的、可敬的年长者——你”所称赞，是一件非常高兴的事。来自那些有极高声誉的人们的赞美肯定是甜滋滋的。对于我来说，没有什么比得上你在信中的祝贺和在元老院的演讲，这是最高的赞美，我非常满足，是你心甘情愿承认友谊，你显然也承认真理。而且，我没有说完，但如果在我们的国家有很多加图这样的人，这将是一个奇迹。凯旋或胜利的桂冠能和你的赞美相比吗？因为考虑到我的感受，鉴于你的判断非常诚实和聪明，没有什么能比你的讲演更完美了，我的朋友把你的演讲词复制了一份给我。但我所希望的，我不会称之为愿望，我已经在上封信里向你解释。而且，即使它并没有向你充分解释清楚，无论如何它也引出了这个结论——不是荣誉激发人们的渴望，而是那样的东西——它由元老院提出且没有被驳回。现在，我希望议会考虑到我为国家做了这么多事，不会认为我不配这样的荣誉，特别这已经成为一个惯例。如果事实如此，我请你用自己最友善的话——因为你给我的判断是最高的赞美，如果我得到我的好运带给我的东西，你会仍然“很高兴”的。在这个意义上，我认为你已经做到了。感觉到了并写下来了。事实本身显出你对我的赞美，同时也是对你的赞美，因为你的名字会出现在法令里：元老院这种性质的法令，我知道，通常是由与荣誉相关者最亲密的朋友拟定的。我希望能很快见到你，希望政治事务比我担心的要好。

致提若（在帕特里）

公元前50年，11月26日，布林迪西

西塞罗携犬子热情问候提若。你也知道，11月2日我们离开了你。11月6日我们到达莱夫卡斯岛，7日在亚克兴。在那里，风暴使我们停留到8日。在经历了一段迷人的旅行后，9日我们来到科西嘉岛。在科西嘉岛，恶劣天气使我们停留至15日。16日，我们继续我们的航程到卡斯欧皮，科西嘉岛的一个港口，路程120 斯塔德（Stades）[①]。在那里，大风又让我们停留到22日。在这停留的期间，那些不够耐心的人试图横渡过海，但不幸罹难。22日，晚饭后，我们起锚。那天晚上，刮起温柔的偏南风，晴空无云，第二天，我们兴高采烈地来到意大利的水蛇岛，第二天风向平稳，也就是11月24日早上10点，我们到达布林迪西；同时，我们的特瑞提亚（她高度赞

① 古希腊长度单位，约合185米。

扬你）来到镇里。26日，在布林迪西一个名叫普拉斯乌斯的奴隶交给我你的来信，日期为11月13日。这正是盼望已久的，它大大减轻了我的焦虑，或者说完全消除了我的焦虑！然而，医生阿斯拉珀积极断言，你会在短期内好起来。对我来说，在这样的日子里，你需要我做点什么来劝你采取一切措施恢复你的健康呢？我知道你有良好的判断力，有节制的生活习惯和对我的感情，我相信你会尽你所能尽快与我们会合。不过，虽然我希望这样，但我不会让你以任何方式匆忙赶来。我希望你推脱里索的演唱会，因为害怕导致你持续7天的发烧第四次发作。既然你在意你的礼貌，而不是你的健康，请以后当心你的身体。我已让库利乌斯把小费给医生；你想要多少钱，他都应该预付你，他应尽力把钱付给你指定的任何代理人。在布林迪西，我给你留了一匹马和一头骡子。

在罗马，我担心1月1日会爆发严重的骚乱。在各方面我应采取温和路线。我只是请求你不要贸然地起航，海员习惯于为自己谋利而匆忙行事。但是请谨慎，我亲爱的提若，在你面前是宽广而充满艰辛的大海。如果你可以的话，与梅斯尼乌斯一起出发，在海上航行他通常持谨慎态度。如果没有，和一些有地位的人一起旅游，他们的职位可能会对船东有所影响。如果你在这个问题上采取一切预防措施，并表示你很安全和健康，我便不想要求你更多。再会了，亲爱的提若！我以最大的真诚给你的医生库利乌斯还有里索写了封信，信里提及了你的情况。再会了，愿神灵保佑你。

致L. 帕皮利乌斯·帕图斯（在那不勒斯）

公元前46年，7月，图斯库鲁姆

我非常喜欢你的信，首先，我所喜欢的是你的亲切真情促使你写信给我，以免西利乌斯带来的消息引起我的焦虑。关于这则消息，不仅你以前写信告诉过我——其实你写了两次，一封信是另一个的副本——这表明你很不高兴，而且我也详细地回复了你。就这样的事情和关键时刻而言，它能消除你的焦虑，或无论如何减轻了你的焦虑。不过，既然你在你的最后一封信里说你对这件事情非常担心，并对此做出了决定，那么我亲爱的帕图斯，我要说：那些可能通过技巧来完成的东西现今还不够与纯粹的谨慎抗衡，一种体系必须是详尽的。然而，不管我做了多少，要赢得胜利和保护那些人的良好愿望都是徒劳的。因为我受到恺撒喜欢的人如此的关注和礼让，让我相信他们都爱我。我们很难区分真正的爱和虚伪的爱，除非某种危机的发生，通过它的危险性来测试忠实情感，因为真金不怕火炼。当然，也有其他标志可显示一般本性。但我只用一个证据来说服我，使我相信他们真心诚意爱我——那就是说，我的命运和他们是紧密相关的，这样可以排除他们任何假装的动机。再次，考虑到这个人拥有至高无上的权力，我看不出有什么理由让我感到恐惧：除非事实一旦背离法律，那么一切都是不确定的。如果未来依赖于一个人的意志，而不是他的任性，那么一切都无法保证。尽管如此，他的感情受到伤害并不完全是我造成的。因为在特定的情况下，我已经表现出了最大的自我控制。在过去，我猜想说话毫无保留是我的特权，因为这是元老院赋予的言论自由。现在，那种自由已失去了，我认为我有责任不蓄意说些话来冒犯他的愿望和他最喜欢之人。但是，如果我想避免一定的敏锐和诙谐的讽刺话语，我必须完全公开放弃一个天才的声誉——我也不会拒绝这样做，如果我能。但恺撒本人有非常敏锐的批判能力，还有你的表弟维乌斯，我认为他已经成为学者中最有教养的人。他毫不费力地说："这首诗不是普劳图斯的，这是……"因为通过为各种各样的诗人分类，通过习惯性的阅读，他已经有了灵敏的耳朵。所以人们告诉我，恺撒形成了他的版本的警句，如果有类似于我的东西被带到他那儿，但又确实不是我的，他就会习惯性地拒绝。他现在更是如此，而且因为他的密友几乎每天都陪在我身边。现在，我们谈话中的许多言论都是无意中说出的，在这过程中我可能使它们缺乏文学气息，或不那么尖酸刻薄。这些言论连同当天其他消息一起都传到了他那儿——因为这是他来掌控的。因此，凡涉及不关于我的任何言论，他说他不想听到。因此，我不需要你的《伊诺曼乌斯》，虽然你当场引用阿克义乌斯的经文是非常合适的。不过这种嫉妒是什么？或者现在有什么让我去嫉妒呢？但是，假设这是最坏的事情。我觉得，哲学家，在我看来，理解了美德的本质，他们认为聪明的人不会承诺自己反对任何事情。除了做错事，我认为自己在两个方面是清楚的：第一，我的看法几乎是完全正确的；第二，我发现我们没有足够的物质力量支撑我们的言论，所以我反对与较强的一方进行力的较量。因此，到目前为止，作为一个好公民，我有义务不公开责备。剩下的就是，我不应该说或做任何愚蠢和轻率的事来反对当权者，我想，这是聪明人的一部分美德。至于其他的，这样或那样的人可能会说，“他把事情看得简单”，那些不怀好意的人不断把我搜寻出来、关注我，认为我是装腔作势，因为对这些事情我可以不承担任何责任。其结果是，我有意识地安慰自己，想到我过去正直的性格和我目前温和的脾性，运用阿克义乌斯的比喻，我不嫉妒。但命运是变化无常和脆弱的，应该用强大的具有男子气概的灵魂把它击退，就像波浪被岩石击退一样。因为，考虑到希腊历史上，无论是在雅典，还是在锡拉库扎，有许多智慧的人忍受暴政，虽然他们的国家被奴役，但他们自己在一定意义上保持自由。我能相信我可以不保持我的位置、不伤害任何人的感情、不损害我自己的品格吗？

现在我来说说你的玩笑话，既然作为阿克义乌斯的《伊诺曼乌斯》这部剧终场后加演的戏剧，你按照他的习惯，在舞台上带来了阿特兰的表演。但是根据目前的潮流，它成了一出滑稽戏。一盘海鱼、一个银币和一碟咸鱼奶酪，所有这些是什么呀？在我随和的日子，我能容忍诸如此类的事情，然而时代在改变。希尔提乌斯和多拉贝拉是我的学生，跟我学习修辞学，但我研究的却是用餐的艺术。如果你真正得到所有消息，我想你一定听说过，他们在我家慷慨激昂地练习演讲，然后我到他们家去吃饭。因为当你还有一些财产时，蝇头小利常常就让你有点太商业化，所以，现在你给我立下资不抵债的证明是没有用的。但目前的事实是，我看到你赔钱，你还如此乐呵呵的。当招待我时，你必须做的是把自己看作在接受一个“和解协议”。当损失来自款待朋友而不是债务人，是不太让人烦恼的。毕竟，我不要求晚餐有多么丰富，只要口味一流和菜品比较讲究就够了。我记得你以前给我讲过珐米亚的晚餐的故事。你早点准备晚餐，但在其他方面都和它相同。但是，如果你坚持把我带去吃如你母亲所吃的晚餐，我也会接受的。因为我想看到一个人厚颜无耻地为我在桌子上摆上你所说的东西，甚至是水螅，红得就像朱庇特·米尼阿图斯。相信我，你不敢。在我到达之前，你将听到我最近的辉煌名声，你会对此肃然起敬。然而对你来说，把希望放在冷盘上是无用的。我已经彻底不吃这东西了，因为我发现，在过去，你的橄榄和鲁卡尼安的香肠就已破坏了我的胃口。但是，为什么谈这个呢？让我给你说，无论如何——因为我希望通过一切手段消除你内心的恐惧——回到你过去准备的奶酪和沙丁鱼上来。我唯一的要求就是你把浴室弄热，所有其他的一切根据我往常的习惯。我刚才一直在说的都是在开玩笑。

对于瑟里希乌斯的别墅，你管理得相当细心，你的信回复得很诙谐。所以，我想我也不会买了。盐够多了，但没有足够的调味品。

致L.帕皮利乌斯·帕图斯（在那不勒斯）

公元前46年，7月，图斯库鲁姆

我在图斯库兰别墅很休闲，我已经派出我的学生和他见面，他们可能顺便自豪地把我介绍给他们的朋友。我收到了你那令人愉快的信，从中我了解到，你同意我最初的想法。现在的法定程序被废除，在法院我失去了我昔日的霸主地位，只得保留一种流派，就像狄奥尼修斯，从锡拉库扎被驱逐出境后，据说在科林斯已经创办了一所学校。总之，对这种想法我也很高兴，因为我得到了许多好处。首先，鉴于目前的危机，我巩固了我的地位，在这个时候那是最重要的，我自己也不知道它值多少钱。我只看到，截至目前，人们劝我不要采取任何的政策，除非，当然，它比过去的要好。对于自己的底线，我承认它可能会发生，但却没有，就像打仗，我根本不擅长。其余的人，确实——庞培，你的朋友伦图卢斯·阿福瑞乌斯死得毫无尊严。但是，可以说，加图死得很有尊严。嗯，无论如何确保当我们死时，我们正得势，让我们竭尽所能以防止你和我不尊严地死去。这是我现在正在做的事情。所以这是我说的第一件事情。接下来：摆在首位，我现在正在改善我的健康，因为我曾经中断肺部活动的锻炼，这使我失去了健康。第二，我演讲的能力，如果我再不加强练习，它将完全萎缩。最后一件事我不得不说，我希望你考虑你认为最重要的事情，是这样的：我现在已经驳倒了比你驳倒得还多的爱炫耀者！你陶醉在哈特瑞安的法学中，我则着迷于何瑞提安的争辩中。来吧，如果你还是个男人，从我这儿学到你寻求的格言——它是“教智慧女神密涅瓦的一头猪”的一个案例——但这将是我确保做到的。至于你，如果你不能找到取消抵押品赎回权的买家，那么你就要用你的老本了，你一定要回到罗马。在这儿死于消化不良要比在那儿死于饥饿更好。我知道你亏了钱：我希望你的这些朋友也亏钱。如果你不小心些，你会是一个被宠坏的男人。你说你已经出发了，你可能骑着唯一的骡子到罗马，因为你已经耗掉了你的驮马。在学院，你的职务是第二校长，仅次于我——不久以后荣誉就会随之而来。

致L. 帕皮利乌斯·帕图斯（在那不勒斯）

公元前46年，8月，罗马

我非常喜欢你的信，首先因为它让我笑了，其次是因为我知道你可能也在笑。我也不是你的嘲笑所能击倒的小人物，好像我是这场智慧斗争中的散兵游勇。我感到烦恼的是，我打算但我没有能力跑过来看你：你不但是一个客人，而且是我的手足兄弟。这样一个英雄！我现在对鸡蛋还有食欲，所以现在的问题是如何抵抗住小牛肉的诱惑。过去你恭维我是“多么知足的人！”“这是多么容易招待的客人！”但这已经是过去的事情了。我所有的焦虑是关于国家的利益，所有在元老院演说中的沉思都已经被抛到九霄云外去了。我把自己扔进了我的宿敌伊壁鸠鲁的营地，不是考虑到现在的浪费，而是你的优雅——我的意思是你有钱就花的旧习惯（虽然你从未有过多的地产）。因此做好思想准备！你必须面对一个人，不仅胃口大，而且他还对烹饪略知一二。你知道有产阶级小市民的奢侈。你必须忘记你的小篮子和煎蛋饼。我现在烹饪技术进步得很快，我经常冒昧邀请你的朋友维瑞乌斯和卡米勒斯来吃饭——真是纨绔子弟！如此挑剔！想到我的大胆，毫不夸张，我甚至给希尔提乌斯做晚餐。在那次晚餐中，除了辣椒酱，我的厨师不能模仿他的任何东西。所以这是我现在的生活：早上，我接待大量的“忠臣”，他们神色足够阴沉，还有眉飞色舞的征服者在这里，在我看来，在礼貌和情感上他们做得相当好。当早上来访者慢慢离去，我将把自己绑在我的书堆里，无论是读书或写作。也有一些访客来听我的讲演，他们相信我是一个有学问的人，其实我只是一个比他们更有学问的小人物。之后，我所有的时间都用于身体的放松。我为我的国家，比任何一个母亲为她唯一的儿子哀悼得更深切和更长久。不过要保重，如果你爱我，保持你的健康，免得我趁着你身体垮了，吃光你家的东西——即使你生病，我也绝不饶你。

致阿鲁斯·格斯纳（在流放中）

公元前46年，9月，罗马

恐怕你会认为我怠慢了你，由于我们同事多年，又有相同的品位，我们之间的关系相当亲近，所以我们之间应该不会缺乏相互关心。尽管如此，我还是担心你觉得我在写作这个问题上缺乏材料。事实是，很久以前我就应该给你寄信，而且应该常常给你写信，我却没有。我天天期待有一些更好的消息要告诉你，让祝贺填满我的信而不是劝告你要勇敢。正因为如此，我希望简短地向你表示祝贺——所以我把那个主题推迟到下一封信里。但是，在这封信中，我认为你的勇气告诉我希望是不会动摇的，应该时常被一个人的认可所激励，这个人如果不是世界上最聪明的，那也一定是最忠实的。我不是用这些话去安慰一个完全心碎并且失去了回归希望的人，而是一个恢复健康之人，我毫不怀疑你曾经得到过我的鼓励。那些把我从共和国赶出去的人认为我走了，它也不可能衰落。我记得我收到许多来自亚洲的访客的信，当时你也在那个国家，你对于我的光荣和快速恢复是赞成的。可以这么说，你继承了你的高贵且优秀的父亲所具有的托斯卡纳的占卜方法，如果它并没有欺骗你。我的占卜能力也不会欺骗我，这些都是我从写作中和最伟大的学者的格言那儿获知的（并如你所知，通过刻苦研究他们的教学，以及通过在管理公共业务方面的大量实践，还有就是我遭遇到的命运之变）。而这种占卜，我更倾向于相信它，尽管它很模糊与混乱。事实是，在最近的麻烦中，它从来没有一次欺骗我。我希望我已经告诉你我预言的事情，我不怕被认为在事件发生后杜撰出了一个故事。然而，毕竟我有无数的证人证明，我曾警告庞培不要与恺撒结成联盟，后来也不要与他断然绝交。通过这个联盟，我看到了元老院的权力将被打破，而他们断绝关系又将挑起内战。我与恺撒关系亲密，又非常尊重庞培，但我的建议是忠诚于庞培，并兼顾双方的利益。我忽略了我的其他预测，因为我不会让恺撒认为我给了庞培意见，如果他接受了它，恺撒自己现在已经是国家的数一数二显赫人物，但暂时还没有拥有他现在行使的巨大权力。在我看来，他应该去西班牙——如果他这样做，就根本没有内战。当执政官不在罗马时，恺撒应被允许执行执政官事务。我不主张宪法，既然法律已经在庞培执政官的提议下得到通过，它应该就是这样。这给了敌对势力借口。当我劝告不管是什么样的和平（即使是最不公平的）也需要一场最正义的战争时，我遗漏了什么忠告和规劝吗？我的建议被否决了，至于原因，与其说是庞培——因为他深受其影响——还不如说是那些人，他们依靠他成为军事领导人，认为那场战争的胜利将非常有利于他们的私人利益和个人野心。战争开始之初，我没有积极参与，被强行从意大利撤退，而我只能尽可能久地待在那儿。但荣誉对我来说比恐惧更重要：我对未能支持庞培的安全有所顾忌，要知道在一定的场合，他总是支持我。因此，不管是出于义务还是忠诚，或者是考虑到荣誉，无论你喜欢哪一种，就像戏剧中的安菲奥拉奥斯，我有意跟随他，完全知道自己在做什么，“去毁坏全部展现在我面前的东西”。在这场战争中，我也无法预测到这是不是单一的灾难。因此，仿效占卜官和占星学家的方式，我也一样，作为一个国家的占卜官，通过以前的预测，我已经建立了自己在预言方面的声誉，并且拥有你眼里的占卜知识，我理直气壮地认为我的预测是可以被相信的。好吧，那么，我现在给你的预言不停留在鸟的飞行上，也不是观察到左侧的一只鸟是否带来好兆头——根据我们占卜的方法，也不是基于正常的可听见的小鸡吃玉米的嗒嗒声。我也注意到了其他天兆，相比而言，它们不那么可靠，但毕竟它们不太晦涩或具误导性。现在，对未来的预兆，我用双重法来观察：其一，我是从恺撒本人那儿推断出来的；其二，是来自政治局势的本身情况。恺撒的特点是：温和而仁慈——正如你在你著名的书《怨气》中所描绘的那样——他非常喜欢优秀人才，比如像你这样的人。除此之外，在你的朋友表达出的言语中，他是宽厚的，这些都是有凭有据的，这是出于真感情而不是空洞的言语和私心。这样理解的话，伊特鲁里亚始终如一的感情对他有很大的影响。

那么，为什么？你可能会问，这些东西没有影响吗？为什么？因为他认为如果他给予了你想要的，他就不能拒绝众多的请愿者的申请，虽说表面上看来，他更有理由对他们愤怒。你会说："那么，一个生气的人有什么希望呢？"哎呀，他很清楚，他将从同一眼喷泉中掘出深深的好评，虽然谨慎的他已经被溅污了。最后，他是一个非常敏锐和目光远大的人：他非常清楚地知道，一个人喜欢你的话——你无疑是意大利重要地区的最伟大的贵族，在罗马人民心中，无论是在能力、受欢迎程度还是在声誉方面，你都是那个时代中的佼佼者——你都无法长期被禁止参与公共事务。虽然他很不情愿，但你迟早会参与公共事务，你应该感谢你的能力，而不是他的恩惠。

恺撒的事就谈到这儿。现在，我谈谈实际情况的本质。至于胆敢称呼我们为坏公民或不诚实的人，没有人会强烈反对庞培所从事的事业，它比规定的条款更有目的性。在这方面，我总是惊讶于恺撒的冷静、公平和智慧。他从不谈论庞培，除了用最尊重的表达方式来提及庞培。但是，你会说："考虑到他作为一个公众人物，他的行动常常是足够痛苦的。"那是战争和胜利的行为，而不是恺撒的行为。但是，他已经热情地接待了我们！他让卡西乌斯成为他的副将，让布鲁特斯成为高卢总督，让苏尔比基乌斯成为希腊的总督；而最让恺撒生气的马塞勒斯，恺撒也最大可能地考虑到他的级别，给他恢复了职位。然后，这一切正常吗？事物的本质和政治局势不会受到影响，也不会对任何宪政理论造成影响——无论是保持原样还是改变——这是被允许的。首先，他们的功绩也许是相同的，但公民和个人的职位不应该是相似的。其次，如果那些犯了残暴罪行的人还恢复职位，那好人和完美无瑕的公民就不应该回到这个国家。

这是我的预测。如果我感到对此有任何疑问，我将不会感到安慰，它将很容易让我支持一个高尚勇敢的人。它是这样的：如果你拿起武器保卫共和国——你会这样想，确保胜利，你不应受到特别赞扬。但是，如果考虑到所有战争的不确定性，考虑到我们被打败的可能性，即便充分地做好准备去面对成功，你也不应该完全地不能忍受失败。我还会提醒你的行动的慰藉是什么、在逆境中文学上令人愉快的消遣应该是什么。我会提醒你，不仅古代人，包括我们自己同时代的灾难的导火索是什么（无论他们是你的领导还是你的伙伴）。我还可以列出许多显赫的外国人的事例：回忆是我的习惯，回忆人类生存条件能减轻悲伤。我也阐明我们在罗马的生活状况——令人困惑的骚乱，处处一片混乱——相比于一个秩序井然的社会，它必然存在一些遗憾，以至于人们想要摆脱分裂的状态。但是，对于这种事情是没有机会的。我很快就会看到你（我希望），或者说，我清楚地意识到我还享受公民权利。同时，在你缺席的情况下，你的儿子在这里——你的灵魂和形象所在，一个具有无法超越的坚定的卓越者。我以前对你的承诺，实际上包含了我的热情、责任、努力和劳动；现在更是如此，恺撒每天张开双臂热情地接待我，而他亲密的朋友使我表现得比其他人更突出。我可能会受到他的影响或得到他的喜爱，从而我将愿意为你服务。可以肯定的是，对你来说，我不仅要以勇气来支持你，而且也要以最真诚的希望来支撑你。

维乌斯·苏尔比基乌斯致西塞罗的信（阿斯图拉）

公元前45年，3月，雅典

收到你女儿图里亚死亡的消息，我真的很悲痛，对我而言，我把它视为一场灾难。因为要是我在家，我就不会不在你身边，我会让你看见我有多悲伤。那种安慰涉及太多的悲伤和痛苦，因为是自己的家人和朋友，他们自己也要克服同等的悲哀。他们不可能没有眼泪，以至于他们似乎也需要安慰，而不是能够去安慰别人。不过我已经决定为了你暂时放下我脑海中时有发生的这些想法，不是因为我以为它们不为你所知，而是因为你的悲伤或许会阻碍你对它们的敏锐判断力。

为什么一件私人的悲伤事件会让你如此深陷痛苦？想想迄今为止，幸运女神是如何待我们的吧。想想我们已经获得了那些对我们人类来说不啻于孩子的东西吧——国家、荣誉、职级、每个政治职位的高低。这种特殊的损失可能会对你的感情造成什么额外伤痛呢？或者，在这个时候，这颗心不应丧失了所有敏感，不应学会了把所有其他事情都看作无足轻重的——但是它在哪里？请问，你是为了她而悲伤吗？你有多少次想到此想法（我也常常与你有同样的想法）：在这样的时代，他们以无痛的死亡来结束生命，他们的命运远远不是最糟糕的？在如今这个具有划时代意义的时期，什么可以大大吸引她让她活下去？什么机会，什么希望，什么心灵的慰藉？她可能会找一个年轻杰出的丈夫和她生活吗？你这样地位的人，怎么可能选择当前一代的青年男子作为女婿，把你的孩子稳稳当当地托管给他呢？还是说，她可能会生下孩子，因为看见孩子茁壮成长而高兴？谁又可能基于他们的性格，保持了由他们的父母传给他们的职位，被期望去从政，行使自己的自主权来支持他们的朋友呢？在这些期望中，哪一个不是在给予前就已经被拿走了呢？但是，有人会说，毕竟这是不幸的，因为失去了自己的孩子。是的，那就是：更糟糕的还要去忍受痛苦并面对现状。

我想向你提一件事，它给了我不常见的安慰，期待它也能够减少你的悲哀。从亚洲出发，在我的航海旅行途中，当我从艾基那岛向麦加拉方向驶去时，我开始回顾我所到之处。在我身后是艾基那岛，在我前面是麦加拉，在我的右边是比雷埃夫斯，在我的左边是科林斯——当时的城镇处于最繁荣时期，但现在展现在我面前的却是废墟以及衰败。我开始反思我自己：哈！如果我们中的一员死去或者被杀死，我们是否会产生无能为力之感——我们应该还算年轻的——当我们面对许多城镇的残骸躺在无助的废墟？维乌斯，请你记得，你是一个凡人，可否控制好自己的情感？相信我，我被那种景象所感染，它增强了我活下去的信心。现在如果你同意我的看法，就努力把这种想法摆在你的眼前。不久前那些最杰出的人一下子都死去了，整个罗马帝国的人遭受了巨大的损失，所有省份的统治基础都遭到动摇。如果你因为一个可怜的小女孩的脆弱灵魂而变得更可怜，那你是不是激动过头了呢？如果她现在没有死，但她几年之后还是会死，因为她是凡人出生。你也一样，从这样的事中收回你的思绪，记住那些事情，他们将成为你生活中的一部分：她所经历的生活正是生命所赋予她的，她的生命比共和国的还长，以至于她看到了你——她自己的父亲——成为执政官、占卜官；她嫁给了职位最高的男子；她享受了几乎能有的福气；当共和国衰落，她也香消玉殒了。基于此，你有什么可挑剔的，或她对命运还能有什么好挑剔的呢？总而言之，不要忘了，你是西塞罗，习惯于给他人指导和建议，别模仿不好的医生——在其他人有疾病时自称自己了解医术，却无法为他们开药方。相反，建议你明白那些你习惯于给别人留下深刻印象的格言。时间能治愈悲伤，至少可以减少和弱化悲伤；表现在你身上，就是在此期间你应该等待，而不是借助你的智慧而预期哪种结果。但是，如果在地下的另一个世界有任何的意识仍然存在，她仍然有着对你的爱和她对家人尽职尽责的情感，她当然不希望你像现在这样为她悲伤难过。把悲伤给她——你失去的女儿！把它给你的朋友和伙伴，让他们和你一起分享悲伤！把它给你的国家，如果有需要，它可以享受你的服务和接受你的忠告。

最后，既然命运让我们至少有必要在这方面采取预防措施——不允许任何人认为你不为你的女儿哀悼、不为国家的公共事务担心和不为别人的胜利感到伤心。在这件事上，我很惭愧，好像我不信任你的智慧。因此，我在结束这封信前给你提一条建议。我们已经看到了你多次享有好运气，它大大提升了你的名声——现在轮到你来使我们相信你是同样能够承受坏运气的，它不会是你应该认为的一个较沉重的负担。我就不具备你所具有的美德。至于我而言，当我知道你的心平静些后，我会写信向你报告这儿发生的事情和全省的状况。再会。

致维乌斯·苏尔比基乌斯·瑞福斯（在亚该亚）

公元前45年，4月，费库利亚

事实上，我亲爱的维乌斯，我希望像你说的，当我处于丧女之痛时，你能一直在我身边。你在我身边将有可能给我无尽的帮助，不仅通过你的安慰，还有你与我一同分担我的悲伤。阅读你的信后，我能轻易地感到我的悲伤减轻了。不仅是因为你所写的适合于安慰送葬者，同时也让我安慰你那颗并不快乐的心。然而，毕竟，你的儿子维乌斯，在这段时间，他的善意表现得更明显，一方面，他非常尊重我，另一方面，他对我有这样的情感让你也很满意。当然他善意的处事方式往往令我愉快，没有这更让人接受的了。对于我自己，不仅是你的话，（我差不多已说）还有你与我一起分享我的悲伤来安慰我，这是你的性格。我认为这是一个耻辱，因为我没有像你一样忍受我的悲伤—— 一个拥有如此智慧的人认为应该忍受悲伤。但有时我很吃惊，几乎无法抗拒我的悲伤，因为这些安慰对我没起作用。这些安慰在其他人同样的遭遇中并不缺乏，他们的情形我仍清晰记得。比如，昆图斯·马克西姆斯，他失去了一个儿子，这个儿子曾是罗马执政官，拥有卓越的品格和辉煌的成就。还有卢修斯·保卢斯，在七天之内他失去了两个孩子。还有你的同族人盖鲁斯和M. 加图，他们都失去了一个儿子，其孩子都具有伟大品格和勇气，他们在世时都身居要职。这些人通过他们为公众服务赢得的荣誉来减轻他们的悲痛。对于我，在失去你所提及的荣誉后，那个荣誉是我通过最大可能的努力获得的，现在只剩下已被撕碎的安慰。我悲伤的沉思并没有被我朋友的事情所打断，也没有被公共事务的管理所打扰，在法庭中没有什么能让我在意，我无法忍受元老院里的场景，我想，事实上，我已经失去了我努力获得的和命运给我的所有成果。但是，在我那样想时，我和你以及某些其他的人分担了这些损失。当我战胜了我的情感，强迫自己耐心忍受，我找到了一个避难所，在它的怀抱中，我能找到片刻的休息，在它的谈话和甜蜜安慰中，我可以放下所有的忧虑和悲伤。但是现在，经过了毁灭性的打击，似乎已经愈合的伤口重新开裂了。当我因为对国家的公共事务感到痛心而归来时，这里曾经像家一样地迎接我；而现在当我悲伤地离开我的家时，繁荣的共和国却没有向我提供庇护和安慰。因此，我会离开家乡和法庭，因为家乡再也不能安慰公共事务给我带来的伤痛，我也不会在家遭受公共事务的痛苦。我更加期待着你的到来，希望尽快看到你。没有什么比我们的交往和对话能给我更大的安慰。不过，我希望你快点来，是别人告诉我你要来这的。至于我自己，我有很多的理由希望尽快看到你，这是特别之处，我们可以事先讨论我们应该基于什么样的原则度过这段时间，它完全听从一个明智和心胸宽广的人的意志，我深深地觉得它对我充满敌意，对你却非常友好。不过，即便如此，此事也需要认真考虑，我不是说采取行动，而是说我们应该通过它的许可和善意，过一种平静的生活。再会。

致阿提库斯（在罗马）

公元前45年，12月21日，普特奥利

嗯，因为我尊敬的客人感到非常愉快，所以我没有任何理由对此感到抱歉！在农神节的第二天晚上，他到达菲利普斯的别墅，别墅里挤满了士兵，几乎没有一个饭厅留给恺撒自己用餐。你相信吗，足足有2 000人！第二天发生的事让我非常激动，卡西乌斯·巴尔巴来帮助我，派给我一些守卫。一个营驻扎在户外，别墅处于防御状态。农神节的第三天他和菲利普斯待在一起直到一点钟，没有任何人去打扰。我认为他忙于和巴尔布斯交谈。然后，他在海滩上散步。两点钟后，他去洗澡。然后他听说了玛穆拉的事，但他仍面不改色。他涂上了油，在餐桌旁就座。他吃了催吐药，所以吃喝无所顾忌，只要菜品符合他的口味。这是非常不错的晚餐，招待很周到，不仅如此，“烹饪技术一流，味道极佳的食物，夹杂少许的谈话——总而言之，这是一场让人愉快的宴会”。

除此之外，所有工作人员在三间房里自由地就餐。地位较低的自由民和奴隶吃了他们想吃的东西。但是地位高的人员享有一顿真正精心设计的晚餐，事实上，我是个重要人物。而他也不是客人，有人会对他说：“求求你在你回来后再来看我。”能来一次就不错了。我们没有谈及政治。这里全是文学方面的谈话。总之，他很高兴，玩得也快乐。他说他应该在普特奥利停留一天，在巴亚再待一天。这是娱乐消遣的事，或者我可以把它称为在我家的宿营，我尽量去协调，但并不想去打扰他。我将在这里做短暂停留，然后去图斯卡仑。当他经过多拉贝拉的别墅时，卫兵将在他骑的马的左右列队保卫，这是尼西亚斯告诉我的。

致阿提库斯（在罗马）

公元前44年，4月7日，马蒂斯郊区的别墅

我要去拜访一个人，这个人今天早上我已经和你谈起过，他的观点是：“事情的状况是令人震惊的——根本无法逃出纠葛。如果一个具有恺撒那样天赋的人失败了，谁又能有望成功呢？”总之，他说毁灭是彻底的。我不确定他是否错了，但是，他为此感到欣喜，并宣称20日内，在高卢将有造反——自三月十五日起，他没有与任何人交谈，除了雷必达——事情都不可能像这样终止。欧皮乌斯是多么明智之人，他为恺撒感到遗憾，但他没有说能得罪任何忠诚者的话！但是，这已经够了。祈祷你不要随便给我写点新的消息，因为我期待更多消息。除其他事项外，我们是否可以依靠塞克图斯·庞培是一个问题；但首先是关于我们的朋友布鲁图斯。招待我的主人说，恺撒喜欢作评论：“那人所期望的是有重要意义的；在任何情况下，无论他想要什么，他都强烈地希望得到。”他注意到，当他在尼西亚为德欧塔如斯辩护时，他说话时好像兴致勃勃、无拘无束。此外，我喜欢草草记下发生在我身上的事，应瑟斯提乌斯的请求，去了恺撒的房子，我坐着等待直到我被叫进去。他说：“马库斯·西塞罗坐着在那儿等待见我，他方便时却又不能见到我，我怀疑他是不是非常不喜欢我？但如果在世界上有一个好脾气的人，那么这个人就是他，我从没觉得他内心不喜欢我。”这就是我要告诉你的事情，和其他许多事没什么差

别。但我的目的在于：不管是什么消息，无论大小，请你写信告诉我。我会在此静候你的来信。

致阿提库斯（在罗马）

公元前44年，6月11日，阿斯图拉

我的儿子终于来信了，另外，赫库勒斯也寄来了一封表述优雅的信，这表明他取得了一些进步。其他人也向我赞扬他。不过，里奥蒂斯仍然坚持他最喜欢的词“目前”，但希律王还是高度赞扬了他。总之，我很高兴，即使在这件事上被骗，我也不后悔。如果斯塔提乌斯写信告诉你任何重要的事情（在我看来），你一定要让我知道。

致阿提库斯（在罗马）

公元前44年，6月13日，阿斯图拉

如果卢基乌斯·安东尼为布斯瑞提安斯人苦恼的话，那他真是太糊涂了！我已经草拟了一份免职文件要请你签字盖章，无论你何时愿意都可以。至于阿皮那提斯的钱，如果行政官 L. 法迪乌斯要求给钱，悉数付给他。在前封信中，我向你提到没有支付斯塔提乌斯任何一分塞斯特帖姆。那么，如果法迪乌斯请求给钱，我希望支付给他——法迪乌斯，我认为这些款项已被我掌控，我已经写信给厄洛斯去提取。

我受不了女王，这一点，对她的承诺做担保的保证人哈莫尼乌斯知道我有充分的理由这样说。她所答应的都是学术上的东西，是适合我的性格的，这些我都可以在公众集会上公开宣布。至于萨拉，我发现他不仅是一个无原则的流氓，还倾向于在我面前摆架子。我曾经在自己的住所见到过他。而当我礼貌地问他我可以为他做什么时，他说他来这儿的目的是希望能找到阿提库斯。女王也很傲慢，她住在恺撒的提巴尔瑞的别墅时，我至今回想起来仍感到痛苦。我在那儿没有任何事情可做。他们根本无视我情绪不佳，以至于我感到我在这儿根本没有自尊心。我离开意大利也受到厄洛斯的经商之道的阻碍。4月5日他还有结余的钱，我理应生活过得富足；但我现在却不得不借钱，而支付给我房产的收入我想已经被储存起来建神社了。但我已要提若负责照管好这一切，我专门派他去了罗马。

我不希望增加你现有的窘迫。我儿子的品行越稳定，我就越为自己带给他的限制而感到烦恼。因为他从来不说受管制于我，我是他应该这样说的第一人。但他在一封给提若的信中说，自从4月1日他一分钱都没有收到，这是他的财政年度遭到毁灭的原因。现在我知道你的善意总是让你认为待他不仅应该慷慨大方，还要宽宏大量，而且你也认为这是考虑到我的地位的缘故。所以希望，如果我能通过任何人做到，我不会麻烦你，在雅典他有张汇票可以换他的零用钱。厄洛斯会付给你钱。我派提若处理此事。希望办好此事，写信告诉我你关于这个问题的任何想法。

致C. 崔巴提乌斯·特斯塔（在罗马）

公元前44年，6月，图斯库鲁姆

昨天在我们喝酒时你嘲笑我，说争论的焦点是继承人是否可以依法挪用他在成为款项所有者前所被委托的金钱。于是，尽管我喝多了酒，回到家里也已经是深夜，我还是把这部分做了记号，里面有对问题的处理情况，然后我把它复制了一份寄给你。我想让你知道，你所说的没人支持的学说，却被塞克图斯·杰留斯、马尼乌斯·马尼里乌斯、马库斯·布鲁图斯所保有。不过，我同意斯凯沃拉和特斯塔的看法。

M. 小西塞罗致提若的信

公元前44年，8月，雅典

一天天，我一直焦急地期待着信使的到来，终于他们在离开你46天后抵达。我最欢迎他们的到来，在最亲切和最心爱的父辈们的信里，我获得了最大的乐趣，你那让人愉快的信使我非常高兴。所以，我不再后悔有一段时间没有写信了，而是为此感到很高兴，因为自从我辍笔后，我已经收获了你仁慈的奖赏。因此我高兴，你毫不犹豫地宽恕了我。我相信，最亲爱的提若，关于我的事情你已获知，并回应了你最好的祝愿和希望。我会尽力做好，而且会尽我所能，相信我自己一天天越来越自信。所以，你应该有信心通过保证履行你的承诺来提高我的声誉。年轻时犯下的错误让我多么悔恨和痛苦，我的心不仅不想回忆我过去所做的，我的耳朵也厌恶听到它。我深知这种痛苦和悲伤，我相信你也与我分担过。对此我毫不怀疑！ 你为我着想，你希望我成功，你这样做也为自己，因为我曾经表示你是带来我所有好运气的合作伙伴。因此，一直以来，你都由于我的悲伤而遭受痛苦，我现在尽力让你加倍感到喜悦。我向你保证，我会与克瑞提普斯保持亲密关系，就像我是他的儿子，而不是他的学生——我很喜欢他的演讲，我还特别为他令人愉快的举止所倾倒。我整日和他在一起（常常是晚上的时间），因为我劝他尽可能多地同我吃饭。建立了这种亲密关系后，他经常在我们吃晚饭时突然到访，放下一个哲学家呆板的架子，最大可能地、自由自在地加入到我们的玩笑中来。他是这样的人——如此令人愉快、如此杰出，你应该考虑尽可能早地与他相识。我几乎还没提布瑞提乌斯，我从来不允许他离开我的身边。他是一个严格和品行端正的人，也是最令人愉快的伙伴。在他看来，乐趣是无法脱离文学和我们共同探讨的日常哲学话题的。在他住所隔壁我已经租了一个住处，并尽可能用我那微薄的收入来补贴穷困的他。而且，我已开始与卡西乌斯一起用希腊文练习朗诵；我还喜欢与布瑞提乌斯用拉丁文练习朗诵。我亲密的朋友和伙伴都是克瑞提普斯从米提利尼带来的——优秀的学者，其中他具有最高的见解。我也看到许多埃皮科瑞人，他们是雅典文学界的主导者，还有里奥蒂斯和其他类似这样的人。所以，你知道我现在学习进展如何了吧。

你在信中评论了高尔吉亚的性格。事实是，我发现他在我的日常朗诵练习中非常有用，但我一切皆服从于我父亲的禁令，父亲写信给我命令我立即和他断绝关系。我不会犹豫不决，唯恐我的无病呻吟会让我的父亲产生一些怀疑。此外，对我来说，我对父亲的决定发表意见是无礼的。但是，我是欢迎和接受你的关注和建议的。由于你缺乏时间，你为此感到抱歉，我接受你的抱歉；因为我知道你有多忙。我很高兴你已经买了一幢房子，在此附上我最良好的祝愿，愿你置业成功。此时此刻在信中你不要为我祝贺你开始购房而感到惊讶，因为这与你告诉我你要购买房子是相对应的。你是一个有钱人！你必须放下你城里的规矩——你已经成了罗马乡村绅士。此刻，你栩栩如生地出现在我面前！我仿佛看到了你从农场买东西，跟你的地方长官谈话，在你的披风角落里藏了甜点。但是谈到钱，我对不起你，我不在现场，不能帮助你。但是，不要怀疑，我亲爱的提若，我会在未来帮助你（如果运气站在我这边），特别是当我知道购买这个房产是为了我们共同的利益的时候。至于我的委任状，你费心了，非常感谢！但是，我求你尽早给我派来一位秘书，如果可能的话，懂希腊文的最好——在抄写票据时，他一定会省去我很大的麻烦。最重要的是，保重身体，以后我们可能会在一起谈文学。我把安特洛斯托付给你。

昆图斯·西塞罗致提若

（时间和地点不详）

我痛骂你，至少我在无声地责备你，因为这是第二次没有你的信了。你无法借辩解来逃避对你行为的惩罚，你将不得不叫马库斯帮你的忙——不要太肯定，即使是他经过长时间的琢磨，也要挑灯夜战才能够写出一篇文章来洗刷你的清白。坦白说，我祈求你做的，我记得，正是我母亲过去常常要我做的。这是她的习惯，在酒盖上加一个密封条，甚至是空的罐子，以防止任何悄悄漏干的罐子被标记为空的。同样的方式，我求求你，即使你没有什么可写，仍然写点吧，免得你被认为是在寻找懒惰的借口，因为我总能在你信里找到值得信赖的和喜欢的消息。爱我，再会。

致M. 尤里乌斯·布鲁特斯（在马其顿）

公元前43年，7月中旬，罗马

你有梅萨拉和你在一起。什么样的信件需要我谨慎书写，才能使我能够向你解释在公共事务方面发生了什么事，才能让我比他更充分地向你描述这些事情（让你立马知道发生的一切事情），让我有能力尽可能以最好的方式向你传达讯息？注意你的看法，布鲁特斯，虽然没有必要写信告诉你已经知道的事，但我不能对这样卓越的人不闻不问，他时常显示他的伟大——注意你的看法，他的诚实和坚韧无人能比，没有人像他那样关心并热心于共和国之事。他的口才如此之好，让他显得非常卓越，无人能及。然而，对于成就本身，他的智慧显得更加突出；在如此多的修辞学风格里他表现出卓越的判断，他的反应也相当敏锐。他如此勤奋，午夜的大量时间被用于学习——首先应感谢的似乎不是他的天才，而是他本身就很伟大。但我的情感带走了我的思绪：因为这封信的目的不是赞美梅萨拉，而是布鲁特斯。他的优秀，其他人比我还了解，他的这些特殊的成就较大程度上更值得我赞美。令人伤心的是，我让他从我身边离去——让我唯一觉得安慰的就是他，他是我的第二个自我，他履行职责，追求最真实的荣耀。但是，够了，就说到这儿为止。我现在谈谈你的某封信，虽然你给予我很多赞美，但你也挑出了我的一个毛病：我在提议投票决定荣誉的过程中做得太过分了。这是你的批评。另外，也许可能是因为我在处以刑罚和执行处罚时太严厉了。你偶尔会因这两方面的事情责备我。如果是这样的话，我在这两方面上所持的原则，以及我所处理的那些事，应该让你清楚地知道。我不仅仅依靠梭伦的格言——他是七人中最聪明的，也是唯一的立法者。他说，一个国家通过两样东西团结在一起——奖励和惩罚。当然这两方面我们也要把握适度。我们可以称之为中庸之道。但在这儿我不想详细阐述如此重要的话题。

在这场战争中，就什么是我的目的，我在元老院会议上所做的提议将对此给予明确的解释。在恺撒死后和你难忘的3月15日，布鲁特斯，你没有忘记已经被你和你的同事们所忽略的我说的话——我宣称乌云笼罩着共和国。你用你的方式去除了一个讨厌的人，罗马人身上一个大污渍被清除，事实上你获得了巨大的荣耀。但行使王权的权力已经落到雷必达和安东尼手中，这两人中前者善变，后者更腐败，但他们两人都畏惧和平，仇视安宁。这些人激发了我们变革这种状态的雄心，然而我们却没有防护之力来反对他们。事实的真相是这样的：这种状态已经激起了人们要为自由而战的雄心；在当时我甚至过于好战，你也许有更多的智慧，离开了你解救的那个城市，当意大利愿意为你提供帮助时，你却拒绝了。

因此，当我看到这个城市被叛逆者占领，你和卡西乌斯都不能使它安稳，它被安东尼的武装警卫所控制，我认为，我也应该离开它——因为一个城市被叛徒控制，所有提供援助的机会都被切断，这是多么可怕的场面。但同样的情绪一如既往地鼓励我坚定对国家的热爱，不允许我有远离那些危险分子的想法。因此，在我航行到亚该亚的中途，当时正刮着季节性的南风——好像在抗议我的决定，它把我带回到意大利。我看到你在维利亚很痛苦，因为你正要离开这个国家。“布鲁特斯，离开它。”我说，因为我们的朋友斯多噶学派否认聪明人“逃离”。当我到达罗马，我立马反对安东尼的叛逆和疯狂的政策，并招致他对我的愤怒，我开始着手真正的布鲁特斯似的政策——因为这是你的家族的特点，那就是：解放我的国家。剩下的故事太长无法讲述，我必须删减一些，因为这是关于我自己的事。我只会讲这么多：这个年轻的皇帝，感谢他，我们仍然活着（如果我们承认这样的事实），这是我的政策源头之流。我为他投票，给予其荣誉，布鲁特斯，这不是他应得的，但任何人都无法避免这样做。我们立马着手恢复自由，甚至神圣的卓越的狄西莫斯·布鲁特斯也无法给我们真相的指示。当唯一保护我们的男孩推翻了安东尼的独裁，有什么荣誉不值得他通过颁布法令而获得呢？然而，我提议的却是对他的行为表示感谢的恭维话，而且也是适度地表达。我还提出了一项法令——授予他最高权力，尽管这似乎太抬举他这样年龄的人，但这是必须授给军队的指挥官的。一个没有最高权力指挥官的军队，算什么军队呢？ 菲利普斯提出建一个雕像； 维乌斯首次提出允许他在政局稳定之前代表政府；之后，塞维利尔斯提出要大大缩减这个过渡时间。当时我们并没有为他考虑太多。

但不知何故，赢得胜利之后，相比于心怀感激之人，我们更容易发现面对惊慌但却心胸宽广之人。共和国明白，最快乐的日子是布鲁特斯摆脱封锁的日子，那天碰巧是他的生日——我提议布鲁特斯的名字应该被记在纪年表里。我想我效法我们的祖先，他们曾把荣誉颁给一名女子劳伦提亚，在斯拉布卢姆她的祭坛旁，教皇常常举行这样的典礼仪式。当我提议布鲁特斯这种荣誉时，我希望纪年表上应该永恒纪念最受欢迎的胜利，我发现元老院中不怀好意的人，相比那些心存感激之人，人数占了一大半。在那些日子里，我滥用荣誉——如果你喜欢这个词的话——对死去的希尔提乌斯、潘恩萨甚至阿奎拉都给予了荣誉。谁会挑错呢？除非他是那个警报一结束就忘记了过去危险的人。在此纪念所得到的好处，也是为后人的利益考虑，我希望永远记下我们最无情的敌人的诅咒。我想，接下来的措施不会得到你的批准。你的朋友不同意，他们是最优秀的公民，但在公众事务中却无经验。我的意思是我提议为恺撒喝彩。但对于我来说，也许我错了，我不是相信自己的方式一定正确的人，我认为在这场战争中，自己从来没有采取谨慎的措施。这样做的原因我不能透露，免得我似乎有一种偏爱之感，似乎我不感谢那些受到欢迎的人。我已经说得太多了，让我们来看看其他见解。我提出给狄西莫斯·布鲁特斯荣誉，也给卢修斯·普兰库斯荣誉。这些人确实有贵族精神，他们对行动的推动是一种荣耀，但元老院知道如何利用它——条件是他们值得尊敬，其与此元老院认为可以诱导一个特别的人来支持共和国。但是你说的雷必达这事，我应该受到责备，因为我在演讲时提出为他建雕像，而我也投票同意把它去除。

我试图通过恭维他来让他放弃他那疯狂的政策。最善变的人使我的审慎变得无用。然而，相比于建造雷必达的雕像所带来的坏处，拆除他的雕像却能带来更多的好处。

关于荣誉就说到这儿；现在，关于处罚我必须说几句。从你来信中的频繁表露，我获悉那些在战争中你征服的人，你希望你的宽大处理应该受到表扬。事实上，我支持你的做法，你说你成了一个哲学家。但是，忽略犯罪的惩罚等于是“赦免”，在其他情况下，它是可忍耐的，但在战争中这是有害的。因为这不是内战，国家的事我都记得，其中没有某种形式的宪法保留意见，任何一方的解释都说得通。

在这场战争中，如果我们胜利了，我不能肯定我们会有什么样的宪法；如果我们被征服了，一定不会有任何宪法。因此，我针对安东尼提出了严厉的措施，对雷必达也很严厉——并不是出于复仇，我的目的是通过目前这个恐怖的行动，来防止无原则的人攻击自己的国家，并对今后可能模仿他们的人给以警告。

然而，这个建议不是我的，而是每个人的。有一条建议看起来很残暴，其处罚延伸到不该受到任何处罚的孩子。但是，这是长期存在的一个东西，也是所有国家的特点。例如，地米斯托克利的孩子处于贫困中。

如果同样的刑罚加在被法庭依法定罪的公民身上，那我们怎能更纵容公敌呢？此外，他们能说什么来反对我呢？当一个人必须为他所征服的那个男子忏悔时，他难道不会更欲对我施以报复吗？在这里，你口述了我在元老院所提的原则——无论如何，都是关于荣誉和处罚。因为，在其他事项方面，我想已经告诉你我的意见和我的决定了。然而这一切也不是那么紧迫；真正紧迫的是，布鲁特斯，你应该与你的军队尽快来到意大利。非常渴望你的到来。直接到意大利，所有的人都会奔向你。如果我们赢得胜利，我们实际上就已赢得了非常光荣的一场战争。只是雷必达想方设法毁了一切，毁了他自己与他所有的朋友——现实需要你的决策来建立某种形式的宪法。而且，即使仍存在一些有待完成的战斗，我们最大的希望还是寄托在你个人的影响力和你军队的实力上。不过，抓紧时间，以神灵的名义！你知道抓住合适的时机和速度的重要性。为了你姐姐的孩子们的利益，我多么努力——我希望你从你母亲和姐姐的来信中知道这些。

在承担照顾他们的事务中，我表现更多的是对于你的感情，这对我来说非常宝贵，不是像有些人认为的这是我自己的一贯表现。但是我希望没有什么能比得上我对你始终如一的爱。

小普林尼的书信

Letters

〔古罗马〕盖乌斯·普林尼·凯基利乌斯·塞古都斯

主编序言

盖乌斯·普林尼·凯基利乌斯·塞古都斯，通常被称为小普林尼，公元62年出生在科莫。当他只有8岁时，他的父亲凯基利乌斯去世，他被他的叔父老普林尼收养。老普林尼是《自然史》的作者。小普林尼接受了良好的教育，跟随昆体良和其他著名的老师学习修辞学，小普林尼是他那个时代的口才最好的辩护律师。他在许多方面模仿西塞罗，后者当时是公认的拉丁文体大师。虽然他还很年轻，他曾在叙利亚担任军事保民官，但他似乎并不热衷于军队生活。他回国后开始进入政坛——当时的皇帝是图密善——并在公元100年被图拉真皇帝任命为罗马执政官，他与皇帝图拉真有秘密的交流。后来，当他是比提尼亚地方长官时，他形成了一个习惯，他将政策的每一点都上报给他的主人，并和图拉真皇帝经常通信，这形成目前选集的最后一部分，生动地表现了他们讨论的主题，阐明了他俩的品性，具有很高的欣赏价值。据推算他死于公元113年。普林尼的讲演稿已经失传了，除了一个例外，那就是为了感谢图拉真任命他为领事而发表的称颂图拉真皇帝的颂词。这篇颂词，对现代人来说，虽然称赞话语有点夸张，但它却是这类文体的典范。其他作品大多涉及两方面的内容：法院和政治，其中涉及政治的占多数，像西塞罗反对威瑞斯的讲演，控告省长对民众的虐待和勒索。总之，在所有的社交活动中，他以一个具有公德心，并且正直、诚实的形象出现在人们面前；在处理他与他的家乡的关系方面，他是一个体贴和慷慨的捐助者。

他的名气主要在于他写的计划要出版的信件，由普林尼自己安排。因此，在它们里面，没有出现西塞罗那样的冲动言论。对于不专修罗马历史的现代学生，这些作品显得更有趣。它们涉及各种各样的主题：对一栋罗马别墅的描述；乡村生活的魅力；人们参加作者的读书活动的不情愿，即便在场也不愿听；一场晚餐会；古代罗马的遗产争夺；一个雕像的获得；他对他年轻的妻子的爱；神怪小说；漂浮的岛屿；一头驯服的海豚和其他奇事。但到目前为止，最有名的是他对维苏威火山喷发的描述，他的叔叔，一个对科学好奇的烈士，就死在那儿；以及他写给图拉真皇帝的信，信里他试图镇压比提尼亚的基督教，还有图拉真批准他的政策的回复。总之，这些信件生动地刻画了早期的帝国生活和一个受过良好教育的罗马绅士的爱好。偶尔，他们在信的末尾会涉及重大历史事件，但它们的主要价值是显而易见的——在一定程度上与英国安妮时代的“旁观者”的画面很相像，那个时代的生活由于年代久远而不像我们现在的生活。此时此刻最让人感兴趣的莫过于书信者本人——他的虚荣心和自负，他的敏感和慷慨，他的迂腐和他的忠诚。

查尔斯·艾略特

致斯普提提乌斯

你经常催我把我的信件做成选集（是否真的值得特别优先考虑），然后公开出版。因此我就选了它们。事实上，不是根据它们发生的时间顺序，因为我不是在编写历史；但作信手拈来吧。现在我只希望你没有理由为你的建议后悔，我也不后悔我的承诺。既然这样，我可能会查询目前被忽视的其余信件，并保存好我以后写的东西。再会。

致阿瑞里努斯

我了解到你到我这儿的旅行很可能被推迟，因此，我给你送来我之前承诺的讲演稿；希望你像往常一样，对它进行修改和纠正。我认为我从没如此切实地期望，怀着我之前写文章时的真诚写演讲稿，因为我一直在努力模仿你以前最喜欢的人——狄摩西尼和卡尔乌斯。最近他们变成我最喜欢的了，至少在讲演的修辞形式方面——为了了解他们的崇高精神，这种精神只给“少数有灵感的人”。的确，似乎我的主题自然适宜于这种模仿（我能这样冒昧地称呼它吗？）；它完全是以充满激情的演说风格组成，甚至在一定程度上足以唤醒懒惰成性的我（如果我能够被唤醒）。但是我还没有完全忽略我最喜欢的马克·塔利的修辞学之精华，无论在哪里，我都能适当地直接走出去欣赏更绚丽的世界，因为它强调活力，而不是束缚，这正是我努力的方向。我不会让你由此想到我在突出你的放纵，相反，我是为了使你的修正之笔更有力。坦白地说，要是你能对我可能的愚蠢做法表示同意，我的朋友和我都乐意出版这一部分。事实是，作为我必须要出版的东西，我想它可能应是这部分而不是其他的内容，因为它已经完成了（你听说过偷懒的愿望）。然而，无论如何，因为诸多原因，我必须出版一些东西；主要是因为我的作品已经为世人所知道了解。虽然他们早已失去推荐新奇事物的兴趣，但我被告知，我的作品是受他们欢迎的。要是这样的话，毕竟，书商不会来打扰我了。顺其自然吧。由于无辜的谎言，我被鼓励去继续从事写作。保重。

致维克尼乌斯·瑞玛努斯

在图密善死后，你有没有遇到比马库斯·雷古勒斯更卑鄙、更心胸狭窄的人？在他执政时期，他的行为臭名昭著，虽然比起在尼禄统治时显得更加隐蔽。他开始害怕我对他生气，他的忧虑是完全正确的——我确实很生气。他不仅费尽心思增加鲁斯提库斯·阿瑞里努斯[①]的地位的危险性，而且还为他的死亡感到高兴；甚至他记得自己实际还列举和发表了诽谤之言，他把阿瑞里努斯的风格称为斯噶亚学派“猿”，且补充道：“他受了一种叫维特利安的伤[②]。”你见识了雷古勒斯的雄辩口才！他对赫伦尼乌斯·色那斯欧的性格很生气，以致梅提斯·卡鲁斯有一天对他说：“你对于我的死有何想法？我曾经干预过克拉苏[③]或卡麦利努斯[④]的事吗？”在尼禄时代，你知道的，他们对于雷古勒斯是受害者。由于这些原因，他以为我是被激怒了，在他讲话快结束时，我没有得到邀请。此外，他还没有忘记，怀着置我于死

---

① 著名的斯多噶派哲学家帕图斯·特拉赛亚的一个学生和亲密的朋友，阿瑞里努斯被图密善判处死刑，因为他为特拉赛亚写了颂词。

② 他所受的伤有个典故：他是在维特利乌斯和维斯帕先的对抗中受的伤。

③ 皮索·加尔巴养子的一个兄弟。他被尼禄处死。

④ 苏尔比基乌斯·卡麦利努斯，由于无聊的控告而被温顺的皇帝处死。

地的目的，他好像曾经在百人法庭[①]上攻击我。鲁斯提库斯要我充当阿瑞尼拉的律师，她是泰门的妻子。雷古提勒反驳我。在这个案子中，我强烈支持梅提乌斯·莫德斯图斯独到的判断，他是一个出色的男人，当时由于图密善的命令，他正在被流放中。那现在雷古勒斯说："请问你对莫德斯图斯有何看法？"你明白，如果我高度赞扬他我会冒什么风险，另外如果我回答说我对他的评价不好，我又怎能自己贬低自己？但监护人的某些权力，我深信，一定是站在我身边，会在紧急情况下协助我。"我会告诉你我的意见，"我说，"如果这个问题被带到法院上。" "我问你，"他重复道，"你对莫德斯图斯有何看法？"我回答说："盘问证人关于被告的性格这是惯例，而不是盘问已经被判处刑罚的人的性格。"他第三次逼我回答。他说："我现在不询问你对莫德斯图斯的看法，我只要求你对他的忠诚给予评价。" "既然你随后会知道我的看法，"我回答，"我认为问这个问题是非法的，因为它涉及被定罪的人。"

他坐了下来，沉默不语，我赢得了来自各方热烈的掌声和祝贺，通过有利的（也许虽然是吝啬的）回答，我没有伤害我的名誉，我不会让自己卷入这么阴险的质询的圈套中。他彻底吓坏了，先是利用凯基利乌斯·塞勒，然后他去求费比乌斯·贾斯特斯，他们将利用他们的共同利益促使我们之间和解。唯恐这还不够，他还谦虚地去找斯普瑞那帮忙（他是最卑鄙的人，他什么都不害怕），并且对他说："真的，我求求你，明天早晨去拜访小普林尼，一定是在早上，不能晚（因为我不再忍受这种焦虑的心情），并无论如何用你的力量来软化他的怨恨。"第二天我已经起床了，从斯普瑞那那里传来消息——"我要来拜访你"。我回答说："不，我将拜访你。"但是我们都出发去拜访对方，彼此在利维亚的门廊下相遇。他对我说了雷古勒斯给他的委托，他为一个完全与他不同的人求情，让我觉得他值得尊敬，而且他没有把这事强加于我。"我将把它留给你来决

① 精挑细选一些人组成法官的法庭，被称为百人法庭。他们的管辖范围扩大到遗嘱的问题和无遗嘱的房产问题。人数大概有105人。

定，”我答复道，“考虑如何回复雷古勒斯，你不应该被我骗。我等待毛利古斯[1]回来（因为他当时并没有结束流放而归来），以至于我不能给你任何明确的回答，因为我打算完全由他决定，在这儿他应该是我的上级，我只是根据他说的去做。”好了，几天后，雷古勒斯遇见我，当时我在执政官的办公室，他不停地与我套近乎，祈求我和他私下交谈，他说他怕我反感他曾一度在百人法庭上反驳萨提乌斯和我的言辞，大意就是如此：“萨提乌斯·鲁弗斯，他没有试图成为西塞罗的对手，他对我们当时的雄辩很满意。”我回答说，我现在确实明白他的忏悔，他的忏悔是不自然的；不然它可能是虚假的恭维。“对于我自己，”我说，“我努力打败西塞罗，我对我们当时的口才不满意，因为我认为这是非常愚蠢的，没能表现出最好的雄辩口才。但当你要我对莫德斯图斯的忠诚给予评价时，你对这事记得很清楚，你会忘记那事吗？”虽然他脸色始终是苍白的，他听到这话脸色还是变得惨白，结结巴巴地说：“当我问这个问题时，我没打算伤害你，除了莫德斯图斯。”瞧瞧这个残酷的家伙，他毫不隐瞒他伤害一个被流放者的意愿。但他为他的行为辩护的理由是讨人喜欢的，莫德斯图斯在信中的解释（此信读给图密善听过），曾使用下面的措辞：“雷古勒斯是最大的流氓，他脚踏两只船。”莫德斯图斯写的是纯粹的真理，超越了所有的争议。在这里，我们的谈话到此结束，我不希望继续谈下去，希望公开此事，直到毛利古斯回来。要摧毁雷古勒斯这绝不是容易的事情，我很清楚这一点：他很富有，又是一个政党的领头人；许多人奉承[2]他，更多人怕他，这种情感有时甚至超越了友情本身。但是，毕竟，这种关系的结合没有那么强而有力，而是显得松散；因为一个坏人的声誉是随着他

---

① 此人是鲁斯提库斯·阿瑞里努斯的兄弟。两兄弟在同一天被判刑：阿瑞里努斯被判死刑，毛利古斯遭到流放。

② 这似乎是雷古勒斯不寻常的阴险性格的投射，不然就是仁慈的普林尼没有识别他的真面目。因为在这封和下面的几封信里，他表达了对他最强烈的蔑视和愤慨。虽然此人臭名昭著，但他有他的阿谀奉承者和崇拜者，同时代的一个诗人常常把此人描绘成当时同龄人中最有完美品行之人——无论是在口才还是在美德方面。

本身而变化的。然而，我等待，直到毛利古斯归来。他是一个有正确判断力和睿智的人，这些来源于他长期的经验，从对过去的观察，他知道如何判断未来。我想和他谈一谈这件事情，我认为这是正当的，无论他是建议力争还是放弃这件事。同时，我想这种解释归因于我们间的友谊，它给你一个毋庸置疑的知情权——不仅有我所有的行动，还有我所有的计划。再会。

致克那利乌斯·塔西图斯

当我告诉你，你的老熟人是一个运动员了，你肯定会笑。欢迎你大笑，他抓了三头大野猪。“什么！”你惊呼，“小普林尼？”就是他。不过，我还是喜欢安静，我坐在狩猎网旁，你会发现我身边没有野猪矛或标枪，只有铅笔和写字板。我若有所思地写，确定返回时，即便我的手是空的，至少我的便签也写满了东西。相信我，这样的学习是不被鄙视的：心思搅动，通过轻快的身体锻炼加快思维运转，这是多么美好的事。在肃静的树林里，存在某种东西，它被古老的树林围绕，在这种场合少有的寂静让人不禁冥思。因此，对于将来，我想建议你，无论何时，只要你去打猎，就把你的写字板带上，还有你的篮子和酒瓶，我保证你会发现密涅瓦①，这不亚于穿越丘陵去找戴安娜②。再会。

致庞培·萨特尼努斯

没有什么能像你给我的信一样来得那么及时，信中你那么认真地求我给你一些文学上的帮助——这正是我打算做的事。所以，你只需鼓励一个心甘情愿干活的人，这样你就可以免去拒绝麻烦的借口，而我也省去了求

① 智慧女神，即希腊神话中的雅典娜。

② 月亮和狩猎女神，即希腊神话中的阿耳忒弥斯。

助的尴尬。然后我毫不犹豫地努力让自己满足你的恳求；你现在必须心甘情愿地承担由此带来的后果。但你不要指望从一个懒惰的家伙那儿得到任何新的东西，因为我让你再次修改我对我同乡所做的讲话稿，当时我致力于使公共图书馆能供他们使用。大体上，你已经，我记得，以这部分的一些注释来约束我的想法；所以我现在求你不仅要考虑对整个演讲的一般看法，而且如你通常所做的，去详细地通览它。你修改之后，我仍然有权发表它或闲置它。在此耽搁期间，将有替代品来代替它，而我们则在考虑它是否适合出版，频繁地修订将使得我要么出版它，要么被说服不出版它。虽然的确考虑到，出版这篇长篇演说主要的困难不是文本缺乏主题——文本里还是有些主题的——我担心的是这篇演说看起来有点故弄玄虚和自负。虽然它的风格是非常朴素、不张扬的，但这种场合，必然使我说话时不仅要表现我祖先的慷慨，还有我自己的慷慨。我的羞怯让我非常尴尬。即便这是别人请求我必然这样做，这也是危险的难以驾驭的情况！因为如果人们支持写颂词，甚至要歌颂他人（如我们要歌颂自己或祖先），要让我们的言行和颂词一致有多难呀！美德一般是被羡慕的对象，当光荣和荣誉伴随它时尤其如此。世界从来不会贬低你的公正行为，即便它不被发现和受欢迎。由于这些原因，我经常问自己，我写这长篇大论是从个人角度考虑还是也考虑到公众的需求？我意识到，任何辩护方认为相当有用和合适的东西，在诉讼结束那一刻都会失去它的魅力和适当性。例如，摆在我们面前的情况，相比于我详尽解释的我的有意的慷慨，什么更可能是我的目的呢？因为，第一，它会在我脑海中产生良好和高尚的思想；第二，它使我经常为它们沉思，以便为它们的可爱获得一个完美的印象，而它同时反抗冲动的慷慨行为必然带来后悔。这种方法也产生更大的好处，它让我对钱产生习惯性的蔑视。因为，虽然人类似乎普遍受一种与生俱来的情感支配来积累财富，但我内心较慷慨的情感让我从这种盛行的原则下中解放出来。我想，我诚实的意图是值得称颂的，不是出于一时冲动，而是出于冷静和审慎的反思。此外，我认为，我不会让自己忙于参加公众的游戏或角斗，而是要建立一个年度基金来支持出生于良好的家庭而经济困难的年轻男子的教育。这种认识的乐趣，不是希望通过演讲的艺术来劝告我们资助他们，而是用演说的力量来缓和和控制对他们的感化。但要让任何人高高兴兴地从事单调而枯燥的教育工作，就必须以感化的方式，而不是只付工资，要使其对教育感兴趣。虽然医生认为使用讨好的话语来建议病人接受有益健康的想法是权宜之计（但也许是不讨人喜欢的养生之道），他有多少时间去说服人们接受这个最有用但又不很受欢迎的建议呢！特别是我的目的是建立一个教育机构，专为那些目前无儿无女的父母的利益着想；并说服更多人耐心等待，直到他们有权享有这种荣幸——现在只有几个人可以享有此荣幸。但在那个时候，当我试图解释和实施总体设计的好处时，我考虑更多的是我的同乡的善行，而不是任何可能给我带来的声誉。所以我很担心，如果我发表那篇长篇大论，它看起来好像是我有一个想法，是关于我自己的个人声誉而不是他人的利益。此外，我意识到，把美德深植于人们内心要比期望世界的掌声高尚得多。荣耀应该是行动的结果，而不是我们行动的动机，虽然它不致力于有价值的行为，但它绝不会不公平地错过它应得的掌声。但是世人倾向于怀疑那些人，这些人歌颂自己的善行，表现出他们没有其他的动机，其实却有意歌颂他们自己。因此，被他人歌颂的行为曾被认为是辉煌的，但如果变成自己歌颂自己，那么即便是辉煌的行为也荡然无存了。这就是人类的性格，如果他们不能攻击此行动，他们将谴责其炫耀，无论你做的是否值得特别注意，是否值得他人赞扬，无论哪种方式，你都将招致非议。就我自己来说，这儿有件特殊的事，它对我来说很重要：这次演讲不是站在人民面前，而是在狄库瑞[①]面前；不是在广场，而是在元老院。因此当我演说时，我害怕它看起来前后不一致，我想避开公众的掌声，现在通过出版它来赢得人们的喜欢。当我发表这篇讲话时，我小心谨慎，不允许那些人在此（他们对我的善行感兴趣），以免人们怀疑我在这件事中被有野心的想法所操纵。现在看起来我应该祈求赞美，热情展现它，这不关我的慷慨，而在于榜样的力

① 狄库瑞是意大利市政或社团的一位参议员。

量。这些顾虑导致我推迟把这篇演说公之于众，但我把顾虑完全交由你来评判，我将把你的评判作为对我的行为的充分肯定。再会。

致阿提乌斯·克勒门斯

如果以往任何时候高雅的文学曾在罗马蓬勃发展，那它肯定现在仍然处于繁荣时期，我可以给你很多著名的实例。然而我只对幼发拉底[①]这位哲学家感到满意。当我第一次结识这个优秀的人时，我还是个青年，当时我在叙利亚服兵役。我有机会与他亲密地交谈，并努力赢得他的喜欢——确实，虽然这不是很困难，因为他易于接近，毫不拘谨，并奉行自己传授的社会原则。我觉得自己非常高兴，在那个时候，要是我完全达到了他对我的期望就好了，要知道我认为他高人一等。但是，也许，我现在比以前更钦佩他的卓越，因为我更懂得如何去欣赏它们，即便现在我也无法充分地领会它们。只有那些擅长绘画、雕塑或造型艺术的人，才能对各自的艺术代表模式形成正确的判断，所以，一个人在对一位哲学家形成一个公正的看法之前，他自己必须在哲学上取得很大的进步。然而，就我而言，幼发拉底拥有许多闪耀的才华，他不可能不吸引人们的注意，不可能不让人觉得他是一个最普通的受过良好教育的观察员。他的说理充满力量、敏锐且优雅，并经常上升到柏拉图似的卓越和华丽的雄辩。他的风格是多种多样和变动的，且好得让人着迷，以至于他使最不愿意听的听众都勉强开始集中注意力。其余的听众，要么有一个好身材，要么有清秀的外貌，要么有长长的头发，还有银白的胡须——这些情形中，虽然他们可能被认为是微不足道和偶然来听的，但是，这些都让他获得太多的尊敬。他对衣着和外表的忽视没有做作的成分，他的表情严肃而不严峻，他的平易近人赢得的是尊重而不是敬畏。他以完美无可指摘的生活而闻名，还有他行为举止

① 幼发拉底是提尔（或根据其他人说法，属于拜占庭）的土生土长的哲学家，他的哲学思想属于斯多噶学派。在他的晚年，他开始厌倦生活，并请求哈德良允许他用毒药结束自己的生命。

的礼貌和可爱也让他卓越无比。他抨击罪恶而不抨击人，温和地要求远离美德的流浪者回归。你全神贯注地跟随他的劝告，好像它就悬挂在他的嘴唇上，即便心悦诚服，耳朵仍希望听悦耳的说理。他家有三个孩子（其中两个是儿子），他悉心培养他们。他的岳父庞培·尤里安，在生活的各个方面都表现优秀，特别在这方面，虽然他在该省的职务级别最高，然而，在许多重要的场合中，他更喜欢幼发拉底——他的女婿，首先是他的优点，虽然不很尊贵。但是，为什么我对一个人的美德沉思了很久（很不幸的是我没有足够的时间来享受他的谈话）？是否它增加了我不能享受它带来的遗憾和烦恼？确实，我的时间全用在执行很光荣的但同样烦恼的职务上：审理案件，签署请愿书，制作账目，并写了大量的难以阅读的文献。我有时会对幼发拉底抱怨（因为至少我有空闲抱怨）这些不愉快的日常活动。他努力安慰我，断言从事公共服务、审理和判决案件、解释法律并执行审判是哲学的一部分，也是最高尚的部分，这是在实施他的教授教给他的东西。但是即便是他的“花言巧语”，也无法使我相信从事这样的工作要比整日整夜参加他的讲座和学习他的训词更好。因此我强烈推荐他给你，你有时间来听听他的演说，下次你来镇上（我料想你会来，而且很快会来），你会获得他高雅和优雅的指导。我不会（许多人会）羡煞旁人的幸福，我不能与他们分享幸福；相反，我非常快乐，我发现我的朋友从我去除的不幸中获得了乐趣。再会。

致法比乌斯·居斯图斯

自从我收到你的信，已经过去很长一段时间了。“没有什么可写的。”你说。那好吧，写点让我知道“你没有什么好写的”或者以你惯常的方式告诉我，如果你身体健康，那就太好了，我也很好。这是你为我做的，因为它意味着一切都好。你以为我是在开玩笑吗？我向你保证我是认真的。让我知道你的近况，因为我要你知道我非常担心你。再会。

致卡勒斯特瑞乌斯·提诺

我遭受了最严重的损失，如果这个词足以强大来表达我的不幸，它让我失去了这么优秀的人。科若利乌斯·瑞福斯去世了，因为他自己的行为死了！这事加剧了我的痛苦：死亡之类的事，我们不能归咎于自然的进程，也不能怪罪上帝之手，而是所有的人都必然要面对的，是最令人惋惜的。它给了我们一些安慰，因为是疾病夺走我们朋友的生命，这是人类的定数；但那些自我毁灭的人离开我们则让人陷入伤心欲绝的沉思，他们本来有自己的力量让自己活得更长。这是真的，有许多理由让科若利乌斯热爱生活：无可非议的良心，享有盛誉，品行高贵，除了有女儿、妻子、孙子还有姐妹；此外，其中还有这些众多的幸福保证——忠实的朋友。不过，必须承认他有最大的动机（对于一个聪明人，总有命运的力量）促使他做这样的决定：他曾受到疾病的长期折磨，以至于即便有这些重要的理由让他继续活下去，另外的理由也会打破这个平衡。在他33岁时（因为我经常听到他这么说），他的脚开始痛风。这是遗传性的疾病；这种疾病如同财产一样，有时是通过遗传继承来的。在他年轻时，节制的生活使他能够克服和控制疾病，最近随着年岁的增长，痛风也逐渐增强，他不得不勇敢地忍耐，同时遭受最令人难以置信的和不应得的痛苦；因为痛风不仅发生在他的脚上，而且现在已经蔓延到他的整个身体。我还记得，在图密善统治时期，在罗马附近他的别墅里，我去看望过他。当我进入他的房间，他的仆人就出去了——因为那是他的规定，绝不允许仆人在任何亲密的朋友与他在一起时在场。不仅如此，甚至连他的妻子，虽然她可能保守秘密，也要离开。他的眼睛环视房间，“为什么？”他大声说，“你猜想，为什么我面对这些残酷的痛苦能忍耐这么久？因为我希望我至少可以活得比那个浑蛋长一天。”要是他的身体和他的决心一样强大，他将把他的愿望转化为实际结果。上帝听到了，并回应了他的祈祷，他觉得他现在应该死了，一个自由的不受束缚的罗马人，他冲破了世界上那些巨大的但现在却失去力量的束缚。他病得更严重了，以至于即便节制生活也无法减轻痛苦；他痛下决心，以一种英雄气概来结束不断发作的疾病带来的痛苦。他连续4天拒绝进食，他的妻子——黑斯普拉，派我们共同的朋友格米尼乌斯给我送来令人悲伤的消息，科若利乌斯下定决心去死；不论她自己的恳求还是她女儿的恳请都无法让他打消死亡的念头；剩下我是唯一的人，可以让他顺从生活的安排。我哭着跑向他家。当我接近他家时，我遇到了黑斯普拉派来的第二个送信人——朱利叶斯·阿提库斯，他告诉我，现在没有什么希望了，甚至我也无法改变他的决定，因为他好像比以往更加坚定他的决定了。他确实对他的医生说了，医生逼迫他进食，“这个已经决定了”的表达使我很欣赏他灵魂的伟大，而我也为即将失去他而感到更悲痛。我一直在想我正失去一个多么好的朋友、多么好的人啊！ 他已经活到67岁，我清楚地知道，即使是最强壮的人也很少能熬过这个年龄，现在他正从持续的疼痛中解脱出来，他身后留下了他最亲爱的朋友们，和（对他来说，比这些更亲切的）处于繁荣时期的国家——这些我都知道。我仍然无法忍受痛苦来悼念他，仿佛他还处于生活的巅峰时期，我以我自己的方式为他哀悼（是不是我有弱点？）。坦白对你说，这就像我为卡尔维西乌斯哀悼一样，我首先很悲伤——我担心，没有他的存在，我就失去了一个严格监督我的行为的人，他然后安慰我，不是他老了，而是他身体虚弱。这些我都知道；但我的回想是最近才有的，也是不可抗拒的，这是我从来在任何地方都没有听说过、读到过的。因为我听到的和我所读到的都是关于他的事；所有这些都无力支撑我承受如此严重的痛苦。再会。

致索西乌斯·塞那西欧

今年诗人创作了大量的作品：在整个4月，几乎每一天，我们都能聆听到诗歌的朗诵。我高兴地发现人们仍然喜爱高雅文学，具有那样天赋的人不断涌现出来并为世人所知，尽管他们的辛苦换来的只是少数人的聆听。大部分的观众坐在休息室闲聊以打发时间，他们总派人去打听是否朗诵者已经进入话题、是否他已经结束了序言、是否他快要结束他的朗诵。

然后，他们漠不关心地四处闲逛，也不谦逊地听完整个朗诵，在朗诵结束之前，悄悄地走了出去，其他人也一样随心所欲、漫不经心地离开现场。然而，我们的父辈们还记得克劳迪亚斯皇帝有一天在宫殿中散步，听到一声大喊，他派人去询问原因，被告知诺尼安乌斯①在朗诵他的作品，他立即去了那个地方，他的出现让朗诵者又惊又喜。但是现在，要是预先要求一个懒惰的人去参加诗歌朗诵，并时常提醒他此事，或者事先很长一段时间提醒过他，要么他不会去，要么他去了也会抱怨无缘无故地“浪费了一天”，而懒人并没有浪费一天的时间。真的，那些坚持学习的诗人非常值得我们鼓励和用掌声支持，使他们读出自己的作品，尽管他们的听众漠不关心或傲慢无礼。的确，我几乎从不错过这样的场合，虽然，说实话，这些诗人一般都是我的朋友，因为他们几乎都喜爱文学。正是他们使我在城里待的时间要比我原本打算的长。但是，我现在有空回到乡下，自己写点东西；我不打算背诵出来，免得我借用而不是出席我朋友的朗诵。在这事和许多其他事务上，在你期望回报的那一刻，义务就终止了。再会。

致居努乌斯·毛瑞库斯

您希望我为您的侄女留意一个合适的丈夫——您吩咐我这事是很正确的。您知道我非常尊重和喜爱那个伟大的人——她的父亲，我年轻时接受了他非常高尚的指导，教我接受他给予我的赞扬。您给我的托付很重要，也令我感到愉快。选一个年轻的男人配得上卢斯提库斯·阿瑞里努斯的孙女，是我从事的有着最高荣誉的工作了；我要花很长时间做出决定，我不认识米努提乌斯·伊密利努斯，他好像符合我们的要求。他以同龄人中非常普遍的那种热情喜欢我，同时由于我比他年长，他也尊重我；一句话，他更希望我指导他成长，而不是您和您兄弟的指导。他是一个土生土长的布瑞夏亚人，布瑞夏亚是意大利的一个省，那儿的人至今仍保持谦虚、节

① 著名的辩护律师和历史学家。

俭甚至质朴的生活方式。他是米努提乌斯·马克林努斯的儿子，是马术中的佼佼者，虽然被维斯帕先提名成为王子尊贵的禁卫队成员，这满足了他的小小的愿望，但是他思想顽固，毅然选择有雄心壮志的人（或我把他们称为高贵的人）的追求，这也是我们这些公众人物从事的追求。他的外祖母是意大利帕多瓦地区的塞拉纳·珀普丘拉。您对该地的公民的性格是了解的，塞拉纳即使在这些行为端正的人中也被认为是严格的美德的模范。阿奇利乌斯是他的叔叔，他特别严肃、聪明和正直。总之，您会发现他的家庭配得上您的家庭。米努提乌斯自己精力充沛，善于实践，而且他还很和蔼和谦逊。凭借极大的声望，他已经历任财务官、护民官和执政官，这样您就可以免去为他恳请体面的工作的麻烦。他英俊且受过良好教育，身体健康，而他整个人举止优雅、面容清秀、姿态优美，具有罗马元老院议员的风采。我想，这些优点绝不能轻视，我认为它们表现出的是他的纯真。我想我可以补充一点，他的父亲非常富有。当我思考那些想要我选他们来做您侄女的丈夫的人的性格时，我认为没必要提及财富；但是当我仔细考虑这个时代流行的规矩，甚至罗马的法律，根据一个人拥有的财产来把人们分为三六九等时，这就要求我必然考虑一下对方的财富；而且的确在确立婚姻关系时，应适当考虑孩子们和许多其他情况。这条规矩是值得考虑的。也许，您会怀疑那种情感是我所说的性格中的较大的一部分，我强调它是不合理的。但我将用我的信誉打赌，您会发现一切都远远超出了我所陈述的。我确实非常喜欢这个年轻人（因为他值得我喜欢）。但正是由于这个原因，我不会过多地提及他的优点。再会。

致色谱提提乌斯·克拉如斯

啊！你真是一个可爱的家伙！你本来约好要来吃晚饭却没有来。那你应该受到惩罚。你必须赔偿我为你支付的该你花费的那部分饭钱，我告诉你数目不小哟。你要知道，我给每人准备了一份莴苣、三个田螺、两个鸡蛋、一份全麦饼，还有一些加雪的甜葡萄酒（雪，我肯定要你支付，因为它是难以保存的珍品）。橄榄、甜菜、葫芦、洋葱还有其他无数的美味。同时，你还会欣赏到其中任何一个节目：幕间表演，一首诗的排练，一首乐曲；或（因为我的慷慨）你可以欣赏所有这三个节目。但是牡蛎、猪肚、海胆，还有来自加的斯的某些跳舞演员，我不知道哪一样看起来更合你的品位。你应该满意，但目前还是一个秘密。哦，你来不了让人太失望了，让你的朋友觉得你吝啬——我好像在说你——重新考虑后，我确实在说你；要知道：我们本来应该可以愉快地度过晚上，我们一起谈笑、闲聊以及欣赏文娱活动！在许多场合，你可能会喝点东西以助兴，我承认。但没有任何地方比这儿更充满无拘无束的欢笑、简单和自由。在你给你的朋友说抱歉后，你就到我这里来体验一下，不要总是推脱我的请求而是去他们那儿玩耍。再会。

致苏托尼乌斯·特兰奎路斯

你在信中告诉我，你被一个梦吓坏了，它预示某种不吉利的情况将发生在你承担的辩护案子上，因此，你希望我这几天中断写信，至少延续到你下封信的到来。这将是不容易的事，但我会尝试：

“……因为梦源于朱庇特主神。”

同时对你来说重要的是，你的梦是否代表即将发生的事情，或者正好相反。但如果我根据发生在我身上的那件事来判断你的梦，这个把你吓着的梦可能使你获得巨大的成功。曾经我已经答应为朱尼厄斯牧师当辩护律师，当我在睡觉时，我梦见我的岳母来到我身边，扑到我的脚旁，恳求我不要参与那个案子的辩护。当时我非常年轻，这件案子我要在近400人面前，在法庭上与对手争辩，我的对手都是罗马最重要的人物，尤其是他们深得皇帝的喜爱。在做了这个不吉利的梦后，任何情况都足以让我泄气。尽管如此，我还是参与这个案子的辩护，这表明：

“毫无征兆，这个勇敢的人拔出了剑，
不问预兆，只求国家的事业。”[①]

我把我曾经给出的神圣的承诺看成国家的事业，如果我承担的那件案子是那样的话，我现在所做的更是如此。事情正如我所希望的发展，正是那个案子第一次让我获得了公众赞许的目光，为我打开了名誉之门。现在我考虑是否你的梦像我所说的我的那个梦，其有可能预示你的成功。但是，毕竟，也许你会觉得遵循这个谨慎的格言更稳妥些：“永远不要做你对它的正义性有所怀疑的事情。”如果是这样，给我写信告诉我你的想法。在这期间，我会考虑一些理由来为你的案子辩护，以便哪一天你可以为自己申辩。在这方面，你的处境比我好，我曾在百官法庭上参与辩护，而且期间还不休庭。而在你即将被聆听的案子里，要想获得成功虽然不容易，但仍然是可能的。再会。

致柔曼努斯·菲尔姆斯

由于你是我的同乡、我的校友和我年轻时最早的伙伴，我的母亲、叔叔和你的父亲有着亲密的友谊（就我们年龄差异来说，这是一种幸福），我能不竭尽我的力量来提升你的荣誉吗？（我多次严肃地考虑，我这样是有偏见的。）你在我们省的职务级别是地方事务官便是证明，你所拥有的财产至少有10万赛斯特斯；但是，你是罗马骑士也让我们很满意[②]，我赠送你30万塞斯特斯，以凑成必需的数目让你享有尊贵。长期的相识不会让我认为你会忘了我们的友谊。而且我非常了解你的性格，

① 《伊利亚特》，第十二章，教皇。

② 罗马骑士和现代意义上的骑士不同，在古罗马，骑士是一个社会等级，任何市民只要财产达到40万赛斯特斯，就有资格被登记在骑士名单上。在阶层次序上，骑士阶层位于参议员之下、平民之上。但骑士阶层除了可以佩戴金戒指以外，没有其他特权。（《西塞罗的一生》）

认为有必要建议你虚心地享受这一荣誉，虽然你是从我这儿得到它的。因为我们通过一个朋友的善意才获得的高级头衔，是出于他人一种神圣的信任，里面有他的判断，而且我们用自己的品行来保证，因此也需要更加谨慎地守护它。再会。

致克那利乌斯·塔西图斯

最近我经常和我的一个熟人辩论，他是一个具有良好口才和学问的人，非常羡慕律师界简洁的雄辩口才。我同意他的观点，在应对案子时应讲究精准，也要讲究适当性；但我强调如果遗漏提及案子的重要部分，或只简单地、粗略地触及某些应该被灌输、应该给人留下深刻印象、应该触碰听众心灵的部分，那么这样的做法是彻头彻尾地在欺骗自己的客户。在许多情况下，较详细地解决争辩的主题会给我们的想法增添优势和砝码，这样就会加深他们的印象，就像铁作用在固体上，是通过反复地敲击而不是简单的一锤。鉴于此，他常常求助于权威人士，也才会在演说界出现里斯亚斯[①]这样的人，以及在我们自己的同胞中出现加图和格拉古兄弟——他们的很多演讲词都短小精悍。与里斯亚斯不同的是德摩斯梯尼、伊斯秦叶思、希佩里德斯[②]和其他许多人；我把加图、格拉古和恺撒、波利奥[③]、凯利乌斯[④]做了比较，但是，最重要的是西塞罗最长的演说词被普遍认为是其最好的演说词。为什么？毫无疑问的是其良好的创作，每一处都是有价值的，它们是越多越好。

您可能在雕像、浮雕、图片和人类，甚至在动物和树木身上观察到，与面积相比较，没有什么比大小尺寸更优美。这同样适用于辩护，甚至在

---

① 有品位的雅典派的演说家，他以优雅和清晰的风格以及对人物栩栩如生的描写而闻名。

② 一个优雅而强有力的演说家，德摩斯梯尼的朋友。

③ 奥古斯都时代的罗马演说家。他也是一个诗人和历史学家，但是作为演说家的他赢得了更多的荣誉。

④ 一个拥有相当多的兴趣、天才、口才的人，但挥霍无度。他与西塞罗有一定的亲密关系。

书本上，其庞大的规模承载的是一定的美和权威。我的对手非常巧妙地回避争论，逃避这一切，甚至更多。我通常也有同样的目的，我坚称那些都是我评论过的个人，他们的作品一旦发表，能够对他们的演讲起较大的补充作用。但这是我所拒绝的；我呼吁无数演说家的长篇大论，特别是西塞罗的长篇演说，对于穆雷纳和瓦仁努斯，在他们的辩护词中仅仅是一定罪名的短小的、赤裸的通告。因此看起来，他演说时增加的许多东西，在他向公众发表时，都已经被他删减了。同样出色的演说家告诉我们，根据古老的习俗，只允许一方有一名律师，克鲁恩提乌斯没有其他的律师在旁，除了他自己以外。他告诉我们，他用了四天的时间为科尼利厄斯辩护。坦白说，如果在法庭上详细地阐述这些演说词必然是要花很多时间的，它们必须被删减和修改，所以后来他把它们压缩成一卷——我必须说那是一大卷。但人们反对优良的答辩词是另一种创作。这种反对意见，我知道，有一些支持者；不过，我相信（虽然我可能被误解），优良的答辩有可能不是很好的演说，而良好的演说不可能会是不好的答辩。因为纸上的演讲词是模型，它是要发表的演说的原型。基于此，我们发现，在许多现存最好的演说词中，有无数即席演讲，甚至我们可以肯定那些根本没说过的东西。例如，下面这段话是摘自针对威勒斯的演讲稿："某个机械师，他叫什么名字？哦，谢谢你帮我：是的，我指的是波利克里托斯。"那么演讲者越采用接近创作规则的方式，他在这方面的造诣就越完美；但是，总是假想他的时间允许他这样做。如果他被该文章限制，他就不能责备律师，尽管多数时候一切取决于法官。从法律意义来说，我相信，它绝对不会减免演说者的时间；虽然它不简洁，但却很充实，完全体现了每个重要事实，这是他们所提倡的。现在，简洁性不会影响这一点，除非是最微不足道的案子。让我再补充点经验，这是不会犯错的指南教我的——它促使我经常扮演律师和法官两种角色，我也经常作为评审员[①]出席活动。

① 执政官有10个陪审员协助：其中五人是参议员，其余的是骑士。有了这些人，他在宣读判决前就不得不咨询他们的意见。

在这些场合，我发现人类的判断是受不同的模式的申诉影响的，而且最细微的情况会产生最重要的结果。人类的性格和理解力是如此不同，以至于他们在面对任何关键点时都很少意见一致。或者即使他们意见一致，通常也是出于不同的动机。此外，由于每个人天生偏爱自己的发现，当他发现提到的论据自己以前想到过，他一定会认为它是非常有说服力的。因此，演说家应该使自己适应他的听众，以便说出的东西能让他们每个人接受和赞同，因为它是符合自己特别的观点。我记得，有一次雷古勒斯和我受雇于同一方，他对我说："你似乎认为有必要去探究每个情况，而我总是注重我的对手的咽喉部分，并且步步紧逼。"（这是真的，他紧紧抓住他注重的任何部分，但不幸的是，他倾向于注重错误的地方。）我回答说，他所注重的咽喉部分事实上很有可能是膝盖或脚踝部分。至于我自己，我说，我不妄想我的目的有这么精确，我检验每一部分，探究每一着手点；总之，通俗地说，我想尽一切办法。就像在农业方面，它不仅是我的葡萄园或我的森林，而且也是我所照料和耕种的田地（打个比喻），我不会满足于在自己的田地里仅仅种上玉米或白小麦，我还要撒下大麦和其他粮食作物。所以，在法庭上，在我的辩护词中，我抛出了各种各样的证据，就像播下这么多的种子，为的是收获可能长出来的任何果实。因为法官的性情是很难捉摸的，是不确定的、难以依赖的，就像土壤会长出什么果实和季节的变化一样难以预料。喜剧作家欧波里斯[①]，我记得，他在赞扬优秀的演说家伯里克利时提到：

"他的嘴充满说服力，
而强劲的推论控制他的舌头，
因此，他独自一人能展现雄辩艺术，
立刻使人陶醉，并渗透人心。"

① 与阿里斯托芬同时代的人，能与他媲美。

但是，假如伯里克利不使用多种表达方式，而仅仅凭借简洁或快速的风格，或两者皆有（因为他们有很大的不同），他的演讲能使人着迷和渗透人心吗？为了使人高兴和具有说服力，演讲是需要时间和强大的语言控制能力的。给观众心中留下刺激的东西是一种效果，不要期望一个一般的演说家，但是应该从具有能力穿透观众心扉的演说家那儿期望它，只有从他那儿才能找到那种效果。另外一个喜剧诗人[①]谈及同一个演说家时说：

"他强有力的话像朱庇特主神的雷声滚动，
希腊听到，为她内心深处的灵魂颤抖。"

但他不是令人亲近的、沉默的演说者；他是多产的、庄严的和令人尊敬的演说家。他一会儿雷声鸣鸣，一会儿电光闪闪，总之，在他面前，一切处于一个让人迷惑的状态。无可否认，这涉及了一切东西，但他没有达到他想要的目标，因为他做得太过了；一个无限制的人，同样也是有所限制的人。因此，这是常见的事，我们听到我们的演说家受到谴责，因为他们的演讲太长、太杂而显得空洞乏力。有些人的演说已经超出了他的主题，而另外一些人的演说又不切主题。两者，毫无疑问，都犯了错，不同的是一个演讲多而杂，另一个演讲缺乏主要内容。前面案例中的错误不在于太准确，而在于演讲者太有才华了。当我这样说，我不会被理解为赞成《荷马史诗》中提到的那个滔滔不绝的演讲者[②]，而是下文描写的这个演讲者[③]：

"时常的，软软的，就像冬天的雪，
从他的嘴唇涌出丰富多彩的话语。"

① 指阿里斯托芬。

② 指忒耳西忒斯，见《伊利亚特》。

③ 指尤利西斯，见《伊利亚特》。

虽然我也非常佩服他[1]，其中有诗人说到他：

“虽然他的话很少，但却惊人地强而有力。”

但是，如果让我选择的话，我会选择类似冬天的雪的那种风格——充分的、不间断的和分散的。总之，那种浮夸的口才好像来自天国。但是，有适中长度的热烈的演说是最普遍令人赞赏的。但是，必须除开懒惰的人；他们通过懒惰和虚假的简洁想要达到此标准的行径简直太荒谬了。如果你咨询这样的人，他们会告诉你最好少说，而且最好什么都不说。因此，我的朋友，我已经在你面前谈了我对这个问题的看法，如果你不认同的话，我愿意改变我的看法。但是如果你真的不同意我，请让我清楚地知道你的原因。虽然我在这种情况下应该听从你更明智的判断，然而在结论方面，我希望你的论证而不是你的权威让我心悦诚服。所以，如果在你看来我没有言过其实，你就写一行或两行回信，宣告你的同意，这将足以肯定我的看法。另一方面，如果你认为我错了，那就详详细细地告诉我你的反驳理由。如果你同意我的看法，我只需要你的一封短信；但如果你有不同的意见，你就得写一封长信——这看起来是不是有点像贿赂？再会。

致帕特提杰斯

由于我非常信赖你判断的公正性，所以我相信你的眼力。并不是因为我认为你的洞察力非常敏锐（我不想让你自以为是），而是因为我觉得我也一样有敏锐的洞察力：我必须承认这已经说得过多了。言归正传，我非常喜欢在你的建议下我买的那些奴隶。但我更关心的是他们是否诚实。对于这个问题，我必须依赖他们的性格来评判，而不是依靠他们的容貌。再会。

① 指墨涅拉俄斯，见《伊利亚特》。

致卡提利乌斯·塞维如斯[1]

目前我被耽搁在罗马（已经相当长的时间了），处于极度忧虑之中。我非常崇拜和喜爱的提图斯·阿里斯托[2]染上了漫长而难以治愈的疾病，这件事一直困扰着我。美德、才识和良好的判断力如此出众的他，却似乎被每一个宝贵的禀赋卷入到危险之中。无论是在政治还是在法律上他都才华横溢。他是多么熟悉历史或古迹！总之，没有什么是你想知道他却不能告诉你的。对我来说，每当遇到任何深奥难懂之处，我都到他家里去；去他家就像是去我的仓库一样。在与他交谈中，他是多么有诚意、多么尊重我！他的警示是多么慎重而又适当！虽然每次辩论他都已经想到了辩论中的每一点，尽管他很快地理解到了，但他还是慢慢地做出判断。他冷静而谨慎地筛选和衡量别人所提出的每一个相对立的观点，并以最敏锐的洞察力从其根源分析它们的结果。他饮食节俭，穿着朴素。每次我进入他房间，都看到他斜倚在沙发上，我认为我面前的这个场景就像是一幅古朴的画，而他杰出的思想是最高贵的装饰品。他从不炫耀他的幸福快乐，只是默默遵循他的良心所向，寻求美德的报酬。不在世界喧闹的掌声里，只在行动过后无声的满意里。总之，你会很难找到像他这样的人，即使是在我们哲学家中。他既不频繁地光顾体育馆或柱廊[3]，也不以与别人进行无休止的争论来取乐，他总是忙于民间的积极生活。他以自己的兴趣帮助许多人，很多人听取了他的建议，而且他还帮助人们践行节制、孝顺、正义和坚韧，没有人比他更优秀。如果你在这里的话，你会震惊于你所看到的：他如何耐心地与病痛做斗争，他是如何反抗病魔疼痛、忍受口渴和来势汹汹的高烧以及用来压在他身上促使排汗的那些衣服的重量。他最近叫我和几个特别好的朋友到他的床边，叫我们询问他的医生他的病会有什么起色。如果他们宣布它是无法

---

① 罗马皇帝奥里利乌斯的曾祖父。

② 图拉真统治时期一位杰出的法学家。

③ 哲学家经常在体育馆和柱廊这些公众散步的最理想场所进行争论。

治愈的，他可能会主动提出结束自己的生命；但如果有一点点恢复的希望，无论它需要多么烦琐和困难的程序去证明，他也会平静地等待这个结果。他认为，只要他的妻子、女儿和朋友们不绝望，只要有他妻子女儿的泪水、恳求以及朋友们的深情，他就不会放弃希望。在我看来，这是一个真正的英雄的决心，他值得获得最大的喝彩。

不加思考盲目地冲进死亡的怀抱，这种例子在世界上是很常见的；只有谨慎地衡量生与死之后再做出决定才是最明智的。我们很满意地接受了医生对他的有利建议：愿上天听从他们的祷告，最终使我从忧虑中得以解脱。一旦我有空，我就会回到我最喜欢的图姆，或者换句话说，我的书、我的论文和惬意的休闲娱乐。刚才我朋友的出现占据了我大部分的时间和心思，因为为他而焦虑，我既没有休闲的心情，也没有任何想读书写东西的倾向。因此你现在已得知我的担心、我的希冀和我的后续计划。请以欢快的语气给我回信，请告诉我你正在做的和你一直在做的事以及你打算去做的事，这对我忧虑的心思来说将是一个极大的安慰。我保证你会很容易做到。再会。

致沃克尼乌斯·若曼努斯

已经很多年没有在罗马看到一个比最近公众为那个伟大的、杰出的、仍然幸运的人——维吉尼乌斯·鲁弗斯举行的葬礼更加壮丽和令人难忘的场景了。他在达到名誉顶峰30年后逝世。他朗诵他创作的诗歌，阅读有关他的成就的历史，他自己见证了他在子孙后代中的名望。他曾三次被任命为高贵的执政官，他至少属于最高的统治阶层，他[①]拒绝成为第一诸侯王子。由于他避开了那些皇帝对他的憎恨，他的美德让那些人感到不快，甚

① 维吉尼乌斯·鲁弗斯是公元68年温迪克斯·朱利叶斯在高卢起义时的上层德国地方长官。士兵们希望维吉尼乌斯当帝王，但他拒绝了，并参与游行反对温迪克斯，后者死在贝桑松。尼禄死后，维吉尼乌斯支持噶尔巴的主张，陪他去罗马。奥索去世后，士兵们再一次试图劝说维吉尼乌斯做君主，但是他拒绝了这等荣誉，勉强维持自己的生活。

至认为他很讨厌，然后想终结他的生命。而当时这位最好的王子、人类的朋友[①]正安静地掌管他的帝国，上帝似乎故意留他到这个时间，以便让他获得这一充满荣誉的公共的葬礼。他活到84岁，他的人生充满宁静，他自己备受世人尊敬。在他这一生中，除了他的手不停地颤抖外，身体都很健康，没有遭受到其他痛苦。事实上，他生命快到尽头时的疾病是很严重的，也是无趣的，但即便这样的情形也增添了他的名誉。当他为了能公开向提拔他为执政官的帝王致谢而努力练习他的声音时，他用手拿起一本厚书——对于这样一位老人来说，它实在太重以至于他不能站着握住它，书从他手中滑落下来。在匆忙地努力想把它捡起来时，由于路面滑，他的脚失去平衡，他滑倒了，大腿骨折了。简单固定后，由于他年事已高，他的骨伤再也无法痊愈了。这场纪念这位伟人的葬礼，表达了对皇帝、老年人、律师界的尊敬之情。执政官科尼利厄斯·塔西图斯[②]在葬礼上宣读悼词。他的雄辩口才赢得了公众的热烈掌声，因此也给他带来了幸运。维吉尼乌斯·鲁弗斯带着他拒绝的和接受的荣耀已经离开我们多年了。然而我们仍会怀念他、悼念他，就像在上个时代里闪耀着的光芒。我对于他的离开甚是遗憾，不仅是因为我敬佩他是如此的一位爱国者，更是因为我把他当作深爱的朋友。我们在同一个省，在邻近的城镇，连住处也是挨着的。除去这些偶尔的联系，他作为我的监护人，总是给予我父母般的关爱。

每次我竞选任何职位的时候，他总是最大程度地支持我。虽然他早已放弃了为朋友们提供服务，退休后还是亲自来给我投了一票。在祭司提名那些他们认为最配得上神圣官职[③]的候选人的那一天，他总是推荐我。即使后来在病重期间，他意识到元老院可能会任命他为五大行政长官之一

① 涅尔瓦。

② 历史学家。

③ 也就是说，这是占卜官的话："这所大学由雪莱管理，由15个人组成。这些人都是在罗马拥有第一勋章的人。他是一个神职人员，一个不可磨灭的人物，没有任何犯罪行为，也没有名誉的损失。每个被提名的候选人都有必要给出一个庄严的宣誓，看谁适合那个职位。"（《西塞罗在米德尔顿的生活》，第147页）

以减少公共开支的时候，他也推荐了年纪轻轻的我，而不是那些有着执政级别的年老的朋友。他对我说：“要是我有自己的儿子，我会把他委托给你。”我对他的去世感到惋惜，仿佛它来得太早了，我真想扑到你的怀抱里倾诉我的悲痛。如果真的有权利悲伤，或者干脆把它叫作死亡，对于这样一个人也仅仅是结束了他的性命，而不是他的灵魂。他的灵魂将永远存在，他的英名永远存活于后世，现在他仅仅是离开了我们的视线。我有好多话想告诉你，但我现在满脑子都是悲痛。我一直在想维吉尼乌斯——我看到他在我面前，我一直觉得我能听见他，跟他说话，拥抱他。在我们这些人中，也许有人可以在美德上与他媲美，但是在荣誉方面无人能与他媲美。再会。

致尼珀斯

伊塞乌斯之前在这里就享有盛名，但我们发现他甚至比我们之前听说的还要有名。他具备最全面、最充裕的语言知识，他经常即兴演讲，尽管他会花很长时间撰写演讲稿。他的风格是希腊语，或者更确切地说，是真正的雅典派。他的开头简洁、优雅、有魅力，偶尔磅礴和感人。他提出了几个主题进行讨论，让他的观众进行选择，有时他甚至会选择他所支持的那一方来开始。一时间他可以让所有的事情都变得平等，那些事件的引申含义会借助经过巧妙选择和打磨的词语暗示给你。他的这些即兴演讲展示了他丰富的阅历和他在写演讲稿中的丰富经验。他的前言恰如其分，他的叙述清晰易懂，他的总结极具说服力，他的修辞给人留下深刻的印象。总之，他的教学、娱乐和对你的影响，都让你无法判断哪个才是他最擅长的。他的内省很频繁，他的三段论也非常简明扼要，完成得一丝不苟，结果不是简单用笔就可以得到的。至于他的记忆，你将无法置信他是怎么做到的。他重复一个很久以前发表过的即兴演讲，竟然没有错一个字。他每天什么都不做、什么都不听也什么都不说，凭借极好的应用实践就已经获得了惊人的能力。他已年过六旬，却仍然还是一个雄辩家。就我所知，没有哪一类人比他更诚实、更真诚、更优秀了。我们这些必须经历律师界艰苦工作和真正争论的人，不可避免地感染了某一不道德的行为。另一方面，一切的学校、演讲室和虚拟事件，都是很天真无邪的和同样令人愉快的。我们发现，尤其是对于老人，在那样的年龄，什么会比我们所享受的青春岁月更开心呢？我认为那时候的伊塞乌斯不仅最有说服力，而且也是最幸福的人，如果你不期待与他相识，那你肯定是铁石心肠。因此，如果不是因为我或者任何其他原因，那至少是为了听闻这个人而来。你未听说过吧，一个住在卡迪斯的居民久仰李维[①]大名，从地球最遥远的角落来到这里就是为了见他，当他好奇心被满足之后就直奔回家了。这是缺乏品位的表现，简直无知至极，对一个在高尚的学科上没有建树的人来说，这几乎是种耻辱。你将回答道："我的课题有作者，就像雄辩一样。"事实上，你可以在任何时候读到那些作者的书，但你一直都没有听到雄辩的机会。此外，俗话说，"逼真的声音就是荡漾的灵魂"，是的，还有许多。尽管一个人读到的比他所听到的更清楚，但演讲者的表达方式、表情、衣着和特别的手势也会得到支持，会以同样的方式在听众的脑海里形成深刻印象。也就是说，除非我们不相信埃斯基涅斯所陈述的真理。他在宣读罗德岛人中的德摩斯梯尼很有名的演讲后抒发了他对该演讲的钦佩之情，并额外说了句："啊！你能听到具有野性的人的讲话吗？你将会怎么说？"如果我们用德摩斯梯尼的话来诠释，他是很好的演说家。但他不得不承认，这个演讲听上去应该比从它的作者嘴里说出来的要出色得多。我所说的这一切都是为了说服你去聆听伊塞乌斯的讲演，即便仅仅能够使你说自己曾经听过他的演讲。再会。

致阿威如斯

这将是一个很长的而且没有什么重要意义的故事，这是我几天前跟一

① 罗马历史学家。

个绝不会是我知己的人用餐时偶然发现的。在他看来，他是一个为人处世和经济方面都不错的人；但在我看来，他只是吝啬与浪费的结合体。一些非常精美的菜肴提供给了他，比他多几样的菜肴提供给了我们，然而廉价的菜肴和残羹剩饭被摆设在其他客人面前。那些小瓶中装有三种不同类型的酒；并不是说客人们就能自己选择，而是因为他们没有选择的权利。一种酒是给他和我们的，另一种是给他不太重要的朋友准备的（似乎跟他所处朋友的亲密度相关），第三种是给他和我们的自由人的。我的邻桌观察到了这一点，并斜靠在我旁边问我是否赞成他这样的安排。我告诉他“一点也不”。“祷告的时候，”他问，“在这样的场合你会采取什么样的方法？”“我？”我回答，“我会给所有的宾客同等待遇。我发出邀请的时候，是为了让大家一起娱乐，不会区分我的同伴，我会把每一个我允许跟我一起用餐的人放在同一个层次。甚至我认为此次我的客人中，包括你和我的自由民，也能达到其他客人的待遇。”“你必须花费巨资。”他回答说。“丝毫没有。”“这怎么可能呢？”“原因很简单，尽管我的自由民不能跟我饮用同一种酒，我也会跟他们喝的一样。”毫无疑问的是，如果一个人可以明智到节制他的食欲，他会发现与他所有的宾客一起分享他的东西是如此昂贵。如果你想成为一个真正节俭的人，那就抑制你的欲望。你会发现有节制的节约比起无礼地对待其他人的方法来说要好得多。为什么我说这些呢？为什么？为了避免你这样高素质和前途光明的年轻人在似是而非的节约观念之下被一些桌上所盛行的过度奢侈所蒙骗。正因为我对你的关心，无论何时，我将我眼里所看到的这类荒唐的事情，作为一个你应该回避的例子给你指出来。然后，请记住，没有什么比这目前的奢侈与吝啬的结合更值得避免的了，当这两者结合在一起的时候就已经够可憎的了，但是更让人可憎的是你又偏偏遭遇了它们的结合。再会。

致马克瑞努斯

昨天元老院就皇帝的旨意颁布了法令，但是这道法令不适用于那些从未参加过战争的，或从未看见营地的，或只听到胜利的喇叭声的人；而是要颁给那些用自己的鲜血、努力和功绩赢得荣誉的人。法令要求给维斯提西乌斯·斯普瑞那塑造一个凯旋的雕像。这是一场最漂亮的胜仗，斯普瑞那强行恢复了皇帝布瑞克特瑞①的王位，他通过显示他为战役所做的准备，让人感到恐惧从而制服好战的人。这是他作为英雄的奖赏。同时，他们也建议塑造一尊雕像，以安慰在他未曾参加的那次远征中死去的儿子科提乌斯。这是给予这个年轻人的特别荣誉。但是对于他父亲来说，失去儿子的悲痛不是用普通的安慰就能抚慰的。实际上，科提乌斯表现出的如此卓越的大好前程是很短暂的；在某种程度上，有限的生命应该被这种不朽的名声所延长。他是如此纯洁无邪、如此高贵且使人如此敬仰，如今他可能受到比他更年长的人在道德上要求跟他一起分享同等荣誉的挑战。如果我没有搞错的话，荣誉的授予不仅是为了永远纪念死去的青年和安慰幸存的父亲，还为了给公众做出榜样。当年轻人看到在他们的年代自己也可以获得这种奖赏的时候，这将会激发和鼓励他们去培养他们的价值观念。与此同时，如果他们的孩子幸存了下来，世家子弟应该被鼓励做孩子的父亲以及把那些孩子高兴而满意地留在杰出人士的家里，或者应该光荣地慰问他们还活着的遗孤。那时，我非常乐意看到公共场合的这尊科提乌斯的雕塑，正如我也很爱这个受人喜爱的、有天赋的青年，我现在如此悲伤并且很想念他。因此，在这之前，我站在他的塑像底下来回走动沉思着，在我路过的时候随时可以看见他，这将给我带来极大的满足感。如果死者的遗像放在我们的家中可以减轻悲伤，那么那些公众人物不仅会记住他们的尊容，而且还会记住他们的荣耀！再会。

致普乌斯库斯

据我所知你很热心为我制造每个机会，比起其他人来说我更愿意为

① 属于日尔曼人。

你效力。因此我比别人先向你提出非常想获得你的帮助。你是一支军队的主帅，有很多机会行使你的慷慨，你在职期间使你有权为你所有的朋友提供帮助。我希望你能把你的目光转向他们中极平凡的我。我知道，如果机会更多的话，您会更高兴去做，但是只要满足我一两个谦卑的愿望便足矣。目前我只提沃克尼乌斯·罗马努斯。他的父亲在罗马骑士中享有很高的声誉，他的岳父，或者我应该称他为他的第二个父亲更合适（沃克尼乌斯对他的深情赋予了他这个称呼），也很有名。他的母亲是西班牙上层社会最重要的人士之一——你知道他们那个省的人是什么样的性格，他们行为的举止端庄是有目共睹的。他前不久担任祭司①的职位。从我们成为同学起，我就感觉到他属于非常温和的人。我们居住在同一个屋檐下。我们经常互相开玩笑，交换着彼此的思想。我去哪里能够找到一个比他更真诚、更合意的伙伴呢？在他的谈话中，甚至声音和表情都充满稀有的美妙；在法庭上他表现得如此敏锐、优雅、从容，同时也展现了他的雄辩口才。读到他所写下的这些信件，你能想象它们就如同是缪斯女神口述的一般，如此美妙。我们相互受到对方极大的影响，即使在我们早年的生活中，我都竭尽全力地为他提供最好的服务，就像我最近从高贵的王子②那里获得的授予他三个孩子的特权③。虽然恺撒大帝总是很谨慎地授予少数人特权，但在我的要求之下，他还是给予了他的子民恩典。我认为这是最好的方式来表现他值得我为他提供帮助，为此他也充满感激之情。因此我已经向你表明罗马努斯是一个怎样的人，我已证明他是多么有价值以及多么受人爱戴。请让我请求你，在某种程度上以你宽宏大量的心胸和你显赫的身份运用你的任免权授予他

① 任何一位罗马牧师只要全心全意为上帝服务，他就会被指定为祭司，在他履行牧师职务的那个神社受到崇高的名望。这个职务本来应该是终身的，但一个祭司可能会因为违反了祭司的职责而被迫解职，甚至有可能因为在履行职责的时候因突发事件发生而解职。

② 图拉真皇帝。

③ 公元前762年通过的一项法律规定：对于在罗马有三个孩子的公民，可免除他所工作的地方的一切麻烦事务。君王有时会将这项特权延伸到那些没有权利享受的人身上。

荣耀。但最重要的是你能喜欢他，尽管你在权力范围内赋予他的只不过是比你的友谊更有价值的封号。事实上，我把他的性格、爱好及他的一生以摘要的形式寄给你，其实你可能会发现跟他达到最亲密的程度都是值得的。我应该继续代表他说情，但我知道你不喜欢被强迫，我已经在这封信的每一行都重复了那些最有效的说情的理由。再会。

致马克西姆斯

你猜对了，我大多数时候从事的是在百人面前替人辩护。这件事让人疲惫而不是喜悦，通常，摆在他们面前的是极少数微不足道、不值得考虑的案例，或是来源于重要的审问，或是涉及人的等级。这里也没有几个在工作中让我感到满意的律师。剩下的都是一群放肆无礼的来实习的年轻人，他们都不知道来这里要做些什么。我的朋友一语击中要害，说他们缺乏顺从的心态。我想他已注意到这些年轻人带着案子出现在百人法庭上就像他们在学校一样随便散漫。但在从前（我的长辈告诉我），每一个年轻人，即使来自最好的家族，都需要由一些高贵的领事推荐，才能被允许进入法庭。照目前的情况看，所有谦逊和礼仪都荡然无存，所有的区别对待都被击倒和混淆了。现在的年轻一代，不是等待被人引见，而是直接根据自己的意愿闯进来。尾随其后的听众是来迎合这样的演说家的。那些被雇来的社会底层的人，（根据合同）为了得到更高的价格，一次又一次地起诉。希腊人用他们的语言给这类人取了一个合适的名字，他们是职业喝采者，我们用可耻的头衔“谄媚者”来称呼他们。然而这种无耻的事情每天都在发生。就在昨天，我的两个律师，用每人三钱银子雇用年轻小伙子来捧场，他们居然被认为具有最好的口才。那些撕心裂肺的喊声是怎样聚集的？这次我们聚集了很多人坐在长凳上。很快，站在中间的那个人给出了信号。你要知道这些老实的家伙根本听不懂说的什么，或者就算他们听懂了，要是没有信号也是一脸茫然。他们中的许多人都听不到讲话，其余的那些人又太吵。在任何时候，如果你恰巧经过正在开庭的法庭，你会很有兴趣知道演说者是怎样帮他开脱罪名的。不需要去听，你没必要在法院的大门口给自己找麻烦就很容易发现这点。你可能认为他获得最多的掌声是理所应当的。拉吉乌斯·李希努斯是第一个采用这种方式的人，但是他只在原地打转征求听者的意见。我记得这是从我的家庭教师奎克提里安那里听说的。他告诉我："一次我曾去听过，多米提乌斯·阿法尔临近听审的时候，他缓慢而有威仪地站在百人面前准备辩护，令人感到惊奇的噪音出现了，他停了下来。噪音也停了，他又准备开始了。他被打断了一次又一次。最终他问喊话的那个人是谁，别人告诉他是李希努斯。基于此，他停止了这个案子的辩护并大声说道：'不再有雄辩了！'当阿法尔不让这种现象出现的时候，它真的开始减少了，现在基本上都消失了。"我羞于告诉你那些装腔作势和做作的演说者的演讲以及他们获得的尖锐刺耳的掌声（除了掌声，更确切地说那是钹和鼓的声音）。什么都无法结束这样单调的演说。实际上号叫（我可以这样称呼"掌声"，即使在剧院里这种掌声也是不雅的）的情况很多。到现在为止，为了我的朋友，且考虑到我的早期生活，我留在了这个法庭。正如我所担心的，他们会觉得我宁可逃避责任也不会去回避那些劣行。不管怎样，要是我现在还能离开那里，我不再像以前那样频繁地去那里了，我想慢慢地退休了。再会。

致盖鲁斯

你对我如此喜欢我的劳伦廷或者是我的劳伦斯（如果你更喜欢这个名字）感到很惊讶：当我向你介绍位于海岸的别墅所处地理位置的优势和开阔的视野时，你的这种惊讶就没有了。它距罗马只有17千米，所以，当我完成了我在城里的事情，圆满结束一天工作，晚上可以好好经过这里。有两条不同的路可以通往这里：如果你往图姆那边走，你必须在第十四里程碑转弯；如果往阿斯提亚这边的话，那就在第十一里程碑转弯。这两条路都是多沙地带，如果乘马车过来的话要更困难一点，但是骑马过来就容易多了。沿途可以欣赏美丽的风景，有一些视线被树林挡住了，其他视线则可以延伸到宽广的草原，成群的牛羊已经从严寒的山区来到这春意盎然的草原。我的别墅大小合适，也不需要昂贵费用去维修。别墅的前院是空旷的，但并不小。你可以通过一个D形柱廊，那么围绕着一个小型乐园。在坏天气来临的时候，你不仅可以把窗户关上，而且特别突出的房顶也可以为它们挡风遮雨。从这些柱廊经过中间明亮、舒适的内院，进入面朝大海的一个宏伟大厅。西南风吹来的时候，海浪轻轻地拍打着，消失在礁石上。走廊的每一个边上都有同样大的折叠门或窗户，这意味着你可以从前面以及两边看到大海的三个不同方位：从后面你可以看到中间的院子、门廊和这一片区域；从另外一个角度看，你可以通过门廊看到庭院，还有附近的树林和远处山脉的美景。在走廊的左边，离海远一点的地方有一间大的画室，除此之外，还有一个稍小一点的房间，通过一扇窗户可以看到日出和日落，也可以看到大海，只是要稍微远一点。大厅与画室的投影所形成的角度，还保留着太阳的余温，这里成了我们的冬季营房和家庭健身房。那个地方总是被乌云遮住，只有当温暖来临之时，才又可以看到明媚的天空。与房间相邻的一角形成弓形，窗户一整天都可以有阳光照射。在墙壁上有一个盒子，装着一些不为人熟知的作者的书。与它相连的是一间卧室，有管道装饰它的走廊，可以提供这个房间各个部分需要的合适温度。这一边其余的房间给了我的奴隶和自由民，而且还有一大部分房间足以让我的客人入住。在另一侧是一张精致的类似于舞台的床，你可以称它为卧室或者是饭厅。这里很温暖而且光线很好，不仅阳光可以直射到这里，而且还有从海面上反射过来的光。在床的另一边是一间冬暖夏凉的接待室，从各个方面庇护它免受风的凌虐。这间公寓另一个接待室是由一堵共同的墙连接在一起的。当你从墙的另一边（有突出的两个弧形的地方）进入到一个宽敞广阔的浴室，可以这么说，如果你认为海是近在咫尺的话，它就足够大。与它毗邻的是一个涂油室，接着是发汗室，除此之外，还有沐浴供暖室，旁边是另外两个小浴间，装修优雅而不奢华。还有一个极好的游泳池，你可以一边游泳一边欣赏海景。不远处有一个网球场，沐浴在午后温暖的阳光里。因此你可以爬到由两个房间支撑起来的、也有相同数量的房间的角楼上去。除此之外，在餐厅也可以眺望无边的大海和海岸，还有沿着海岸分布的美丽别墅。在另一端是另一个塔楼，有一间可以看到日出和日落。在它背后是一个大的储藏室和粮仓，在下边又有一个宽敞的餐厅，即使是在暴风雨时，听上去也不过是大海窃窃私语的声音。这个餐厅朝向花园，花园四周是林荫大道。花园里有一个箱子，里面装满腐烂了的迷迭香。当有建筑物为它挡风遮雨的时候，迷迭香就生长得很茂盛，尽管离海边还有一段距离，但当被暴露于恶劣的天气下，遭到海水的侵蚀，它也就慢慢地枯萎了。围绕着林荫大道的是一片成荫的葡萄藤，赤脚走在葡萄藤下边的柔软的林荫小路上是种享受，花园里主要种植无花果和桑树，因为这里的土壤只适合种无花果和桑树。尽管这个餐厅离大海很远，但是可以欣赏到花园的景色，同样令人心旷神怡。在它的后边是两套公寓，从别墅的窗口远远望去就是菜园。从这里延伸出一个封闭的、可能是公用的门廊，在走廊每边都有一些窗户，窗户多的那边临海，窗户少的一边就靠近花园，这些单面窗和它对面的互相交替着。在平静晴朗的天气里，这些窗户都是开着的，但如果遇到刮风天气，临海这边的窗户都要关起来，而另一边那些就可以保持打开状态，很方便。在封闭的门廊前是一个露天阳台，可以嗅到紫罗兰散发出来的香味，它保留着被温暖的太阳在廊柱上反射回来的光泽。抵御东北风的这边是很温暖的，另一边很凉爽。同样地，它也可以抵御西南风；因此，不管风从哪个方向吹来，它都可以遮风挡雨。冬天在这里会有很多优势，暑季也是。在那样的季节里，整个上午露天阳台都很清凉。午后，相邻的林荫大道和花园，随着白昼时间的增长或缩短，也会在这边或那侧有或多或少的凉爽。实际上，门廊它本身最凉的时候是在太阳温度最高的时候。也就是说，当直接照射屋顶的阳光洒下来，你可以打开窗户，让西风徐徐吹进来，使气氛不那么沉闷压抑，使空气不那么污浊混沌。露天阳台和走廊的上端矗立着一座独立式花园建筑，我把它称为我的最爱，正如我说的那样的确是我的最爱。它有一个非常温暖的房间，其中一边往下可以看到露天阳台，另一边又可以看到大海，两边都能享受到充足的阳光。卧室依靠这些折叠门通往走廊，窗户朝向海面的中间墙那一边离海最近，就形成了一个非常优雅的小休息室，通过透明[①]的窗户和窗帘，可以把相邻的房间连起来成为一个整体，如果把窗帘放下来就可以隔成两个房间。它有一个长沙发和两把椅子。当你躺在沙发上，你就可以瞥见离你几英尺远的大海；向后看，你会看到邻近的别墅；往前看，你会看到一片树林——这三个景象可以单独从各个不同的窗户看到，也可以从一个窗户口看到。与这相邻的是一间卧室，既没有仆人的声音、潺潺的海水声、刺眼的灯光，也没有白天刺眼的强光——除非你打开窗户。这种深邃的平静和隐蔽的地方通过走廊从花园把这个房间和中间的墙隔开，因此，通过这中间的空间，一切噪音都没有了。房间附加了小炉室，你可以根据自己的需要打开或关闭一个小孔，从而控制从小炉室底部散发出来的热量。在卧室和前厅的前边，从太阳升起到下午始终都可以沐浴到阳光，虽然是折射过来的光线。当我退休后，来到这个花园别墅，我就想象着，在离我100英里远的别墅那里农神节[②]盛宴所带给我的乐趣，在这盛宴节日里，别墅的每一个角落都回荡着我仆人的笑声：我既不去干扰他们的娱乐，也不让他们妨碍我的研究。在这种令人愉快和方便的情况下，美中不足的就是缺少淡水。虽然附近有井，或是泉水，但是泉眼都不深。尽管在海边，但这片海岸边的水质量还是很好的，不管你在哪里挖，你都可以找到一股很纯的没有任何盐分的泉水。附近的树林为我们提供我们所需要的燃料，其他的必需品由

---

① 由透明的石头做成的窗户叫作 lapis tpecularis ，第一次是在西班牙附近被发现的，随后考古学者在塞浦路斯和卡帕多西亚、西西里岛和非洲相继发现。它很容易被分裂成薄片。由这种石头做成的窗户被称为specularia。

② 为农业之神所举行的盛宴开始于12月19日，连续举行7天。这是皆大欢喜的时刻，尤其对于奴隶，他们在这个时候可以从主人那里获得自由。

奥斯蒂亚所提供。事实上，甚至连在乡村的一个中等家庭（那里和我家之间只有一个别墅）都可以提供所有日常的需要。它有三个公共浴池，如果有朋友要在我的别墅短暂待上几天，那将是很方便的。无论是散落在海岸线边上，还是整齐排列，这些别墅都很好地点缀了整个海岸。无论是从海上还是从岸边看，都可以看到多姿多彩的城市。有时风平浪静之后，一般情况下会有不定期的暴风席卷海浪。不是我吹嘘我们的海洋海产品有多么丰裕，我们的主食还有大虾，它们都是大海赐予我们的。但在其他种类食物上，我们渴望能超过内陆国家，尤其是牛奶。大量的牛群来到这片草原上，寻觅水源和树荫。现在，告诉我还有什么理由不住在这里、不喜欢这里？像这样的寓所，如果你觉得你还是不喜欢，那你是不是那种狂热喜欢城镇的人？我只希望你有机会来看看我的迷人小别墅，它是值得你向你朋友推荐的。再会。

致瑟瑞里斯

你建议我在朋友聚会之前，宣读我最近的演讲。虽然有些顾忌，我应该还是会按照你的建议做的。我深知，在他们的紧逼和热情之下，单纯地背诵这样的文章无疑是失败的，他们甚至连名字也会忘记。涉及庄严的法庭、法庭的拥护者及悬疑的事件，很多位有名的辩护人和听众间形成了不同的派别，再加上演讲者来回的手势和流露出来的真实感情、肢体语言与发自内心的感情的搭配，都会使他的表述富有激情和优雅，这就是为什么那些坐着辩护的人虽拥有和站着辩护的人相同的优势，但锐气还是被削弱。那些优雅的朗诵法是很重要的工具，朗诵者的手和眼要使用得当：即便再好的即兴演讲，如果没有看起来巧妙的手势，也都无法吸引观众的注意力。出于一般性的考虑，在各种辩论中，作者本身事先写得很辛苦，人们却读不出他所写的喜悦，这些演讲中极其不利的因素增加了出席演讲时需要注意的问题。在这里，对宁愿选择有吸引力且洪亮的演说方式也不去选择乏味朴素且低沉的演说方式的人有没有成见呢？说它们没有区别是很不合理的。如果一个人代替法官站在法庭上，法官们期望他以特定的方式来进行辩护，但陪审团却不这么想；然而旁听者应该会被那些状况所影响，会特意攻击他。然而，鉴于已被建议的新事物很有可能遭到一半以上的人的反对，我的意思是对于我们而言，希腊的演讲者在不同场合所使用的推理方式，并不完全跟我所使用的方法一样。当将要否决先前一些相反的、未被撤销的法律时，他们就会一起进行争论。我正与此相反，我努力去证明罪行；我坚持找到适合公共敲诈罪的相关法律，而且，同样也找到其他有相同特征的法律，那些不了解他们国家法律体系的人没有尝试对这一类型进行推理，但对那些本不应该被相关法律所支持的人们却更有利了。因此，如果你坚持让我背诵的话，我会尽我一个有学问的听众的能力去收集它。

但在你做决定之前，一定要把我向你提出的我在这点上不同的注意事项权衡好，然后再根据推理做出决定，因为只有推理才能证明你是正确的，对于我来说，服从你的命令是向你表达歉意的唯一方法。再会。

致卡尔维司乌斯

给我一枚钱，我会告诉你一个如同黄金一样珍贵的故事——倒不如说是，你会听到两个或三个，依我看来从一个可以联想到另一个。以哪件事为开头这个没有什么区别。第一个故事是被加尔马收养的皮索的妻子，寡妇维瑞安尼亚，她病得很厉害，雷古勒斯也曾经看望过她。确切地说，看望一个憎恨自己并且她的丈夫公开与自己为敌的女人，勉强进入她的房子就已经让人够难受的了，但是实际上雷古勒斯还坐到她的旁边，询问起她的出生时辰。听完了那些重要的细节，他整理了面容，眼神镇定，嘟囔着什么，数了数手指；而这一切，仅仅只能让那个穷困的生病的太太产生疑惑或不安。当他完成了询问后，他说："你现在处于危险时期，但是病情将会好转。倘若你不满意，我会咨询占卜官，他的占卜本领我是见识过的。”然后他出去了，回来时说，就星辰而言，相应的预兆被确认，强有力的占卜已经很明了。表现出他为此付出的代价，疾病使这个善良的女人容易轻信他人的话，她把她的财产遗赠给了雷古勒斯。在这之后不久，她的身体越来越差，在她生命的最后时刻，她指责这个邪恶、奸诈和比犯罪更卑鄙的小人，这个小人曾虚伪地用他自己的儿子的名义向她发誓保证。但是，这种其实是属于不虔诚的诅咒，这种诅咒对他来说，都是很平常的事，他每天都在煽动那个不幸的青年诅咒神灵的复仇。

乌斯·布拉耶苏斯是一名执行官，他巨大的财富使他很出众，在他病危时，他想在他的遗嘱里做些更改。而雷古勒斯，则忙于把自己伪装成为一个善者，产生了得到别人财物的想法，相应地致力于做一名医生，并使人以为他能运用他的技能来延长穷人的生命。但是，在遗嘱被签署以后，他的性格变了，说话的语气也颠倒了，他对着这些医生说：“你们打算继续让这个男人痛苦多久呢？既然保护不了他的生命，为什么你们不给他一个快乐的解脱？”仿佛雷古勒斯说的每一个字，乌斯·布拉耶苏斯都听到了，结果布拉耶苏斯死了，没有留给他一分钱。现在受够了吗？或者依照修辞手法让你听第三个故事？如果是这样，雷古勒斯将让你更加了解他的为人。奥莉利亚是一位成就非凡的女士，她打算制定她的遗嘱[①]，临时穿上了漂亮的礼服。他，作为证人，转过身去对奥莉利亚说：“请你给我留下这些漂亮的衣服，好吗？”奥莉利亚以为他在开玩笑；但他却是十分严肃，强迫她打开她的遗嘱，添上了这些衣服留作财产给他。在她写遗嘱的时候，他仔细地看着她，确认她是否真的添加了。然而，奥莉利亚仍然是活着的。毫无疑问，当雷古勒斯请求这份遗产的时候，他希望很快能享受到它，就好像这个家伙理所应当得到同样授予他房产的遗嘱似的。用我的话说，我应该仔细想想，这座城市居

① 这是重大典礼的一幕，假如奥莉利亚的服装曾经是某些罗马妇人使用过的那种，那么它的价值会更大，他必定会厚颜无耻地索要。

然在过去的岁月中允许并且鼓励那样邪恶和欺诈的行为多过于谦逊和美德。雷古勒斯无意中用这个实例告诉我，他来自一个贫困的地方，用一连串邪恶手法获取了巨大的财富。很快他就预知到他将有利地占有双倍数目的财产，价值6 000万赛斯特斯，我想他可能会继续用这种邪恶的欺诈手段主宰其他人的遗嘱。再会。

致卡尔维司乌斯

我想，我最近和斯普瑞那待在一起的这段时间是一生中最快乐的，确实是非常愉快。如果说我将要步入老年，比起给老人安排更完美的生活方式，没有一个人的生活方式是我宁愿选择的。我把人类的行为看成一种规律，尤其是到了老年，人的那种喜悦心情在我看来是身体的固定模式。确实，在年轻的时候，有很多的迷茫和困扰，但是成年后，当事业受阻、遭遇不纯动机的时候，人都应该冷静权衡。斯普瑞那找到了这些最虔诚规则的一致性。他发现了人们认为不会天天发生的那些微不足道的事情发生的周期性和方法。早晨，他还躺在他的沙发上，8点时，他穿上他的拖鞋，走上3英里，以此放松身心。在他回来后，如果有朋友跟他在房里，他会开始一些娱乐性和趣味性的话题。一人独处时，他会读一些书；有时客人来访，需要他陪伴，他会先休息一下，之后接着看书或继续他的谈话。不久以后，他跟最令人钦佩的妻子或是一些朋友驾着马车出去。这是属于他们的幸福时刻，以这种方式接触到他是多么令人高兴啊！你能想象一下，你正听到的是古时候名副其实的贵族所灌输的戒律，然而，这不仅仅是对原有故事的平实复述。当他去到约七英里的地方时，他走下他的马车，步行一英里，在这之后他返回家中休息或者又继续写作。他创作的都是些既甜美轻快又柔和优美的希腊文和拉丁文诗词，而作者闲暇的生活给这些诗词增添了额外的魅力。冬季大约是三点钟的时候，夏季大约两点钟的时候，他脱衣准备沐浴；如果碰巧是无风，他会在阳光下走走。在此之后，他会练习打网球，可以看出他有永不服老的精神。在吃饭前，他会洗完澡，坐到沙发上等待，读一些轻松愉快的书籍，以便以后可以与他的朋友分享。尽管他说他有一套保存完整的科林斯金属，你们坐下来可以享受一顿用纯银餐具上菜的晚餐——很简朴的一顿饭。晚饭时，他经常背诵一些富有戏剧性色彩的作品，使大家在轻松快乐中也获得一些知识。即使是在夏天，他也会一直熬到深夜。由于他表现出的亲切和礼貌，他的客人没有感到乏味。他保持他的这种生活方式，即使在他78岁时，他的身体还是充满活力，除了才智以外，没有表现出任何年老的迹象。这正是我所渴望的生活，当我在为成千上万的事情苦恼的时候，斯普瑞那是我学习的榜样。如果我是他，我会不再履行专业职责，不再当地方行政长官、管辖省里的事务，辛苦劳作之后我会获得他现在享有的静养。现在，我也想过那种生活，我在这里把我的事情转交给你，不合时宜的愿望应该带我超越现实生活的限制。或许在法庭上我会闭目养神，只要它没有被指责为懒惰，我便可以享受这样的生活方式。再会。

致毕比乌斯·马瑟

能找到你这样一个问我要我叔叔的作品且要将它们全部收集起来的读者，我感到极大的快乐。到时我将起着索引的作用，你知道热心的读者好像都知道了，那些已成文的作品会被整理。第一项工作是他的第一卷中的论文——《骑兵使用的标枪》。写这个时，他正指挥着我们盟军中的一支骑兵军，表现出了他的小心翼翼和机警。《庞波尼乌斯·塞昆图斯[①]的一生》有两卷，庞波尼乌斯很喜欢他，他认为这个颂词归功于他良好的记忆。20本日尔曼战争史的书，讲述了我们所参加的所有对抗那个民族的战役，在部队服役时所做的梦首先暗示了他所从事的工作的构想。他想象

① 他是一位诗人，昆体良认为他是最伟大的诗人。塔西佗谈到他时曾给予了高度赞赏。

着德鲁苏斯·尼禄[1]（扩大了他所征服的这个国家的很多疆土，在那儿他失去了他的生命）出现在他的梦中，并恳求他挽救他遗忘的记忆。接下来是《学生》这部作品，分为三部分，共六卷，讨论了雄辩家早期的培养和后期的教育问题。八本书籍用于写《语法和风格的问题》，这些书籍完成于尼禄统治的后期，在那个暴政的时代，要用文字抒写出他们要求创作自由和完善的风格是件很危险的事。他已经完成了历史学家奥菲斯乌斯·巴苏斯[2]未完成的写作，并把它添改为30本书。最后，他写了37本关于《自然史》的著作，一部关于学习指南的著作。你可能会感到惊奇：一个如此忙的人能抽出时间整理出这么多书，而且还有一些书是涉及对劳动者的关心。但当你听到他在法庭为他人辩护，你一定会更惊讶。他卒于66岁，在他生命中，他曾经担当了最高行政官员的职务，也曾是御前大臣，那些皇帝也很尊重和他的友谊。他有很强的理解力，对知识运用自如，同样有着超强的警觉性。在庆祝火神节期间，他总是在午夜开始学习，不是为了有好运气，而是为学习而学习。冬季，通常在晚上12点[3]后、早上两点以前学习。他是一个睡得很沉的人，有时会突然醒来继续他的学习，然后再睡下。在天亮前，他会侍奉维斯帕先（罗马皇帝，此人经常在夜晚处理事物），然后执行他所接受的命令。他回到家里，就留出时间来学习。

在中午12时，经过短暂的放松（从祖先那里传下来的愉快而美好的旧

---

① 奥古斯都的继子，也是提比略的兄弟，一个和蔼可亲且深受欢迎的王子。他因为从马背上摔下来受骨折之伤，死在第三次战役结束时。

② 奥古斯都和提比略统治下的一位历史学家，他写了其中一部分罗马史，剩下的是由老普林尼续写的，也是关于日尔曼战争的叙述。昆体良说他作为一个历史学家，“在各方面都值得尊敬，但在某些事情上没有公正地对待自己”。

③ 罗马人在时间的分配上和我们是非常不同的。他们把夜晚划分为四个相等的部分，每一部分的长度都是3个小时，他们把部分时间要么用于吃饭的快乐，要么用于学习。通常他们把一天划分为12个小时，开始于日出，结束于日落。通过这种方式的划分，随着一年四季的不同，意味着他们的时间长度不相等。日出开始为劳作的时间，持续到第五个小时，就会有一个简单的用餐。从那时到第七个小时，就是休息的时候，这在意大利仍然很盛行。第八个小时用于锻炼身体，之后他们通常洗澡，然后开始吃晚饭。

习俗）后，如果没有什么事情，他经常会在夏天躺下来晒太阳。在此期间，一些人读书给他听，而他会做笔记，并提取摘要。每一本书，他都会提取出有益的部分，这确实是他的座右铭，即“再糟糕的书里都有好的部分”。当这一切结束后，他一般会洗一个冷水澡，然后吃一些小食及再打个小盹儿。在此之后，如果新的一天到来，他会继续他的学习直到吃晚饭。有人会给他读一本书，他会快速记下笔记。我记得有一次，给他读书的人念错了一个字，坐在桌旁的我叔叔的朋友让他回到这个词并重读一遍。我的叔叔对他的朋友说：“你真的理解到了？”当这个朋友说他真的理解了那个读书的人所读的内容时，他说：“为什么你让他回去再读一遍呢？由于你的中断，我们已经慢下来了十行有余。”这是如此宝贵的时间啊！在夏天，他在日落时候用晚餐，在冬季，天一黑就开始用晚餐，他好像把它当作一个国家的法律一样严格遵守。这是在喧嚣和动荡的城市中的生活，但在乡下，除了沐浴，他的其他时间都用于学习。我所指的就是在他洗澡期间，在擦洗身体的时候，他不是在听别人给他读书就是在听给他下达的命令。不管他到哪里，好像都摆脱不了他那完全投入的单调的事业——速记员不断地在书上或者在小字板上记下叔叔所讲的。在寒冷的冬夜里，速记员会戴一只特制的温暖的手套，这样就不会干扰到我叔叔的学习。出于同样的原因，在罗马时，他总是随身携带一把椅子。有一次他走过来给我安排一个任务。他说：“我失去了这些宝贝的时间。”因为他认为有一个小时他没有学习。通过他把时间都用于撰写的那些我刚才提到的论著，和160份读书摘要——加上他还以少量的篇幅书写了日常生活琐事，因此可以推算出来字数是相当多——这是他走后给我留下的重要遗产。他用自己的事例告诉我们，当他在西班牙当收税官时，他本可能出售价值为40万赛斯特斯的手稿给拉吉乌斯·李希努斯。一方面，当你考虑到他读过的书、他写过的书卷，你是不是倾向于怀疑，他从来没有尽到他的公务责任或王子对他的信任？另一方面，当你被告知他在他的研究中如何不屈不挠，难道你不觉得他说到做到？一方面，法院会用这样的方法来阻止他吗？另一方面，是什么影响他这样的工作呢？当我听到别人称呼我为“用功的人”的时候，我嘲笑自己，实际上与他相比我是一个懒汉。但是为什么我提到我自己？我会在处理无数的公私事务中转移我的追求吗？和他相比，那些追求文学的人中有谁不会感到羞愧，又有谁不会认为自己其实是一个懒汉呢？我知道我的信已经跑题了，我只想让你知道，因为你问过我他所遗留下来的作品是什么。我坚信，这些比起其他的书籍更适合你，不过，我想这些书可能不仅仅会激发你的好奇心，更重要的是，读了他的作品后，你也可以效仿他，做一些类似的尝试。再会。

致安尼乌斯·塞威瑞斯

我最近用我继承的遗产购买一个科林斯黄铜小雕像。它的确是小，但很优雅，形象逼真。对于它，我是这样评价的：也许在其他人看来，它是有缺陷的。不过，我却看到了这个物件的美，如果有瑕疵，那就是它毫无掩饰，正如它的完美一样，清晰可见。它表现的是一位成直立姿态的老人。他的骨骼、肌肉、静脉以及一道道的皱纹，给人的印象是充满了生命的气息。稀少的头发、干瘪的脸庞、宽阔的额头、平直的喉咙、松散的手臂、萎缩的胸肌、下垂的腹部，整个体形传达出晚年的气息。从黄铜的颜色看，这似乎是真正的古董。总之，它是这样的杰作，会给鉴赏家一个很大的惊喜，普通的观察者不会发现它的魅力所在。对于这门艺术，我是个不折不扣的新手，正因如此，我才把它买下来。我这样做，但从来没有想过将它放在我自己的房子里（因为我家没有那种古董），我想可以把它放在我家乡的一些显眼的地方，最好是放在一个叫朱庇特的寺庙，把它作为礼物献给寺庙、献给上苍。因此，我希望你会同意我的请求，我会慎重地执行这项任务，立即下令用你喜欢的大理石作为它的底座。如果合适的话，把我的名字刻在上面并写上头衔。我会把雕像送给第一个我认为不在意这种麻烦的人，或者（我相信你会更喜欢）我可以把雕像放在我身边，因为我打算在我没有其他事情的时候，和你做一次短途旅行。我答应我会到你那儿去，我仿佛看到你喜悦的表情，但你很快就会改变你的表情，因为我只能待几天，事务不允许我在那儿久留。再会。

致坎尼尼乌斯·如福斯

我刚刚获悉，西利乌斯·伊塔里库斯[①]在那不勒斯附近的别墅里饿死了，由于健康欠佳，受一种无法治愈的癌性疾病的困扰，他对生活感到厌倦，因此决定不再活下去。本来他的生活是非常幸运的，除了他的小儿子夭折之外。然而，他留下了令人敬仰的荣誉，甚至还取得了领事级别。

在尼禄时期，他的名誉遭受了一点点影响，那是因为他被怀疑在这时期加入了一些非官方的组织，但他以超凡的判断力和人格魅力，凭借自己的兴趣与维特利乌斯在一起。由于对亚洲的良好管理，他赢得了巨大荣誉。并且在退休以后，凭借自己以前的良好行为，他或许会清洗掉自己人生的污点。此后，他过着贵族的私人生活，没有了权利，因此也没有了嫉妒。虽然他经常躺在自己的床上，终日足不出户，但他却非常受尊重，同时很多人来拜访他，这不是因为他们好奇，而是在于对他的敬仰。他经常花时间和文人讨论文学和诗词创作，有时大声地把它们读出来，来获得大家对他的看法，但是他证明更多的似乎是勤勉而不是天才。在后来衰败的岁月里，他离开了罗马，并一直生活在坎帕尼亚大区。在那里，他本可以接触到新皇帝[②]，可是他对此却无动于衷。恺撒对自由非常恼火，而喜欢自由的伊塔里库斯对此一点也不害怕。人们常常责备他沉迷于对艺术的追求以及无节制的花销。他在一个省拥有几栋别墅，总是购买自己特别喜爱的东西，而忽略了其他所有人。这些住宅里满是书籍、雕像和图片，但他不只是享受，更多的是崇拜。特别是对维吉尔，他是如此热情的崇拜者，他庆祝诗人的诞辰日，似乎比他自己的生日还要重要。在那不勒斯地区，

① 此人大约生于公元25年，作为律师他获得了一些荣誉。他给我们留下的唯一诗作是题为“图尼卡”的带有浓郁散文性质的诗，现在收录于17本书中。其中包括了对第二次布匿战争事件的叙述。

② 图拉真。

他经常到诗人的墓地去，他把那儿当成一个寺庙。在这种平静的生活中，他度过了自己75岁的生日。他显得很雅致，而不是体弱多病的样子。由于他是最后一个被尼禄授予领事的人，所以他是所有这些曾被尼禄赐予尊严的最后健在者。很明显，他也是尼禄时代领事中最后一位死去的。在尼禄去世时，他仍然是领事。回想起这一点，我不禁对人生的瞬息万变感到惋惜。在大自然中，是否存在一种生物，如人的寿命一样短暂和有限？好像尼禄昨天还活着。然而，曾经作为那个王朝领事的人们，现在没有一个是活着的！虽然我不知道自己为什么要怀疑这个。卢修斯·皮索（即皮索的父亲，臭名昭著的皮索就是在非洲被瓦列里乌斯·费斯图斯暗杀的）曾经说过，在元老院里他没有发现谁的意见值得他采纳。在这么短的生命历程里，却有着如此多的人构成了大致相同的生命历程！所以，我认为：忠诚的眼泪似乎不值得宽恕，但是值得赞扬。据说，薛西斯如此庞大的军队在很短的时间让成千上万的人灭绝。更让人激动的是，我们应该延长这部分脆弱和短暂的生命激情，如果不通过我们的行为（我们无法掌握机会）取得一些文学方面的作为，那么我们的生命毫无价值。我们应传递给后人一些有价值的纪念，那就是我们至少在这个世界上活过一回。我知道你不需要任何煽动，但我对你的爱使我经常在你探求的过程中不断激励你，就像你常常激励我一样。“快乐竞争”是两个朋友在共同追求不朽名声时的相互鼓励。再会。

致斯普瑞那和柯提亚[1]

我并没有告诉你，在我最后一次来拜访你时，我已经写了一些东西来赞美你的儿子。首先，我写这些不是为了表现自己，而仅仅是为了宣泄我的感情，抚慰我对于失去他的悲伤。同样地，我亲爱的斯普瑞那，就像你告诉我的，你已经听说了我一直在朗诵的一首诗歌，同时我害怕给这节

① 斯普瑞那的妻子。

日的快乐蒙上阴影，回想起过去的伤心事。即使现在，我还在犹豫，我是否应该满足你俩的请求——或者只寄给你们我背诵的东西，或者寄给你们我正在思考的一篇文章。把这小小的短文存储到我深深的记忆里，这对我来说是神圣的，然而满足不了我的感情。用这一首首的诗歌来传播，更多地是为他的名声考虑。但是，如果全部寄给你，我想这样会更为友好和开放。我决定还是像先前那样——特别是因为你对我做出承诺，不会传播到其他人那里去，直到我认为可以把它发表出来为止。现在我唯一想问的是，哪些地方该改变、省略或添加，你可以给出一些建议。当心灵处在苦难中，人是很难将注意力集中在那些小的细节上的。你要求安排一个画家或者雕塑家来再现你儿子的形象，而他应该对哪些部分进行润饰或展现是需要考虑的，所以我希望你能一直给予指导，并且我也可以一起来参加完成（你很乐于思考这些问题）。我会努力展现更真实、更完美的一面，并完成它，让它更永恒。再会。

致朱利乌斯·杰尼尔特

赞美他朋友的和善正体现出阿特米多鲁斯慷慨的秉性，因此他经常夸赞我的赏罚（虽然我曾恩惠于他）。确实，当哲学家被逐出罗马①，我去过他在城市附近的住所，拜访他是为了回报他的礼貌与和善。我冒着巨大的风险去看他，更主要的是，那时我还是一名执政官。我为他提供了一笔相当大的金钱以便他去支付他曾经欠下的债务，尽管我还是得亲自去要他还钱，可是我没有收取他的利息。然而其他富裕的、有能力帮助他的人都袖手旁观。我这样做的时候，我的七个朋友已经被处决或流放。塞尼西欧、如斯提库斯和迪斯刚刚被处死，而毛利古斯、格拉提拉、阿利亚和范安尼亚已经被流放，我已经被眼前的这一切弄得焦头烂额的，这些不幸充

① 图密善将哲学家不仅驱逐出罗马，还驱逐出意大利。正如苏维托尼乌斯和奥鲁斯·克利乌斯告诉我们的，被驱逐的人包括著名的爱比克泰德。

斥着我的生活，我已经感觉到厄运正一点点向我靠近。

但我不会袖手旁观，基于这个原因，我要对得起朋友对我的高度赞扬，我深知，当他处于不幸时，如果放弃他，那将是多么臭名昭著的罪行。虽然我和他岳父——穆索尼乌斯，在年龄上有差距，但是我和他有很深的友谊，同时互相尊重。当我在叙利亚做一名军事官员时，我和阿特米多鲁斯建立起了亲密的友谊。我不得不说，我具有一种鉴别能力，能够辨认出一位哲学家或者是和哲学家很相似的人。我可以确信地讲，现在那些自称是哲学家的人往往不会像他们吹嘘的那样充满了真才实学。我很慎重地说，他在遇到棘手问题时是多么的有耐心，在研究时是多么的孜孜不倦，在饮食方面是多么的节俭，在自己喜好方面是多么的克制。其他人也有很多特点，但是和他比起来，就不那么明显了。正是他的那种品质，使他成为穆索尼乌斯的女婿，他从不像其他人那样纷纷去一味讨好他的女儿。当我想到所有这些事情的时候，我就不由自主地感到十分欣慰，那是因为想起他曾经对我的赞誉，这些，他同样也曾对别人讲过。我仅仅是享受着他给我带来的一丝温暖，他是一个容易忽略别人所有的缺点而过度放大朋友优点的人。再会。

致卡提利乌斯·塞威瑞斯

我会来吃晚饭的，可是我们得事先订好规矩，那就是：我来去的时间都由我自己定，饭菜无须太贵，我们仅仅讨论关于苏格拉底的文章，而且难度要适中。很有必要去参加一些客套拜访，并且要在天亮之前让人们会聚，可是加图他自己却不太同意。尽管我不得不承认在那种情况下，尤里乌斯·恺撒以一种好似赞美他的方式来责备他有些不合适。他告诉我们，发现他醉醺醺回家的人会为此感到羞愧不已；他还说，你们可能想到是加图发现了他们，而不是他们发现了加图。他能把加图的尊严置于很显赫的位置吗？无论是在准备晚饭的时间上，还是在开销上，我们都得适度，因为我们没有那么尊贵，甚至连我们的敌人都不会因为我们没有在席间鼓掌而责备我们。再会。

致阿西里乌斯

一个名叫拉杰乌斯·马塞多的执政官最近在他的奴隶手中受到了残酷的待遇，这是一个极大的悲剧，这已是公开的事情而不是什么秘密。但同时必须承认，他对奴隶的傲慢达到了一种怎样严重的程度——他很少想得起来了，或者几乎完全忘了。其实，他自己的父亲曾经也生活在那里。当时他正在他的福尔米安别墅洗澡，突然发现自己被他的奴隶包围，一个抓住他的喉咙，另一个击中他的嘴，而其他人则践踏他的胸部、胃，甚至是其他我不愿提及的部分。当他们认为他没有了呼吸时，他们把他扔到了加过热的浴缸里，试试他是否还活着，而他直直地躺在那里一动不动。或许真的不省人事，或许假装如此，之后，他们判断他确实已经死去。在这种情况下，他们把他带了出来，谎称他是因为热浴而窒息的。他那些忠实的仆人接受了他，而他的情妇一看见他便尖叫。他们的哭泣声夹杂着新鲜的空气使他有了一点知觉，他睁开了眼睛，动了动身体，表明给他们看（因为他现在可能安全了）他并没有死掉。凶手立即逃走，但大部分都被当场抓获，并且逃掉的凶手也被追捕了回来。他费了很大力气活了几天就断气了。但是，在他去世后，他找到了他自己被报复的充分依据。因此，你看到了我们会面对什么样的冒犯、侮辱和危险。仁慈和善待得不到保障，歹徒对他们的主人下如此毒手，这太残忍了。这样的情况太多太多了，还有呢？还有什么呢？没别的，只要你愿听，因为我还有纸，可以腾出更多时间（因为我在度假期间），我可以再告诉你一个有关马塞多的事。当时他是在罗马的一个公共浴池里，一个显著的、不祥的（从他死亡的方式）事故发生在了他身上。一个奴隶为了给他的主人让位，把他的手轻轻地落在了一个罗马骑士身上。这个骑士突然转身，重重地打了马塞多（而不是那个奴隶），这一击太猛，以至于差点把他打倒在地。因此，洗澡对他来说是致命的，这是他第一次遭遇到的有失尊严的事，再后来就是他的死。再会。

致尼珀斯

我观察到，在杰出人物中，不论男女，他们的事迹和言行，在世界范围内都会引起轰动。而另一些人则更伟大，虽然他们很少被谈论到。昨天我和法尼亚的一次谈话证实了我的观点。这位女士的孙女以光辉的榜样鼓励阿利亚去激励她的丈夫面对死亡。她告诉我有关阿利亚的一些细节，虽然称不上英雄，但值得我们为她鼓掌。我想如果你听到她的故事，你一定会惊讶的。她的丈夫卡西纳·帕图斯和她的儿子都同时患上一种致命的疾病，儿子死了，一个风华正茂的青年就这样离去了，抛下了他的父母。母亲为他准备葬礼，并悄悄地为他举行仪式，为的是不让帕图斯知道他去世的消息。每当她走进他的房间，她总是假装她的儿子还活着，而且还有好转。只要他一询问他儿子的健康状况，她便会回答："他休息得很好，并且胃口好。"后来每当她情不自禁地流眼泪时，她就离开房间，让悲痛发泄出来，然后擦干眼泪，带着平静的表情回到房间。我必须承认，这是一个勇敢的坚强的行为[①]——拿出匕首，插入自己的胸膛，然后拔出来递给她的丈夫。

我几乎可以说这是神圣的表情——"帕图斯，他不再痛苦了。"但是，当她这样说和这样做的时候，她看到了光荣和不朽在她面前。这是多么的伟大啊，没有任何的依托，她把眼泪藏起来，把悲伤藏起来。

斯克利波利亚努斯在伊利里亚拿起武器反对克劳狄斯，在那里他失去了生命。帕图斯，他是同党，被当作囚犯带到罗马。当他们打算把他

① 下面的一个故事，正是几位古代历史学家所叙述的：帕图斯加入斯克利波利亚努斯在伊利里亚的军队以反抗克劳狄斯。在斯克利波利亚努斯死后，他被带走并判处死刑。阿利亚曾祈求保留他的性命但却无济于事，于是劝他毁灭自己，而不是遭受被刽子手刀砍的耻辱。现在看来，帕图斯不是特别倾向于此行为，普林尼说她为他树立了行为的榜样。

放在船上，阿利亚恳求士兵，允许她一起走。她说道：“当然，你们要为这样一个领事级别的人配备一些仆人为他穿衣，照顾他吃饭，为他穿鞋。但是如果你们带上我，我一个人就能干所有的事。”她的要求被拒绝后，她雇了一条渔船，跟在船的后面。她返回到罗马，在皇宫里见到了斯克利波利亚努斯的妻子，当时这个女人主动出示了揭发阴谋家的证据。“什么？”她大声说，“我似乎听你说，在你怀里的丈夫斯克利波利亚努斯是被谋杀的，但你让他又活了过来吗？”这就表明她打算以体面的方式结束她的生命，表达出瞬间迸发的热情。她的女婿特拉赛亚努力劝阻她不要摧毁自己，对她说道：“那么，如果我的生命被你夺走，你会让你的女儿陪我死吗？”“我肯定会的，”她回答说，“如果她和你生活得很和谐，就像我和我的帕图斯一样。”这个回答大大增加了她家人的警觉，并让他们看到未来更加没有希望了。“这是没有用的，”她说，“你可能会让我以更痛苦的方式死去，但那是不可能的。”她说完这句话，从椅子上跳了起来，极度凶猛地把她的头撞到墙上，她摔了下来，死了。她曾经说：“如果你容许我走一条容易的死亡道路，我应该会找到一种方法，无论多么艰难。”现在，我的朋友，是不是有更伟大的东西？那就是这句经常挂在嘴边的：“帕图斯，他不再痛苦了。”然而，这不是最后一个关于名声的故事，在它之前的故事也无可比拟。我得出这样的推断，正如我在信的开头说的，有些行为值得铭记，而另一些确实更伟大。

致塞威瑞斯

在参加元老院进行的通常形式的仪式后，我要以共和国领事的名义赞美皇帝。如果时间和地点允许，我想把关于感情的好题材，扩大成一篇完整的演说。我这样做的主要目的是来确认皇帝的美德，由于他的德行，他应该得到这样的赞美。教育未来的王子，不要以通常的演讲方式，而要用更吸引他的例子。如果他们要追求同等高度的荣耀，他们必须这样去做。教育王子如何形成良好的品行，是一个崇高而艰巨的任务。也许，傲慢的行为应被推崇，但人们更推崇的是一个有修养的王子，并延续至后代。在某种程度上，他是一盏明灯，能够指引后世的君主，这是非常有用的。在一次私人聚会上，在我背诵颂词时，我的朋友把他们的同伴介绍给我认识，这让我感到无比的快乐，虽然我没有以通常形式的便签或通告邀请他们，但我非常希望他们到来，“如果他们碰巧没有其他的预约，这对他们是相当方便的”。你知道，在罗马很容易编个借口来避免接受这类邀请，比如把事先邀请作为拒绝的理由。尽管可能出现最糟糕的天气，可他们还是参加了两天的朗诵会，我想再耽搁他们是不合理的，但他们坚持要我第二天一起去。我应该把这当作为自己或文学带来的荣誉吗？我宁可认为是后者——尽管几乎是不可能的，但现在似乎在我们心中一切又开始恢复。究竟是什么问题引起这一不同寻常的关注呢？除以前的外再也没有别的，即使在元老院我们不得不提交给它——我们甚至曾经不情愿这样做。但现在，你看我们有耐心去背诵，并且关于同一主题我们一起去参加三天的朗诵。这样做的原因，并不是说我们现在比以前有更多具有雄辩力的写作，而是我们有更多自由来进行愉快的写作。因此，这对我们现在的皇帝而言是一个额外的荣耀。这种高谈阔论的演说，曾经是令人讨厌的，因为它是虚伪的；但是现在却令人感到满意，因为它是真诚的。它不仅是最热切关注我的听众给予我的快乐，而且我十分高兴地感到公正性符合他们的喜好。因为我发现，我的演讲越是有力量的部分就越能给他们带来特有的满意。的确，这是真的，做这项工作，把它写下来是为了让大家了解世界，即便只被少数人阅读。我会乐意把他们特定的判断看作是公众对我诚挚的表达。如果它被广泛传播，我会为他们男子汉的气魄感到高兴。

音乐也是这样，如同演讲中的口才，污浊的耳朵衍生了颓废的风格，但现在我希望在公众中表现出更精确的判断，演讲和音乐的创作将会取得进步。对于那些作者而言，根据时尚的流行品位创作出迎合时尚的作品，成为他们唯一的目的。不过我相信，这种用华丽的风格来表现主题的方法是最合适的，我认为我已经使用的生动润色在国外会受到尊重。

不可思议的是，对那些措辞简单朴素部分大加批判，却是我最担心的。不过，我衷心希望时间早点到来，现在流畅、绚丽的形式已经影响到我们的风格，它应该得到大家的推崇。因此，如果我给你讲述这三天我做过的事情，你的缺席也无法完全剥夺你享受乐趣的权利——关于文学的一些新理念，你倒是会缺失一部分。如果你到那儿去听，你一定会有所收获的。再会。

致卡尔维司乌斯·瑞福斯

有关我的经济状况问题，像往常一样我对你有追索权。房产以及我的土地管理运行良好，现在可以收购。我考虑再三，强烈倾向于此次收购，但同时也有其他不重要的事项烦扰我。首先，如果将庄园和我的土地连成一片，那将太美了。其次，无须额外的麻烦和费用，就能享受旅行的快乐。雇用相同的管家来监管，而且几乎由相同的子代理监管，有一个别墅需要维护和美化，而其他的只做普通修复。我还考虑到了家具、管家、园艺师、技工，甚至狩猎装置。你是把这些东西集中到一处还是把他们分散到几个地方？这会有很大的区别。我不知道在一项收购上花这么多的钱是否谨慎，毕竟类似的风险事故发生过。对于分配某人的财产，似乎满足财富的变化无常是一种更安全的方式。另外，空气和地点的变化以及财产之间的转移是一件非常令人愉快的事情。而现在，主要考虑的因素是土地肥沃、灌溉良好，主要由牧场地、葡萄园、木材组成，建筑木材的供应和回报虽然不高不低，可是保持在同样的速度。尽管还是那些肥沃的土壤，但因为没有得到妥善的管理而变得贫瘠。土地拥有者频繁买进和卖出库存，虽然暂时减轻了他的佃户的拖欠，但他未给他们留下任何东西，最终的结果是欠款越积越多。然后，我将不得不为他们提供奴隶，我必须以高于平时的价格来买，这些是好的，因为我没有保留受束缚的奴隶[①]，在置业方面更没有奴隶。你要知道，最后的价格是300万赛斯特斯，而先前已达到500万赛斯特斯。

房地产收入减少导致总体收入减少，部分原因是由于那时的困难情况，部分原因是没有使用佃户。你也许会问我，是否能够容易地搞到这笔收购款？我的庄园几乎都是土地；我拿了一些钱去放利息，只要我需要钱，我都能轻而易举地借到手，真的。我可以从我岳母那儿借到，用她的钱就像用我自己的钱一样。所以，在这一点上你不需要庸人自扰。如果你有其他反对意见，我希望你为我仔细地考虑。因为在任何方面，特别是在经济方面，没有人比得过你的判断力和经验。再会。

致克那利乌斯·普瑞斯库斯

我刚听到瓦列里乌斯·马歇尔死亡的消息，这引起我极大的关注。他是一个性急、活泼的天才，他的著作中处处充满机智、讽刺和关切。在他离开罗马时，我送给他一份礼物，以支付他的旅行费用。我给他礼物，不仅是友谊的见证，同时也回报他为赞美我而写的诗句。这是一个古老的习俗，让那些获得荣誉或奖励的诗人来写诗赞美特定的个人和城市。伴随着其他每一个高贵的人或城市，这个习俗已经过时了。结果我们不再体面地做事了，我们开始赞美愚蠢和无礼。你也许会好奇：怎么会有赞美我的诗句呢？我相信无须让你去看他的作品，就能部分地满足你的好奇心。如你对这首诗感到不满意，那就看看他的其他诗歌。他把自己比作自己的“缪斯”，是他带着“缪斯”来到我在伊斯奎利亚[②]的家里。

---

① 罗马人常常在耕种中聘请罪犯做低层次的劳动，如耕田等。

② 著名的七座丘陵之一，罗马就坐落于此。

“走，放荡无忌的缪斯，小心一点，
我普林尼的耳朵，
在圣人密涅瓦的教导下，
给我专注的思想放一天假，
展现我非凡的口才，
来指引后世的人们。
与奇异的塔利竞争，
然后，慢慢打发闲暇时光，
当巴克斯掌控了权力，
戴着艳丽的玫瑰花冠加冕时，
加图斯可能会读我那充满欢乐的小诗。”

你不觉得诗人用友好的语言写出了我那时的慷慨和现在的悲哀？因为他给了我最好的东西，如果他有权力，他会给我更多。一个人能够给予你的，还有什么比这永不褪色的赞誉更有价值？但是在人们心中，他绝对比他的诗活得更久，至少我是这么认为的，虽然他在写诗的时候希望诗歌流传得更久。再会。

致法巴图斯（他妻子的祖父）

您一直渴望我带着您的孙女[1]来看望您。放心吧，对我俩来说没有比这更好的了。我们都希望见到您，我们都迫不及待了。为此，我们已经收拾好行李，只要道路允许，我们会以最快的速度赶到您那里。我们将只做短暂停留，打算挤出一些时间去托斯卡纳：不是为了去料理我们的物业、了解家庭成员关心的事（因为我们可以另外找机会去），而是去履行一个重要的责任。在我的房产附近有一个小镇，名叫提费努姆——位于台伯

① 指凯尔弗妮雅，小普林尼的妻子。

河岸边[1]，那里感情多于智慧。当我还是一个青年时，我向这个镇施予恩惠。这些人欢迎我的到来，在我离开时，他们也表达最大的关心。每当听到我晋升时，他们欣喜若狂。为了报答他们的友善，我用自己的钱在这个地方建了一座庙宇。因此，我们要在举行仪式这一天到达那里。我已经准备了一场盛宴来庆祝。我们第二天可能要在那里停留，之后我们匆匆启程回家。愿您和您的女儿幸福、身体健康！现在我们精神振作，我相信我们将会且应该会安全到达您那儿。再会。

致阿提乌斯·克勒门斯

瑞库图斯失去了他的儿子，这样的不幸怎会降临到他身上——我在怀疑他是否认为这是一场不幸。这个孩子机智敏捷，如果长大后不像他父亲那样，他就能够走向正道。雷古勒斯给了他自由[2]，目的是让他继承他母亲留给他的房产。当他拥有它时（根据这个人的性格，我说的是目前的传闻），用一种让人恶心的感情讨好小伙子，对父亲来说太不应该了。您可能很难想到这是可信的，然后又要考虑雷古勒斯是什么样的人。不过，他现在以一种夸张的方式对这个青年的离去表达了他的关切。这个男孩有许多供他骑和驾驭的小马，大大小小的狗，再加上数量众多的夜莺、鹦鹉、黑鹂。他把这些东西搬到葬礼上堆放着，与其说他在表达悲伤，不如说是在显示他的财大气粗。令人惊讶的是，此时好多人都来看望他，这些人曾经都讨厌和痛恨他。他们的到来似乎说明他们真的尊敬和爱戴他——我告诉你吧，目的是让雷古勒斯感到仁慈友善。

他来到位于台伯河对面的他的公园里，在大片的土地上他修建了许多柱廊，在岸边堆满了他的塑像。他挥霍无度，贪婪、虚荣，声名狼藉。在这不合时宜的时候，他成了一个让人讨厌的家伙，然而他却感到快乐

① 现在的意大利卡斯泰洛城。

② 罗马人对自己的孩子有绝对的权力，不管后者的年龄和职位如何，都无法使他们摆脱这一绝对权力。

和欣慰。他说他想结婚——简直是性变态，如同他所有的其他行为一样。因此，你一定希望听到这个忏悔者不久就结婚的消息——这老头确实结婚了。你要问我为什么会这样？当然不是因为他自己说的，而是因为他会去做人们认为不应该做的事情。再会。

致卡提乌斯·雷皮杜斯

我经常告诉你雷古勒斯具有非凡的魄力，我很好奇他是如何把预定的事执行下来的。他对儿子的逝去感到极度难过：因此对他表示前所未有的哀悼。他的脑海里浮现出他的许多塑像和画像；于是罗马所有的能工巧匠都被派来干活。帆布、蜡、铜、金、银、象牙、大理石，无不展现出年轻的雷古勒斯的音容笑貌。不久前，他在众人的面前朗读了一篇有关他儿子的回忆录，他唯一的儿子！他写信给几个狄库瑞，希望他们选一个声音洪亮、清晰的人来读悼词，而他确实做到了。现在这种魄力，或者可以叫作其他什么的，一旦在人心中产生，它就会得到正确的使用，就会产生好的结果。不幸的是，与其说这是一种好人的品质，不如说这是坏人的品质，因为无知导致轻率，因为思虑产生从容，谦虚容易削弱美德的力量，而自信带来恶习。雷古勒斯就是一个很好的例子：他声音微弱，笨手笨脚，说话模糊不清，思维缓慢，没有记忆力——除了有用不完的劲，他一无所有。但凭着他的轻浮和厚颜无耻，作为一个演说家他成功了。赫伦尼乌斯·塞尼西奥将加图对演说家的定义做了彻底的修改，并把它用到了雷古勒斯身上。他说："演说家就是一个不懂说话艺术的坏男人。"加图对演说家的定义，不如塞尼西奥对这种人的定义准确。你会找一个合适的时机给我回这封信吗？如果你或者在你城市的我的朋友们，或者市场里的流浪汉在读雷古勒斯这哀伤的作品，请你告诉我。如德摩斯梯尼所说，"提高你的嗓门儿，拉紧喉咙的每一块肌肉"。如此荒谬的表演必定会激起笑声，而不是同情和怜悯，事实上，这个作品如同它的主题一样天真幼稚。再会。

致马图瑞斯·艾瑞阿乌斯

占卜官①尊严的进一步提高确实是一项值得你祝贺的光荣之事。不仅仅因为它受到高度的赞扬——即使是最细小的事情，也表明了国君②是如此明智和谨慎；而且它是一项古老的宗教制度，它赋予生命神圣而特殊的权利。其他那些相信僧侣神权的官职有着和占卜官一样的尊严，但是他们在被授予权利后也有可能被剥夺权利。我很荣幸继承了杰出的朱利叶斯·弗龙蒂努斯的特权，这就是我所提到的尊严。多年来，在提名适当的人进入宗教学会时，他不断地提到了我，好像他有意选举我为他的继任者——实际上事实证明的确如此。我更多地认为这是必然的而不是偶然的。在这件事情上，让你感到满意的是，西塞罗享有同样的待遇。（你告诉我）你欣喜地发现，我追随他的脚步，在慢慢走向我努力达到的荣誉之路。事实上，比起西塞罗来，我有优势早些被选入牧师们的行列并进入领事处。所以在今后的几年，我可能会努力赶上像他那样的天赋，至少一点点也行。事实上，前者可能会赋予我和其他许多人，但后者只是一种奢望，因为它难以达到，那是天赐的礼物。再会。

致斯塔提乌斯·萨比努斯

你的来信告诉我萨比拉指派你和我作为她的继承人，尽管她没有明确指示应该给莫德斯图斯自由，但却留给他一份遗产，并这样说道："我……留给莫德斯图斯，我已下令给他自由。"关于此事，你想听听我的意见。我已向有经验的律师咨询过，他们都认为莫德斯图斯不应该获得

① 他们的任务是解释梦、神谕、预兆等，并预言任一行动是否会给特定人群和整个共和国带来幸运或造成伤害。通过这种解释，他们常常造成地方行政官的改换、公众集会的推迟，等等。

② 图拉真。

自由，因为遗嘱没有表达准确，因此，遗产赠予是无效的——因为它被遗赠给了一个奴隶[1]。显然，是萨比拉犯了一个错误。在这种情况下，我认为我们应该行动起来。她已经非常清楚地下令，而且讲了这么多的话，我相信你会同意我的这个意见。对于忠实的继承者来说，死者的遗嘱犹如法律一般。荣誉对于你和我意味着责任和义务，就如法律对于他人的强制力一样强大。让莫德斯图斯充分享受他的自由和他所得的遗产，他们确实有效地做出了对继承人的明智选择。再会。

致克那利乌斯·米尼西努斯

你听说了吗？我想还没有——因为刚刚才得到这个消息，瓦列里乌斯·里瑟莉亚努斯已成为西西里岛的教授。这个不幸的人，他最近才获得执政官的地位，被认为是我们倡导者中最有口才的，而现在从元老院议员沦落为一个流亡者，从一个演说家沦落为一个修辞学的老师。在他的就职演说中，他悲伤而郑重地说道："命运是多么的善变啊！它让你成为修辞学家中的众议员、众议员中的修辞学家！"一个如此凄美的讽刺，充满了怨恨。一个人从事这样的职业，仅仅是为了寻找一个使用它的机会。首次在学校里露了个面之后，他总是戴着希腊斗篷（因为流亡者没有权利穿宽外袍），穿好以后，他打量了一下自己。他说："我要用拉丁文朗诵。"也许你会想，在这种情况下，这个可怜又可悲的、曾经享受着高贵荣誉的演说家怎么犯下了乱伦罪？这是真的，的确，他承认对他罪名的指控。如果他否认罪行，无论从犯罪的意识，还是对更坏结果的担忧，都是不清楚的。图密善愤怒到了极致，因为他提供的证据让他非常失望。皇帝决定科

① 奴隶是不能有财产的，因此，他所取得的任何东西都是他主人的合法所有物。

妮莉亚应当被活埋，她是维斯塔贞女[①]的主管。出于荒谬的观念，这种惩戒性的重罚会为他的统治增加光彩。因此，凭借至高无上的教皇职权，他在行使一个暴君的残酷行径、一个独裁者的无法无天。他在神学院召集大会，不是在罗马教皇法庭那里。（而是在他位于阿尔巴的别墅附近）；他的罪行令人发指，他谴责科妮莉亚乱伦——同时禁止她为自己辩护，他指责图密善不仅诱使自己的侄女做不道德的事，而且与她的死亡也有牵连：那女的，是一个寡妇，为了掩盖她的耻辱，努力流产，就这样失去了生命。然而，祭司们看到这个宣判后立即对科妮莉亚执刑。他们带她到执刑的地方，她呼吁灶神及其他的神灵，以证明她的清白。

她一直哭道："在他神力的影响下，暴君认为我被玷污了，他已经胜利了，这可能吗？"这是在奉承还是在嘲笑？是表明她的清白，还是蔑视皇帝？这不能确定。她继续以同样的方式哭泣，直到她来到刑场——我不能说她是无辜还是有罪。当她被带到地下室，她的长袍碰巧挂在了下落的东西上面，她转过身来。这时刽子手帮忙把它切断了，她惊恐万分地抽身回来，唯恐被刽子手挨着，好像是一个污秽的东西欲对她纯洁和清白的贞节有所侵犯——神圣的面容保持到了最后一刻。"她小心翼翼地维护着自己的体面[②]。"同样一个叫塞勒的罗马骑士被指控与她私通，在法庭上他们用棍棒[③]鞭打她，她却一直在说："我做了什么？我什么都没做。"

这些清白的声明激怒了图密善，在他眼里这是残酷和不公平的行为，

① 她们的工作是出席维斯塔女灶神的祭拜仪式，主要的任务是保护圣火。如果碰巧圣火熄灭，用普通的火去点燃它会被认为是不敬神，除非她们利用纯净的无污染的太阳光来点燃它。除了与她们的工作有关的事务外，她们还有其他各种各样的职责。给她们规定的主要规则是她们发最严厉的誓言——守贞30年。过了这段期限，她们就有自由离开，如果她们违背了她们保持贞洁的誓言，她们就会被活埋在一个特别为她们划拨的地方（据肯尼特的研究）。她们圣洁的声誉是如此之高，以至于罗马历史学家李维提到了两个处女违背自己誓言的事情，这是件奇事，威胁着罗马政权的灭亡。苏维托尼乌斯告诉我们，奥古斯都对这种宗教规定高度赞赏，以至于他把自己的意愿托付于维斯塔贞女们。

② 出自欧里庇得斯的《赫卡柏》。

③ 给予违反维斯塔贞洁的惩罚是把她们鞭打至死。

因此皇帝下令抓住里瑟莉亚努斯，因为他自己的一座庄园里藏了一个自由妇女。那些指控他有罪的人告诉他，如果他希望得到减免惩罚，就必须承认这样的事实，遵从他们的意见。赫伦尼乌斯·塞尼西奥在他缺席的情况下为他辩护，正如荷马所说的“帕特罗克洛斯在死亡之中”。他说：“我要检举，里瑟莉亚努斯已经逃离。”听到这个消息，图密善是如此惬意，忍不住流露出满意的神色。他喊道：“里瑟莉亚努斯无罪释放是对我们的不公平。”他还说他不会紧逼里瑟莉亚努斯做丢脸的事。因此图密善允许他，在他们抓住他之前，消除他此事带来的影响，保证他可以安全离开。作为对他主动认罪的奖赏，给他减轻了惩罚，判处放逐。事后，里瑟莉亚努斯在皇帝涅尔瓦的宽大处理下，被允许定居在西西里。在他的言论中，他自称是修辞学家，这是对自己命运的报复。对于你的指令，我是忠实地执行，给你送来了详尽的国内国外的消息。我在想，因为你缺席本次审判，只是大概地听说里瑟莉亚努斯由于乱伦而被放逐之事。回想起来，我应该充分考虑发生在你镇上和周围的事，那里发生的一些事情值得一说。如果你高兴，你可以写一封像我这样长的信寄给我。我告诉你，我在乎的不只是那几页纸，我更在乎信里面的字字句句。再会。

致瓦列里乌斯·珀利努斯

我的朋友，与我一同欢呼吧，不仅为你我，也是为共和国欢呼，因为文学仍享有荣誉。最近在百人法庭上为一件案子辩护时，由于人太多，我没能通过法官席而到达自己的位置上。我要补充一件让人愉快的事，一个年轻的贵族——他的长袍在人群中被撕破，这是常有的事，脱下长袍——他仍然站在那里听我演说。我演说了七个小时，而我的成功让我忘记了如此长的讲话带给我的疲劳。所以，让我们不要在公众的幌子下把我们的懒惰隐藏起来。我敢肯定的是，只要我们能为演讲者和作家提供值得关注的事情，就会有听众和读者的。再会。

致阿西尼乌斯

你建议我而且还恳求我，在科雷利亚缺席的情况下，担当起她的职责，对C. 卡西利乌斯竞选执政官投反对票。我很感谢你的建议，也同意你恳求我做的事。事实上，你完全没必要恳求我，我也会这样做的，因为如果我拒绝了，那将说明我心胸太狭窄了。我会毫不犹豫地、全力以赴地保护科若利乌斯的女儿。虽然我和她的对手的关系还可以，但没有什么特别深的交情。这也是事实，他是一个有地位的人，对我的特殊关照有很高的要求，他注定要成为一名官员，我曾有幸任这个职位。对于一个人来说，渴望那些曾经拥有过的最大尊敬是很自然的事。然而，当我想到，我要保护的是科若利乌斯的女儿，所有这些思虑便显得微不足道。

想起这个优秀的人，在他这个年龄段的人没有一个人比他更有尊严，更正直、敏锐，在我的脑海中留下了不可磨灭的烙印。我对他的关注源于我对他的钦佩，在对他彻底了解之后，我对他更加钦佩。事实上我对他非常了解，不管他是悲伤还是快乐，他对我从不隐藏什么。当他还是一个青年时，他（我甚至大胆地说）尊敬我，仿佛我和他是同辈。当我索取职位的荣誉时，他支持我并向他的同事们推荐我。当我走近他，他既是我的介绍人又是我的同伴。我行使权利时，他是我的向导和顾问。总之，凡是与我相关的事，尽管他体弱、风烛残年，但他总是尽最大的能力展现他的敏捷，好像他还像年轻人那样精力充沛。无论是在公共场合、私底下，还是在法庭上，他都是一如既往地提携和支持我！在一次谈话中，皇帝涅尔瓦也在场，在谈到当时有前途的年轻男子时，有几个在场的同僚提到了我，并报以热烈的掌声。他坐在那里沉默了一会儿。空气变得很凝重，他说："我要赞誉小普林尼，因为没有我的建议他将一事无成。"通过简单的句子，他赋予更多我奢望的东西，因为他声称我的行为总是如此充满智慧，因为它是完完全全在最聪明的人的指导之下。即使在他生命的最后时刻，他对他的女儿说（因为她经常提及）："在我一生当中，我向你推荐了许多朋友，但没有人比得上小普林尼和科努图斯值得你向他们吐露心声。” 我要努力做到不让如此信任我的人失望。因此，在这件事上，我会义无反顾地帮助科雷利亚，即使遭到不满，我也要冒这个险。我在想，如果在我的辩护过程中我找到一个机会来解释，我会竭力根据这封信的要求来满足他的恳求。我在这里提到的原因在于我把希望寄托在我的辩护和我的荣耀上，她的对手（也许，这个诉论就像你在之前说的是没有先例的，因为它是对一个女人的诉讼）不仅会原谅而且会赞成我的行为。再会。

致黑斯普拉

要知道你是一切美德的典范，你深爱你已故的非常优秀的哥哥，他也非常溺爱你，就像你爱他一样。把他的女儿[①]当作你自己的，不仅给了她你这个姨妈柔情，而且为她弥补了失去的父爱。我知道，当你得知这个消息——她配得上拥有她的父亲、她的爷爷和你时，你一定高兴得不得了。她理解力极强，处事谨慎、心地纯朴，也疼爱她的丈夫。此外，她对我的情感、让她爱上了我的书和我的作品，她以阅读为乐趣，通过心灵和我交流。当我要演讲时，她是多么的焦虑！当我取得成功时，她是多么的喜悦！当我辩护时，她派人不间断地打听听审进行得怎么样、我是否获得了掌声以及案件是否获得了成功。每当我朗诵我的作品时，她藏在窗帘的背后，带着渴望的心情聆听。她把我的诗当歌唱，把它们改用七弦琴演奏，这里没有大师指点，爱成了最好的导师和引领者。从这些快乐的场面，我得到了最确切的希望：随着时间的流逝，我们之间将变得更加和谐，犹如我们的生命那样久长。时间的推移逐渐削减了我们的青春。她在乎的是我的荣耀。由你亲手训练，你的教导塑造了她完美的人格，在一个纯洁和具有美德的家庭成长，通过你的第一次赞美她爱上了我，我还能奢求什么呢？你尊敬我的母亲，甚至我的父亲，你让他们得到了应有的尊重。在我年轻的时候，你指导和鼓励我，从那时起就预言我的妻子会很天真地想象

① 指凯尔弗妮雅，小普林尼的妻子。

我真正是个什么样。因此，接受我们的感谢，是你选择了我们。再会。

致罗马蒂斯·菲尔姆斯

听着！下次法庭开庭的时候，无论如何你都必须到场。因为缺席就要受到惩罚，所以你想在我的保护下偷偷懒是不行的。你瞧那严厉的执政官李锡尼波斯，甚至元老院议员的疏忽怠慢都会受到他的惩罚！议员亲自去为自己辩护，语气都得恭恭敬敬的。这惩罚倒真的免除了，但是他的沮丧使他心痛，他谦逊地为自己说情，他不得不请求赦免。“不是所有的执政官都那么严厉的。”你会回答；你就错了——的确，虽然笔者可能和这个例子中提到的那位执政官一样严厉，但法令一经推行，再仁慈也会遵循已有的先例。再会。

致李锡尼乌斯·苏拉

我从乡下给你带来了一个问题，作为给你的一件小礼物，希望借助你广博的知识考虑一下。在邻近的山里喷出一股泉水，在岩石间流淌，由人工把它引入到一个小的宴会厅。在那里作短暂的停留之后，流入拉瑞安湖中。这股泉水太古怪了：每天涨落3次，水的增加和减少都清晰可见，看起来非常有趣。你坐在泉边，吃上一点东西，喝一点水，这水非常凉快，你可以看到它渐渐地上升和下降。当它变干时，如果你把一枚戒指或其他任何东西放在其底部，水渐渐地往上爬，先轻轻地冲洗着它，最后完全覆盖它，然后再一点一点消退。如果你等待足够长的时间，你可能会看到它连续3次交替上涨和消退。我们可以说，一股神秘的气流打开了水源，它首先冲进去并阻挡水流，然后在水的反作用力下被挡回来，再度外泄。这像不像我们所看到的在瓶子和其他容器里的水，由于没有一个自由和开放的通道，尽管你把容器直立或倾斜向下，然而外面的空气挡住了出口，一旦空气流动他们就把水放出来了？这些相互收缩和扩张的水是不是像海水的潮起潮落一样？或者，像那些流入海洋的河流，在遇到逆行海浪时，被迫退回自己的河道？因此，泉水在行进过程中，是否有东西以同样的方式挡住了它？或者在地球的内部有储存这些水的水库，当它在聚集水量的时候，小溪流得慢，流量也小；而当它积聚到一定程度时，就大量地流出来？最后，有没有我不知道的地下平衡，即当泉水干涸时水就喷出来，当泉水满时就把它挡住？你是最有资格来解释这一奇妙现象的人了。如果我能充分地为你描述它，那就再好不过了。再会。

致安尼乌斯·西弗勒斯

我最近得到一份小小的遗产，然而有份遗产比一大笔遗赠更能让人接受，那么它是如何让人更易接受呢？珀普妮雅·格拉提拉剥夺她儿子奥斯迪乌斯·库瑞安乌斯的继承权，任命我为她的继承人之一。还有享有执政官荣誉的塞多里乌斯·赛维瑞斯，以及几个著名的罗马骑士，和我一起作为共同继承人。奥斯迪乌斯·库瑞安乌斯恳求我把我得到的那一份遗产给他，为的是借我之名让我在其他共同继承人面前树立一个榜样，同时他答应签一个秘密协定，把我的那一份还给我。我告诉他，以我的性格，我是绝不会这样做的，我绝不会说一套做一套。另外把自己的财富当作礼物送给一个没有孩子的人是很不受人尊敬的。总之，这不是他所期待的答案，然而如果我收回我的要求，它可能对他有帮助，我已经准备好并愿意这样做，如果他能清楚地证明他是被不公正地剥夺了继承权。“做吧，”他说，“在这件事情上，担当我的公断人。”短暂停顿后，我回答说：“我会的，因为我不明白为什么我不应该有我自己公正无私的意见，看来你似乎也有，但是你要记住，我不愿意违背你妈妈在这个问题上做出的决定，因为她做出决定时有正当理由。”他回答说：“我相信做事要公正。”我邀请我的助手——科若利乌斯和弗龙蒂努斯——罗马两个最优秀的律师给予我帮助。当着这些人的面，我在自己的房间听审了这个案子。库瑞安乌斯说出了一切他认为将有利于他的主张的话，（除了我，没有人捍卫死者）我做了一个简短的回答；我和我的朋友认真商议后得出我们的裁定，我对他说："库瑞安乌斯，我们认为你的行为导致了你母亲的不满。"后来一段时间，库瑞安乌斯对除了我之外的其他共同继承人向百人法庭提起了诉讼。随着审判日的接近，其余的共同继承人急于在这件事情上妥协并忙于处理相关事宜，并不是由于他们对这个案子没信心，而是他们对这个时代不信任。他们担心发生在许多人身上的事会发生在他们身上，民事诉讼可能以刑事诉讼方式结束。因为他们担心格拉提拉和如斯提库斯[①]的事情可能会给他们造成极大的伤害，他们要我去和库瑞安乌斯谈一谈。我们在康科德寺庙见面了，我说："现在假设你的母亲给你四分之一的遗产，或把你指定为唯一继承人，但是如果她消耗殆尽之后连四分之一都没能留给你，你会抱怨吗？你应该感到满足，因此，即使你现在完全丧失继承权，其他继承人也会愿意给你四分之一，而我会增加给你的比例。你知道你没有对我展开任何诉讼，两年已经过去了，这让我在法律上无可争议地拥有了这等遗产。我诱使你同意其他共同继承人的建议，基于你表现出来对我的尊重，你不算受害者。我答应同他们一起提前给你属于你的那一部分。"出于良心的默许不是本次交易的唯一的结果，他为我的荣誉也做出了贡献。给我留下遗产的，正如我在信的开头提到的，正是库瑞安乌斯。

接受它是我把它当作对我行为的赞许，如果这不算自夸的话。我已经写信告诉你这一切，因为在我所有的快乐和悲伤中，我常常把你看作是我，我认为，不管发生任何让我不满意的事。而如果我不与如此亲密的朋友交流，这是不友善的。当我在考虑我是否是一个高尚的人，我只能说我不是哲学家，我无法保持中立。我的行为是否符合他们的利益时，再会。

致提提乌斯·阿瑞斯托

通过许多让人愉快的事情，我认可你我之间的友情；你告知我最近在

① 格拉提拉是如斯提库斯的妻子，如斯提库斯被图密善处死，格拉提拉遭到流放。这是那个可憎的王子在统治时期所犯下的罪行，甚至对那些曾讨厌他的人（包括他的一个朋友）也如此凶残。

你家举办的有关我的诗歌的交流活动，你们对我的诗歌做出了各种褒贬不一的评判（这有助于延长谈话），我对此感到非常满足。现在看来，似乎有人不喜欢我的诗，同时谴责我的诗太自由太过于亲切，我采用自己的方式创作和朗诵。但是到目前为止，我并不为这样的指责找借口，我乐意接受这样的指责，坦白地说，我有时写一些更加欢乐的诗歌来让自己消遣。我时而创作喜剧，时而写哑剧，时而读一些抒情诗，时而又进入完全的沉思中；除此之外，我有时沉迷于自己的欢笑和嬉戏中，用一句话来涵盖所有天真无邪的休闲，那就是“我是人”。听到他们对我的品行的肤浅评价，我并未生气。他们对事实不了解：最有学问、最聪明、最优秀的人在以与他们同样的方式写作，这些人应该是惊讶于我写作的基调。对于那些了解我的人，他们知道我模仿的榜样，我确信，模仿是件好事，我不仅模仿他们严肃的创作，也在微不足道的事情上模仿他们，这些无疑也允许我犯错。这是我的性格吗？我不会说出任何活生生的例子，免得说我在拍马屁；我践行塔利、卡尔乌斯、波利奥、梅萨拉、霍尔登修斯、布鲁图斯、苏拉、卡图卢斯、斯凯沃拉、苏尔皮提乌斯、沃罗、托夸提、美米乌斯、噶图里库斯、塞内卡、卢克乌斯，以及弗吉尼乌斯、瑞佛斯的理念合适吗？如果这些人还不能证明我是正当的，我还可以举出朱利斯·恺撒、奥古斯都、涅尔瓦和提比乌斯·恺撒。我没有将尼禄加入此列，但我知道最糟糕的人践行的东西未必就会堕落成谬论，相反，如果得到最优秀的人的赞赏，它仍然会保持它的荣光。

在这个行列中，维吉尔、科尼利斯·厄波斯，以及之前的恩尼乌斯和阿提乌斯理应获得最高的荣耀。最后这些确实不是参议员，但上天知道他们没有职级的差别。我朗诵我的作品，确实在这种情况下，我不确定我可以通过这些榜样来支撑自己。也许，他们可能会对自己的判断感到满意，但我认为我的作品完美，因为它们似乎就是这样完美。一方面，我郎诵的理由是在于对观众的尊重，这能激发我更好地表现它们；但话又说回来，通过观察观众的普遍反应，我有机会处理演讲中产生的疑问。总之，我的优势在于可以获得不同人给我的启示，尽管他们不能用准确的术语表达出来，哪怕是一个表情，头、眼睛和手的一个动作，一声耳语，甚至是沉默，都能辨别出他们对语言是否优雅所持的真实态度。所以，如果任何一个观众有好奇心来反复聆听我做过的演讲，他可能会发现有几处被更改或省略。也许这些就是在“他”特定的判断基础上改动的，虽然他没有对我说一个字。在这个方面，我不是在为我辩护，这就像我在大庭广众之下朗诵我的作品（不是在自己家里当着朋友的面儿），我会尊重那些来听我朗诵的人，而非责备他们。再会。

致诺尼乌斯·马克西姆斯

当得知范尼乌斯去世的消息，我陷入深深的悲痛之中。首先，因为我喜欢如此有口才而优雅的人。其次，我已经习惯了以他的判断为指导——确实，他看事物极为敏锐，通过实践他能够在瞬间洞察事物。关于他的死，有几件事情让我更加难过。在他去世之前，他留下了遗嘱，他的遗产落入了那些让他不满的人手中，而他最喜欢的人却被排除在外。但我感到特别遗憾的是，他留下了一部他已开始写却没写完的宏伟作品。他是在酒吧里，为那些被尼禄判处了死刑或遭到流放的人写传记，并完成了三本书。他写得非常优雅准确，风格淳朴。由于它们深受大众喜欢，他非常渴望能够完成剩下的部分。在我看来，死神来得太不合时宜、太突然了，而此时的他正在写一部不朽之作。好色之徒没有希望，对生活失去了信心。而那些寄希望于后人的人，尽力通过他们的作品将他们的荣誉延续到后代人。对他们而言死亡永远是不该来的，因为它从一些未完成的计划之中抢走了他们。在他死亡前很久，范尼乌斯预感到要出事。一天晚上他做了一个梦，他躺在沙发上，穿着睡衣，准备要写作，同往常一样他的卷轴[①]放在面前，尼禄走了进来，坐在他的身边，拿起三本关于历史的书籍，通读了一遍，然后离去。这个梦让他极为震惊，他认为这是一个暗示，他不能继续写历史了，事实已经证明是这

① 在原文中，卷轴是支撑手稿的盒子。

样的。在悼念他的时候，我不能不想，不知花费了他多少辛劳、多少不眠之夜，死神却不让他完成这项工作，同时，我也得思考我自己的死亡和我的著作的命运，这也是对那些正在从事创作的人的警示。我的朋友，如果生命允许，让我们尽一切努力去做好手头之事，如此，不管死亡什么时候到来，它带给我们的损失都是微乎其微的。再会。

致多米提乌斯·安珀利纳瑞斯

听说我打算在托斯卡纳的别墅里去度夏天，你表示亲切关怀。你尽力劝阻我不要去一个你认为不健康的地方，这一点我感到非常高兴。这是真的，托斯卡纳靠近海岸，那里的空气稀薄，不利于健康，但我的房子坐落在亚平宁山脉之下，离海较远，应当是非常健康的。但是为了减少你的忧虑，我会给你描述这里的气候和我别墅的美丽。我相信你一定会乐意听我说的。冬天空气寒冷，而且要结霜，因此桃金娘、橄榄等喜欢暖和天气的树木在这里长得不好。但是月桂树却长得枝繁叶茂，非常美丽——尽管寒风肆掠。夏天是非常温和的，总是吹着一股清凉的微风，很少有强风。许多老年人来到这里；如果你到这里来，回想自己出生的时代，听到有关我们祖先的古老故事和方言，你会觉得祖父们和曾祖父们似乎都还很年轻。这里的景色太美丽了，我给你描绘的那个巨大露天剧场，真是人类创造的杰作。在你面前是宽阔的平原，四周都是山脉，山峰覆盖着高大而古老的树木，斜坡上种植有灌木，其肥沃的土地上几乎没有发现一块石头。虽然收获时节靠后一些，但山谷里却呈现一片丰收的景象。在山腰上，映入眼帘的是连绵成片的葡萄园，它旁边是灌木林。接下来，你看到的是草地和开阔的平原。耕地太硬了，需要用最好的牛和最强的犁去耕九次。开满鲜花的草地无比漂亮，这里生长着三叶草，其他类型的草本植物如雨后春笋般涌现，小溪浇灌着土壤。尽管有大量的水却没有湿地，因为它处在一个斜坡上，它接收到的水没有被吸收而是流到台伯河去了。这条河蜿蜒穿行于草地中间，只在冬季和春季通航，在这两季人们将农产品运送到罗马。但在夏天，河水低于河岸，这条河变成了一个干涸的沟渠，临到秋天，它又恢复到原来的模样。站在附近的山顶上，俯瞰这里的美景，你一定会为它所陶醉，并会认为这不是真的，而是用最精美的铅笔勾画出的一些虚构风景——如此和谐的各种美丽风物出现在你面前，一定会让你大饱眼福。虽然房子在山脚下，但你如同站在山腰一样，美景尽收你眼底，当你慢慢地接近，你会发现自己不知不觉地来到一处高地而用不着爬坡。身后的远处便是亚平宁山脉。在最平静的日子里，我们领略到凉爽的微风。大部分的房子都向南，夏天下午的阳光照射进长长的门廊，门廊由几个房间构成，特别有一间存放着古董。在门廊的前面是一排台阶，被亭子和灌木切割成不同的形状。走下露台，在一处斜坡，亭子上刻画着动物图案，它们相对而视，像是在软得如同液体的草坪上翻滚。周围是装点着常青树的步行道，形状各异。远处是 *gestalio*（哥斯塔提偶），它建在一个圆形广场上，周围是篱笆和各种矮小树木。它被一面墙围着，槽子做的台阶通向广场的顶部。在墙的外面是一片草地，美丽至极，难以言表。在它的尽头，是一片开阔的平地以及草地。门廊的尽头是一个大饭厅，朝向露台的一头开着，从窗户可以看到远处乡村的草原美景，从这里可以看到露台以及房屋突出的一角，还有环绕附近跑马场的大片树林。在门廊的中部，其对面矗立着一座乘凉室，周围有四棵悬铃木，中央有一个大理石喷泉，浇灌着四周的树木。这个乘凉室有一间卧室，非常隔音，光线不能穿透进来。第二个门廊有着和我刚刚描述的门廊同样的景色。另有一间屋子靠近附近的悬铃木，随时都很阴凉。其两侧镶有大理石雕刻的墙裙，而大理石上面刻的树叶和树枝上都画着鸟，整体上看，它们让人心旷神怡。在它脚下有一个小喷泉，流经几个小管，到达一个水池，发出令人愉快的潺潺声。从门廊的一角来到一个非常大的卧室，它在餐厅的对面，从窗户望去，可以看到露台的景色和草地，犹如一个小瀑布，既饱眼福又饱耳福。从高处飞泻的水，水沫溅满大理石水池。在冬天，这个房间非常温暖，沐浴在阳光下；在多云的天气，毗邻的火炉提供了热量。离开这个房间，通过一个布置得很好、比较舒适的盥洗室，来到一间较大而阴暗的冷浴室，但如果你喜欢在温暖的水里游泳，中间正好矗立着为此目的建造的一座浴池，它附近有一个水库，如果你觉得热水浴让你太放松了，水库的冷水会让你精神振作。紧挨着冷浴室的是一个中等大小的热浴池，沐浴着温和阳光，没有远处的热水池那么热。最后是三个隔间，每个隔间的热度都不一样，前两个完全处在太阳的暴晒下，而后者没有接触到太多阳光，温度适中。在换洗室对面是一个网球场，可以进行不同的比赛和接待不同层次的运动员。在浴池不远处是通向门廊的楼梯，其间有三间屋子。其中一间被一棵悬铃木围绕，另一间朝向草地，从第三间能够看到葡萄园的美景，每一间屋子都不一样。从依山傍水的门廊上端看，可以看到跑马场、葡萄园、山顶。毗邻的是一个房间，完全暴露在阳光下，尤其是在冬季。在侧面也有一个门廊，它不仅俯视葡萄园，而且似乎可以触摸它们。从这个门廊的中间，你进入一个餐厅，有益健康的海风从亚平宁山脉吹来：从后面的窗户，你可以更近地欣赏葡萄园。沿着饭厅往前走，这里没有窗户，但有一个私人楼梯，在我招待客人的时候它显得更加便利；在那遥远的尽头是一个起居室，可以看到葡萄园以及门廊什么的。屋子下面是一个门廊，类似一个山洞，夏天可以享受它的自然凉意，这里既不允许也不希望外界空气进入。在你通过了这两个门廊后，在饭厅的尽头是第三个，无论是冬季还是夏季都在使用。顺着走，来到两个不同的公寓，其中一个包含四个房间，而另一个则轮番享受着阳光和阴凉。对我房子的不同部分的设计是非常惬意的，虽然它不能与美丽的跑马场[①]相比，它位于视野的中央，在你一进来时，一切尽收眼底。黄杨树周围是常春藤，这样设计使得上面绿意盎然，下面的树干和树枝被常春藤缠绕，树与树之间连在一起。在每两棵悬铃木之间种上黄杨树，背后种上一排月桂树，它们处在悬铃木庇护之下。这条到跑马场的直线边界在那遥远的尽头改变了它的形状，弯曲成一个半圆形，树木也沿着它种植，中间夹着柏树，这些给里面的环形步行道增添了庇荫处，到处都种植着大量的玫瑰。凉爽的树荫和温暖的阳光形成非常鲜明的对比。通过这几个蜿蜒的小巷，你进入一条笔直的步行道，它被一排黄杨篱笆隔开

① 跑马场，其准确含义是一个地方，希腊人留出这个地方用于赛马和其他运动项目，但它似乎就是一个特定的散步场所。普林尼取这个名字，也许是因为它形式像跑马场，其承载所谓的公共场所的功能。

了。在一个有小草甸的地方，亭子呈现各种各样的形状，有的刻上了字母，代表主人的名字或工匠的名字。到处是小方尖塔，它们和果树融合在一起，然后突然，在这整齐划一的优雅中，你会对不经意地模仿大自然的美丽感到吃惊。在它的中心是成片矮小的悬铃木。这些悬铃木的不远处是一棵相思树，也刻有不同的名字。在上端是一个白色大理石壁龛，它被葡萄藤遮住，并由四个小的卡瑞斯钦柱子支撑着。从这个半圆形的卧榻处，水流经几个小管，它仿佛是被人躺在卧榻上的重力挤压出来的，流进下面的一个石头砌成的小池子里。那里有一个精细抛光的大理石盆，当我在这里吃饭时，就把这个石盆当作饭桌，大碗的菜肴摆在边上，其他器皿盛的放在中间。

对面是一个喷泉，它在不停地灌水和喷水，水喷到一定高度又反弹回来。壁龛对面矗立着一座精美的大理石乘凉室，打开乘凉室的门，你会看见绿色的围墙；紧挨着的是一个密室（虽然看似不同，可大部分还是相同的），配有一张沙发，尽管密室每边都有窗户，但还是显得很暗，因为葡萄藤爬上顶部，完全遮住了光线。躺在这里，想象自己在一片树林里，唯一不同的是，你没有暴露在风雨中。这里也有喷泉突然升起、瞬间消失——几个大理石座椅放在不同的地方，如果你去那走一走，也会感觉像乘凉室那样舒适。每个座位附近有一个小喷泉，在这你会听到整个跑马场的溪水流经管道发出的潺潺的声音；经过能工巧匠之手，溪水浇灌整个它流经的区域，处处绿茵茵的。我应该在此打住，以免让你觉得我啰唆，我未曾打算让这封信带领你进入我房子和花园的每一个角落。如果你来这里看了之后，你一定会满意的，不会让你觉得读这封信是一件烦心事。如果你愿意，可以把它甩在一边，在你认为合适的时候再读。再说我只想展现我的酷爱，因为我喜欢我所建造的物体。总之一句话（无论是出于故意还是出于偏见，我为什么要隐瞒我的朋友呢？），我经常仔细考虑文章的主题，这是每个作家的第一职责。如果他一直思考一个主题，就不能简单地被认为很乏味；相反，如果他提出一些不相关的东西，他就会被认为是过了头。你知道，荷马引用了阿奇雷斯许多诗句，维吉尔引用了埃内亚斯的诗句，但他们都不被认为是啰唆的人，因为他们每个人都保持其特有的风格。你所知道的阿瑞图斯，尽管他列举了最微小的星球，但没人说他太过啰唆，因为他是围绕主题而为之。同样，我只是尽力让你对我的房子有所了解，并没有谈及无关的事。还是回到开始的地方，免得我受到声讨（如果我继续谈这个题外话）。你现在看到了，比起图斯库鲁姆、台伯河和普瑞利斯提[1]，我更喜欢我在托斯卡纳的别墅，除了前面提到的优势，我在这里可以享受比其他任何地方更舒适且不受打扰的隐居生活，因为我远离城市的喧嚣，而且还免受客户的打扰。

一切都静下来了，空气清新，万里无云，让我的身心都沉浸在这美景之中，我可以尽情地学习和打猎。确实没有比它更适合我和我家人的地方了，至少我相信我还没有完全失去我所拥有的东西（希望可以这样说[2]）。神灵，请继续赐予我快乐，继续赐予我的别墅荣耀。再会。

致卡尔维西乌斯

可以肯定的是，法律上不允许一个城市根据私人遗嘱以法人身份来继承不动产。撒图尼乌斯指认我为他的继承人，把他四分之一的不动产留给我们科姆社团，之后，他还给我40万赛斯特斯。这个遗赠，用法律来判定它是无效的，但是考虑到死者对这个遗嘱清晰明了的表达，它应该是有效的。我认为死者的遗嘱比法律有更高的权威（虽然我很担心，我说什么也不会让律师满意），尤其是涉及国家利益时。难道我应该从我自己的财物中拿出1 100万赛斯特斯作为礼物送给他们，以便保住这到手的不到三分之一的不动产？像你这样的真正爱国者，对我们共同的国家有同样的感情，我相信你肯定会同意我的看法。因此我希望你会在下次狄库瑞会议上认识他们，（短暂而充满敬意地）在这件事上阐述相关法律，我将根据撒图尼乌斯的遗愿给他们40万赛斯特斯。就他的捐赠和慷慨行为，你将对这笔捐赠进行

---

① 现在被称为弗拉斯卡蒂、帝沃利和帕莱斯特里纳，它们都位于意大利罗马的卡帕利亚大区，距离罗马不远。

② 引用复仇女神涅墨西斯的想法，她打算报复过度繁荣。

阐述；我只是按照他的要求去做。我不想费力将此事写信告诉给元老院，我的所为完全依赖于我们的亲密友谊和你智慧的判断，对于你愿意在这件事上站在我这边，我很满意。我似乎不应该小心翼翼地在信中捍卫我的陈情，正如你在演讲中所做的那样。表情、姿态，甚至说话的语气都支配着演讲者的感觉，然而信却没有这些优势，它更容易引起误解。再会。

致马赛里奴斯

我在深深的哀伤中给你写信：我的朋友丰迪努斯的小女儿死了！我从未见过比她更快乐、更可爱的女孩；我曾说过，她一定会长命百岁！她那时快满14岁，但却有着超越年龄的智慧，既有小女孩的娇羞可爱，又有女主人的知书达礼。她双臂环绕在她父亲脖子上时是多么让人心生怜爱！她给她爸爸的朋友——我们——打招呼时是那样的热情、端庄！在护士、家庭教师和老师的办公室里，她对她们是那样的温柔、恭敬！她是一个热情、勤奋、聪明的读者！她偶尔也玩玩游戏，但知道克制。她自律而有耐心，病重的时候她是那么的勇敢！她谨遵医嘱；她用乐观积极的话语安慰她的姐姐和父亲；当她病得精疲力竭时，她用坚强的意志力支撑着自己。那样的意志力让她支撑到最后一刻，她没有被长期病痛的折磨打败，也从未畏惧过死亡；正因为如此，我们想念她。她离开了我们，我们感到无比悲痛。天啊，她英年早逝，让我们痛彻心扉！她同一位不错的年轻人订了婚，婚期已定，我们都收到了邀请。我们的喜悦就这样变成了悲伤！当我听说丰迪努斯要将原本为她结婚而置办的衣服、珍珠和首饰的钱拿来买葬礼上要用的乳香、油膏和香水的时候，我简直无法用言语来表达我心里的那种撕心裂肺的伤痛。他学识渊博，判断力强。他全身心致力于早年的研究及艺术，但现在，他在学术上的不屈不挠精神悄然殆尽，心里的每一寸都是一个做父亲的柔情。你定会明白他的伤痛，你想想，他失去的是什么啊！他失去了一个言行举止、模样都像极了他的女儿。所以，如果你要写信给他表示你的哀伤之情，我提醒你不要像其他人那样用责备的语气去安慰他，而要充满善意、同情且有仁慈之心。时间会让他在学术上的造诣更深——就像外科手术的新创面会愈合一样，但愈合的程度终究要看其治疗方法。人在极度伤痛的时候会逃避并回绝所有的安慰，但终究渴望得到安慰，并且也正是在贴心的安慰中，那些内心的伤痛才得到平复。再会。

致斯普瑞那

我知道，你钟爱风雅文学，当看到作为有识之士的年轻人追寻他们祖先的足迹时，你就会心生满足。所以我要第一时间告诉你，今天我去听卡尔普尔尼乌斯·皮索朗读了他优美的学术作品，其题为《爱的乐趣》。他哀婉、柔情、甜美、流畅的陈词时不时地让文章的措辞得到升华，这也是文章的本质所要求的。他的风格由高深到简洁，由少到多，由惨淡到华美，字字珠玑。这些优点在他和谐愉悦的声韵中得到了更高的升华。一个演讲者，脸上若有所思的神情赋予他所朗诵的诗歌一种优雅的美。我也不知道这样若有所思的神情为何比肯定和自信更迷人。我或许会提到他的其他许多优点，我比别人更想去赞美他，因为他的智慧超越了他的年龄，这样的智慧在他这个年龄太不寻常了。但现在我不想再详述他的智慧。我只想说，当他朗诵完，我给了他一个深深的拥抱，我相信没有什么比掌声更能鼓舞一个人，我鼓励他继续展示这样的才华，将这种从他祖先身上继承的智慧发扬光大。我向他的妈妈道贺，还特别恭喜了他的哥哥。弟弟卡尔普尔尼乌斯雄辩的口才让哥哥感到无尽荣耀，当卡尔普尔尼乌斯开始朗诵他的诗歌的时候，他哥哥是如此地为他担心焦虑；当他胜出时，他哥哥又欣喜若狂。愿上帝多给我这样的机会，让我向你倾诉这样的事情！因为我对像我一般年龄的人有一种偏爱，并乐于发现这群人中的智慧。因此，我热切地希望，我们这些优秀的年轻人应该拥有其他一些荣耀，而不是受用挂在屋里的他们祖先的肖像所带给他们的荣耀①。陈列在这些才华横溢的

① 无人有权使用家庭的图片或雕像，除了那些人——他们的祖先或自己具有某些高贵的东西。

年轻人家里的荣誉，我认为，在无形中激励和鼓舞着他们的追求，而且（这对兄弟很自豪）可以增进亲人之间的情感。再会。

致保利努斯

知道你对你自己的仆人们仁爱有加，我也毫无保留地对你倾诉我对我仆人的喜爱。我一直记得荷马的那句话——“用父亲般的爱去统治他的人民”，以及我们的这句俗语“一家之主”。但是就算我是个严厉苛刻的人，我那自由奴隶佐西默斯（他希望得到我的关怀，现在他特别需要我的关怀）身体欠佳的状况也让我的内心变得柔软。他善良诚实、做事仔细、阅读广泛；但是他主要的才华、也是他最突出的优点在于他是一个喜剧演员。他的发音标准，加重语气时表意明确，纯正且优雅；他手指灵活，他演奏的七弦琴比专业演员还要美妙。在这里我还要说一点：他读历史、演讲稿以及诗歌的时候，就好像这些东西他以前专门学习过的一样。我要特别指出他的一些优点，让你知道仅仅他一个人就可以把我服侍得那么好。实际上他与我的感情很深，这种感情因为他现在病重了而变得更深。因为人性让我们的心灵相依：没有什么比“害怕失去”更能激励鼓舞人们相互依靠的这种情感。我不止一次为他感到担心。几年前，他因用声过度、过度劳累而吐血，我送他去了埃及①。不久前他带着健康的体魄回来了。但是由于多日用声过度，引发了之前的病灶，他又轻微地咳嗽起来，还伴着咳血。所以我想将他送到你在弗洛姆居力②的农场上去，之前常听你说那里空气清新，且那里的牛奶对他那病恹恹的身体有好处。我请求你下令收留他，让你的仆人给他提供日常所需：那不会太多，因为他勤俭节约，克制私欲，甚至在自己健康每况愈下时也节衣缩食。我要求他去你那，我会根据他的需求提供他此次之行的花销。再会。

---

① 罗马的内科医生常常把他们患肺病的病人送到埃及，尤其是送到亚历山大港。

② 法语，在普罗旺斯，为法国南部一地区。

致鲁弗斯

我走进朱利安[1]法院，根据上次休庭，我得去陈词，并听取律师们的辩护。法官都已经各就各位，十人委员会[2]也都已到场，看客们的目光都集中在辩护律师身上，法庭上一片肃静，人们都在观望。当信使从执政官那里到达法庭，民众立刻让出一条道来。案件延期了：事情的发展正合我意，我从未这样准备充分，但是我很高兴自己获得了更多的时间。法院突然做出这个决定源于尼波斯的一个简短的法令，负责调查犯罪原因的执政官指示，无论如何，作为被告或者原告的人们都应严肃认真地对待这条法令，坦白从宽，抗拒从严，元老院执行任务公正不阿。法令原文如下：所有人，无论是谁，只要受法律的管辖，都必须，在任何程序之前发誓，不给予、承诺或者间接给予辩护律师任何费用或者报酬（尽管这些律师要参与他们的事务）。照这样看来，律师们就不能因职务之便而贪赃枉法。然而，当事情解决完后，他们却可以收到1万赛斯特斯的酬金。民事诉讼的执政官对尼波斯的这一命令唯命是从，因此给我们这个意想不到的假期，这样才有时间来考虑他是否应该效仿案例。同时整个小镇都在讨论尼波斯的这个法令，有人赞成，有人反对。我们终于（后者用嘲笑的语气说到）能改正陋习了。但是，请问，在这个人之前难道就没有执政官了？他是谁啊？竟要这样来拥护一个公共改革者。其他人意见则相反，他们说："新官上任三把火，他做得很好，他守法；考虑到了元老院的法令，抑制了大多数非法事件的发生，且各行各业会正常运行。"这是听到的另外一种说法，但是究竟哪一方会胜出，事实会告诉我们答案。根据事情的成败来评论事情的对错，这是世界的通用方法（尽管这并不是一个公平的衡量办法）；结果，你可能会听说同样的行为，由于这些因素——热情或愚蠢、自由或放肆——产生不同的后果。再会。

① 朱利叶斯·恺撒在公开讨论的广场建了一个法院，在大教堂艾米利亚的对面。

② 对于司法行政，十人委员会似乎是地方裁判官，隶属于执政官，他（给英语读者的一般概念）被称为最高法院的首席法官，这里提到的法官具有陪审团的性质。

致阿里安努斯

有时候我在法庭上会想念雷古勒斯。我不能说我反对他离开。他忠于他的职业，精心研学，日渐憔悴，还经常写报告，尽管有时候心有余而力不足。他经常将他的左眼或者右眼周围涂上颜色[①]，且在额头的左边或者右边贴上一块膏药[②]，这取决于他是为原告辩护还是为被告辩护；在一些问题上他会咨询占卜者；这一切的过度迷信皆因为他对工作的极度认真。同样，他珍惜每分每秒，身边随时都有听众。有什么会比想干吗就干吗更自由呢？不用专门安排，自由自在说你想说的，想说多久就说多久。雷古勒斯在辞别现世这方面做得很好，如果他早一点离开，或许他会做得更好。他现在的生活已经无法给公众带来任何的伤害了，在地狱王的统治下，他再也没有任何机会做坏事了。因此，我也可以毫无顾虑地说，我有时候会想他：因为自从他去世后，习惯法不允许也不要求一两个小时的辩护了，有时所需时间还不到一半。实际上，比起辩护来，我们的律师更乐意去解决问题；法官们也不愿意久久地坐在那里：他们就是这样懒惰，他们对雄辩以及正义是如此的冷漠！但是，我们真的比祖先更有智慧吗？我们比允许几小时甚至几天几日休庭的法律更公正吗？难道我们的祖先理解力迟钝，而且愚蠢至极？难道我们就因为能把祖先需要花上几日才能处理好的事情在几小时内处理完，我们就更善于言表、思维活跃、处事果断？喔，雷古勒斯，你是那么忠于你的职业！而对于我自己来说，不管我什么时候坐在板凳上（我在律师席上坐的时候更少），我总是根据他们要求的时间来辩护，因为我认为在事情被陈述之前就去假装猜想需要多少时间，并为此设个限度的想法是无耻的。特别是，作为一个法官，他第一也是最

① 雷古勒斯似乎特别具有这种愚蠢的迷信，不是任何一般的做法。但至少它是一种习俗，我们在古代史的研究中没有发现其他类似的提及。

② 我们从军事研究中收集到，这样的穿着在纨绔子弟中是寻常的做法。他嘲笑一个叫鲁弗斯的人，并示意“如果你把他脸上的膏药去掉，你会发现，他是打了烙印的正在逃亡的奴隶”。

重要的职责是耐心，这是公正的重要组成部分。但这遭到了反对，这将会牵扯到许多不相干的事情——我保证绝对会；听得过多会比听得不够更糟糕吗？再说了，在你还没听到律师的辩护之前，你怎么知道律师要进一步提供的信息是多余的呢？但我们将这和许多社会陋习留到我们下次见面的时候再讨论；我了解你对国家的热爱，你希望能有办法来解决这些目前还无法解决的不公正。让我们说说我们私下的事情吧：希望你家一切都好。我家一切照旧，家中一切安好，我很高兴，因为习惯让我不去在乎曾经的灾祸。再会。

致凯尔弗妮雅[1]

你去坎帕尼亚治病，而我却因为公务不能陪同你一起去，这公务真是讨厌至极！但不久我就会跟着来，因为我现在特别希望和你在一起，那样我就可以亲眼看看你是否更健康、更结实，看看那个小乡村的宁静、欢愉和美景是否真的对你有好处。你身体安好吗？真不能忍受没有你的时光；因为就算是一小会儿不知道自己的爱人是否安好，也会给人带来一种焦虑和担忧的感觉。而现在你的病，还有你不在我身边，让我烦恼万分，心里面有着说不清、道不明的各种焦虑。我害怕一切，幻想一切，我就像是胆小的人，很自然就想起我害怕的这一切。我热切地恳求你亲身体会我的担忧，然后每天写信给我，最好一天两次——至少在我读到你来信的时候，我会放下心来，尽管当我读完，我又会立刻担心害怕起来。再会。

致凯尔弗妮雅

善良的你告诉我，我不在的时候你非常不安，你唯一的安慰就是与那些你常替我完成的作品交流。你想我了，我很高兴；你在这些作品中找

① 小普林尼的妻子。

到慰藉我也很高兴。作为回报，我一遍又一遍地读你的来信，我不断地将它们拿起，仿佛我刚收到它们一样。但是，唉，这只能让我更想你；信都写得那么让人陶醉，说起话来该是多么的甜美啊！不过，让我常常收到你的来信吧，越多越好，尽管它们在给我带来甜蜜时夹杂着想你的痛。再会。

致普瑞斯库斯

你认识阿提利乌斯·克瑞斯森斯，你喜欢他；人们不管什么阶层，贫穷或富有，谁会不喜欢他呢？而我，我坦白我跟他的友谊远远超出了世俗的情感。我们的家乡仅仅相隔一天的路程；我们在孩提时代便相互照顾，那正是需要真挚友谊的时候。我们的友谊与日俱增，从未被岁月冲淡，随着年龄的成熟反而更加坚固，那些了解我们的人们可以做证。他乐于四处炫耀有我这个朋友，就像我让全世界都知道我喜欢他的德高望重、他的平易近人以及他的兴趣爱好。因为他告诉我，有个即将当上护民官的人对他傲慢无礼，他感到害怕，我忍不住要说：“只要阿喀琉斯还活着，没人敢摸你的头。”我告诉你这些事情的目的是什么呢？为什么告诉你？因为阿提利乌斯受到的任何伤害我都感同身受。“但是，这一切的目的是什么？”你继续问道。你肯定知道，瓦列利乌斯·瓦鲁斯在他去世的时候，欠下阿提利乌斯一笔钱。尽管我与他的继承人马克西姆斯相处得很友好，但马克西姆斯和你关系更亲密些。因此，我求求你，求求你看在我是你好朋友的分儿上，保证阿提利乌斯收到的不仅是借出去的本金，还有长期被拖欠而生的利息。他从不觊觎别人的钱财，但也爱惜他自己的财产；而且他也没有从事任何有利可图的行业，他只能节衣缩食地生活——在文学上，他大有建树，他对文学的追求仅仅是出于快乐和抱负。在这种情况下，轻微的损失可能就会让他拮据，或者更糟糕，因为他没有办法来弥补财产上的损失。我恳求你不要让我们焦虑，让我继续享受他的智慧和敦厚带给我的快乐；因为我无法忍受眼见他的快乐被阴霾遮住，他的欢乐和幽默可以赶走我所有的悲伤。总之，你知道阿提利乌斯是一个令人愉快的家伙，同时我也希望你在让他内心受到伤害的时候不要让自己受到伤害。你知道他温和善良，一旦怨恨便仇深似海；因为就算是一颗宽厚仁慈的心也无法忍受金钱和心灵上的双重伤害。但即便是他能够忍受，我也绝对不会。相反，我会认为这是别人伤害了我、伤害了我的尊严，我也会心生怨恨；也就是说，我们两个都会不满。但是为什么要用这种威胁的语气呢？让我以刚开始的语气来结束我们的对话吧，那就是，乞求你、恳求你帮帮忙，阿提利乌斯没有理由认为我会忽视利息（恐怕他也不应该忽视），我也不会因为这个事情而去指责你——如果你和我的看法一样，我当然不会指责你。再会。

致阿尔比努斯

我最近在阿尔西乌姆[1]，我岳母在那里有一栋别墅，那别墅曾经属于维吉尼乌斯·鲁弗斯。那个地方让我不断地缅怀那个伟大而优秀的人。那时他非常喜欢退休后的悠闲，他常把这里称作“老年小窝”。不管我往哪里看，我都十分想念他，我感觉到他已经不在了。我想要去瞻仰他的纪念碑；但是很遗憾，我没有见到。后来我发现：它还没有建好，这并不是由于工程本身很麻烦，因为它本身不复杂，事实上甚至工程量很小；而是做这个工作的人对它不够重视。我实在看不下去了，我义愤填膺，一个世界闻名的人去世过后，他的残骸竟在那里躺了10年，到现在还没有墓志铭，甚至连名字也没有。而他自己曾说过，他神圣而不朽的一生的墓碑上，应刻下如下的句子：

> “鲁弗斯躺在这里，他打败了文德克斯，
> 不是为他自己，而是为了他的国家。”

① 现在名叫阿尔热亚，离科摩不远。

但知音世所稀，逝者很快便被忘记，所以我们有义务自己去修建自己的坟墓，算是提前为我们的后嗣帮忙。因为谁会不害怕维吉尼乌斯这样的事情发生在自己身上啊，他功名显赫、成就卓越，却受到这般耻辱的对待；同样地，人们没有理由使事情更加臭名昭著，不是吗？再会。

致马克西姆斯

最近我度过了一段快乐无比的日子！我被罗马的地方长官叫去协助他办案，有幸听到两个优秀的年轻男子——福克斯·萨利纳托和努米底乌斯·卡德拉特斯为被告辩护：他们俩不相上下，我相信总有一天，他们会在文学上崭露头角。他们不屈不挠，他们的正直令人钦佩。他们着装得体、能言善辩、记忆力超群；他们天赋极高、判断力强。亲眼见识他们展示这样的高贵气质，我感到无比的快乐；我特别满意的是，尽管他们视我为他们的导师和模范，在听众面前，他们却装作是我的模仿者和对手。这一天（我不能再重复了）给我带来了最大的快乐，我会特别地用最美的语言将它记下来。在社交生活中，能有什么事情比发现两个高贵的年轻人在风雅文学上奠定了他们的声望和荣誉更快乐呢？我在他们追求美德的道路上成为他们的典范，又有什么能让我比这更满意的呢？神灵啊！请让这种快乐延续吧！我祈求神灵们，你们是我的见证人，让这些学习我的人们青出于蓝而胜于蓝吧！再会。

致罗马努斯

您最近不常露面——我也没有，但是发生了的事情会马上传到我这里。帕西安努斯·保罗斯，他是罗马骑士，家境显赫，学识渊博，有文化艺术修养，而且还编写挽歌，这是他的传家本领，因为他发现普罗勃提乌斯是他的祖先，也是他的同乡。他最近在朗诵一首诗歌，诗歌的开头是：

"普瑞斯库斯，听你命令——"

刚好在场的诗人的好朋友——加维勒努斯·普瑞斯库斯大喊道："但是他错了，我没有命令他。" 想想这会带来什么样的欢笑和快乐啊！你要知道，普瑞斯库斯的智力被认为是不健全的[①]，尽管他也参与公共事务，被传唤去讨论，甚至公开地担任律师，因此他的这一举动更引人注目，当然也更可笑。同时保卢斯也因他朋友的这一荒谬行为而惊慌失措。你知道的，对于那些在公共场合朗诵诗歌会紧张的人来说，小心那些"神经"的听众和作家是多么有必要啊！再会。

致塔西佗

您要求我上交一份关于我舅舅去世的报告，证明我们之间的血缘关系，我对此表示感谢。因为，如果这个事情是您亲笔挥毫，我肯定，这份报告将会流芳万世。尽管他不幸遇难，且此时此刻这个最美的国家遭到严重破坏，那么多人口稠密的城市被毁，但我们得做点什么让他被永远怀念。尽管他自己也撰写了许多不朽的作品，但我相信，您那不朽的文笔定会让他的名字永垂不朽。高兴的是，我认为只有靠神的恩赐才能让人们的作品被欣赏；更高兴的是，他们有着这样的天赋：我舅舅众多的作品和您的记录将会证明它们自身的价值。所以，我非常乐意去执行您的命令；就算您不命令我去做，我也应该去完成这个任务。我舅舅那时正在米色努姆[②]指挥着他的舰队。8月24日，大约下午一点钟的时候，我的母亲要他

① 然而，加维勒努斯·普瑞斯库斯是他那个时代最杰出的律师之一，常常被引用于查士丁尼的学说汇编中。

② 在那不勒斯港。

观察一朵大小和形状都不寻常的云。他刚去晒了太阳[1]，洗了个冷水澡，简单地吃了个午餐，又回到了他的书旁；他立即站了起来，站到一个高地上，以便更清楚地观察到这不同寻常的景象。一朵云，不知从哪座山飘来的——但后来发现它来自维苏威火山——在远处慢慢升起。关于它的形状，我不能给你一个更准确的描述，它就像一株松树，因为它喷射出来的形状就像一根树干，顶端散开就像树枝一样。这是偶然吧？我想，或许是一阵狂风把它吹成那样的吧？风上升的时候风力减弱，或者云被它自己的重量压了下来，扩展成了我刚才描述的那样；它有时看起来颜色鲜亮，有时暗淡且有黑点，都是源于它所夹带的尘土和灰烬的多少。这样的景象在我舅舅那样学识渊博的人看来也非同寻常，它值得进一步研究。他让人备好轻舟，并且告诉我我也可以跟着他去（如果我想去的话）。我说我宁愿继续我的写作；事情就像后来发生的那样，他让我写点东西。当他从房子里走出来，他收到了来自瑞克提那——巴苏斯的妻子的便条，她送来警报，告知一触即发的危险正在威胁着她的安全，因为她的别墅刚好就在维苏威火山山脚，除了走海路，她没有其他办法逃脱。她恳求他去帮帮她，因此，他改变了他最初去探个究竟的打算，现在他是带着一颗高贵而仁慈的心为救人而去的。他下令将大帆船推入海中，亲自踏上甲板，不仅要去救瑞克提那，还有那美丽海岸边的城镇里的其他人。船快速地驶向人们慌乱逃命的地方，他带领着他的队伍直奔危险现场，他是如此镇定，似乎要去亲自视察，并将那可怕的场景记录下来。他现在离火山很近很近了，随着他靠近，火山灰越来越浓、越来越烫，夹杂着浮石及黑色滚烫的火山石掉在船上。他们现在的处境也危险了，不仅海水突然退去、帆船搁浅，还有从山上滚下来的巨大碎石，而且船从哪一面都无法靠岸。他停下来考虑

① 在给他们身上涂上防晒油后，罗马人常常在阳光下赤身裸体地躺着或行走，这被认为有助于健康，因此他们每天都这样锻炼身体。这种给身体抹油的习俗遭到了讽刺作家的痛骂和反对，认为这是奢侈的嗜好。但因为我们发现其中老普林尼和在前边的信中提到的和蔼可亲的斯普瑞那也践行这种方法，我们不能认为这种方式是无男子汉气概的，只有当它在某些特定的情况下伴随着过度细致的精细，我们才可以那样认为。

是否应该原路返回，领航员建议他返回。“运气，”他说，“垂青勇敢的人；驶向庞培城吧。”庞培城那时候在斯塔比亚[①]旁边，仅隔着一条蜿蜒盘旋的海湾。他已经将辎重取了出来；尽管那个时候他还没有处于真正的危险之中，但很清楚，他的境况已岌岌可危；如果事态发展不那么严重，他决定在海风平静的时候出航，这样有利于把我舅舅带到极度恐慌的庞培城那里；他温柔地拥抱领航员，鼓励他振作起来，表面上他自己不恐惧，这样就更能安抚他人的恐惧、赶走他人的恐慌。他命人马上给他准备沐浴，然后洗了澡，愉快地吃了晚餐，或者至少（有点英雄气概）看起来是那样。同时，维苏威火山上喷出许多烈焰，黑夜被照得更亮更清楚了；但是我舅舅，为了安慰他那惊慌失措的朋友，声称那只是抛弃了村庄的村民们放的火。然后，他就去休息了，可以肯定，他一点都不担忧，他睡得很沉：他身材臃肿，鼾声如雷，外面的随从都能听见。通向他房间的路上堆满了石头与灰烬，如果他再多睡一会儿，他就没有办法出来了。因此他醒了，站起身来，和他那些因为太害怕而睡不着的同伴们一起向庞培城出发。他们讨论是否应该小心那些房子，它们已经根基不稳、剧烈震动、左右摇晃了；还有那些飞向空地的火山石和火山灰，虽然重量轻，但是量非常大，它们像瓢泼大雨一样落下，时刻威胁着他们的安全。在这样的危险中，他们决定下船，这是其他人在慌乱恐惧中做出的决定，却也是我舅舅冷静深思熟虑的结果：他们用餐巾将枕头绑在头上出去了——这是他们防御飞落到身边的不计其数的石头的唯一装备。

现在其他地方都是白天，但是这里却比深邃的夜更黑，然而火炬及其他亮光在一定程度上驱散了这种黑暗。他们认为应当沿着海岸往下走，看看是否能够安全出海，却发现海浪仍然很高，且来势汹汹。我舅舅躺在为他铺好的帆布上，要了两次冷开水；正当他喝水时，一股浓烈的硫黄火焰冲过来，大伙四处散开，他不得不起来。他在两个仆人的搀扶下，站了起来，但他立马倒下，归西了。他喉咙不好，经常感染，他是因粉尘毒气窒

① 现在称为卡斯托拉梅尔，在那不勒斯港。

息而亡的，这和我当时的推测一样。当天空重新恢复光明时，已经是这个让人哀痛的事故发生的第三天了，他的尸身被找到了，尸体完好，没有受到任何破坏，他仍然穿着他摔倒时的衣服，看起来像是睡着了，而不是去世了。在这期间，我的母亲和我都在米色努姆，但是这和你的记录没有关系，想必除了我叔叔去世的那些细节，你也不想知道这些；所以我将在这里收笔了，只再加一点，我既是这个事情的目击者，也是知道这个灾难性消息的第一人；在这之前，人们有时间来改写事情的真相。您可以将故事中任何重要的事实提取出来——因为一封信是一回事，史事记载是另外一回事；写给朋友是一回事，写给公众却是另外一回事。再会。

致克那利乌斯·塔西佗

按照您的要求，我写给您的关于我舅舅去世的信似乎让您对我当时待在米色努姆时的危险和恐惧感到好奇；在那里，我想，我要完蛋了：

“虽然我的心灵仍然在害怕，但我的舌头可以向你述说。”

我的舅舅已经离开了我们，我花了这么多时间在我的研究上（就是因为它们，我才没出门），直到这时我该洗澡了。之后，我去吃了晚饭，然后短短地睡了个不安稳的觉。事实上在事故发生以前，大家已经注意到一些现象了，但这没能引起我们的警惕，因为这在坎帕尼亚非常普遍；但那晚的震动是如此剧烈，似乎那根本不是震动，而是一切被翻过来了。我的母亲冲进我房间，那时我正要起来叫醒她。我们坐在房前离海很近的庭院里。那时我才18岁，我不知道该将我当时处于危险时分的那种行为称作勇敢还是愚蠢，但我读了李维的书，愉悦了身心，甚至还摘抄了一些东西，似乎那就是我的闲暇时光。就在那时，我舅舅的一个朋友，他刚从西班牙回来，来到我们这里，他发现我坐在我母亲旁边，手里捧着一本书，他责备我母亲到这时还这么冷静，同时也批评我没注意安全；而我则继续看书。尽管现在是早上，光线还极其微弱；我们周围的建筑物摇摇欲坠，即便我们站在空地上，但这地方十分狭窄，危险迫在眉睫。于是我们决定离开小镇。一群惊慌失措的人跟着我们（每一个慌乱的人都觉得别人的主意总是比自己的好），一出门我们就被拥挤的人群推着前进。我们离房子很近，站在那儿，刚好在那个危险恐怖场景的正中。我们命人驾驶的马车被挤得前后摇晃，尽管在平地上，我们仍然无法让车保持平衡，甚至我们还用了大石头来支撑，即便在最水平的地面，我们也不能保证它的稳定。海水似乎在退潮，好像地球的来回震动让它原来的海岸改变了；可以肯定的是，海岸变宽了，许多海洋动物留在了海岸上。而另外一边，一朵可怕的乌云里快速闪出弯曲的闪电，云的背后闪出无数形状各异的光芒：它们像片状闪电一样，但是比片状闪电更大。在这样的情形下，我前面提到的那个西班牙朋友急切地对我和我母亲说："如果你的兄弟，"他说，"如果你的舅舅是安全的，他当然希望你们也安全，但如果他不幸牺牲了，毫无疑问，他也希望你们能够幸存——你们为什么要延误短暂的逃生时间？""在我们不清楚他是否安全之前，我们无法顾及我们自己的安全。"我们说。然后这位朋友离开了我们，慌慌张张地离开了这个危险的地方。没多久，云就开始下降，并低低地悬在海的上空。它已经包围和覆盖了卡普里埃的岛屿和米色努姆的海角。现在我母亲着急了，慌张了，甚至命令我无论如何都要逃出去，认为我年轻，逃命不难；而至于她自己，却说她老了、身体肥胖，她是不可能逃出去的。她说如果她能看见我安全离开，就算是死了，她也是心甘情愿的。但我绝对不肯离开她，我拉着她的手，强行要求她和我一起走。她极不情愿地跟着我，并一遍一遍责备自己成了我的负担。火山灰开始掉落在我们身上，虽然不多。我往后望了一眼，一团浓密的黑色迷雾似乎跟在我们身后，在村庄的上方散开，像一朵云。"让我们转出大路吧，"我说，"虽然我们仍然看得清路，万一我们摔倒在路上，可能会被后面跟上来的人群踩死在黑暗之中。"我们刚刚坐下，天就黑了，夜幕不像阴霾的多云天气那样，也不像没有月亮的黑夜，而是像一间完全没有光亮的紧闭的黑屋子。您能听见女人的尖叫声、孩子的哭声、男人的呼叫声，有人在呼唤他们的孩子，有人在寻找他们的父母，有人在寻找他们的丈夫，并通过人们的回答来辨认对方。有人感叹自己命运悲惨，有人则哀伤家庭不幸；有人因为死亡的恐惧宁愿马上就死去；有人向诸神举起自己的双手；但大多数人相信，世界上根本没有神，我们曾经听说的末日前夜已经到来[①]。这中间有人因为别人想象出的或者有意编造出的恐慌而更加恐慌。我还记得有人声称米色努姆的一边已经倒塌，而另外一边着火了；那当然不是事实，但是总有人会相信他们。天又亮了一些，我们宁愿相信那是迸出的火焰（事实上就是火焰）也不愿相信那是黎明的到来。不过，火焰在还没到达我们这里时便坠落下来，而我们又一次陷入无尽的黑暗之中，火山灰如狂风暴雨般落在我们身上，我们时不时地站起来将其抖落，否则我们将会被压垮并埋在灰堆里。我敢肯定，在这些惨状面前，如果不是想到所有人都在这场浩劫中，而且就算我牺牲了，还有整个世界陪我一起牺牲，我可能也会陷入无限的恐慌中。终于，这可怕的黑暗像一片云、一阵烟一样渐渐散去；黎明终于到来了，尽管光线苍白，就像日食一样。我们眼（已经变得非常虚弱）里看见的任何东西都已经不是原来的样子，上面盖着厚厚的灰，就像覆盖着积雪一样。我们回到米色努姆，在那里我们尽可能地让自己得到休息，在希望和恐惧的煎熬中熬过了一晚上；事实上我们的恐惧要比希望更多：因为地震仍然在继续，而许多人因为极度的恐惧丧失了理智，他们跑来跑去，散播谣言，让他们自己以及他们的朋友更加恐慌。而我和我母亲，经历了那样的危险之后，尽管那危险现在还在威胁着我们，在我们得到任何关于我舅舅的消息之前，我们没有要离开这个地方的想法。

而现在，您读到的这个故事跟您的史事记录关系不大，也没有什么价值；事实上，作为一封信，它到底有价值与否，也是由您决定的。再会。

① 斯多噶学派和伊壁鸠鲁的哲学家认为世界是被火烧毁的，万物再次回到原始的混乱状况，乃至国家的诸神也不例外，也被大火毁掉。

致马瑟

人类行为的名声是多么依赖于做这件事情的人的地位啊！同样的行为可能受人称赞，被人捧上了天，但也有可能被人完全忽视，只是在于这个人是文人雅士，还是凡夫俗子。最近我和一个熟人一起泛舟于湖上[①]，他想让我去参观湖边的一栋别墅，那栋别墅有间房子悬于湖面之上。“就是从那间屋子里，”他说，“我们城的一个女人和她丈夫跳进了湖里。”随着我的询问，他告诉我：“她的丈夫久经溃疡的折磨，一直隐瞒着，她最终说服他去看医生，并向他保证她会如实地告诉他还有没有可能康复。于是，看过之后，她觉得康复无望，因此建议他自我了断——她自己会陪着他一起，这是他死亡的真正原因——为了和她丈夫在一起，她陪丈夫一同投河自尽了。”尽管这件事情就发生在我出生的那个城市，我之前从未听说过这样的事情，这比著名的阿里亚事件受到的关注要小得多，这并不是因为它没那么值得注意，而是因为做这个事情的人没那么出名。再会。

致塞维阿努斯

听到你要将女儿许配给福克斯·萨利纳托的消息，我高兴极了。祝贺你！他家族显赫[②]，他的父亲和母亲都是品德最高尚的人。至于他自己，他好学、博学且能言善辩，还不失孩子的天真、年轻人的活力和智慧。当我这样称赞他的时候，相信我，我并没有因为我对他的喜欢而受蒙蔽。虽然我喜欢他，我承认，爱得那么深（他的友谊和对我的尊敬值得我这样），但是其中并没有偏爱的成分。相反，我对他的感情越强烈，我在评论他的优点的时候就越公正。我可以大胆向你保证（以我自己的经验），这个女婿是再好不过的了。愿他俩尽快为你生一个孙子，那个孩子会继承

---

① 意大利拉瑞斯湖。

② 这些家庭都是贵族，早在帝国和共和国时期，他们的祖先曾是元老院的成员。

他父亲的所有优点！要是我能怀抱着我两个朋友的孩子或者孙子，我会多么高兴啊，我会像疼自己的孩子那样去疼他！再会。

致西弗勒斯

你希望我思考一下在你作为领事奉命上任时，为了向皇帝①表示敬意，你应该怎样修改你的发言，找到这方面的资料是很容易的，但选择起来却不是一件简单的事情，因为他有如此多的美德。不过，在我遇到困难过后，我会写信告诉你我的观点，或者（我更喜欢这样）我会私下告诉你。不过，我在考虑是否应该建议你按照我的方法去解决同样的问题。当我是候任执政官②的时候，我会尽量避免一般的问候，因为虽然那与阿谀奉承相去甚远，但是看起来却和它差不多。这并不是说我偏爱坚定和独立，而是因为我了解我们和蔼可亲的王子，而且我坚信我可以给他的最高褒奖就是向世人证明我不需要奉承他。当我想到他的祖先所拥有的众多荣誉，我想，除了用不同的方式来称谓他，我想不到把他和那些臭名昭著的皇帝区分开来的其他任何方法。我认为这在我的演说中很恰当，否则我可能就会被怀疑我故意忽略了他的光荣行为，不是因为判断失误，而是因为疏忽大意。这就是我后来采取的方法，但是我意识到用同样的方法来解决所有类似的问题不合适。而且，做不做一件事不仅取决于个人，还依赖于时间和情境。而且我们延迟了展示王子颂词的时间，我更不确定是否应该说服你采取同样的方法。然而，我很清楚，推荐我那时使用的方法是很合理的。再会。

---

① 图拉真。

② 执政官，虽然他们在8月被选出，但要到来年的1月1日才开始执政，在此期间，他们被称为候任执政官。在那个场合赞美皇帝对他们来说是很平常的。共和政府解散后，执政官由皇帝任命。

致法巴图斯

显然，我有最好的理由，像庆祝我自己的生日那样庆祝你的生日，因为我的所有快乐都来源于你，你的关心和勤勉使我在这里很轻松快乐。你在坎帕尼亚的卡米立安别墅[①]由于年代久远，损毁比较严重。然而，这座建筑最有价值的部分仍然保存完好或只是轻微受损，而且我也愿意亲眼看见它被修好。尽管我自诩有很多朋友，但是我却没有一个像你那样问候我的朋友，而这正是你所提到的事情中所需要的。我的朋友都是职场上的朋友。然而这项工程需要一个有强健体魄的人，并且这个人是为了这个国家而生。这工作对这个人而言似乎也并不困难，工作的性质和他的地位相当，他也不觉得生活郁闷和孤独。你高度赞赏鲁弗斯，因为他是你儿子的好朋友，但是我实在想不出他在这件事情上能发挥什么样的作用，尽管我知道他会乐于为我们做他力所能及的事。再会。

致科妮莉亚努斯

我感到非常满意，因为最近被恺撒传唤到森图姆塞莱[②]参加理事会。难道还有什么比在退休以后还能亲历皇帝[③]的仁义、智慧、亲切这些美德带来更大的乐趣吗？他每天要做许多各种各样的决策，这些决策无一不证明他判断力的敏锐。先说克劳狄斯阿里斯顿的事件吧。他是以弗所的贵族，胸怀宽广且与世无争，他的优点使他与另外一群人格上与他背道而驰的人产生了一些不愉快，那些臭名昭著的人鼓动告密者去指控他，但他被无罪释放。接下来我再讲一个通奸案。一个叫噶丽塔被指控通奸，她的丈夫是一个护民官，他正要被提名为罗马某种光荣职务的候选人，但她和一

① 之所以这样称呼，是因为它以前属于卡美卢斯。

② 位于罗马帝国城市奇维塔维基亚。

③ 指图拉真。

个百夫长[1]的通奸不仅毁了她自己的好名声，也毁坏了她丈夫的名声。丈夫将事情告知了领事的中尉，中尉写信告知了皇帝，恺撒仔细查证此事，革了百夫长的职，并将其驱逐出境。一些刑罚就应该同样被用于惩罚另外一方，因为在同一罪行上双方都有罪。但是丈夫出于对妻子的感情而放弃了对妻子的起诉，同时显示了他的宽容。（他继续和她生活在一起，即使在他开始控告她之后，他满意了，因为看起来他已经除掉了他的对手。）但是他却被要求继续提出诉讼，尽管他极不愿意，然而，却有必要给她定罪。相应的，根据朱利安法[2]她应该受惩罚。皇帝认为在判决中把百夫长的姓名和职务弄清楚是合情合理的，这就显示他遵循了军事纪律，要不然人们就会认为他对同类案例都采取同样的审理方式。第三天大家都忙于处理一件引起了诸多争论和报告的事件，那就是朱利业斯的遗嘱的附属部分。遗嘱的大部分都是真实的，然而有一部分据说却是伪造的。被指控造假的人是森普洛尼乌斯——一个罗马骑士，还有依瑞慕斯——恺撒的自由民和检察官[3]。当皇帝到达达契亚[4]的时候，这些继承人联名向他上奏，请求他亲自审理这一案件，于是皇帝同意了。皇帝远征一回来，他就花了一天的时间举行听证会；其中一些继承人出于对依瑞慕斯的尊重，提出撤回诉讼，皇帝豪爽地回答道："他不是珀里克勒图斯[5]，我也不是尼禄。"不过，他答应继承人们暂时休庭，休庭结束后，现在他坐在那里听着辩护。有两个继承人出现了，他们希望所有的继承人都能够去为请愿人辩护，因为他们都加入了那个团队，否则他们可能早就撤销诉讼了，恺撒庄严而温和地发表了他的观点，除非依瑞慕斯和尼乌斯的辩护人找到他们的证人，否则他们就是犯罪嫌疑人。皇帝说道："我不在乎他们会遭到怎

① 罗马军团的一种军官头衔，相当于我们现在军队里的上尉。

② 这部法律是由奥古斯都·恺撒制定的，但这部法律没有任何地方清楚显示它制定了特殊的惩罚。

③ 皇帝任命的一个官员，其职责是收取和管理地方各省的公共财政收入。

④ 达契亚，古代喀尔巴阡山脉和特兰西瓦尼亚地区，现为罗马尼亚中部偏北和西部地区。

⑤ 珀里克勒图斯是一个自由民，深受尼禄的宠爱。

样的怀疑，我才是被怀疑的人。”然后他转过身来对我们说：“告诉我我该怎么做，你们也看到了因为要撤诉大家的不满。”最后，听了辩护人的建议，他命令贴出告示要求继承人继续提出诉讼，或者他们要给出一个不这样做的合理理由，否则他们就要以诽谤罪①被判刑。你看我们是如此合理而严肃地对待我们的时间，其中又不乏乐趣。我们每天都被邀请与恺撒这样一个如此平易近人的王子共餐。在那里，我们欣赏了歌舞，并且愉快地交谈，招待很是周到。在我们要离开的那一天，他给我们每个人都送了一份礼物，恺撒是如此礼貌待人。至于我自己，我不仅被法官的尊严和智慧深深吸引住了，也被完成这项荣誉的评审员、我们之间轻松愉快的交往和这个地方本身吸引住了。这栋可爱的别墅周围环绕着绿色的草地，它与海岸相望，海岸向内弯曲，形成了一个完整的港口。这个港口的左岸有牢固的防御工事，而右边还未竣工。一个人工岛，矗立在港口，抵挡住了波浪的冲击，并且为两边船舶提供了安全通道。岛的形成过程值得一看：最庞大的石头用大驳船运到这里，一块一块地堆积起来，由其自身的重量固定位置，然后逐渐形成了现在这个样子，就像自然形成的一样。它的岩石已经从海面凸出来，被海浪冲击着，发出巨大的噪音，水冲击岩石而起的泡沫漂白了周围的海域。这些石头上加造了木制的桥墩，时间的流逝将会成就它的天然岛屿外观。这个港口以它的建造者②命名，而且也会造福无穷，因为它为宽阔危险的海岸上的船只提供了一个避难场所。再会。

致马克西姆斯

你做得很对，承诺与我们的好朋友们——维罗纳的公民们进行一场光荣的比赛，他们爱你、仰慕你、尊敬你。也是在这座城市你收获了最诚挚

① 莫密乌斯或费米乌斯编写了一部法律，该法律得到颁布实施。凡被判犯有诽谤和诬告陷害之人，他的额头会被打上烙印，并根据十二铜表法，如果诬告事实查明，那么诬告陷害他人者将遭受他所诬告的人因遭受不公平控告而受的同样惩罚。

② 图拉真。

的感情，邂逅了你已故的完美妻子。因为你已经在她心里留下了深刻的印象，你还能怎么做去让她刻骨铭心呢？再说了，你急着这样做，让拒绝看起来更像是狠心而不是决心。你如此庄严快速地答应了他们的请求，这确实和你的尊贵相符。一个高贵的灵魂在小事面前更能被彰显出来，和在大事前一样。我希望非洲豹——你主要是为了这个目的——会在指定的日期到达，尽管暴风雨延迟了它们的到来。你的义务同它们一样，但是即使它们没有如期到达，这也不是你的错。再会。

致瑞斯提图图斯

你的这种顽固的疾病让我感到惊慌，虽然我知道你很节制，但我担心你的病使你的境况更糟。求求你克制自己，与病魔斗争吧，去进行最有效的治疗吧。人的本性也承认我的建议是可行的：这是一项法则。至少，我总是嘱咐我的家人要尊重我。“我希望，”我对他们说，“如果我身患重病，我不会感到羞愧，也不会因为某种原因而后悔。但是，如果我的坏脾气战胜了我的决心，你们怎样对待我都无所谓。只要经过我医生的同意，我不希望你们和我一起做别人不会去做的不恰当的事情。”我曾经发过一场高烧，我也被涂了油[①]，当我渐渐好转的时候，我的医生给了我一种喝的东西，我伸出我的手，希望他能先给我把脉，看到他不甚满意，我马上还回了杯子，尽管它已到了我嘴边。后来，经历了20天疾病的折磨之后，我准备去洗澡。我看到医生们在一起窃窃私语，我问他们在说什么。他们回答说，他们认为可能我洗澡是安全的，但是，他们并不是没有怀疑洗澡的风险。“那需要怎样，”我说，“我才能洗澡？”然后，我镇定自如地，放弃了即将享受到的洗澡的乐趣，冷静从容地离开了洗澡堂，尽管那时我马上就要进去了。我提到这一点，不仅是以我的事情举例，也是我将

① 在古代，涂油膏是非常受人尊敬的行为，且被作为一种处方来使用。赛尔索斯专门推荐它用于缓解急性犬瘟热的发作。

来自律自制的约束。再会。

致凯尔弗妮雅

你肯定不会相信我有多么渴望见到你，这主要的原因就是因为我爱你，我们还没有习惯分离，因此那天晚上我想你想到彻夜未眠。到了白天，当过去我常常去看望你的时间到来的时候，我不知不觉就走到了你的房间，而你不在，于是我内心悲痛地回去了，就像一个被拒绝的情人。我唯一能摆脱这些折磨的时候，是我和我的朋友一起在酒馆烂醉如泥的时候。你想想，当我只能在忙碌中寻找休息，在不幸与焦虑中寻找慰藉，我的生命到底是什么！再会。

致马克林努斯

一件非常奇怪的事情发生在瓦仁努斯身上，而那件事本身的结果还让人怀疑。据说，比提尼亚人已经撤销了他们的起诉，大家最终都认为这过于鲁莽草率。那个省的代表来了，带来了一项他们议会的法令，他将副本递交给皇帝①、罗马的几个重要人物以及我们（瓦仁努斯的支持者）。不过，马格努斯②，就是上次我在信中跟你提到的那个人，他坚持己见，并不停地嘲弄知名人士尼格瑞努斯。他向领事提出了他的请愿书，瓦仁努斯可能被迫公示他的账户。当此之际，我只是作为一个朋友参加瓦仁努斯的请愿，我决定保持沉默。我想当他自己申辩自己根本就没有犯罪的情况下，如果我为作为被告的他辩护的话，对我来说是非常轻率的，因为我被元老院任命为他的律师。然而，当尼格瑞努斯结束了他的讲话，领事的目光就转向了我，于是我站起来了。“当你听到，”我说，“那个从省里来的代表要反对尼格瑞努斯的时候，你会看到我的沉默也不是没有正当理由

① 指图拉真。

② 一个被雇去处理审判的比提尼亚人。

的。”接着尼格瑞努斯就问我：“这些代表是为谁而派的？”我回答说：“是为我，还有其他人；我手里拿着省里的法令。”他回应道：“这点可能对你来说很清楚，但是我却并不是很满意。”对此我回答说：“尽管对你它可能不那么明显，因为你只关心被告，但对我来说却很清楚，我站在更有利的这一方。”珀雅也努斯——从省里来的代表向元老院提出了接替案件，但是也希望听从恺撒的决定。马格努斯这样回答，珀雅也努斯也这样说，至于我自己，我只是时不时地说几句，几乎一直在保持沉默地旁观着。因为我意识到，大多数情况下，对一个原告来说，沉默远比喋喋不休要好。而且我也记得在多数罪案中对代理人谨慎的沉默要比多说一些提前准备的演讲更有用。在我的信中加入雄辩的话题确实不是我的目的，然而请允许我用一个例子来证明我的发现。有一位女士失去了儿子，她怀疑是他的自由民、她任命的共同继承人伪造了遗嘱并且毒害了她的儿子。于是她在皇帝面前提出证据控告了他们，于是皇帝任命尤里安·苏布拉努斯调查这个事件。我是被告人的律师，这一事件当时非常出名，双方的律师表现出杰出的能力，这个案件也吸引了很多观众的注意。问题是，他的仆人备受折磨，我的当事人却被宣告无罪。但是这位母亲向皇帝再一次提出了控告，似乎她发现了一些新的证据。因此，苏布拉努斯被任命接手她的案件，看她是否能提供任何新的证据。朱利叶斯是那位母亲的律师，他是一名优秀的年轻男子，但缺少经验。他是一位著名的演说家的孙子，据说有一天帕斯努斯恳切地说：“很好，我必须承认，很好，但是这个演讲说到点子上了吗？”朱利叶斯发表了一篇长篇大论，把分配给他的时间都耗光了，说道：“我求求你了，苏布拉努斯，允许我补充一句话。”当他说完，所有人都把目光投向了我，于是我站了起来。“我已经回答了朱利叶斯，”我说，“如果他还要求补充说哪怕一个字，我相信他会告诉一些我们之前所不知道的事情。”我从没有在任何一种情况下赢得如此多的掌声，因此，我为瓦仁努斯说的简单的几句也得到了同样的认可。于是总领事愉快地答应了珀雅也努斯的请求，把这个决定留给皇帝来做，我都等得不耐烦了，因为这将决定我是否能获得安全并一如既往地尊敬瓦仁努斯，或再次被烦恼和焦虑折磨。再会。

致图斯库斯

你希望我能够给你一些关于学习方法的建议，因为你很久都没有学习了。首先，我认为把希腊文翻译成拉丁文或者把拉丁文翻译成希腊文是一种很有用的练习（这也是大多数人推荐的方法），通过这种方法你能够表达合理、正确，你能够获得各种各样美好的印象、轻松自如地论述，并通过模仿最佳模式创造属于自己的模式。此外，这些你在平时阅读中忽略的东西在你的翻译中是不可避免的。这种方法也将增长你自己的知识，提高自己的判断力。在你读了作品后就把自己看作作者的对手，针对同一话题提出自己的见解，然后把你的作品和作者的进行仔细的比较去验证到底是你的还是他的观点更乐观。当你发现自己在某些地方优于作者的时候，你甚至可以祝贺自己；但是如果反过来他总是优于你，这将是一个巨大的屈辱。有时你可以选择非常著名的段落，并且进行对比。这个足够大胆，但是，因为它是私下进行的，所以不能被称为无礼的。我们已经看到很多通过这样的方法让自己跻身于这行列的例子，而且他们没有因为被超越而绝望——他们已超越了他们模仿的那些人，青出于蓝而胜于蓝。一篇演讲对你来说可能不再记忆犹新了，但是你可以重新将它拾起。你会发现里面的许多可以不变，但还有更多的需要修改。你可以增加一些新观点，改变另外一些观点。这是一项费力烦琐的工作，甚至连我也会在三分钟热度后热情渐渐消退，但是我又不得不调整过来。最糟糕的就是把新的思想又嵌入一个原本完整的思想里，但这种方法带来的好处远远大于它的困难。我知道你现在喜欢在酒馆里雄辩，可我不会因为这个原因就建议你永远都继续那种——如果我可以这样称呼它——争强好胜的辩论风格。就像土地因播上不同的种子且经常变化而变得肥沃，所以我们的思想也应该时不时地做这种练习、时不时地做那种练习。因此，我建议你，有时可以去学习历史，那样你写文章的时候就会更得心应手。因为人们在辩论中常常使用的，不仅是历史的，还有诗歌的描绘风格，这样你就能从文章中获得一种简洁明了的表达方式。通过诗歌你将产生新的正确的观点，当我这样说的时候，我并不是指那种篇幅绵延不断的诗歌（这样的诗歌只适合休闲娱乐的人们），而是这些短小精悍的诗歌，这些诗歌适合各种话题。它们的题目通常带着诗歌的乐趣，但这些乐趣有时给它的作者带来的名气远远大于那些诗风严肃的作者。然而我建议你多读诗歌，为何我自己不做诗人呢？

“艺术家的技艺渐长，
在他万能的手下游刃有余。
时而忧郁地抱臂而战，对战神私语，
时而回想起维纳斯温柔的气息，
淘气的爱神丘比特时而躲起来，
时而闪现一个纯洁、高雅、智慧的妻子：
不要独自去灭掉那熊熊大火，
神泉温柔地流淌，
甜美地浇灌着花草，
在那样的欢快里散播着清新，
那么，科学的头脑，活泼的思想，
该变得更加高雅出色吗？”

最伟大的人，以及最伟大的演说家，都用这种方式练习或者自娱，或者更确切地说，两者皆有。令人惊讶的是，有多少人的思想因为这些浪漫的诗作而栩栩如生，因为它们围绕着爱、恨、讽刺、柔情、礼貌……一切的一切，简言之，就是世界上有关生活的一切事情。此外，还有一个优点是，在经历了有关诗歌格律的磨炼后，我们把注意力转向了更有趣的散文。而现在，也许我已经因为这个问题打扰你太久了。但是，有一件事我遗漏了：我没有告诉你，你应该读什么样作家的作品。尽管我已经充分地暗示了你应该怎么写作。记得谨慎选择作家的流派，对此已经提过很多遍了。虽然我们应该多读书，但有些书我们是不应该读的。那些名扬天下的作家就不需要我特别指明了。此外，我的这封信写了这么长，旨在告诉你应该如何学习。我担心，恐怕这打扰了你的学习。现在我让你安心地去学习，去继续你之前的学习或者按照我的建议去学习。再会。

致法巴图斯（我的妻子的祖父）

我发现，当我最近得到了四分之一的房产，并标明把它卖给最高出价者，而这本应由我的自由民赫耳墨斯以70万赛斯特斯的价格卖给科雷利亚的时候，你感到非常惊讶。而当你认为它有可能卖到90万赛斯特斯的时候，你是如此想知道我是否会批准他的做法。我会，听着，我会告诉你为什么，因为我希望它不仅得到批准，而且，我的共同继承人会原谅我出于自己的原因将财产分割。我最尊敬科雷利亚，她既是我记忆深处的鲁弗斯的妹妹，也是我母亲的密友。而且，那个优秀的男人，米努提乌斯·图斯库斯，她的丈夫，希望和我成为好朋友。正如我和他的儿子之间的亲密关系那样，当我被选为检察官后，我常邀请他主持我发起的辩论会。这位女士，是我去年在乡下的时候认识的，强烈希望能在我们的科姆湖边的某个地方定居。我答应了她的请求，由她出价，她可以定居在我土地的任何一个地方——除了我的父亲和母亲给我的，那是我不能答应的。即便是科瑞利拉，当继承权落在我身上的时候，我就写信告诉她那里就要出售了。我让赫耳墨斯去送这封信，便于在她询问的时候他可以马上将我的观点传达给她，他同意了。我有必要去确认我的自由民怎样传达我的意愿吗？我只恳求我的共同继承人能够原谅我自作主张把本该我得的土地卖了。他们不必学我，因为他们与科雷利亚没有任何联系。他们是完全自由的，因此可以根据自己的兴趣去做事，而我就只能为了友情选择做些牺牲了。再会。

致科雷利亚

你是如此坚定地希望我应得到你从我那里买房产的钱——不是我的自由民以70万赛斯特斯卖给你的钱，而是根据你给农民的份额算出的90万赛斯特斯。但是，我想坚持我的观点：你不仅要考虑什么适合你，也要考虑什么适合我，而且你要能够容忍我在这件事上和你有不同的意见，对其他人我也遵循同样的准则。再会。

致塞勒

每一个背诵自己作品的人都有特殊原因。而我，正如我经常说的，是为了避免出错（毫无疑问，它们有时也会逃过我的眼）。然而，我却惊讶地发现（你的来信让我确定了这一事实）有人指责我背诵演讲稿。他们可能认为演讲稿不应该再有其他更正。如果是这样的话，我就会问他们：为什么你们允许历史被传诵呢？历史本应该反映事实，而不是用来炫耀。或者：为什么悲剧是在舞台上演出而不是单独向观众朗诵的呢？或者：为什么抒情诗需要的不是读者，而是用嗓音和乐器演奏出来呢？他们或许会回答：是习惯使得含有疑问的实践也变得很寻常了，当得知他们是否会认为第一个提出这种做法的人应该受到谴责时，我应该高兴吗？此外，演讲的练习对于我们和希腊人来说都是史无前例的事情。或许他们会坚持认为，背诵已经发表的讲话还有什么意义呢？的确，如果一个人对着同样的听众重复最近才发表过的演讲，那确实没什么意义。但如果你做一些补充和修改，如果听众有原来的人，还加入了另外的人，而且两次朗诵间隔了一段时间，为什么彩排演讲会不如正式发表这篇演讲呢？“但这很难，”反对者呼吁，“仅仅背诵一篇演讲就想使观众满意。”这涉及特定的技能和排练所付出的艰辛，但绝不是反对背诵。事实是，我得到赞赏并不是在我练习的时候，而是我练习完了向大家朗诵的时候。因此我不能省略任何形式的修正。首先，我经常仔细检查我所写的东西，之后我把它读给两三个朋友听，然后把它交给别人让他们更正。如果我对他们的更正有任何异议，我会再和一两个朋友讨论。最后，我向更多的人朗诵。这次，请相信我，这个时候才是我大刀阔斧地对我的东西进行修改的时候。因为我的注意力会随着我的焦虑而上升，因为没有什么错误会在这样一种情况下不被甄别。告诉我，如果你面对的是一个博学观众，你受到的影响是不是远远小于面对一大群观众，尽管他们可能是一群文盲？当你在一大群人面前辩护的时候，你是不是觉得很不自信，甚至怀疑自己？你难道不希望你的演讲我不是说某些部分，而是你的演讲的大部分——都被更改？特别是当你在一大群人面前的时候？因为一些平民百姓身上的东西让你心生敬畏。而且如果你怀疑你自己没有在开场的时候获得注意，你难道不会试着放松，然后让自己放开演说吗？我想原因就是观众的观点有一定的分量，尽管可能个人的观点并没有价值，但是把它们组合起来就变得举足轻重了。同样的，珀尼乌斯·塞昆图斯，著名的悲剧诗人，每当他和他的密友对他作品中任何东西的去留问题存有异议，他总是说："我顺应人们的呼吁[①]。"因此，在他们的沉默中或掌声里，他采用了他自己或是他的朋友的观点，这是他对公众判断的尊重。这到底恰当与否，都不关我的事，因为我不是在公开朗诵我的作品，我只选择一小群人，我尊重他们，我看重他们的观点，总之，如果我逐个咨询的话，那我该采取谁的意见呢？同时，在他们面前，我就应该像在很多人面前一样表现得庄严。西塞罗关于创作所说的，在我看来，会让我们对公众产生一种恐惧。"恐惧是完全可以想象的。"朗诵的基本思想，就是进入一个集体的方法，一个人的焦虑便在于此。这些情形可以让作者有所提高，表现得更加完美。因此，总的来说，我不能把我有用的经验抛弃，迄今为止这些微不足道的反对让我备受打击，所以我请求你告诉我，我还能采用什么样的改正办法。因为没有什么能够舒缓我的焦虑并使我的作品完美。这是一件多么痛苦的事，把所有工

---

① 这种表达是一种妙语（英语读者是理解不了的），除非他被告知罗马人有这种特权（共和国在较早时期颁布的若干法律确立了他们的特权）。不服地方裁判官决定的人可以向国民大会上诉——他们以言语的方式上诉，而珀尼乌斯在这里运用它是出于不同的目的。

作都交付到民众的手里，而我除了被说服做频繁的修改以外就无能为力了——然而必须得使作品完美，这是大家所希望的。再会。

致普瑞斯库斯

我的朋友凡尼亚的病情让我很担心。她是在照顾犹尼亚的时候染上病的。犹尼亚是维斯塔修女之一，她是自愿从事这项职业的。凡尼亚是她的亲戚，后来在牧师学院任职。对于这些修女来说，如果她们身体状况不佳，就要把她们从维斯塔转移出来，交给一些德高望重的妇女照顾和监护。因为她的勤劳，她患上了现在的病，这个病使得她持续发热、咳嗽。她憔悴不堪，除了她的意志。她身体各方面的情况似乎都在恶化，但是事实上，她始终保持积极乐观的态度，甚至比得上迪斯的妻子和他的女儿特拉塞亚。我也很赞赏她在其他方面的表现，但同时感到很困扰。我很伤心，我的朋友，这么优秀的女人将要从世上消失，世上可能再也不会有她那么好的人了。她是如此纯洁、如此虔诚，如此明智和精明，那么勇敢和坚定！曾有两次，她跟随丈夫被流放，思尼斯科，因为叙写哈维迪斯的生活而被控告，曾经辩解说自己是在凡尼亚的要求下写那些东西的。梅提斯卡鲁斯用一种严肃威胁的语气问她是否曾提出这一要求，她回答说："我提了。"你还为他提供了相应的资料吗？"我提供了！""你的母亲也参与了这件事情吗？""她没有。"总之，在对她的整场讯问中，她说的每一个字都显得从容自若。相反，她还保留了元老院被暴政震慑的那个时代曾经要求废除的书的副本，同时该书作者的财产也被没收了。她因为这个流亡，且在流亡的时候她还带着它。她是那么讨人喜欢、那么有礼貌、那么可爱，值得尊重和钦佩！她以后会被视为妻子的模范代表，她那值得人们尊敬的刚毅或许甚至会成为男人们的模范。既然我们还能很高兴地与她交谈，我们钦佩她，就像敬佩古老故事中的女英雄那样。至于我自己，我必须承认，我忍不住因为这座杰出的房子而震撼，似乎动摇了它的根基，而且摇摇欲坠。尽管她要留下后代，然而她们要获得多么高尚的美德，他们要做出多么光荣的行为，世界才会承认她不是她们家族的最后一个！她的死对于我来说又是一次极度的痛苦和折磨，我似乎再一次失去了母亲，一位如此高尚、值得赞赏的母亲！当她把女儿托付给我的时候，有一天她就会把她的女儿再次从我身边带走，失去凡尼亚使我心如刀割，正如曾经的伤口再一次被揭开。我如此地爱着她们，并为她们感到光荣，我不知道我爱谁多一点——她们所需要的，可能永远是不确定的。在她们的成功和逆境中，我都竭尽全力地帮助她们：她们被流放到海外的时候，我是她们的安慰者；她们返程了，我为她们雪耻。但我还没有偿还我所亏欠她们的，我是如此衷心地希望这位女士能够安然无恙，让我可能有时间偿还我亏欠她的。我是怀着如此焦虑和悲伤的情绪写这封信的，但如果有某种神圣的力量能够把它变成快乐的事，我再也不会抱怨我现在所遭受的痛苦了。再会。

致格米尼乌斯

努米底亚·奎奥瑞拉死了，她快要80岁了。她一直很健康，直到她生病去世，而且作为女性她极其健壮结实。她留下了一份非常精明的遗嘱，把她财产的三分之二留给了她的孙子，其余部分留给了她的孙女。我对这位女士知之甚少，但她的孙子是我最亲密的朋友之一。他是一个了不起的年轻人，他的美德使得他交到了很多的朋友，尽管他跟他们本没有什么关系。他容貌姣好，从孩提时代到成年，从来没有任何坏名声。他24岁，已经结婚，而且如果普罗文思没有让他失望的话，他现在已经做父亲了。他和他的祖母住在一起，他的祖母全心致力于为城镇创造乐趣，然而他意识到了自己行为的严重性，他对她总是一味顺从。她创作了一套哑剧，并在一定程度上鼓励和她等级不相称的人。但卡德拉特斯从来没有出现在这些娱乐节目中，无论她是在剧场里还是在她自己的家里，事实上，她也没有要求他出席。当我监督她孙子学习的时候，我曾经听到她说，这是她的习惯，为了打发女性没事做的无聊时间——下棋娱乐，或模仿手势，但无论她什么时候进行这些娱乐活动，她都会让她的孙子去学习，在我看来她似乎一切都是为年轻人着想。我很吃惊，我相信你也会。他告诉我上次展出主教的游戏[①]的事，当时我们正一起走出戏院，在那里我们享受这些游戏带来的乐趣。“你知道吗？”他说，“今天是我第一次看到我祖母的自由民跳舞。”这就是那个孙子所说的话！一群各种阶层的人在戏院里跑上跑下，对哑剧的演出表现出感动和欣赏，并模仿女主人唱歌表演，以此表示他们对奎奥瑞拉的尊敬。现在他们的文艺演出已经得到了回报，所得到的奖励只是很少的遗产，但毕竟从来没有继承人在这样的演出中得到这么多过。我给你写这封信，因为我知道你喜欢听城镇里的消息，而且还因为，当有事情给我带来快乐的时候，我喜欢再次讲述它们。而且，对于奎奥瑞拉的感情和对她优秀的孙子的尊崇，都使我很满意。我非常高兴，因为那个曾经属于卡西乌斯[②]——卡西安学校的奠基者和校长——的房子，现在属于另外一个和他一样有声望的人了。我的朋友会把它变成他想象中的那样，庄严、堂皇而充满荣耀。我深信，作为律师的卡西乌斯同样也是一位杰出的演说家。再会。

致马克西姆斯

最近我的一个朋友身体状况持续不佳，让我想到了我们之间的关系从来没有像在疾病缠身的时候那么好。那个曾经被贪婪与欲望征服的病人去哪儿了？在这样一个时期，他既不是爱情的奴隶，也不是愚蠢的野心家。他已不看重钱财，即使钱很少他也觉得满足，似乎马上就要离开那点仅有的钱财而去。也是在那个时候，他才想到还有诸神，而他自己不过是一个凡人——他现在嫉妒、钦佩甚至蔑视着永生，任何谣言都已无法引起他的注意，也激不起他的好奇心。他所梦到的仅仅是沐浴和喷泉，这是他最关

① 祭师以及其他的裁判官在他们开始从政时要带人们开展一些游戏活动。

② 一位著名的律师，他的事业在皇帝克劳迪乌斯统治时期达到顶峰。那些附和他意见的人被说成卡斯安斯，或称为卡西乌斯派。

心和期待的。他下定决心：如果他能够恢复的话，他就会轻松安宁地度过他余下的岁月，就会快乐无邪地生活。因此，我可能会给你一个忠告，也即哲学家们长篇累牍的谆谆教诲，那就是“我们应该在身体健康的时候去做我们在生病的时候想做的事情”。再会。

致苏拉

工作的闲暇才让我有时间来询问你一些事情，因此我非常渴望知道你是否相信有鬼魂的存在，它们具有真正的形体，并且它们有点神圣，或许它们只是想象的幻影。我相信鬼魂的存在是在我听说了库尔提乌斯·鲁弗斯的故事之后。他当时境遇平平，是个无名之辈。有一天晚上，当他走过一个门廊的时候，他看见了一个女人的身影，她的体态不同寻常，而且比人类要美得多。他站在那里，既害怕又惊讶，她告诉他，她是非洲的守护神，她是来告诉他今后他的生命中会发生什么样的事情。她告诉他，他会回到罗马，在那里享受自己崇高的荣誉，被授予领事后回到这个省，然后在那里去世。所有的预测后来居然都应验了。据说，后来在他到达迦太基、当他下船的时候，他再一次看到了那个身影。至少，可以肯定的是，这次他生病了，尽管在他身上看不出什么症状让他绝望，但是他立即就放弃了康复的希望。很明显，那些关于他的不幸到来的预言都变成了现实，风光之后紧跟不幸。接下来我要告诉你的这个故事是我亲耳听到的，这个并不比之前那个更可怕，却更精彩。在雅典有一个大而宽敞的房子，它有一个不好的名字，因此，没有人敢在那里居住。夜深人静的时候你经常可以听到像是铁器碰撞的声音，如果你仔细听，听起来就像是铁链“咔嗒咔嗒”的声音，最开始声音很遥远，然后渐渐地就近了。接着立刻就会出现一个外貌像老人的幽灵，面容非常瘦弱肮脏，长长的胡须，头发蓬乱，他的脚和手被铁链捆锁着。这些居住者就这样战战兢兢地度过了这样一个弥漫着恐怖的不眠夜。这打扰了他们的休息，损害了他们的健康，让他们精神错乱，他们的恐怖感与日俱增，死亡接踵而至。即使在白天这种景象并没有出现，也对他们造成了巨大的冲击，仿佛它就在他们眼前，时时让他们保持警惕。最终，这所房子荒弃了，因为人们都认为它绝对不适合居住，所以，它现在完全由那个鬼魂占有了。然而，一些租户为了找到对此事毫不知情的人来租住这所房子，会贴出广告想要将这所房子出租或出售。哲学家诺多如斯[①]在这个时候恰好来到雅典，他读了告示，询问了价格。低廉的价格引起了他的怀疑，然而，当他听说了整个故事，他完全没有被吓倒，反而更强烈地想要租这所房子——事实上他也这样做了。当傍晚来临，他命令他的属下准备了一个沙发，并把它放在房子的前面。在他要了一盏灯，还有他的笔和写字板后，他就让他的属下们都退下了。由于潜心工作，他并没有注意到那些虚构的声音和灵魂，也并不害怕。他在全神贯注地写作。像往常一样，前半晚就在寂静中度过了，最后他听到了铁链叮当作响的声音，然而，他既没有抬一下眼，也没有放下他的笔。不过，为了保持冷静，他试图将自己听到的声音想象成其他东西。声音越来越大、越来越近，直到它似乎就到了门口，最后，那声音仿佛就在屋里。他抬起头来看，看到了那个人们先前向他描述的鬼魂：它站在他面前，向他招手，就像一个人在召唤另一个人。诺多如斯向它做了个手势，示意它再等一会儿，然后又把目光放到了他的写作上面。然后那个鬼魂就把铁链套到了哲学家的头上，哲学家抬起头来，看到它正像刚才那样招手，于是他立即站起身来，提起灯，跟着它。那个鬼魂慢慢地大步走着，似乎铁链阻碍了它的步伐，然后走进了房子，突然消失了。诺多如斯因此就被释放了，他在那个鬼魂离开他的地方用一些草和树叶做了标记。第二天，他把这件事告诉给地方法官，并建议他们挖开那个地方。他们采纳建议挖开了那个地方，发现一副用铁链锁住的男人的骨架。那具尸体看样子在地上躺了很长一段时间，已经腐烂了。人们把那些骨头收集到一起，公开安葬，并为那个鬼魂举行了仪式，从此那所房子再也没有闹过鬼。这个故事是别

① 一名斯多噶派的哲学家，塔苏斯的当地居民。有一段时间，他曾是屋大维的导师，屋大维即后来的奥古斯都皇帝。

人的事，接下来我要提到的，是我自己的故事。我有一个自由民名为马库斯，他绝不是文盲。一天晚上，当他和他的弟弟躺在一起时，他仿佛看到有人在他的床上，拿出一把剪刀，然后把他自己头顶上的头发剪下来了。第二天早上醒来时，他发现自己的头发竟真的被剪了，那些被剪的头发散落在地上。过了一段时间后，发生了另外一件类似的事。我家一个年轻的小伙子和他的同伴睡在他的房子里，这时有两个身穿白色衣服的人走了进来，正如他说的，他们是从窗户进来的，剪断了他的头发，然后又从窗户出去了。第二天早上，这个小伙子发现自己的头发和其他人的一样都被剪了，而且头发再一次散落在房间的地上。如果后面没有发生我被起诉的这件事情的话，这些事件其实没什么值得一提，图密善（在其统治时期发生这种情况）如果能活得长一点的话，我可能就逃脱不了了。自从那位皇帝去世后，在他的传记里就发现了对我的弹劾，这已经被卡鲁斯公示了。因此，可以推测，人们如果留头发的话就会被公众指责，因此把我仆人的头发剪掉就意味着我逃脱了威胁我的危险。我希望你能够慎重考虑这个问题，这个问题值得你深思。而且，我也相信我的这个问题值得你运用自己的知识去思考。虽然你应该像往常一样在两种意见之间取得平衡，但我仍然希望你能从其中一种意见中学到更多。否则，当我向你请教，解答我的疑问的时候，你就会让我在同一个悬念和优柔寡断上徘徊，正如你现在的状况。再会。

致塞普提提乌斯

你告诉我说，有些人指责我作为你的同伴在各种场合对我的朋友都给予高度赞扬。我不仅承认这样的指控，而且为此感到荣耀——我不禁要问：还有谁比我更熟悉我的朋友？如果有，那么为什么他们会否认我因为错误而满意的态度呢？即便我的朋友不值得我给他们以最高的颂扬——但我相信他们还是应该被颂扬的——也绝不能让人们把这种恶意的热情带给那些总是任意谴责朋友行为的人（他们的数量不可小视）。至于我自己，他们将永远无法说服我，我不会因为对朋友的过分友好[1]而有罪恶感。再会。

致塔西图斯

我预测（我相信自己不会被欺骗）你的事迹将永垂不朽。坦白说，我是多么热切地希望在你的伟大事迹中找到自己的位置。如果我们能够小心翼翼地让最优秀的艺术家画下我们的脸，我们是不是就不应该期望我们的行为会被一个像你这样有卓越才干的人记录下来？因此我希望你能够注意以下的问题，正如在公众杂志中提到的，这个问题尽管在你的公告中被谈到过，我还是希望引起你的注意，这样你可能就越发容易相信对于我来说这样的行为是多么的适合——风险越高就越应该得到关注，就应该从你的证词中得到越多的注意。元老院任命赫伦尼乌斯·塞尼西奥和我担任巴提科省的律师，负责巴比乌斯·马萨弹劾事件。他被大家谴责，他的房子也被充公。不久后，塞尼西奥听说执政官打算坐下来听请愿书，他走过来对我说："让我们联合起来吧！共同请求他们放弃对我们的告诫，不要受支持马萨的那些人的影响。" 我回答说："我们接受元老院的命令负责处理这个案件。我建议你考虑一下，对我们来说，当判决下达后再来干涉，这是否合适。"他说："你有权利为自己划清界限，你和这个省并没有特殊的联系——除了你后来服务于他们，而我出生在那里，并且我喜欢刑事理事这个职位。" "如果是这样，"我回答说，"如果你下定决心了，我愿意支持你，不论这个后果会带来怎样的怨恨，但绝不会让你一个人承担。"因此，我们来到执政官这儿，塞尼西奥说了和这个案件有关的事，我又说了几句产生同样效果的话。我们还没有结束的时候，马萨就抱怨塞尼西奥从来就没有以一个律师的忠诚反对他，而是把他作为一个敌人来痛恨，期望他以叛国罪被起诉，这引起了普遍的恐慌。于是，我站起身说道："最高贵的执政官，恐怕马萨指控我在这件案子上对他有所偏袒，因

---

① 巴尔扎克曾恰如其分地评论此观点。

为他认为我和塞尼西奥所设想的判刑是不合理的。”这简短的讲话立即赢得了阵阵掌声，后来人们到处都在谈论。先帝内尔瓦给我写了一封关于此事的信，给我留下了非常深刻的印象，他不仅向我祝贺，也为古代的精神能为当今时代创造出这样一个模范而欣喜。但是，无论事实是什么，是否把它提高到一个宏伟的和更加显赫的地位都由你决定，但我希望你至少能够摆脱现实的束缚。历史应该严格遵循事实，这比任何行为都更有价值。再会。

致塞普提提乌斯

我在这里度过了一个愉快的旅程，除了我的一些仆人们因为高温而担惊受怕。可怜的恩科皮乌斯——在我的学习和娱乐中必不可少的一位读者①，受到灰尘的严重感染而口吐鲜血。一场事故给我带来的悲伤不亚于对他的不幸，他有如此过人之处，难道他不适合文学创作吗？如果这样不幸的结果出现了，我到哪里去找一个像他那样如此了解我的作品并能透彻地赏析它们的人？我还会听到谁的心声？但是上帝似乎支持我们美好的希望，血止住了，疼痛就减轻了。此外，他非常克制，他不向我或是他的医生索取什么关怀。这一点，加上有益于健康的空气、退休的安逸，使我们有理由期待乡村生活会让他的健康得到恢复。再会。

① 在罗马人中，具有一定职级和文学修养的人会在家中保留有佣人，这些佣人的唯一任务就是给主人读书。

致卡尔维西乌斯

其他人视察他们的地产是为了使自己富有，而我在返回之后却变得更穷了。我把我的古董卖给了那些迫切想买并且认为这些古董的价格随后又会飙升的商人。然而，他们却大失所望了。随后那些古董的价格尽管没有最初那么低，可也跟最初的价格差不多。现在，我特别认为纵使是一个享有很高荣誉的人，也应该遵循国内和公众的行为准则——不论是在大事上还是在小事上，不论是在别人的事情上还是在自己的事情上。如果每一个偏离公正诚实的行为都等同于犯罪[①]，那么应用于此的每一种方法同样是值得称道的。因此我接受了他们同意给我所提出的原价的八分之一的价格，那可能根本就没有什么补偿。其次，我的确特别考虑了一下那些出价高、能为我提供更多服务并且自己承担更多的人。因此，对于那些出价超过1万赛斯特斯的人，我把他们出的高价的八分之一返还给了他们。我担心我没有把我的意思表达清楚，但我会尽力去把我的意思解释清楚。例如，假设一个人付给了我1.5万赛斯特斯，我会免除其中的八分之一。同样的，如果是5 000塞斯特斯的话，我也会免除其中的八分之一。此外，由于有些人把他们要付的钱按照不同比例存储起来，有些人又一点也不预付，因此我认为这一点儿都不公平。因此，对于那些已经支付款项的人，我会返还给他所付款项的十分之一。通过这种方法，我做了一个正确的决定，计算出他们各自应得的金额，类似于鼓励他们——这不仅是为了将来做打算，也是为了激发他们尽快付款。出于我善良的本性也好，或是我的判断也好（随你怎么称呼它），这对我来说是一个相当大的付出。但是，我觉得这样做值得。国家极大地赞成我这种新颖的减赋措施和管理办法，即使是那些没有按相同标准来“分配”（正如他们所说）的人，也认为他们自己应该按原则对我负责任。我带着愉快的经历离开了，勇敢意味着找到同等的荣誉。再会。

① 斯多噶学派所主张的学说，认为所有的犯罪都是一样的。

致罗马努斯

你曾看见过克里图姆努斯河的源头吗？如果你还没有看见过（我也认为你不可能看到过它，不然你早就告诉我了），那么尽快去那儿看吧。昨天我看到它，我怨自己没有早点看到它。在一个小山丘的脚下，老柏树枝叶繁茂，一股泉水涌出，分成大小不同的溪流，蜿蜒向前，最后流入一个宽大广阔的水池里，水清澈透明，你甚至可以数清那些闪亮的鹅卵石。与其说是地面的倾斜将水带走，还不如说是其自身的重力。在小溪的源头，你会发现它立即停止了流动而扩大成一条宽阔的河流，甚至能过往大型船舶——顺流或逆流都能够自由通行。虽然地面是平的，但水流很猛，顺流而下的大型驳船根本不需要使用船桨；而逆流而上的船舶即使在船桨和撑杆的帮助下也很难前进，这就给人们带来轻松和辛劳。当一个人仅仅是为了娱乐而去坐船，是非常有趣的。岸边到处是杨树，千姿百态的树清楚地倒映在溪流中，犹如它们长在水里。水冷如冰霜，而且也为白色。在它附近矗立着一座古老而庄严肃穆的寺庙，穿着长袍的河神克里图姆努斯被放在其中。先知的圣人在这里充分证明了河神的存在。几个小教堂分布在周围，供奉着不同的神，以自己特有的名称和崇拜形式受到尊敬，他们其中的一些掌管过不同的喷泉。除了这个主要的泉之外，它同时是其他泉的发源，还有其他一些较小的溪流从不同的地方流来，最后流入河里。河上建成的大桥将这个神圣的地方隔开，以便用于普通使用。船舶可以到这座桥上，任何人不得在它下面游泳。奥古斯都将这个地方给了黑斯皮拉特斯人，并提供一个公共浴池，让陌生人自费使用。我被这条河的美丽所吸引，还有几栋别墅坐落其间。总之，周围的一切将给你娱乐。为了纪念这口喷泉的美德和掌管它的神，在柱子和墙壁上由不同人雕刻无数的铭文。你会欣赏他们中的许多人，而有些人会让你笑。我必须纠正自己的这种说法，我知道在这样的场合你太仁慈而不会笑。再会。

致阿瑞斯托

因为你熟悉你所在国家的政治体制（其中包括元老院的习俗和惯例）就如同熟悉公民一样，所以我特别想听听你的意见——关于最近元老院里发生的一件事，你看我做得是否正确。不是为了对我已经做出的判断（因为这为时已晚）进行指导，而是为了将来遇到类似情况该如何处理。也许你会问："为什么你会在一个本应非常知晓的问题上征求建议呢？"因为前朝[1]的专制统治，导致我对有用知识的疏忽和无知，特别是涉及元老院的习俗；另外，谁会在那里勤勤勉勉、如饥似渴地学习那些从来没有机会把它运用到实践中的知识呢？此外，要想不忘记那些掌握到的却没有机会用的知识不是一件容易的事情。因此，当自由回归[2]时，我们发现自己完全无知和缺乏经验，因此，我们以热切的盼望来品味她的快乐。我们有时急急忙忙地采取行动，其实却应该接受教育，以便懂得如何采取正确的行动。按照祖辈建立的制度，年轻人应该向年长者学习，不仅通过言教，而且通过他们自己的观察，学会一旦某一天离开那个领域该如何行事。反过来，他们指导他们的孩子践行相同的模式。根据这一原则，青少年被早早地送进军队接受教导，学会怎样服从指挥、怎样与其他人相处，通过不同程度的锻炼让自己成为领导者。基于同样的原则，当他们成为某个职位的候选人时，他们被要求他们站在元老院的门口——在他们成为元老院议员之前，先做观众。在这些场合，每一个青年的父亲都是他们的教练，如果他们没有父亲，那么一些年长和有尊严的人代做其父亲。因此，他们接受的是一种最可靠的、有原则的教导。例如，如何使用权利向元老院提出法律建议，一个参议员在元老院发表意见时该享有什么特权，地方行政官在议会中的权力以及其他成员的权利，哪里该妥协、哪里该坚持，说话的时机和长短，以及何时保持沉默，对于相反的观点如何进行必要的辩驳，如

① 尼禄和图密善执掌政权时。

② 当涅尔瓦和图拉真执政时。

何改进以前的决议……总之，通过这些方式，他们了解到参议员的行为准则。至于我自己，当我还是一个青年时，我就在军队服役。但在那时勇气是被怀疑的，并需要精神的奖励，将军没有权威，士兵毫不谦逊；当时既没有纪律，也没有服从，只有骚乱、混乱和困惑——总之，忘记它比记得它更快乐。我年轻时也同样进入了元老院，但在当时，元老院没有人会发表意见，因为在当时发表自己的观点是一件危险的事，保持沉默是多么的可鄙可怜啊！那么学习还有什么快乐呢？或者他们又能够学到些什么呢？当元老院举行会议的时候，大家什么也不做，也不对一些恶行做出裁定。当大家聚在一起开会时，从不深思熟虑，只要能达到诸位残酷或荒谬的目的即可。但我不是唯一见证这不幸一幕的人。我作为一个元老院议员本来应该承担责任，但看得多了，也就承受了这么多年的煎熬。

所以我的灵魂遭到了摧毁，即使现在都尚未完全康复。近期我很乐于了解与我们职位相关的知识以及如何履行好职责。因此，出于这些考虑，我恳求你：首先，请原谅我的错误（假如我一直在犯一个错误）。其次，用你博学的知识引领我走出迷惘：你一直勤勉于贵国的宪法审查，在公众法和私人法、古代法律和现代法律、普通法和特殊法律方面，你都有独到的见解。事实上，我深信我要向你请教的这点非同寻常，即使是那些对公众事务有着丰富经验的人也会遇到的。因此，如果我碰巧犯了错误，我会更情有可原。如果你能为我解决这个尚不清楚的问题，你将会得到更高的赞美。我要问的问题如下：

阿福瑞乌斯·德克斯特的自由民被谋杀了，不能确定的是：他是自杀，还是被他的主人杀害？如果是后者，他们是否会承认这个事实？在他们被询问之后，有个议员（没有必要提他的名字，但如果你想知道，那就是我）赞成无罪释放他们，另有一人坚持认为他们应该被放逐一段时间，还有一人认为他们应该被判处死刑。这几个观点截然不同，要想达成一致是不可能的。死亡和流放有什么相同呢？要么流放，要么无罪释放。无罪释放接近流放，而判处死刑则不是这样一回事：前者至少让他们活下来了，而后者则夺走了他们的余生。这些赞成判处死刑和坚持放逐的议员坐在元老院的同一边，他们看似一致同意搁置分歧。因此，我提出：对这三种观点的投票应该单独进行。持这两种观点的人在短暂的休息后，加入到第三方进行论战。我坚持认为，那些赞成死刑的议员和坚持流放的议员应当被分开，这观点鲜明的两派不应组成一个整体来反对无罪释放的议员，他们很快会分裂的：因为他们都不支持对方的观点。它显得非常特别，它提出放逐自由民和奴隶判死刑的动议，每个动议应当单独提出表决，但是支持死刑和赞成放逐的却被放在了一起。就前者而言，它是合理的，应分别提出动议，因为它包含两个不同的主张；我不明白为什么，在后一种情况下，不用投票这个标准来衡量。那么，尽管这一点已经解决，请允许我再来梳理一下，好像它仍然未定。让我们假设只有三个法官，第一位认为应判处死刑，第二位认为他们只被放逐，第三位认为他们应该被无罪释放——前两个是应该联合起来压倒后者，还是各自保持独立呢？前两个与后一个是水火不相容的。假设同一个人认为他们既应该被驱逐，又应该判死刑，如果可能的话，依据这个观点，他们就会受到两种处罚？联合两种截然不同的决定，或可视作一贯的动议呢？那么，为什么同样的观点被不同的人提出后被视为一个完整的，而不被视为个人所提出的呢？法律清楚地说明在那些赞成死刑和放逐的议员中，在选边站的时候，元老院会这样说道："同意这个观点的到这边来；赞成其他任何观点的，站到你所同意的那个观点的人那边去。"让我们来审视每一个句子："同意这个观点的人"，比如，你赞成放逐，"就到这边来"，即是说他这边是同意放逐的。这里清楚说明他不能留在赞成判死刑那边。"赞成其他任何观点的"，法律没有表达成"另外的"，而是加上"任何的"。"站到你所同意的那个观点的人那边去。"这条法律似乎在强迫那些持不同观点的人站到对立的一边。难道不是执政官通过庄严的讲话和他的手势指出的，让每个人可以留在原地，也可以走到另一边去吗？有人反对道："如果将那些赞成判处死刑的和那些同意放逐的议员分开，那么无罪释放囚犯的观点必然占上风。"但是，如何影响投票的双方呢？当然，不是造成他们相互斗争，来促成一个折中的判罚。“不过，”他们说道，“那些指责被告人该被判处死刑和放逐的议员应该联合反对那些认为被告人无罪释放的人，他们之间再来做出权衡。”在某些公众游戏中，某些争斗者通过抽签分开，然后与胜利者战斗。所以，现在看来，在元老院里有了两种不同的意见，最重要的是出现了第三种意见。当某个观点被采纳的时候，是否意味着其他的观点被拒绝？那么告诉我，你是否认为投票应该分开进行？我提出的议案确实占了上风，但我很想知道，你认为我是该坚持这一点，还是该向提出死刑的人妥协呢？对于合法性，我不想说，但至少我的建议是公平的。他收回他的观点，而站到了支持放逐的一边。如果采取单独投票，自由民会被无罪释放。因为如果单独计票，无罪释放的票数远远大于另外两种观点获得的票数。因此，三种意见，最后被分为了两派，一种被采纳，另一种被拒绝。而第三种呢？因为它没有强大到足以征服这两方，所以只得选择两个中的一个。再会。

致帕特努斯

我的家庭最近出现了一种疾病，夺走了我的几个仆人的性命，他们中的一些人正值青年，这对我来说，无疑是一个巨大的苦难。然而，我有两个慰藉（但绝不等同于这样的悲伤），算是对我的安慰。一个是，我总是想解放我的奴隶，他们的死亡似乎完全不是时候，如果他们活得足够长，便可以获得自由。另一个是我已经让他们立一个遗嘱[①]，从宗教意义上他们似乎依法享有这种特权。正如我接受过那么多的行政命令，我接受了他们的最后要求，让他们自行处理，他们将财产留给了我家中的某个人，因为对奴隶来说，他们居住的房子属于国家和联邦所有。虽然我勉强答应了，但我的仁慈不会让我变得那么放纵自己。不过，我不希望因此变得更加困难。我不否认他们的刚毅和人生观。但是，我敢肯定他们并不人性

① 一个奴隶不能获得财产，因此他不能立具有法律效力的遗嘱。

化，因为它就是他们极力反对的真正的男子汉气概的标准，我感到悲哀，不需要上面提到的安慰。也许在这个问题上我耽搁了你很长时间，虽然没有我想象的那么长。确实需要找一点快乐来宣泄自己的悲伤，尤其是当我们在支持我们的朋友怀里哭泣时，或者至少，他们会安慰我们不要流泪。再会。

致马克林努斯

你那儿的天气和我这儿一样的狂暴吗？我这里风暴和洪水肆虐。台伯河的河道都被涨爆了，河水溢出岸边奔向四处。尽管皇帝采取了通过切断河边几个闸门的明智的预防措施防范这种破坏，然而洪水还是淹没了所有的田野和山谷，使整个国家都面临着被洪水蔓延的危险。它似乎已经和其他的河流交织在一起，形成一条大河，并推动它们流到它能到达的地方。让人感到一点高兴的是阿尼欧河，似乎是建在沿岸的别墅挡住了它向前的路径，一棵棵树被连根拔起，堆在一起挡住了河道。它撕裂所有山地，试图找到一个通道来让挡住道路的阻碍物通过，冲垮了房屋，河水漫过废墟并从上面流过。这些居住在爆发洪灾沿岸山区的居民，成为了这个惨象的见证人：昂贵的家具、畜牧工具、犁和牛、整个牛群、树干和别墅的横梁，漂浮在四面八方。但确实也有那些住在更高地方的人们，由于水流不能到达，所以躲过了灾难。持续的大雨和狂暴的飓风，产生了与河流同等的破坏性，摧毁了那些隔离良田的围栏；甚至摧毁了一些公共建筑，有些变成一片废墟，让人感到窒息。我感到非常不安，担心大量的废墟会涌到你那儿去。因此，我恳求，如果没有到达你那儿的话，就立即告诉我让我安心。即使是到达你那儿了，我还是希望你告诉我，因为担心和危险之间并没有太大的不同，只是感觉不同而已。我们可以承受的是实际发生的事，我们担心的是很有可能发生的事。再会。

致瑞福努斯

普通的观念肯定是错的，从一个人的意愿我们可以清楚地看出他的真实性格，而多米提乌斯·图拉斯在他死后比在他生前更好地反映了他的为人。他巧妙地让那些给他献过殷勤的人有所期盼，希望能成为他的继承人。他把房地产留给了他收养的侄女，他把他非常可观的财富留给了他的孙子，甚至是他的重孙子。总之，他通过自己的意愿来展示他仁慈的方方面面。人们对这件事已经是众说纷纭，并表达了不同的观点：有人说他假仁假义，忘恩负义，这样实际上是剥夺了家族人员的继承权，表现出对他人不诚实的一面；相反，他让那些臭名昭著的家族人员伤心欲绝，他是一个审慎的男人，有人为他的这种行为鼓掌。他们补充说，他不会就这么轻易将他的遗产馈赠给他所收养的女儿。科提里乌斯·曼西亚，这个图拉斯的兄弟，他的女儿多米提乌斯·鲁卡努斯结婚了，后来她的叔叔图拉斯收养了她，曼西亚感到非常恼火。由于这两兄弟从未分割财产，鲁卡努斯回来后，在他父亲的指示下，通过这种欺骗的收养手段获得了巨大的财产。似乎这两兄弟的命运因他们遭遇到最大的憎恶而变得富有。对于多米提乌斯·阿法尔，是他收养了他们，留下了有利于他们的遗嘱，而这个遗嘱是在他去世前18年所立。虽然这个遗嘱很简单，但他改变了他关于家庭的看法，因为他帮助取得了对他父亲遗产的征用权。对于阿法尔来说，他感到非常不满的是另外两个人的家产。一方面，多米提乌斯应努力剥夺被收养的孩子的特权；另一方面，这兄弟应该找到毁了他们父亲的那个人。但图拉斯做事公正，他的弟弟被任命为唯一继承人，而他对他自己的女儿有偏见。因此，他的遗嘱能得到很高的赞誉，是由他的本性、正义和荣誉感所决定的。对于其他亲属，根据他们对他尽到的责任，他遗赠给他们一些东西，当然他没有忘记他的妻子——她曾耐心地陪伴着他——除了给她一大笔钱以外，还有几栋让人舒心的别墅。事实上，她应得的该比他手中拥有的财富更多，因为她和他的婚姻给她带来了许多不快乐。她是一个寡妇，她晚年时嫁给一个老人仅仅是为了他的钱财，他体弱多病，即使他与她度过了他们年轻、健康的岁月，她很可能也会从内心对他感到厌倦的。他的四肢完全失去了活动能力，在没有帮助的情况下他无法移动自己，唯一的快乐就是在床上冥思苦想。他甚至沦落到连刷牙、洗漱等都要别人帮助的地步。他经常抱怨疾病让他遭受的侮辱，他每天被迫舔他的仆人的手指。然而为了活下去，他愿意接受这些屈辱。事实上，只要他活着，他的妻子就得照顾他，她理应获得好名声。我告诉你有关这个镇的所有消息，到处都在谈论图拉斯的事。她希望在最短的时间内将他的所有古董拍卖掉。他收藏有大量古老雕像，装满了他那大花园，更不用说被忽略的其他无数古董，装满了整整一木屋。如果你有什么值得一说的就给我回信，我希望你不会嫌给我回信造成的麻烦。你知道，我们的本性是爱听新闻消息，而且这些事例会对我们的行为产生良好的影响。再会。

致盖鲁斯

这些能驱使人们去欣赏的艺术或自然奇观往往被忽视，如果对我们身边的事物缺乏好奇，那就把我们的好奇心放在较远的事物上去。当一种欲望得到满足后，好奇心就会减弱。我们一次次推迟去了解的时机。不管是什么原因，可以肯定的是在罗马及罗马附近有无数的古董，我们不仅从来没有见过，甚至连听都没有听说过，它们是希腊、埃及或亚洲的其他国家生产的，这些国家都是我们所羡慕的拥有肥沃的土壤和发达的生产力，我们应该早已听说过它们、读到过它们。至少对于我自己，我承认，当最近我见到其中的一件古董时，我是一个彻彻底底的白痴。我妻子的祖父期望我会守护着他在艾美瑞亚①附近的庄园。当我走在他的庄园，我被下面湖泊的风光所吸引，这个湖被称为瓦迪莫②，关于这个湖流传着一些非常不平凡的故事。我去了这个湖，它的形状像是一个完美的圆形，像一个车

① 现在被称为艾米利亚，是翁布里亚的一个镇。

② 现为巴萨诺湖。

轮伏在地上。形状极为规则，中间被掏空，如同出自艺术家之手。水清澈明亮，倒映着天空的蔚蓝，虽然有点偏绿的色彩；它带着硫黄气味，它具有治疗效果，对骨折有极大的功效。风吹拂湖面，搅得波浪阵阵涌动。船只在这里禁止航行，因此这儿的水是神圣的。只有几个漂浮着的岛屿，岛上面长满了芦苇和灯芯草，其他植物在沼泽地和湖泊的边缘长势良好。每个岛屿都有其独特的形状和大小，但在频繁地相互碰撞之后，岛屿的四周都被磨光了。它们的高度都差不多，各自的根源像是船的龙骨，无论你站在哪一方，都可以看到它们以同等的高度垂落在水里。有时它们聚集在一起，似乎形成一个小小的大陆，有时它们被风吹散到不同的地方。当湖面平静的时候，它们忽上忽下漂浮起来。你可能经常会看到一个较大的岛屿驶向一个较小的岛屿并与它连在一起，像一艘长长的船；或者，它似乎极力想抛开较小的岛屿。然后它们被驱赶到同一点，最后到达岸边连成一体。那些爱在湖边吃草的羊经常在这些岛屿寻找食物，当它们发现自己四面环水时，才知道岛屿已经离开岸边，好像它们是被强行运到那里的。后来，当风把它们吹回来时，羊几乎没有感觉到自己已回来了，就像离开一样毫无感觉。在流过一小段之后，这个湖流进了河。我给你讲述这些，因为我认为它对你来说是新鲜事。我知道你和我一样，都喜欢沉思于大自然的杰作之中。再会。

致艾瑞安乌斯

在我看来，没有什么比我们的学习以及礼仪更可亲、更优雅。为了避免前者沦为忧郁、后者沦为轻率，我把我的作品与自然结合，以便让作品更多样化。我选择了一个方便的地点和季节，把时间定在七月，因为这通常是法院放假的时间，这样我可以给我的一些朋友朗读我收集到一起的作品。但是那天早晨我突然被通知去参加一个会议，我在朗诵之前做了一个道歉，我恳求我的观众不要怪罪于我。那一天我邀请他们来看我的表演，这个表演是专门给我的那一小部分朋友准备的，而这些朋友在法律方面给我提供了帮助。我向他们保证，在我的作品中我将遵守同样的原则：吃苦在前，享乐在后；先朋友，后自己。我朗诵的诗歌包括各种不同的主题，力求变化韵律。因此，我们谁也无法依靠自身的能力去努力做到让我们的读者满足。为了满足观众那急切的期盼，我连续朗诵了两天。我没有跳过那些不重要的段落，而是按照原文一字不漏地朗诵。我会阅读整个文章，我也可能会对整个文章进行修改，这是那些只选择特定段落朗诵的人做不到的。事实上，后一种方法可能显得谦逊一些，容易得到尊重；但前者更简单，能够达到对观众更深情感的控制。对于朋友们的信任在于多关注他们，而不讨厌他们的这些事情，这表明是对他们的真爱。否则，交朋友还有什么意义呢？只是为娱乐而聚在一起吗？一旦发现朋友没有了优点，就应将其视为陌生人，或是一个慵懒的只会给自己造成麻烦的人。你对我的感情，让我毋庸置疑。你是迫不及待地想读我的书，即使在目前还很不完善的条件下。眼下我做了一些改正，这才是我朗诵的主要原因。你已经熟悉某些部分，但有些地方做了改进，对你来说，那将会是全新的。再会。

致马克西姆斯

我对你的感情要求我，事实上不是指导你，而是告诫你仔细观察，并坚决地将你知道的付诸实践。那就是，换句话说，就是为了了解得更彻底。假如你被派到阿奇亚那样的省去，那里在礼貌、学识甚至是农业方面，都被认为是发展较好的。那里人们真正体会到人文精神和自由，一直享有自然赋予他们的权利，他们用勇气，凭借美德，通过联盟，一句话，凭借民间和宗教的信仰组成了和谐的社会。他们尊敬他们的创始人——神，尊敬他们古老的荣耀，甚至是古代的东西。因此，让他们以古代名人的事迹为荣耀，以他们具有传奇色彩的传统为荣耀。给予每个人全部尊严和特权，以及放纵他们的虚荣心。记住，从这个国家我们得出了我们的法律，它没有接受我们的征服，反而给了我们恩惠。记住，你去的是雅典，你要管理的是奈瑟得蒙，要给人民以自由。你知道，尽管处在病痛中的医生与自由民和奴隶之间没有什么区别，但是对待前者要比对待后者更体贴。这反映了这些城市曾经是什么样的，对待我的朋友不傲慢、不粗暴。适当的屈尊，让你自己对蔑视有一个开明的看法。除非采用卑鄙的手段，他怎能不受人尊敬呢？相信我，病痛就是被侮辱的象征，病痛可以威胁崇高的命令，因为威胁不会超过它的主体存在，但爱产生的作用能达到很远的地方，威胁可以变成仇恨，爱可以转化为尊敬。因此，你应该好好考虑你职位的性质，管理一个自由国度——这个任务是多么的伟大而重要。还有哪个社会比这样的政府好呢？还有什么能比自由更宝贵的呢？谁把这样好的政府带入无政府状态，将自由变成奴役，他的行为是多么的可耻啊！让我补充一点，你要保持已获得的良好声誉：在管理比推尼亚[①]时的好名声，皇帝的好感，你当执政官时获得的信誉，一句话，你可以把这个政府看作是对你以前服务的奖励。这么多辉煌的权重，这是义不容辞的责任。因此，在一个远离罗马的省比起在首都附近的省更需要能力和诚信，你应该努力干好工作。可不要这样说：“任命你当这个职务处于偶然”“不清楚你的为人处世，没试过就批准了”。我再次恳求你，我写这封信不是为了指导你，而是为了提醒你。如果我对你有提醒了，那也是我对你的伟大的感情的结果。再会。

致珀利努斯

别人怎么认为我不管，但在我看来，最幸福的人是有意识地期待一个诚实的和持久的名声，并确保在后人眼中保持荣耀。我承认，如果我没有获得一个不朽的声誉，我宁愿享受退休后的不间断的舒适和惰性生活。似乎有两点值得每个人注意：无尽的名声，短暂的生命。那些被前者驱使的人将他们的能量发挥到极致，而受后者影响的人则悄无声息地待到退休，而不是在对名声的追求中消耗其短暂的生命。正如我们所看到的有许多需

① 安纳托利亚的一个省，或小亚细亚。

要做的事，最后变成彻底的自我鄙视。这是我每天都在反思的东西，我对你说的目的是，如果你不同意，就与他们断绝关系。再会。

致卡尔乌斯

过去的这几天，我在让人难以想象的宁静中阅读和写作。你会问："在罗马怎么能做到的？"这正值庆祝游戏的时间，这是一种我毫不感兴趣的娱乐。它们没有一点新意，枯燥乏味，形式单调，总之，没有人希望看两次。这确实让我感到吃惊，几千人怀着孩子般的幼稚激情，渴望能看到一群驰骋的马和在战车里直立站着的男人。的确，马的敏捷和娴熟技能吸引着他们。但他们喜欢的是服装[①]，服装让他们充满了想象。在比赛过程中，如果不同的队改变颜色，不同的队员将改变位置，同样的人和马会被立即抛弃，而这些正是他们渴望能大饱眼福的东西。正如他们所看到的那样，用尽他们所有的力量来喊着他们的名字——而这种奇妙力量来自微不足道的束腰外衣的颜色！这些人中不仅有普通人，还有那些有着严肃思想的人。当我看到这些人贪得无厌地喜欢如此愚蠢、如此低级、如此无趣、如此普通的取乐方式，我庆幸我对这些乐趣的冷漠。我很高兴我把休闲娱乐的时间用在了读书上，而别人在休闲中扔掉了书本。再会。

致罗曼努斯

我很高兴收到你的信，得知你在搞修建。和你一样，我也在搞修建。我们的情况也没有什么不同：你的建筑在海边，我的建在拉瑞安湖的湖边。我有几栋别墅在这个湖边，但有两栋别墅是特别让我高兴的，他们

① 这些比赛中的选手分为几队：以他们习惯的特定颜色来区分，其中主要有白色、红色、蓝色和绿色。因此，观众会因为幽默和任意性选择喜欢这个或那个队。查士丁尼统治时期，在君士坦丁堡出现了骚乱，仅仅是因为这几个颜色的支持者之间的争论偶然引起的，其中至少有3万人失去了生命。

给了我最大的满足。它们都像坐落在巴亚[①]的别墅一样，其中一个屹立在一块岩石上，俯瞰着湖泊，它由像半高筒靴[②]的柱子支撑着，我称它为我的“悲剧”；另一栋别墅建在不起眼的石头上，是我的“漫画般”的别墅——两者各自都有自己独特的魅力。前者视野开阔，后者可以领略湖面近处的景色。一个曲线柔和，有一个小海湾；另一个建在了更高处，形成了两个小海湾。这里可以沿着湖岸边径直走；那里有一个宽敞的露台。前者感受不到滔滔波浪，后者波涛汹涌。在那里可以看到打鱼船，这里你可以自己打鱼，可以从屋子里向湖里撒网，甚至是从床上撒网。正是这些美，让这些惬意的别墅诱惑我再建其他的建筑。我想这些理由足以说明我效仿你的原因了。再会。

致杰米努斯

你的来信对我来说特别能让人接受，信中你提到了自己的愿望，希望我送你一件东西，放在你的作品中寄给你。我会找到一个更合适的场合满足你提出的要求的。你指出我的作品遭到一些反对意见。当你重新考虑它的时候，你会觉得是这样，正如我没有想到在里昂[③]有卖书的店铺，我多么高兴啊，在那儿有我的作品出售。我开始有点飘飘然了，因为连这样遥远的国家的人们都同意那些观点了。再会。

---

① 现在被称为巴亚城堡，在拉沃若，罗马人选择此地作为他们冬天的休憩场所，他们经常光顾此地洗温水澡。一些美丽的别墅曾建在这个令人愉快的海岸附近，其遗址仍保留着。对于这些建筑物的建筑样式，没有什么能让人想到罗马人在他们的私人楼宇上的巨大花销和其房屋的富丽堂皇。从这封信，以及从其他经典作家的几篇文章中可以看到，它们实际上已经延伸到海里，竖立起的巨大的桩沉没可能即为此缘故。

② 半高筒靴是悲剧演员在舞台上穿的高跟鞋，目的是给他们的英雄一个挺拔的身形；短袜在鞋和长筒袜之间的，适合于喜剧表演者。

③ 现法国城市里昂。

致居纽尔

最近我的朋友当着我的面责备他的儿子，是为了一些昂贵的狗和马的事情。当孩子离开了我们，我问他："请问你从来没有在父亲的纠正后承认错误吗？难道你从来没有吗？"我重复道。你对你儿子的错误，没有感到过自责吗？如果他在你的位置上，他会同样严厉地责备你吗？是不是我们人类总是做出一些不明智的行为呢？是不是我们每个人做了蠢事后都还放纵自己呢？

我希望通过这件事告诫你：注意对你的孩子不要太粗鲁、过于严厉。想一想他只是一个孩子，你也是从孩子过来的。因此在行使一个父亲的权威的时候，永远记住，你是一个人，也是一个人的父亲。再会。

致奎第拉图斯

你带着愉悦的心情仔细阅读了我发表的关于证明迪斯[①]无罪的文章，这极大地增强了你的好奇心，似乎你很想了解关于这件事情的一些在辩护中没有提到的细节。因为你还太年轻，所以你无法亲临现场。当图密善被谋杀后，我想，这是一个找出凶手、告慰伤者以及大振我声誉的大好时机。但在这些令人发指的罪恶中，没有什么比被赋予神圣使命的议员在那个人[②]的身上下毒手更恶劣。除了这方面的考虑，我与迪斯私下关系亲密，在这种情况下，人们由于恐惧，试图用阴暗去掩盖他的美名和他的美德，也不是没有可能。就像阿利亚和她的女儿法尼亚一样，法尼亚是迪斯的岳母，她们都是我的朋友。但这层关系甚至都不如社会荣誉。她们义愤填膺，生怕他没有受到处罚，这让我不得不行动起

① 他被指控犯有叛国罪，在他所创作的一场戏剧中，他假借帕里斯和色诺尼的角色表演，影射图密善和他妻子多米提亚离婚。

② 迪斯。

来。在自由第一次得到回复时[1]，每个人挑出了他自己的敌人（虽然必须承认，仅限于职级较低的），而且，在喧嚣和混乱之中，一旦拿出了证据，就定罪了。但是对我而言，我想更合理、更有效的方法是以罪量刑而不是依靠公众的怨恨。所以，当公众的怒火渐渐消退，正义就开始占了上风。尽管当时我承受着失去妻子[2]的剧痛，我派人请来迪斯的遗孀安特亚，因为我最近的不幸，我不想出现在公共场合。她来了，我对她说："我决定不让你丈夫继续受到伤害，但不会以报仇的方式来解决。让阿利亚和法尼亚（她们俩刚从流亡地返回来）知道这件事情，然后一起考虑下你是否可以和我一起起诉。我并不是想要一个合伙人，更不是炫耀我自己的荣耀而拒绝在这件事上和你合作。"于是她把信带到了，而他们都毫不犹豫地同意了。真是巧合啊，元老院三天之内就要会面。通常情况下他们都会和我商量，我的一切事务都要与科若利乌斯商讨，他是那个年代一个最具有远见卓识和智慧的人。然而，在目前的情况下，我完全靠我自己做决定——我担心他不会同意我的计划，因为他小心谨慎，每件事情都深思熟虑。但是，尽管我事先没有和他商量（经验教会我绝对不要对我们已经确定了的事情这样做，而他自己有权决定他自己的判断正确与否），但我在执行计划之前还是没忍住将我的决定告诉了他。参议员们会面了，我进了屋子。我简短地说了几句，大家都表示赞同。当我开始准备要控告，并且指出我打算控告的人时（虽然还没有提他的名字），我就遭到了来自各方面的攻击。"让我们知道，"一个人大喊道，"主犯是谁？""他是谁？"另一个人问道，"这就是控告吗？难道不告诉众议院他的名字以及他所犯的罪过？""当然"，第三个人补充道，"我们这些逃过一劫的人现在希望的是，我们处境安全。"我冷静地听着这一切，毫无畏惧。这就是大众的力量，这种鼓舞信心和引起恐惧的差异是巨大的，世界上是不是要有那么一个人来承

① 图密善死后，正值涅尔瓦当权。

② 作者的第一任妻子，对她没有特别叙述。她去世后，他娶了他特别喜欢的凯尔弗妮雅。

受某种行为，或者绝对谴责这种行为？在这种情况下，将当时的所有事情一一列举，显得过于冗长。最终，领事说："你会得到自由，赛尔图斯，当你收到传讯的那天，你可以表达你想表达的意见。"我回答说："你必须让我获得像其他人一样的自由。"然后我坐了下来，众议院马上又开始审理另外的事件。我的领事朋友把我拉到一边，语重心长地告诉我，他认为我在这件事情上过于鲁莽，不够小心谨慎，用各种方法来谴责和游说我，让我放弃。同时他还告诉我，如果我继续这样坚持下去，将来继位的皇帝肯定会对我不满。我回答道："如果真是那样的话，他肯定不是个好皇帝。"他一反常态，立即回答我说："随你吧，"他说，"你真的要这样做？你为什么要这样毁了自己呢？你考虑过你这样做的后果吗？当你不清楚他们接下来要怎么做的时候，你为什么要管那么多公共事务呢？你为什么要去攻击一个财政部的头儿呢，而且这个人即将成为领事？还有，你想想他是个有着什么样声誉的人啊，想想他背后都有些什么人在支持着他啊！"说到这里他列举了一个人的名字，这个人（关于他的流言很多，他的嫌疑很大）当时正是东部一支强大军队里的头儿。我回答说："这个我早就知道了，而且我已经决定了[①]。假如我可以为这臭名昭著的罪恶复仇，如果命运那样安排，那我也愿意去承受这一切带来的后果。"议员们发表意见的时间到了，领事候选人多米提乌斯·亚坡理纳首先发言，然后是法布里修斯·威也尼托，接下来是法比尤斯·马克西勉、维提乌斯·普罗库鲁斯（这个人娶了我妻子的母亲，他是目前正在被讨论的普利西乌斯·赛尔图斯的同僚），最后发言的是阿米乌斯· 福拉库斯。他们为赛尔图斯，就好像是我指控他的一样（我根本都没提到过他），并为他释罪，就好像是我给他定了什么罪一样。我没有必要在这里重复他们分别都说了什么，上面提到的发言实在太长。阿维狄乌斯·快伊特斯和卡那多斯·帖土罗回答了他们。

① 这是非常不寻常的，元老院的任何参议员问及他的意见，在他说到问题要点前，只要他高兴，他就有特权谈论任何其他事情，想谈多久就谈多久。

前者说："不听自认为受伤的人们的抱怨是非常不公平的，因此阿利亚和法尼亚不应该被剥夺到众议院来申冤的权利；元老院应考虑的不应该是人的等级，而是事情本身的性质。"

然后卡那多斯站起来向众议院介绍道："在迪斯女儿的母亲和公公的请求下，他被领事任命为迪斯女儿的监护人，他觉得他应该尽职尽责才能对得起他们对他的信任。"但是在履行义务时，他本可以像那些女人一样设些规矩，这些女人乐于告知元老院关于赛尔图斯为了那些臭名昭著的阿谀奉承而进行的残酷行为。因此，他说："如果一个对那样臭名远扬的罪过的惩罚被免除掉的话，赛尔图斯可能至少会引起那些威严的集会的不满。"鲁弗斯接着说（试图站在一个中间的立场，他的表达非常模糊）："我认为，如果赛尔图斯没有被无罪释放的话，他可能会受到极不公平的处罚（我不顾忌提他的名字，因为他是阿利亚和法尼亚的朋友，即便是他自己，也会这样），而我们也的确没什么好怕的。我们这些认为他很好的人同样可以和其他人一样做出公正的判断。但如果他是无辜的，我也希望他是无辜的，而且如果我发现他是无辜的，我也会很高兴，我想如果他被判刑的话，议会定会否决目前的状况。"因此，根据各自被叫到的顺序，他们发表了若干意见。轮到我的时候，我站起来，和我之前的辩护一样陈述了事情，我回答了他们许多的问题。让人惊讶的是，他们听得是那么的仔细，那么多人为我鼓掌，即便是之前那样强烈反对过我的人。这个事情的重要性，以及我成功的辩护，还有律师们的决议，为这件事情带来了如此大的转变。当我完成我的陈词后，威也尼托试图回答，但人们的喧哗声没能让他继续说下去。"求你们了，议事官们①，别让我向护民官求助。"②护民官穆雷纳立即喊道，"杰出的威也尼托，我允许你继续说下去。"但是现场又吵闹起来。在休息时间，领事下令让议会各持己见者分开，统计了人们的观点，驳回

① 对元老院的称呼。

② 护民官首先是从普通民众机构选出的裁判官，目的是保护自由，干预由他们的上级所引发的不满。他们的权力甚至延伸到元老院的审议意见。

了元老院，让威也尼托站在中间，他仍然试图发言。他为自己申冤（他自称申冤），还用了以下几行荷马史诗来描述自己："父亲，大的危险等待着这不公平的斗争；这些年轻的战士将会超越你。'"[①]在元老院中，几乎没有一个不拥抱和亲吻我，因为我冒着树敌的危险，让废弃已久的法律重新行使起来，人们又可以请教元老院那些关于公共荣誉的事情，所有人都为我喝彩，总之，是因为帮他们一雪前耻——"议员们都喜欢自己团队的人，而经常责难其他的人。"所有这些都是赛尔图斯不在场的时候说的；他离得远远的，或者是因为他怀疑会有什么变动，或者是他自己感觉不大好。但是，恺撒却没有将这个调查交给元老院去做。可我成功了，毫无疑问，我达到了我的目的，另外一个人被指定去接任赛尔图斯的领事职位，而他的同僚也得到了批准。因此，我在演讲结束时所做的期望也得到了实现："在这样一位道德高尚的王子[②]的统治下，他做了那么臭名昭著的事情[③]，可能他有义务放弃那些奖励！"一段时间之后，我努力地回忆了我当时做的演讲，然后我又做了一些补充。在我发表这篇文章的几天后（似乎看起来不大寻常），赛尔图斯生病了，最后离开了人世。有人告诉我，他的脑子不断地被这件事情围绕着，眼前总是浮现着我的影子，好像拿着一把利剑在追赶着他。我不能断言这个传闻是不是真的，但是，为了以儆效尤，我倒希望这是真的。现在，我寄给你一封信，就像你以前看过的辩护那么长。不过，你不应该满足于这些信息，而应该感到高兴。再会。

致杰尼托亚

我已收到你的来信，在信中你抱怨说，最近在一次娱乐活动中，小

---

① 迪欧米德对内斯特的讲演，建议他从战场撤退。见《伊利亚特》。

② 涅尔瓦。

③ 图密善；通过他，他被任命为执政官所选之人，然而他当时还没有开始执政。

丑、哑剧演员和放荡的妓女围着桌子[①]跳舞，让你感到恶心。我想给你提一些建议，告诉你如何让自己心情舒畅。的确，我承认，我决不让这种活动在我家举行，在别人家我还可以忍受。你会问："那么为什么不邀请他们到你家里来呢？"事实是，妓女的挑逗、小丑的幽默、哑剧演员的夸张表演，没能给我带来快乐和惊喜。你看，这是我特别的品位，不是我的判断，我为他们求情。而事实上，到底还有什么娱乐比这些荒唐可笑的蠢事更让我们高兴的呢！一旦出现一个读者、一个词作者，或者喜剧演员，有多少人去看、去听他们的表演？他们讨厌这些表演正如你讨厌这些你所说的怪物。因此，我的朋友，让我们忍受着同他们一起娱乐吧，反过来他们才会容忍我们放纵。再会。

致萨比纳努斯

你的自由民，就是你最近在不满中提到的那个人，他一直伴我身旁，跪拜在我的脚下，就像他以前跪拜在你的脚下一样。他热泪盈眶地求我，带着默默的悲伤，言语热切，请求我为他说情。总之，他用他的行为向我证明，他是真心悔过的。我相信他改了，因为他认清了自己的罪过。我知道你很生他的气，我也知道，你生气是有原因的，但宽容永远只有在怨恨的时候才能发挥它本身的最大价值。你曾经那么喜欢这个人，我希望，你会再次喜欢他。同时，我劝你原谅他吧。如果他今后再让你不满意，你再生气也不迟。

---

① 这些人来到桌子周围是为了欢笑和取乐的目的，这是构成罗马人之间的娱乐的重要组成部分。令人惊讶的是，他们是如何从严肃的礼仪堕落成现在的样子，享受外国人的奢侈生活？它的兴起可以追溯到西皮欧·阿萨提克对安提欧库斯的征服后，也就是说，当罗马的名字在160多年后代替了其他国家，这支获胜的军队似乎变得像被他们征服的那些人一样柔弱，在他们返回罗马后，这种风气在民众中广为传播，最后导致其完全被摧毁。东方的奢侈生活在罗马军队中得到了报复。这就难怪普林尼会克制自己的脾气，希望他的朋友不要生气，说这样的场合只为那些无耻的人狂欢娱乐。杰尼托亚似乎是一个严肃的人，拥有那个时代的简朴的品德。

看在他年幼无知，看在他哭成那样，看在你脾气温和的分儿上，你就原谅他吧：别再让他感到不安了，而且，也别再让你自己不安了。因为像你那样心地善良的人一生气就会感到不安。恐怕现在我是在和他一起请求你原谅他，或许我应该强迫你原谅他，而不是请求。甚至我会毫不犹豫地和他一起写信给你。而且，我也尖锐、严厉地批评了他，甚至还威胁他以后不许再犯。尽管这样告诉他，是为了让他产生惧怕而不敢再犯，但是，我不会对你这样说。也许，我会再一次恳求你，并再次请求你原谅，假设，我的意思是，我也可能犯他那样的错，而同样请求你原谅。再会。

致马克西姆斯

这样的情况经常发生，由于我一直在法院的百人团前辩护，这些令人尊敬的法官们，在保持他们一贯的严肃认真作风后，突然，好像有一股不可抗拒的力量，让他们突然站起来，为我喝彩。我常常能在参议院如我所想的那样获得极大的荣耀，但我从来没有比收到塔西佗给我赞赏时感到更快乐。他告诉我，在最近塞森西安的辩论中，他坐在一位罗马骑士身旁，当他们讨论关于学习的话题时，他问塔西佗：“你是意大利人，还是外地人？”塔西佗答道：“你是一个有文化的人，你肯定知道我是谁。”“哦，天哪，我现在是在和塔西佗或者普林尼说话吗？”当我发现我们的名字是如此与众不同时，我无法表达自己那种满怀喜悦的心情。能言善辩使得我们被那些原本对我们一无所知的人所熟悉。同样的事情几天前也发生在了我身上。法比尤斯·瑞福努斯，一个德高望重的人，他被安排坐在我的旁边；在他的另一边是他那第一次来罗马的同乡。瑞福努斯叫他的朋友看我，并对他说：“你看到这个人了吗？”然后他们开始谈论起我的职业，他朋友马上回答说：“这毫无疑问是普林尼。”说实话，我认为这是对我工作的一种极大的赞赏。如果德摩斯梯尼满足于听雅典的老妇人大喊：“这是德摩斯梯尼！”我能不因为我获得那样的名声而高兴吗？是的，我的朋友，我会因此而感到欣喜，而且我会毫不犹豫地承认我会。

因为我只提到了别人的观点，而没提到我自己的观点，我不害怕别人谴责我虚荣；尤其是你这样德高望重的人，从不嫉妒任何人，对我特别热情。再会。

致萨比纳努斯

我非常赞赏你根据我的信而再次接受了曾经受你关爱但被丢弃的自由民。毫无怀疑，这将使你非常满意。这件事情，既证明你的感情是可以控制的，又是一个你尊重我的很好的例子——无论是从服从于我的威信还是从听从我的建议这方面来讲。因此，让我在这里赞扬你，并感谢你。同时，我必须建议你今后多原谅你的仆人的缺点，即便是没有人为他们说情。再会。

致卢帕克斯

我曾经说起当代的某位演说家，他的作品相当规矩、准确，但缺乏华丽和润色，“唯一的缺点是，他行文不够漂亮”。而他，作为一个真正的演讲者，其风范应该更大胆一些，并更精练一些，就算有时灵光一闪，又匆匆离去，并经常被逼到悬崖的边缘——因为危险常伴卓越高贵。平坦的道路更安全，这是事实，但是因为它平坦所以它卑微且与荣誉不沾边。而前者就算是失败了也光荣。这在口才和其他艺术上都是一个道理；人只有冒最大的险才能感觉到最大的快乐。你难道没有发现我们走钢丝的杂技表演者在那么危险的情况下获得了那么强烈的欢呼吗？那些最无法预料的，或者像希腊人更强烈地表达的那样，那些最危险的，最能激起我们的敬佩之情。一个领航员的技能毫无疑问在风暴中能得到更好的证明：在天气晴好的情况下，他默默地进入港口，没人注意也没人赞赏；但当绳索绷断，在桅杆弯曲且方向舵发出呻吟的时候，他若掌好舵，便能无限光荣，他受到的敬重一点不会少于海之神。

如果我没弄错的话，你在我的作品中标记了一些段落，说它们浮夸、冗长，且修饰过多，而这些在我看来，仅仅是思想的流露，或者是思想的升华。但认真去思考你对这些问题的批评是真的错了还是卓越非凡的建议，是非常重要的。得到了升华的东西当然会被观察到，但是要区分正确与错误、崇高和浮夸的界限却需要非常好的判断力。举一个关于荷马的例子，作为一个受人崇敬的作者，他能够从一种风格马上转换到另外一种风格：

“大地在脚下呻吟，天空传来回响。”

还有：

“枪矛靠着云端，骏马站在身旁。”

还有这段话：

“就像是西风巨浪在西风劲吹下击打回响的海滩，
海面涌起一个接一个的浪头，
怒吼着冲荡着海岸，飞腾、碎裂，
发出巨大的声吼。”

要我说，要平衡这些比喻，并判断它们是否是令人难以置信且毫无意义的，还是庄严且崇高的，它需要最好的鉴别能力。我并不是认为我所写的任何东西或能够写的东西，可以和这些相比。我没这么愚蠢，但别人会认为我所争论的是，我们应该让口才不被羁绊，别把天才的灵感羁绊于一个太狭窄的范围。但有人会说，也许，演说家有演说家的规矩，诗人有诗人的风格。就像马克·塔利那样，他的隐喻就没有其他诗人的那样大胆。但在这个没有争议的问题上，我们还是别以他为例子来讨论了。德摩斯梯尼[1]他自己——一个真正的演讲者——压制住心中的怒火了吗？在那篇这样开头的文章中有："这些邪恶的人，这些拍马屁的人，还有这些毁灭人类的人……"还有："我既不是用石头也不是用砖建设了这个城市。"还有："我已经向阿提卡提出了这些，且向你指出了人类智慧的所有长处。"而在另一处："噢，雅典人啊，我对不朽的神发誓，他完全陶醉于自己行为的伟大，但是还有什么能比这样的夸张更大胆、更漂亮——一种可怕的疾病？"

接下来的文章跟这一样，尽管要短一些，也同样构思大胆："那是我站起来反对那大胆的对你恶言相加的恶魔。"[2]诸如此类的还有："当一个人让自己强大起来，就像飞利浦那样，贪婪与邪恶，第一次假装，第一次迈出错误的一步，尽管是那么微不足道，但却推翻、摧毁了所有。"同前面风格一致的还有："用这城市的三个法庭以最公正的判决将其从社会特权中隔离开来。"还有类似的："阿里斯托吉顿啊！你背叛了过去常常对这样的本质表示批判的仁慈，而且，事实上，你已经完全毁了它。你飞向港口避难，但徒劳无功，你被隔离了，完全被石头围住。"他之前曾说："因此，我恐怕，你应该被人说起，曾建造过某个派系的神学院。因为所有的邪恶中都包含有一种弱点，这弱点让它自己背叛了自己！"接下来写道："我从未看见任何的这类资源对他开放，他所遇到的全是悬崖峭壁，如临深渊。"还有："我也从未想到过，我们的祖先建设了这些司法机构，像他那样的人都应该根植于此，但相反的，如果将其消除，便没有人去模仿他们的罪恶行为了。"后面还有："如果他是那些罪恶的始作俑者，如果他整天都那么不务

① 普林尼这封信的构思目的是证明他所使用的比喻性表达是正当的，他可能用某种叙述手法来渲染像德摩斯梯尼和他的对手杰斯琴尼斯这样的雄辩大师所具有的演说激情。但是对于一位纯粹的现代读者来说，在他撰写的关于这些演说家的作品中使用比喻性表达必然在很大程度上会削弱作品的表现力。人们所知道的是他的某些作品仅仅暗示了演说家的演说魅力；其他作品中有几处隐喻，由于使用通用语言，失去了它们原有的精神和气魄，或者也许是在他作品的英文译著中无法保留原著的韵味吧。（编辑注）

② 参考德摩斯梯尼对斯特塞芬的辩护演说。

正业。”为了说服你，这样的例子我还能举出上千条。更不用说这些被埃斯基涅斯认为的并非言语而是奇迹的表达方式。或许你会告诉我，我草率地提到了埃斯基涅斯，因为甚至是德摩斯梯尼都受到了他的谴责，他谴责他使用了过多的修饰。但是，我请求你观察一下，前者远比他的批评者好多了，且他的作品也远比后者的好；而在其他方面，他的才干、他的崇高在如上所引的句子中得到了展示。但是埃斯基涅斯他自己会避免犯他批评德摩斯梯尼所犯过的错吗？他说：“演说家还有法律，都应该维护正义；但是当法律规定的与演说家支持的不一样时，我们应该站在法律这一边，而不是赞同厚颜无耻的演说家。”而在另一处：“他后来发现他故意在法令的掩盖下进行了欺诈，他声称被派遣到欧瑞特的使臣们将5 000塔兰特给了卡利阿斯，而不是给了你。你可能会相信我说的话（当你脱掉法令那威胁恐吓、虚有其表的外衣后）亲自去读那条款。”在另一处：“让他逃不出问题的限制。”他是如此地喜欢这一隐喻，他于是将它又重复了一遍。“他在议会中的坚定和自信，使得他深入探讨这个问题，最终发现许多有价值的东西。”当他在说“但是你在污染我们的耳朵吗？你更喜欢沉浸于你高谈阔论的成就感中而不是拯救城市的成就感中吗？”的时候，他会更加显得缄默简单吗？下面紧跟着的是一个更高级的隐喻：“你会不像驱逐希腊的灾难一样驱逐这个人吗？你会不去抓住并惩罚那为了追求利益而出海的海盗吗？”这样的例子还有许多许多。现在我希望你像之前批评我曾经努力去维护的文章一样批评这封信里的一些表达方式。船舵的呻吟，和被比作海神的领航员，我想，将逃不脱你的批评。因为我发现，当我沉浸在我之前的风格中的时候，我又陷入了你谴责的那种修辞过多的措辞。批评它们吧，要是你能立即定个日子，我们能聚在一起当面讨论这个问题就好了——这样你可以教我谨慎一些，我可以教你大胆一点。再会。

致卡尼尼乌斯

我听说过一个故事，虽然事情已证据确凿、毋庸置疑，但看起来却极像无稽之谈，非常值得像你那样的多产、崇高而又有诗意的天才去研究。事情发生的那天，我们正在用餐，人们谈到各种奇异的事物。讲这个故事的人是个老实人——诗人能把真理奈何呢？然而你可能会相信他的证词，即便你拥有一个历史学家那样求真求实的精神。在非洲有个叫作希波的小镇，它离海岸不远，位于一个可通海的湖边，河流随潮涨潮落在湖泊与大海之间循环。那里的老老少少享受着捕鱼、划船以及游泳带来的乐趣；那些爱玩的男孩子们尤其喜欢那里。能在那里游泳游得最远，往往是一种具有男子气概的体现。当他上岸时，那些离他老远的同伴们都会觉得荣耀无限。恰恰就有那么一天，在这样的比赛中，某一个男孩，他比其他人更大胆，向对岸游去。他遇见一只海豚，有时游在他之前，有时游在他身后，有时又围着他转，最后将他托在它的背上，然后将他放下，而后又将他托起来。就这样，它把这个惊恐万分的可怜的孩子带到了最远的地方，他立即掉头回到岸边，回到他的同伴中间。这一不同寻常的故事在镇上流传，人们围在这个男孩（他们视他为奇才）周围，问这问那，听他讲述这个故事。第二天，岸上挤满了看热闹的人们，他们聚精会神地看着海洋（它本身也几乎等同于海洋一样了），看着湖面。同时，男孩们像往常一样游泳，在人群中，我说到的那个男孩跳进了湖里，但是更小心谨慎。海豚再次游向了男孩，男孩与同伴们一起，在慌乱中以最快的速度游开了。而海豚似乎在邀请他们回来，它一上一下地跳跃，在水中转圈。海豚这样出现了两天、三天，以及接下来的连续多日，直到那些从小生活在海边的人们开始为他们自己的胆小而羞愧。因此，他们冒险游得更远一些，和它一起玩耍，呼唤它到他们这里来；而它，作为回报，任由他们抚摸。这样他们就胆子大些了，特别是第一次遇到它的那个男孩，游到它的身旁，跃到它背上，任由它把自己托来托去，他想，海豚肯定了解他并且很喜欢他吧，而同时，他也渐渐喜欢上了海豚。这一切看起来似乎两边都没有什么害怕的，一方越来越自信，另 方越来越温驯。同时，其余的男孩们，围着他们的同伴并鼓励着他。让人意想不到的是，另外一个似乎只是跟着那个男孩而来的看客也跟着海豚，他并不像那个男孩那样和海豚亲密，只是伴着它游来游去，就像那群孩子们那样。但是接下来的事情让人十分惊讶，事情完全真实，这条海豚，这条与男孩们一起玩耍并将他托在背上的海豚，游上岸来，在沙滩上晒太阳，当它将自己的身体晒暖了，又立即打着滚回到海里。而副省长屋大维·阿维图斯，被荒谬的迷信所驱使，当海豚躺在岸上的时候，倒了一些药膏[①]在它身上。这难闻的气味让海豚一直待在海里，直到许多天后，人们再次看见它，它已目光呆滞，精神不振。不过，后来它恢复了，并且继续顽皮起来。当地所有的官员都聚在一起来观看这一奇观，但他们的到来以及他们在这里的逗留，都是一笔额外的支出，而这个小团体薄弱的财政无法承担这样的费用。此外，这个地方的宁静被彻底打破了。而人们认为，要遣散这些人群，最合适的办法莫过于悄悄地杀掉这可怜的海豚。现在，这么大的灾难[②]降临在海豚身上，你想必也温柔地同情着它吧！尽管讲述这个故事时无须夸大，但也不需要遮掩。再会。

“小可怜虫抚慰着伟大主人的心灵，
他的脸庞泪如雨下，
他转过他的头，擦干
那温情的泪……”（《奥德赛》，第十七篇，蒲柏）

致福克斯

你想知道在我夏天的图斯库姆的别墅里，我是怎样度过时光的吗？我

① 它是一个宗教的仪式，古人将珍贵的药膏倒在他们的神的雕像上——阿维图斯认为海豚可能是某个海神，因此庄严地给它涂药以表示他对它的崇敬。

② 普林尼的人文主义精神贯穿了他的整个人生，他的人文主义精神在这个小故事中得到了最大的体现。事实上，真正的真、善，存在于万事万物中，并同情着各种生物的忧伤。渺小的事物可能不会干出什么轰轰烈烈的大事，但它高尚。荷马认为即便是英雄遇到这样的事情也会潸然泪下，他描绘的当尤利西斯的爱犬在他脚边牺牲的时候，他黯然落泪，就是一个很好的例子。

一般想什么时候起床就什么时候起床，通常是在日出的时候，或者更早一些，但不会起得比日出晚。我总是关着百叶窗，因为黑暗和寂静有利于冥想。因此，不受外界的干扰，不分心，我可以自由地思考；眼睛跟随着大脑不受这个纷杂繁复的世界的影响，眼前浮现的全是大脑呈现的东西。如果我手上有什么活要做，那就是将我的作品逐字逐句（甚至是表达的语气）都好好斟酌。用这种方法，我多少完成了一些作品，这得根据工作的难易程度而定，而且我发现我能回忆出来。然后我叫来我的秘书，打开百叶窗，告诉他我的构思，然后让他下去，然后又将他叫来，然后又让他下去。大约10点或11点的时候（因为我没看确切的时间），依天气而定，我要么在阳台上散步，要么待在门廊里，在那里，我继续思考。之后，我进入我的战车，继续像之前走路时的沉思。我发现这样的场景转换会让我大脑清醒、注意力集中。我回家后，打个小盹儿，然后散会儿步，再念上几段优美的希腊或拉丁演讲。与其说是为了练习我的口才，还不如说是为了帮助我消化[①]——尽管事实上，我的口才通过这种方法确实得到了练习。然后，我又散会儿步，抹上油，做会儿运动，然后洗个澡。晚饭时，如果只有我妻子或者我的几个朋友在旁，我们就会朗读一些作品，我们听听音乐或小曲来娱乐身心。这以后，我就和我的家人一起去散步，这其中也不乏学者。晚上，我们讨论各种各样的话题；而白天，即使是日照最长的时候，时光也会悄悄溜走。有时，我会将上述事情的顺序换一换。比如说，如果我学习的时间或者散步的时间比往常要长，在我第二次打盹儿、读过一两篇演讲后，我会跨上我的坐骑而不是乘车。我认为这样不但可以锻炼我的身体，还可以节约时间。邻近的朋友来访也会花掉我一些时间；有时，他们来得正是时候，正好缓解我的疲劳。我时不时地去打猎以娱乐身心，但我常常带着我的稿纸，以便没有比赛的时候自己还可以带回一些东西。我也会分些时间（虽然并没有他们期望的那么多）给我的租户，其质

① 如果小普林尼不曾告诉我们谁是他的医生，通过他所遵循的养生法，我们可以想象著名的卡尔苏斯也在这样做。作者明确建议大声朗读，然后散步，这对于胃病是有益的。

朴的抱怨和这些城市的消遣，使我的文学创作越发让人愉快。再会。

致珀利努斯

当你无法从你朋友那里知道关于社会的情况，因为他们也无法知道到底发生着什么事情的时候，我更希望你坚定踏实，不要害怕——而不是第一天到领事馆办公室时便让我等你，特别是当我因为我的农场需要长期出租而不得不留在这里时。我有义务给我的租户们一个完全崭新的计划：在之前的租约中，尽管我已尽量降低租金，但他们已经拖欠太久了。因此他们之中很多人不仅没有行动起来减少那些他们自己发现根本无法偿还的债务，而且甚至还将土地里的所有作物收完消耗完，因为他们相信留着它们也没什么好处。我必须消除这与日俱增的罪恶，并努力做一些补救措施。我能想到的唯一一个办法就是，不把租金以钱的形式存起来，而是存在仁慈里，因此我派了些仆人去监督耕作，并看守仓库；因为没有什么东西能比土壤、季节和气候更令人愉快的了。这个方法确实需要绝对的诚实、敏锐的目光和许多人手。不过，我必须冒险一试，而且要勇敢地尝试每一个补救措施。你看，你第一天上任我就来打扰你。不过，我会祝贺你，就像我在场一样为你宣读誓言，带着最温暖、最欣喜的情感为你祝贺。再会。

致福克斯

我发现，之前写给你关于我在图斯库姆的夏天是怎样度过的信让你非常高兴，你想知道我在冬天的劳伦图姆的过法有什么不一样。其实都一样：除了中午不再打盹儿，还有黎明之前和太阳落山后的学习时间；如果公务紧迫（这在冬季经常发生），我在晚饭过后便不再听小曲或音乐，我深思白天作品的措辞，同时通过这种频繁回忆的方法加强我的记忆。这样，我就给了你一个我在冬季和夏季的生活模式的大概描述。由此，你可以想象我的春天和夏天是怎样度过的，在这两个季节中，白天干不了什么事情，晚上才能做些许的工作。再会。

与图拉真皇帝的通信

致图拉真皇帝①

最神圣的陛下，您对您父皇真挚的情感使您想晚一点继承他的皇位。但不朽的神灵认为，您快速提升执政能力来接管他②的共和国才是合适的。在此祝愿共和国在您的英明统治下国富民强，也祝您永远健康、永葆活力。

致图拉真皇帝

陛下：您使我相信我值得依法享有特权（法律授予那些养育三个孩子的人的特权），为此我的喜悦之情无法言表。尽管该特权来自于您最忠实的仆人、杰出的朱利叶斯·塞维阿努请求您赐予我的恩惠。我从您同意我的请求而下达的诏书中得到了满足。在您执政之初，收到您这样的旨意，我不能仅仅把它看作是我理所当然地享有这份特权，它是您给予我的与众不同的关怀；同时我想身后有个完整的家的愿望越来越强，即使在后来最不幸的日子里，我也不是完全没有这种想法——我的两次婚姻将使您相信我这种想法。您的慷慨让我享有珍贵的特权，要是神灵也赐予我恩惠就更好了。确实，我

---

① 下面大部分信件是普林尼在比提尼亚省当政期间写的。它们的风格和特点与前述的书信集相比极为不同。由此一些评论家认为它们出自他人之手，却没有考虑这种信件必然需要不同的表达方式。在这些主要的业务信件中，表述的多样性和情绪化是不恰当的，礼貌和优雅的表达才是构成完美所必不可少的东西。基于此，它们虽然可能不太有趣，但并不比前者缺乏价值。除了信件本身很优美，它们还介绍了许多珍贵的历史片段，着重展现了罗马史册上最和蔼可亲和辉煌的王子。整个书信中最引人注目的是信件里图拉真皇帝的态度（运用权力去追求神圣的正义和仁爱）。其中一位古代历史学家提及他时说“他宁可选择被他的子民爱戴之人，也不选择阿谀奉承之人”。一个有着高尚品格的君王拥有人们的喜爱和友谊，这对作者来说是件荣幸之事。图拉真拥有普林尼这个具有天才和美德的朝臣的辅佐和歌颂，对他来说，这是最高的荣耀。

② 涅尔瓦，他战胜了图密善，在位仅仅16个月零几天。他在死之前不仅任用了图拉真，并命他为他的继任者，让他进入政府部门，并给了他皇帝的称号。

现在更能接受身为一名父亲的喜悦，我可以完全享受幸福和安宁。

致图拉真皇帝

我最杰出的陛下，我已有您对我的万般垂爱的亲身体验，我希望您能更进一步地施恩于我的那些朋友。沃克尼斯·罗曼努斯（他是我早年的朋友和伙伴）是位非常优秀的人才，因此我曾请求您威严的父皇下令提拔他到体面的元老院任职。我继续向您请求：根据法律规定，他的母亲未曾预先将价值40万赛斯特斯的礼物赠予他，她当时也在给您父皇的书信中提及过此事。不管怎样，她通过我的建议，已经转让了几处房产给他，同样也完成了财产移交的合法手续。因此，现在要推迟财产转移对我们来说还是比较困难的。我有充分的信心向您保证，我的朋友罗曼努斯是值得您提拔的，因为他不仅仅受过良好的教育，而且他对他的父母很孝顺；他不仅收到母亲赠与他的财产，他还继承了已故父亲的遗产，并且还被他的继父所收养——对于这些，他都怀着一颗感恩的心。对于他的任职资格，他家庭的富裕可以给他加分；陛下，我在此向您更进一步地推荐他，我恳求您能让我的朋友罗曼努斯获得那份职位，我也希望在我的能力范围内歌颂您的功德。您给予我朋友这样的恩惠，相当于也是在赐予我这样的恩惠。

致图拉真皇帝

陛下，基于您对我的信任，我一收到主管国库的官员的信函就立刻放下所有与债务相关的事情（事实上我从来没把商业事务和我的职能混在一起，循私枉法），这样就没有副业来分散我工作的注意力了。出于这个原因，当非洲的一个省向元老院请求我帮他们反对马里乌斯·普里斯库时，我以我的工作为借口请求他们谅解，他们也谅解了我。但后来新上任的领事提议元老院应该极力劝说我们让步，满足他们的意图，甚至他还将我们的名字列入黑名单。我认为当前最重要的是维护社会的良好秩序，而不是反对那个权威议会的意志（尤其当它是一个合理的建议时），因为这可以彰显您的英明统治。我希望用我的实际行动来赢得您的认可，希望您能同意我的遵从。

图拉真皇帝给普林尼的信

你提出遵守庄严集会的请求，足以证明你已经成为一名优秀的公民和一个有价值的参议员了，我相信你会如实地履行你的职责。

致图拉真皇帝

去年我患了一种非常严重而危险的疾病，我雇了一名医生，在他的细心照料下，我的身体康复了。陛下，我无法给他足够的奖赏，只希望您能给予他仁慈性的帮助。因此，我恳求您让他成为一名罗马公民。由于他是一位外国女士的自由民，因此，他也是一名外国人。他的名字叫哈帕克拉斯；他的女主人（已经去世相当长时间）是塞欧恩的女儿塞姆提丝。我还恳求您赐予黑迪拉和安东尼娅·哈梅瑞斯拥有罗马公民身份的特权，她们是有着高尚品德的女士安东尼娅·马克西米的自由民。我是应她的愿望向您提出这样的请求的。

致图拉真皇帝

陛下，非常感谢您实现了我的愿望：您把罗马公民享有的特权授予了那位跟我关系较好的女士的自由民；还有哈帕克拉斯，我的私人医生，您给了他罗马居民的身份。当我在向您提交请求时，我叙述了他的年龄及身份，后来我从那些娴熟处理政府事务的人那里得知，他是一名埃及人，按照正常的程序，他在获得罗马自由民的特权之前，应该先获得亚历山大港的自由权。的确，我承认，在这件事情上，我忽略了埃及和其他国家之间存在的差异，我仅仅只让您知道他的自由身份是由他的女主人（一位去世很久的外国女士）所给予的。不管怎样，自从我有幸得知您同意赐予他罗马公民身份，我便觉得我犯下了一个不可原谅的错误，因此，我恳求您赐予他与罗马公民具有同等权利的亚历山大城的自由民身份。您是一位圣君，我坚信，您一定会答应我的请求，我定会遵照您的指示，将您的自由民的年龄及详细的财产状况上呈给您。

图拉真皇帝给普林尼的信

这是我所做的决定，根据我前任亲王的规矩，在授予他亚历山大城自由民身份的时候一定要谨慎。不管怎样，你已经得到了我的同意，为你的私人医生哈帕克拉斯争取到了自由民身份，我无法再拒绝你其他的要求。但你必须让我知道，他现在属于埃及的哪个行政区域，我可以帮你写一封信给我的朋友庞培，他是埃及的行政长官。

致图拉真皇帝

陛下，当我得知您已打算让我的私人医生哈帕克拉斯获得亚历山大城的自由民身份的时候，我的喜悦之情无法形容。在这件事上，您非常谨慎地授予他这个权利，尽管在这一点上，您是遵循前任亲王的准则来做的。依照您的指示，我告诉您哈帕克拉斯属于孟菲斯[1]地区。最高贵的陛下，按您说的，请帮我写封信给您的朋友庞培·普拉塔——埃及的地方行政长官。我打算来见您（我热切地盼望来觐见您）。因此，我恳求您，请尽可能地允许我延长我的行程。

致图拉真皇帝

陛下，我感激您对在我生病期间给予我私人医生珀斯图米乌斯·马里努斯的帮助，我无法让他做出相应的回报；我恳求您赐予克律西波斯·米斯德斯和他的妻子斯塔托尼亚（马里努斯的亲戚）罗马公民的身份。同时，我恳求您能让克律西波斯的两个儿子依皮古努斯和马斯瑞德特获得同等的特权。但是这儿存在一种限制[2]，就是父亲需要保留对孩子的支配

① 下埃及的四个政府之一。埃及在前王朝时期，以孟斐斯为界，位处尼罗河上下游的两个各自独立政权。上游南方地区为上埃及，下游北方地区为下埃及。

② 罗马人独具广泛的父权。但克吕西波成为罗马的外籍居民后，他似乎不具有这种权利。另外，如果这种权利被明确地授予他，那他的孩子不能保留对自己的自由民的任免权，因为这种权利自然会被转给他们的父亲。

权，同时也保留对孩子的自由民的任免权。我进一步地恳求您赐予L. 萨提乌斯·阿巴斯卡尤斯、P. 卡斯尤斯和潘卡瑞亚·索特瑞斯罗马公民的特权。这个要求我已征得他们的主人同意。

致图拉真皇帝

陛下，我在一场演讲中提到了您的父皇，以他的皇恩浩荡为例，告诫和鼓励公众要宽宏大量。我请求他允许我将若干个前任皇帝的雕像迁移到我所管辖的地方，同时也要求他允许我增建他的雕像。当这些雕像以继承的方式转交给我后，我就把它们安放在离我房产较远的地方。您的父皇答应了我的请求，同时赐予我特权。因此，我立即写信给当地官员，希望他们能拨一块地，我可以自费修建一座寺庙，并且记录下这些雕像人物生前的丰功伟绩。您跟您的父皇如此信任我，但由于我的身体状况不佳，您的父皇和您委派给我的这件事的进度被耽误了。但是现在我想，当我在九月一日结束为期一个月的轮值[①] 后，我可以好好利用这个机会开始短程旅行。在接下来的这个月里有很多节日接踵而至。那时，我的第一个请求是，我要竖立一座您的雕像来装饰寺庙，接下来（为了尽可能地完成我远足的想法）请您允许我休假。我坦言，假如我找借口来请您给我假期去办自己的私事，那样做是不真诚的。我有必要说的是，我可能不会再出租我在这个省的土地了；除此之外，总计40万以上[②]的赛斯特斯被用于装饰多年都不结果实的葡萄园的事情，由于我不在场，就只能落在了我的租客身上。到时候，陛下，如果您能允许我休假[③]30天，我将感激不尽。请允许我

① 小普林尼和卡那多斯·帖土罗共同担任财务主管一职。在罗马这是惯例，他们每月轮流管理岗位职责。

② 小普林尼在托斯卡纳的房地产年收入。他提到了在米兰的科姆附近的另外一处房产，其一年的房产收入没有写明。他在思考购买另一处房产，但他是否购买了它我们不能确定。然而，我们可以确定，考虑到他的较高社会地位和必要的开支，他的财富属于中等水平。

③ 如果没有取得皇帝的许可，参议员是不能离开罗马去其他省的。不过，西西里岛有特权被排除在法律之外，后来克劳迪一世· 恺撒也给了高卢·拿珀提纳斯特权。

利用此次旅行回去处理我的私事。我给自己留出来的时间不能太短，我所说的小镇和房产距离罗马超过150英里。

图拉真皇帝给普林尼的信

你已经给了我很多个因私和因公的理由。但是我想知道你的真实意图，我对你会尽快赶回来任职没有任何疑问，要知道有些特殊的事情需要你来处理。正如我不会怀疑你对我的情感一样，我不会反对你在那个地方修建我的雕像；一般来说，我对给予那种性质的荣誉鼓励持非常谨慎的态度。

致图拉真皇帝

陛下，我用最热烈的欢呼声来迎接王亲贵族的这种做法是明智的，我恳求您赐予我一个高贵的占卜职位，或祭司职位[①]（现在那两个职位都有空缺）。这样我可以每天都在我崇拜的神灵前，发自内心地献上那些歌颂您国运昌盛的祷词。

致图拉真皇帝

我和我的随从已经穿越了玛列亚海角，安全抵达以弗所[②]。陛下，我被逆风耽搁了一段时间，但我相信这是您所关注的信息。我打算把途中浪费的时间追回来，于是，我让一部分人乘坐轻便快船，另一部分人乘坐驿站的马车——由于炎热的天气以及地中海季风[③]不允许我们走海路，我们

① 七个祭司中的一位，负责主持纪念朱庇特神和其他诸神的宴会；它是一个官职，自从普林尼担任占卜官后，这个职位便显得尊贵起来。

② 比提尼亚，安纳托利亚或小亚细亚的一个省，其中普林尼被图拉真任命为地方长官，在他统治的第六年（公元103年），他不再是一个普通的地方总督，而是皇帝的副官，拥有特别的权力。以下的信件是他在那个省当政期间写的。

③ 希腊海域的北风，每年七月的某个时候风力增强，并一直持续到八月底（尽管其他人认为它延长到九月中旬）。

只能选择陆路。

图拉真皇帝给普林尼的信

我亲爱的普林尼，我非常认同您的做法，事实上我想知道的是你是以什么方法到达你所在省的。不管走海路还是陆路，你的选择都是明智的。

致图拉真皇帝

我已经非常顺利地到达了以弗所，天气的炎热使我感到特别烦躁，我只好用驿站的马车继续赶路，而且一路上我有一点轻微的发烧症状，这使得我们在佩尔加蒙停留了一段时间。陛下，我从那里登了船，但是又被突然刮起的逆风所延误，没有像我预期的那样很快到达比提尼亚。然而我没有理由抱怨此次的延误，因为（的确，幸运之神关照我）我会准时到达比提尼亚庆祝您的生日。我目前正忙于检查普瑞森司①的财政——他们的花费、税收和贷款等；此外我要更进一步地进行此项工作，我确信有必要询查的地方更多。许多数额大的款项都来源于个人，但他们以各种借口支付了出去。另一方面，我发现了一些无正当理由而申请公款的案例。我于九月十七日抵达比提尼亚②，我一到那就立即写了这封信给您。陛下，我了解到这里的每一个人都表示服从您的统治，都对您表示效忠。陛下，您是否考虑派一位专业的测量师到这里？如果您指派一个可靠的测量师来协助我，那我就可以削减那些在建工程的开支。我的想法是我现在尽可能让这个城市的政府账目公开、透明。

图拉真皇帝给普林尼的信

听到你和你的随从在遇到困难的情况下顺利抵达比提尼亚的消息，我

---

① 比提尼亚的一个重要城市。

② 图拉真统治的第六年（公元103年），也就是我们的作者41岁时，他继续在这个省待了18个月。

很高兴。我亲爱的塞古都斯，从你的来信我得知你到达比提尼亚的时间。你现在的首要任务是检查政府账目，它们显得比较混乱。你需要留意他们的利息，使他们的生活早日走上正轨，那个省的人们才会对你心悦诚服。我暂时派不出合适的人去协助你。在罗马简直没有合适的测量师去检验那些工程①，但不排除能在附近找到那方面技能完美的人，在每个省都一样，只要你认真检查，就会有收获的。

致图拉真皇帝

陛下，您对待工作一丝不苟，认真斟酌我近期所提出的要求，同意我的做法。请允许我提醒您，较早的时候我向您请求将空缺的行政官职授予阿提乌斯·苏拉。尽管他没有什么惊天动地的抱负，但他出身高贵，与别人相比，他更加正直、公正。在这种情况下，我希望他的才能获得您的赏识。

致图拉真皇帝

功勋卓著的陛下，和蔼可亲的古罗马英雄，我恭祝您和你的臣民们取得辉煌而伟大的胜利②；愿神灵赐与您幸福。在您英明的治理下，帝国定能焕发光彩。

致图拉真皇帝

陛下，我的副官维利乌斯·普登斯已经于十一月二十四日到达尼科米底亚③，他的到来终于让我那等待中的焦虑心情得以释放。

① 在这个卓越的皇帝督建的工程中，以他的名字命名的广场似乎是最壮观的。它是用他在战争中夺取的外国战利品来建造的。这座巍峨的建筑物由黄铜装饰，柱廊非常美丽壮观，其柱子要比普通的更高大。

② 这里提到的“胜利”可能是图拉真战胜达契亚人的胜利。可以肯定的是，普林尼在世时看到了他愿望的实现，这个皇帝让罗马的辉煌发展到顶峰，并比他的前任扩大了帝国的领土。在他去世后，帝国开始衰落。

③ 比提尼亚的首都，现代名为伊兹米特。

致图拉真皇帝

陛下，您对我浓厚的情谊将瑞斯亚当斯·杰米努和我紧密地联系在了一起。当我还是领事的时候，他是我的财务官。在我们一起工作的那段时间，他对我毕恭毕敬，从那时候起到现在他一直对我特别关照，我感激他帮我打理政府款项，而且从私人的情感上来说，我也感激他。那时我恳求您，依照我的要求提拔一个(如果我的推荐有分量)您将会特别欣赏的人；不管怎样，您将会依赖于他，而且他将会努力让自己做得更好。我只是附上了一些保守的词语来赞扬他，我被他的廉洁、正直所感动。众所周知，他的警惕性很高，不仅仅是因为他在罗马曾经参与训练过您即兴视察的高官，而且他在您的军队中表现优秀。因此，陛下，我再次恳求您及早给我一个满意的答复，给我的财务官升职；换句话说，如果我能以朋友的身份收到您的回复，也是我的荣幸。

致图拉真皇帝

尊敬的陛下，我听说您已经同意我岳母和我的要求，在瑟利乌斯·克莱门斯的领事任期结束后，您将任命他为该省的总督。听到这个消息，我的喜悦之情无以言表，我充分感受到了您对我的友好。这种友好已经延伸到了我的家庭成员，我很感激您。我在神灵面前真心发誓，我将以我的工作证明我是值得您多次对我的厚待的。

致图拉真皇帝

陛下，我已收到的您的自由民里克玛斯送来的信件，信上说要是有博斯普鲁斯[1]的大使经过这里去罗马，希望我挽留此人直到里克玛斯到达。

① 潘提卡布的一个镇，也被称作博斯普鲁斯海峡，位于欧洲的基梅里博斯普鲁斯海峡的一侧，现位于克米尼亚。

目前我所在的城市[①]还没有一个人到达，从萨尔马提亚[②]王国来的信使到了这里，我借此机会从这里给里克马斯寄了封信，也许应该让您了解他们的信件——让您在第一时间了解信件的内容也许才是权宜之计。

致图拉真皇帝

从萨尔马提亚王国送来的信中，我了解到有要让您尽快知道的重要事情，因此信使承担起了快速送信的责任，我同意他可以使用公共邮差[③]。

致图拉真皇帝

陛下，萨尔马提亚王国派来的大使已经在尼西亚待了两天了，我们不能再挽留他了，我认为这样做有些不妥。首先，我仍然不能确定你的自由民里克马斯什么时候能到这里；其次，又有非常重要的事情需要我到全省各地去处理。我觉得我有必要通知您，我近期写信告诉了您里克马斯对我的要求：如果有大使经博斯普鲁斯海峡路过这里，要我挽留大使直到他到达。但是我知道现在已经没有任何借口挽留大使了，我不愿再挽留（正如我之前提到的），里克马斯的信件可能会比大使早几天到达您手里。

致图拉真皇帝

陛下，我收到一封驻守在尼科米底亚的部队里一位名叫阿普列尤斯的

① 萨尔马提亚（在本书中有15封信提到过它）是比提尼亚的一个城市，现在叫伊斯尼克。

② 在萨尔马提亚生活着欧洲人、亚洲人、德国人和萨尔马提亚人，这是完全不知道地域的古人给出的名称，然而，一般来说，它是由俄罗斯北部及波兰的很大一部分地域构成的。

③ 塞勒斯被认为是第一个发明公共邮差的人，为了尽早收到各地政府的情报，罗马帝国建立了很多驿站，提供人马转送给罗马的快件，奥古斯都说这是个很好的机构。为了方便传送情报，他们必须使用驿马，各地的地方官都得为送信使者提供马匹，出示公文或者批准文书（不是皇帝下令就是在皇帝的命令下，他有下达这种命令的权力）。但在特殊的情况下，他们为了办理私事，也被允许使用邮递马车。让人感到惊讶的是，奥古斯都并没有将这种驿站用于商业或是个人交流，路易斯十四在公元1471年建立了法国的第一所驿站，但也未真正使用；再后来英国国会一致通过设立邮局。

军官的来信，他告诉我，一位名叫卡里都姆斯的人（正被马克西姆斯和狄俄尼索斯追捕）逃到您的雕像[①]前避难。在被交给地方官之前，他说他原本是拉贝乌斯·马克西姆斯的奴隶，但在墨西亚[②]被苏珊古斯俘虏。他从帕提亚王国的德凯巴鲁斯被发配到帕鲁科，并且在那里服役了很多年，然后从那里逃到了尼科米底亚。在我审讯他时，他对这一事实供认不讳；这就是我觉得有必要把他押送给您的原因。我应该尽快把他押送到您那儿，但我推迟了行程，目的是为了盘问他，他说他曾带了一枚刻有身穿帕鲁科朝服的人物的印章戒指到这儿，我渴望（如果它被寻回）将这份珍品献给您。他还说，另外还有一块小金块是他从帕提亚矿区带来的，我已经给此金块贴上了封条，金块上的图案是四匹战马拉着一辆战车。

致图拉真皇帝

陛下，您的自由民和行政长官马克西姆斯，始终跟我在一起，他是一个非常正直、细心和勤奋的人。值得您欣赏的是他严格遵守纪律的品格。我愿意用我对您的全部忠诚为他献上这样的证言。

致图拉真皇帝的信

陛下，噶比乌斯·巴苏斯是驻守在旁迪克[③]海岸的一位有经验的、正直和勤奋的军官。由于他格外尊重我，我要把我的最好的祝福和选票投给他；我把这些荣誉给他是因为我对您尽责，我发现他为您的部队赢得了大量的殊荣；他曾经参与过您的军纪训练，这里的士兵和人民都已经感受到了他的公正和仁慈，竞争对手对他的评价也都是很不错的。无论因公还是因私，我都确信您希望我毫无保留地告诉您关于他的实情。

① 在罗马具有特权的地方一般是寺庙、祭坛和雕塑，它们是专门用来给奴隶避难的。

② 达契亚的一个省，被理解为塞尔维亚的南部和保加利亚的一部分。

③ 围绕黑海的海岸线。

致图拉真皇帝

陛下，当我还是军事保民官的时候，尼姆费迪乌斯·卢普斯[1]跟我在一起服兵役，当时他领导了一支隶属于他的军队，我也是从那个时候受到了他的影响。经过长时间的相互了解，我跟他的感情更加深厚了。正因为如此，我打破了他的安宁，坚持要他陪我到比提尼亚做我的顾问，为了这份友谊他欣然地接受了。他没有以年事已高或者想要享受安逸退休的生活为借口，而是和我一起为了这份公共事业操劳着。在我看来他的事情就是我的事情，他的儿子小卢普斯请求让我关照他。小卢普斯百折不回的努力使他成为一名有为青年，各个方面他都可以与他杰出的父亲媲美。他很早就展现出了他的优点，当年他带领过步兵团，而且该兵团获得了最杰出的人士朱利斯、菲若克斯、弗拉克斯·萨尼拉特的赏识。您想授予他任何的荣誉都不足为过。陛下，我想补充的是，无论他获得什么样的殊荣，我都为他感到高兴。从某种意义上讲，我自己也从中获得满足。

致图拉真皇帝

陛下，就我非常疑惑的这个问题，请您赶快做出决定：我是否应该在这个省的若干城市的监狱周围配置公共奴隶[2]作哨兵呢?（迄今为止他们还在训练阶段）还是雇用一队士兵去看守？一方面，我担心那些公共奴隶不会对工作负责；另一方面，我们不得不雇用大量的士兵。在此期间，我已经把他们都混编在一起。可是让我感到焦虑的是，此举有点儿冒险——容易导致他们玩忽职守，给彼此提供相互推卸责任的机会。

图拉真皇帝给普林尼的信

我亲爱的塞古都斯，没有必要抽出一部分士兵去驻守监狱，我们宁愿继续沿用该省的古老习俗，雇用公共奴隶去看守。他们在执行任务的时候

---

① 这篇文章中把他称作百夫团长，意思是军队百夫队长，他的职位是受人尊敬的，并且待遇也不错。他的职责的一部分是保护皇帝，这是衡量罗马军官的重要标准。

② 被政府购买的奴隶。

是否会尽责，在很大程度上取决于您的关怀和严格的纪律。正如你所说，让你感到极其害怕的是如果士兵跟公共奴隶掺杂在一起，他们将彼此相互信任，而且这样一来，他们就会越发变得玩忽职守。我主要的异议是让尽可能少的士兵去协助看守。

致图拉真皇帝

陛下，驻扎在黑海边境的噶比乌斯·巴苏斯军官，为了表达对您的崇敬之情，已经来我这儿好几天了。根据我对他的观察，他是一个很优秀的人，值得您对他青睐。我了解到您已下令让我为他雇用10名受封的士兵、两名骑兵和一名百夫长。他说帮他雇用这些士兵是不够的，而且他会亲自写信给您作相应说明。我认为合理的是：不用立即召回他的临时雇员。

图拉真皇帝给普林尼的信

我已收到你提到的噶比乌斯·巴苏斯的来信。在信中，他告知我之前为他雇用的士兵数量不够——我已把回复巴苏斯的答复附上，供你参考。应当从现实的角度来考虑和区分紧急事态和扩展军事实力所需。就我们自己而言，发展公共福利是我们的指导方针。由此，把所有有可能的福利考虑在内，让士兵获得相应的待遇，是我们义不容辞的责任。

致图拉真皇帝

陛下，普瑞森司城的人希望您委任他们修复位于废墟的古浴室。我觉得，您可能会同意他们的要求，但需要筹集足够的资金来修建它。因此我正在筹集资金，一部分资金来源于民间集资，另一部分资金来源于他们筹集的部分物品（浴室所用的油画颜料）。大家都希望能承接到该项目。这项工程将会展示该城的荣耀并彰显您统治时期的辉煌。

图拉真皇帝给普林尼的信

如果普瑞森司城修建一座公共浴室花费不是很大，那么我们可以答应他们的要求。不管怎样，不能为此增加新的赋税，也不能强取居民的生活必需品。

致图拉真皇帝

陛下，我确信，应该有必要分派一部分士兵给您的自由民马克西姆斯和税收官杰米利努斯，于是我把曾经受封于您的士兵指派给了杰米利努斯。我发现他可能会把那些士兵全部留下，因为他要到帕夫拉戈尼亚[①]去采购玉米。应他的要求，为了更好地保护所采购的玉米，我增加了两名骑兵。我请求您在下一封回信中告诉我，若今后再发生同类事件我应该怎么处理。

图拉真皇帝给普林尼的信

我的自由民马克西姆斯正在执行一项特殊的任务——收购玉米，我对你提供给他一部分士兵的做法非常赞同。待他完成使命官复原职的时候，我想，你的两名骑兵跟他的多名随从就留给我的税收官乌迪斯·杰米利努，这样人手就足够了。

致图拉真皇帝

非常杰出的年轻人尼乌斯·卡地亚努发现在他们的新兵中有两名奴隶[②]，现已将他们移交给了我。但是我已经请教过您，他们应该接受军法处置，因此，我对他们做出延期宣判的决定。我主要疑虑的是他们是否已经宣读过军队誓词，或是进入过罗马的特殊部队。因此，我请求您，为我

① 亚洲小亚细亚的一个省，以黑海北部为界，西边是比提尼亚，本都在东边，佛里吉亚在南边。

② 在罗马，新兵的招募把奴隶排除在外。如果有人这样做了，他就得死（当然这句话要根据当时的情况而定），但通常奴隶在参军前必须获得自由。

指明该类案件的处理方法。

图拉真皇帝给普林尼的信

尼乌斯·卡迪亚努已接到我的命令，将那个貌似应该宣判死刑的人在审判之前送到你那里。不管怎样，本案的重点是：你应先审问新征入伍的奴隶是否是自愿的？或是由军官挑选的？又或者是用来代替其他士兵的？如果他们是被挑选的，那么军官是有罪的；如果他们是代替品，那么就应该由那些委任他们的人负全责；如果他们是自愿的，那么他们自己就要承担惩罚。他们目前还没有正式进入军队，所以他们在这件事情上影响也不会太大。你现在要做的就是尽快查清真相，立即审判。

致图拉真皇帝的信

尊敬的陛下，我得到您的允许，亲自去处理那些带有质疑的问题——您千万不要认为您会屈尊到是在帮我处理我行政区域的那些微不足道的小事。我发现这里的很多城市，特别是尼科米底亚和尼西亚地区，某些罪犯充当政府奴隶的角色，他们每年都会获得相应的津贴（尽管他们中的人，不是已被定罪去矿山参与公开游戏[①]，就是要接受其它类似的惩罚）。收到这样的消息，我内心挣扎了很久。一方面，我认为，把他们再次送回来接受各自的惩罚（他们当中有相当一部分举止端庄的人如今已经年迈）、再次起诉他们，太苛刻；另一方面，继续雇用罪犯为人民服务，似乎不是那么得体。同时，我认为，去扶持那些无所事事的人，对政府来说无疑是一种浪费；但我们让他们挨饿也将很危险。因此，我有义务，在请教您之前延缓对该案的处理。也许您希望了解的是那些人在被宣判有罪后逃脱惩罚的真相。我也曾经审问过他们，但是我未能提交让您满意的答复。他们被审判的事实是真实存在的；但是没有记录证明他们的判决已经被撤销了。不管怎样，有人断言，那些被赦免的人到地方总督或者中尉那里去请

① 在罗马，这是对奴隶的一种惩罚，他们要去跟野兽作战，或是跟角斗士对决。

愿；看似是真的，实际上，未经允许，任何人都是不可能获得自由的。

图拉真皇帝给普林尼的信

你要牢记你被派到比提尼亚的特殊任务是去纠正那些在变革过程中发生的虐待行为。目前，不能忍受的是，那些被判刑的罪犯不仅未经当局允许就获得自由（正如你信上所提到的），而且他们还被委任了职务（这些职务应该给予那些品质上无污点的人）。因此，那些在10年内被判有罪的人，必须把他们送回再次接受惩罚；但对于那些人——自从他们被判有罪起，时间已经超过10年，现在他们又已经年迈体衰——在他们刑满释放后，你们可以帮他们找一份可以维持生计的工作。换言之，通常官员会指派给这些人要做的工作，比如说让他们去公共浴池服务、清扫排水沟，或维修街道和公路。

致图拉真皇帝

当我在这个省的其他地方取得工作进展的时候，尼科米底亚爆发了最大的火灾，不仅烧毁了大量的私人住宅，而且还烧毁了位于街道两旁的两栋公共建筑、连体别墅和伊西斯神殿。迄今为止，由于风大，火势还在蔓延。有一部分懒散的人还在一旁游手好闲地看着这场可怕的灾难。这座城市没有先进的灭火工具。不管怎样，我已下令准备好灭火。陛下，请您考虑我组建一支只有150名成员的灭火队伍是否可取。我仅仅只授予那些被录取的人以灭火权力；同样的法人团体也只局限于极少的成员加入，这样才可能对他们进行有效的监管。

图拉真皇帝给普林尼的信

你认为在尼科米底亚组建一个专属的、有灭火经验的消防队伍是可取的。但是谨记，通常这类团队在很大程度上会扰乱该省尤其是那些城市的治安。不论我们对其冠以何种名称，也不管其是基于何种目的而建立的，他们都不能参与任何党派性集会或是短暂的聚会。只有这样，这支队伍才能在灭火的过程中毫无纰漏地执行灭火任务，并吩咐房主协助一起控制火势的蔓延。如果有必要，他们也可以向群众求助。

致图拉真皇帝

陛下，为了您帝国的繁荣，我们重新修改并宣读了我们的年度誓词[①]，为了帝国的一切，恳请神灵允许我们身先士卒、前赴后继。

图拉真皇帝给普林尼的信

我亲爱的塞古都斯，从你的来信我已得知，你和你的下属为了我的身体健康和幸福向神灵宣读了已经批准和修改后的誓词，我为此感到非常欣慰。

致图拉真皇帝

陛下，尼科米底亚人已经花费了300万赛斯特斯，其中29万用于修建沟渠，但是该项工程在还没有结束的时候就已经完全瘫痪了。他们花费200万赛斯特斯尝试在其他地方再进行修建，但这次也失败了，所以他们在已经花费巨资的情况下修建沟渠依然是徒劳的。为了供应水源，他们必须为此支付更多费用。我已探寻到一股品质良好的水源，它的水源一直连通到拱桥（也就是当时他们实施的第一方案），如此一来，无论城里的高处或低处都能供应到水。这里仍保留着极少数的老式拱桥，之前用于修建沟渠的方块石或许可以用来修建新桥。我的意见是：一部分应该用砖头将拱桥托起，这样一来，建筑用料就会变得更简单、更便宜。当然，该工程也可能会像先前的工程一样失败，所以有必要指派一名建筑师或是建筑行业或水利工程的专家到这里来。另外，我将大胆地说：建造好的沟渠，就外观和实用性来说，都将堪称一流。

① 罗马帝国每年12月30日举行的纪念习俗。

图拉真皇帝给普林尼的信

务必确保尼科米底亚城能供应上水，我相信你会尽全力去完成这项任务。但是，实际上，你仍要调查那些在这次事件中由于处理不当使得巨款石沉大海的现任官员，以免他们借修渠之事中饱私囊。就修建沟渠一事，本应已经修建完成，但后来又没有完成。你必须让我知道你调查的结果。

致图拉真皇帝

陛下，尼西亚人现在正在修建剧场，尽管目前还没有完工，我却被告知（我没有检查账目）1 000万以上的赛斯特斯已经被耗尽了。更糟的是，地基不是地质疏松的沼泽地，就是破碎的轻石块；墙体从高部到底部全都破裂，现已逐渐下沉。我担心一切努力都将是徒劳。因此值得您斟酌的是，这项工程是继续下去呢，还是停工？当然将它全部催毁也是不现实的。在我看来，桥廊和地基都是他们用高昂的花费换来的，但却不牢固。有几个私人团体想用自己的钱来修建剧院隔室；一些人负责安装圆柱；另一些人负责在剧院正厅后排位置上方建一个画廊。但这一构想没有实现，这使原本应该首先建成的主体建筑陷入了瘫痪状态。这是一个正在建设中的城市，本应有更加长远的计划。但在我到达这个城市之前，体育场[①]已经被烧为平地，已经有人（我害怕又是徒劳）为此花费了一些资金。这里的建筑物不仅不规则，而且还不成比例，目前的建筑师断言，建筑的墙体厚度已达到22罗马尺[②]，但它的间隙部分全是用毛石填充的，并且墙体没有被砖砌建筑物覆盖，故而不足以支撑整个上层建筑体。同样，位于科劳底波山脚下的供居民使用的公共浴池也在下沉。开展那项工程的专项资金是由新增的元老院的荣誉会员[③]们所支付的费用

---

① 是人们参与体育活动的地方，哲学家通常在此发表演讲。

② 标准的1罗马尺约合3.57米。

③ 荣誉参议员，是指没有被选举选入议会的那些人。他们由皇帝任命，支付一定的钱就可以进入元老院。

（每次我召见他们，他们都做好了付费的准备）。因此，我担心尼西亚的公款（比起任何金钱更有价值）以及您捐赠给尼科波利斯的金钱都将被浪费。因此我希望您派一名建筑师到这里来监督剧院和浴室的建设。考虑到我们已经为此花费了巨资，最好在现有的基础上完成此工程。如果有必要，我们可以更改一个项目或考虑去掉一个项目，而且我们应该竭尽全力在现有基础上降低成本。

图拉真皇帝给普林尼的信

你最好能让我知道你在解决尼西亚正在建设的居民剧场的想法和态度，那么我的立场将取决于你的态度。至于剧院的建设使用个人资金，你必须保证在主体及附属建筑要完工的时候还清那些债务。我了解到，那个微不足道的希腊人[1]过度痴迷于体育运动，因此，尼西亚人为此才计划修一座更宏伟的建筑物；不管怎样，他们得圆满解决修建过程中所遇到的问题。至于他们的浴池，我委任你全权处理。你想要找技术娴熟的建筑师的希望可能会落空，除非等到那些建筑师从希腊出发来觐见我的时候，你才可以走捷径到罗马来请他们。

致图拉真皇帝

每当我想起您显赫的功绩和无私的情怀，我确信您所做的事情绝对配得上您的功绩和不朽的名字，其他的任何帝王无人能及。在尼科米底亚城的边境有一个大湖泊，那里盛产大理石、水果、木材，全国所需的各种商品和原材料应有尽有。这些物品需用船只运送到公路上，但交通有些不便，并且开支较大；可如果使用马车将物品运输至海边，这样就更省钱、省力了。为了改变这种现状，很多运输方式都将要改变；但是在这样的环境下，他们不想这样做——在这个国家，尤其是这个城市，

① 指瑞格库里。即使面对帝王，他也毫不拘束，语气放纵。他是一个喜爱文艺的人，罗马人一直对他持蔑视的态度。

在人口严重超标的情况下，每个人都希望能很容易地获得一份工作、得到一份微薄的薪水。如果您觉得合适，请派一名测量湖泊的位置是否高出海平面的测量师或建筑师到这里；我省的工程师测量出来它比海平面高出40腕尺[①]。我发现这个地方附近有一条被先前的皇帝开凿的、还未完工的大运河，不确定它是用来灌溉附近的农田，还是用作连接湖泊和河流。我同样不能确定是否已逝的国土对实现这样的梦想失去了信心而极力地阻止施工。如果这是理由，我发自内心地渴望，为了彰显您的显著功绩（请您原谅我有这样的野心），请您准予我去完成那个皇帝未了的心愿。

图拉真皇帝给普林尼的信

看了你建议开通湖泊与大海之间连接的方案，或许我可以答应你的请求。但是你必须仔细检查湖泊的贮水量，还有湖水将引向何处；如果湖水流向大海，湖泊可能会被排空。你可以向卡尔普尔尼乌斯·马瑟申请一名工程师，我也将派一些在这方面有经验的人给你。

致图拉真皇帝

在检查拜占庭的公共开支的时候，陛下，我被告知，指定的大使每年都会通过元老院颁布法令向您表达他们最真挚的敬意，为此政府将支付给他们共计1.2万赛斯特斯的费用。考虑到您的宗旨，我认为在元老院向您寄送法令的时候，如果没有大使在场，这样就可以缩减开支，我相信这样的做法是正确的。同样地，这个城市被控将数额为3 000赛斯特斯的费用支付给那些使节，他们每年被派往默西亚给地方长官献上贺词——这笔费用我认为也是浪费。陛下，我请求您告诉我您是否同意我的想法。

① 罗马的1腕尺大约相当于现在的0.137米。

图拉真皇帝给普林尼的信

我亲爱的塞古都斯，我完全同意你免除拜占庭用于支付给我送达祝福的大使1.2万赛斯特斯的做法。通过你的信我了解到元老院的做法，我也将考虑他们的职责并酌情支付。当然，默西亚的行政长官在使节们恭维他的时候也要降低开支、酌情支付。

致图拉真皇帝

陛下，我请求您消除我已处理过的那些证书[①]的疑虑，请您考虑使到期的那些证书继续有效是否是合适的？如果有效，有效期又有多长？我现在所焦虑的是我不知道是确定那些证书是非法的，还是终止那些证书的效力。

图拉真皇帝给普林尼的信

已到期的证书是绝对不能再使用了，这是神圣不可侵犯的规定。鉴于此，在他们的证书到期之前，我已下令把一批新的证书运送到各个省里。

致图拉真皇帝

陛下，我打算到阿帕米亚[②]去检查他们的公共开支、税收和其他花费。他们告诉我他们很乐意接受检查。但是到目前为止还没有一个地方总督去查过他们，在行政事务处理中他们享有拒绝的特权（而且是从古至今）。我让他们起草这份他们愿意接受检查的宣言，并将它准确无误地传送给您——虽然我知道它包含了很多与之无关的问题。我请求您给我指明处理该事件的方向。不管这件事是超出了我的职权范围还是我没有尽责，我都应该深表歉意。

---

① 这里的证书是指一些特殊的城市或个人获得的特权，它表示特权的总类。

② 比提尼亚省的一个城市。

致图拉真皇帝

你所附阿帕米亚人的宣言使我有必要考虑他们所提的前任地方总督为什么没有检查他们的账目，但他们却愿意把账目提交给你检查。他们坦诚的行为值得嘉奖。他们能够在你执行我命令的时候坦然面对你的盘问，所以我应该保留他们现有的特权。

致图拉真皇帝

陛下，在我到达尼科米底亚之前，那里的人已经开始在旧的讨论场所附近修建一座新的讨论场所，在它的拐角处有一座供奉着女神[①]的寺庙，它必须重修或是迁走。其主要原因是，正在修建的建筑物都高过它。当我巡视这座寺庙是否属于神圣不可侵犯的寺庙时，我了解到，他们的供奉仪式跟我们的不一样。因此，陛下，您应该感到欣慰，出于对宗教的尊重，请您考虑是否将这个非神圣（按照我们的礼数）的寺庙迁走。如果有四分之一的人对此没有意见，那么迁走这个寺庙的每一个环节都将变得极其简单。

图拉真皇帝给普林尼的信

我亲爱的塞古都斯，如果形势需要，你可以毫无顾忌地把现有的女神庙迁移到别处去。至于你想让供奉没有困难，一个外邦城市[②]是不可能接纳我们法律所认可的供奉方式的。

致图拉真皇帝

陛下，在您加冕的那天（与您普天同庆），我们隆重庆祝您的登基仪式。恳求神灵赐予您圣体康泰、国运昌盛、江山稳固、基业千秋万代。与

① 该神被称为塞贝乐·雷亚或欧普斯。根据异教的信义，神应该是祖传下来的。

② 外邦城市是罗马皇帝不允许享有法律和特权的城市。

此同时，我站在军队的前面，军民也很积极地跟着我一遍又一遍地宣读我修改过的誓言。

图拉真皇帝给普林尼的信

我亲爱的塞古都斯，你的信非常合我心意，它让我了解到你的热诚和情感，还有人民和军队一起隆重庆祝我登基的情景。

致图拉真皇帝

陛下，基于您的谨慎劝告以及我的细心管理，那些公共债务要么已经缴清了，要么正在被追回，但是我担心那些资金未被有效利用。一方面，这里的人只有一些土地或根本没有机会购买土地；另一方面，他们可以从私人资本募集到钱，所以没有人愿意向政府借钱[①]（尤其是百分之十二的利息）。请您考虑：为了鼓励人们借钱，政府降低利息的做法是否是明智之举？如果那样的计划不成功，那么钱就可以交由十人小分队来管理，他们能让我们放心。尽管他们不是很乐意接受这差事，但随着利率的降低，他们遇到的困难也随之降低了。

图拉真皇帝给普林尼的信

我亲爱的普林尼，我同意你的观点，似乎看起来没有其他的方法比起降低利率更利于出借公款了；你的措施是你要根据数目借款。但是当人们没有做好借款准备或没有任何机会使用款项的时候，强迫人们接受借钱绝不符合我朝公正、严明的制度。

致图拉真皇帝

我由衷感谢您，陛下，在许多我请教您的事件中，您不辞辛劳、谦逊

① 他们没有选择向政府借钱是因为利息的原因，并且政府借钱给个人，个人需提供担保；然而，个人却可以凭借他们的信誉筹到资金。

地为我指明方向——现在我再一次请求您同意我的做法。有人提出要告发他的敌人，就是那个已经被总督维利乌斯·卡尔乌斯流放三年但仍待在该省的人——卡尔乌斯已经取消对他们的判决，并为此颁布了相关的法令。因此，我认为有必要将该事件上报于您。因为我接到您的指示，被我们判处流放的任何人都不能结束他们的流放生涯，因此我没有指示政府的前任官员们宣判流放的那些人能够获得自由。因此，陛下，我有必要请求您告诉我，我应该怎么处理上述的那些在被宣判了永久性驱逐以后，未经许可又回到了该省的人；同样我也把这些案件归入我的卷宗里。一个已经被地方总督朱利叶斯·巴苏斯判处终身流放的人被带到我这儿，但是，众所周知，那是巴苏斯在他执政期间的法令，而且已经被废止了。元老院已经同意：在巴苏斯任职的两年内，所有经他判决有罪的人根据自己的决定随时都可以上诉。我审问这个人是否给总督递交过申诉书，他回答说他没有。我请求您告知我，是将他送回流放，还是对他施以更为严厉的酷刑。将来我可能还会发现跟他有着类似经历的人，我已经在我的信中附上了卡尔乌斯的法令，以及巴苏斯关于上述那些人被取消判决的布告。

图拉真皇帝给普林尼的信

我已从他的法令中知道该申诉缘由。我会让你知道，对于被总督维利乌丝·卡尔乌斯宣判流放三年但不久之后又被他的法令取消流放的那些人，我已有了我的决断。至于那个被朱利叶斯·巴苏斯判处终身流放还继续留在该省的人（尽管他为了申诉用了两年的时间），我本应让他戴上镣铐，然后押送到我的禁卫军长官[1]那儿接受处罚，不料他居然不听命令逃跑了，他将会受到严厉的惩罚。

① 这是奥古斯都设立的执行机构，只有指挥官和护卫队。后来继任的皇帝给他们下放了担当重要领导职位的权力。

致图拉真皇帝

陛下，当我邀请法官们来参加我主持的会议时，哲学家[1]弗拉维乌斯·阿奇普斯宣称他有获得赦免的特权。出席会议的一些人称他不仅可以被他的政府所饶恕，而且他还可以直接推翻法官的判决；有人还说他打碎镣铐逃跑，应将其押回重审。与时同时，地方总督利亚斯·保卢斯宣读了判决，他说阿奇普斯已经被定罪，要被押送到矿山去当锻工。阿奇普斯没有出示任何证据来证明这次判决可以被撤销。不管怎样，他宣称，为了恢复自由，他出示了他递交给图密善的请愿书，连同那个亲王的亲笔信，以及普瑞森司城颁给他的荣誉证。他已经把这些东西附在了他从您那里收到的信件里——布告和一封您的父亲确认他已被图密善认可的信件。尽管本质残酷的罪犯终将受到指控，但在没有事先与您协商前，关于他的这个案子，我认为不宜早下决断，它应该得到您的特批。双方各自的观点，我已经附在这封信里，我把它呈给您批示。

图密善皇帝给泰伦提乌斯·马克西姆斯的信

哲学家弗拉维乌斯·阿奇普斯已说服了我，我下令购买价值60万赛斯特斯、位于他的祖国布鲁阿依斯周边的房产来支持他和他的家庭。照此执行——那笔房产纯属我的个人捐赠。

同时致L. 阿皮乌斯·马克西姆斯

我亲爱的马克西姆斯，我将保护杰出的哲学家阿奇普斯的重任托付于你，他认为他的哲学理念为有道德的人所接受。我希望无论他在任何时候提出合理的请求，你都能全力以赴帮助他。

---

① 做为皇家的哲学家，他可以免除一切公共义务。

涅尔瓦皇帝的公告

某些时候，毫无疑问，关于让百姓安居乐业，幸福美满的旨意是我所下达的—— 一个好的亲王不需要在他所想的事情上明确表态，只能意会，不能言传。帝国的所有人都将见证我为了保家卫国而不辞辛苦地工作；以及有幸给已经被我们前辈所赐予特权的人发放我的赠款。但我担心他[①]所授予那些人的津贴，一旦被胆怯的人领取，则我们有必要立即中止此善举。我认为事实上有必要排除那些已经被他们确认有嫌疑的人，但我不希望任何一个从先皇那儿获得政府特权的人想象他被我剥夺了这种仅仅可以让他恢复自由的权力；也不是要所有已经被他们确认得到帝国特权的人都向我递交请愿书。在他们纯粹是在没有获得赠款的情况下向我请愿时，我倒不如从容地发放新的赠款给他们，以便我把精力放在致力于帝国欣欣向荣的方面。

同时致图里乌斯·居斯图斯

既然我已经公开颁布前任统治者所下发的所有法令，并且它们都被认可，那么图密善的信必然有效力。

致图拉真皇帝

弗拉维乌斯·阿奇普斯已请我代他向您呈递所有歌颂您成功和不朽功绩的请愿书。我没有拒绝他的这种要求。然而，我也让女原告了解了我的意图，她向我递交了一份抗议书。我把它们附在了这封信里——这封信能让您可以更好地做出决断。

图拉真皇帝给普林尼的信

当图密善皇帝写这封信的时候，他可能忽略了哲学家阿奇普斯的信誉情况。可是，我倒乐意猜测那个亲王正打算恢复此人原来的地位——尤其

① 指图密善。

是自从他收到先皇颁布赐与他勋章的法令起，地方总督保卢斯就不能忽略对他的审判意见。但是，我亲爱的普林尼，我不是要寻私，如果有新的指控指向他，你应该尽量少提审原告。我已经阅读了女原告富丽娅·普瑞玛的抗议书，还有上一次你寄给我的阿奇普斯的请愿书。

致图拉真皇帝

陛下，您焦虑的是：如果经河流打开湖泊与海洋之间的连接，那么湖泊的水将会流干，这是很冒险的事。你的谨慎和远见在所有帝王中是最突出的——我认为我已经找到了排除困难的方法。也许我们可以在湖泊和河流之间开凿一条不完全将它们接通的河渠，在它们之间留出一条窄地以保护湖泊。通过这种方式，它不仅可以将河水分流，而且当它们交汇的时候也能达到同样的目的——它将更利于通过运河将各种类型的货品从地处中间位置的群山峻岭中运送出去。如果有必要，那么该方案也许可以实施；但是，我认为这里没必要使用该方案。首先，湖泊本身非常深；其次，筑坝将河流的水往两边分流，改变它的流经方向，这样可以储存同等位的水量，此方案最为有利。我计划在河渠附近开凿一些小溪，如果可以巧妙地将小溪的水引入湖泊，那么湖泊排了多少水就可以补充多少水。但如果您宁愿让河渠延伸至更远处或开凿更窄的河渠，那么湖水将不会汇入河流，在退潮的时候它会直接注入海洋。如果您不认可这些方案，那么水在流经的过程中将会被闸门阻碍。不管怎样，这些情况和其他很多的细节，工程师将会更加仔细地检查。陛下，它的确是值得您关注和费心的一项工程。在此期间，我已遵照您的命令，写信给杰出的卡尔普尔尼乌斯·马瑟，让他为我指派一名技术娴熟的工程师。

图拉真皇帝给普林尼的信

我亲爱的塞古都斯，很明显在解决湖泊的问题上，你表现得既不精明，也不细心。至此以来，为了提高收益，你已经提出很多个方案来解决湖泊排水时带来的危险。我把问题留给你，就是想让你思考哪一种方案是最可行的。无疑的，卡尔普尔尼乌斯·马瑟会给你提供一名你需要的工程师。

致图拉真皇帝

陛下，这儿有一个值得深思的问题：全省近来都已经开始关注被遗弃的孩子的社会地位[①]和生存问题。我查阅了前任亲王法典，不管是普通的还是特别的，我都没有找到任何与比提尼亚人有关的法律条款。我认为有必要得到您的指示——在这个问题上需要您的权力进行特别干预，我不满意自己遵循旧章的做法。我阅读了奥古斯都皇帝关于安尼娜的法令、维斯帕先（罗马皇帝）给兰史丹蒙那人的一封信、提图斯皇帝（罗马皇帝）给希腊人的信，还有一些来自图密善的信件。这些信件都是写给地方总督阿维迪尤斯·尼格里努斯和阿米尼乌斯·博克胡斯的，连同那个王子给兰史丹蒙那人的信。但是我并没有将它们转给您，因为它们是错误的（有一些也缺乏真实性），而且我想正本已被您存档了。

图拉真皇帝给普林尼的信

涉及儿童（虽然出身自由人家庭，但又以奴隶的身份接受教育）被他们的父母所遗弃、后来被其他人收养的问题，已经被频繁地讨论过。但是我在全省的亲王法典里都没有找到任何相关的法律条款。的确，应该留意图密善给阿维尤迪斯·尼格里努斯和阿米尼乌斯·博克胡斯的信件，但是他们提到比提尼亚人不包含在该省的法律里。因此，我的意见是，在这种基础上，他们主张有自由权的要求应该被允许——不能强迫他们用为了生计[②]而贷的款来购买他们的自由。

---

① 意思是他们是否应该被认定为自由民或奴隶。

② 这是图拉真皇帝的决定，这将影响人们收养这些被遗弃的孩子的积极性。当孩子长大，他们的养父母不能要求他们赔付养育费用，这似乎是很残酷的事。这个问题在继任的皇帝的法律判决里被忽视了。

致图拉真皇帝

一部分人请愿赐予他们迁移已故亲人的遗骸（遵循上任总督的习惯）的自由，因为他们祖先的墓碑不是因时间太久腐烂，就是被洪水所损坏，或者由于各种类型的缘由遭到破坏。陛下，我知道在罗马此类事件由祭司处负责，我向您咨询，请您下达至高无上的指示——我应该如何处理这事。

图拉真皇帝给普林尼的信

每当平民有理由要迁移他们祖先遗骸的时候，强迫他们去祭司处咨询是件很困难的事。因此，照此看，你效仿你的前任总督们可能会更好。同意还是拒绝他们这种自由，您自己斟酌。

致图拉真皇帝

陛下，我得知在鲁萨您已许可在那座城市修建一座浴池，而且是在我认为比较令人满意的地方。我曾经说过，以前在这个地方耸立着一座非常漂亮的大厦，但现在它已完全变成废墟了。通过注视那个地方，我们可以看到曾经辉煌的城市的某一部分现在已破败不堪了。我们可以在扩建的同时，无须移除其它的建筑物；我们只需修复下陷的部分。我应该告诉您关于这个建筑物的一些情况。克劳迪乌斯·波里安尤斯曾把它献给克劳迪亚斯·恺撒皇帝。据说他为那个亲王修建了一座寺庙，附带有柱廊的庭院，其余的房屋被用作公寓。它曾被租赁了相当长的时间；但一部分已经被掠夺一空，另一部分无人看管，整个房屋、庭院的廊柱及其他东西已完全被摧毁，这里除了剩下空地几乎什么都没有了。陛下，如果您觉得合适，要么将这块地捐赠或者出售给这个城市，大大方方地赠予他们，他们收到的将是您最大的恩赐。我希望得到您的许可，在空置的地方修建一个浴室，将范围延伸至大厦的廊柱的位置。我打算把新的建筑物献给您，将它献给您会提升它的高贵典雅和富丽堂皇。我曾递交过一份意愿书给您（尽管那是错误的），但是您已了解到波里安尤丝所留下的点缀这处房产的很多装饰物也全部丢失了——不管怎样，我将要做的就是严厉地审查此事。

图拉真皇帝给普林尼的信

我对你提到的利用普瑞森司未被租用的荒废的庭院和住宅来建一座浴室的提议并无异议。但是你的信不能足够表明庭院廊柱中心的寺庙是否真的献给了克劳迪亚斯；如果是，那么它仍然是神圣的土地。

致图拉真皇帝

根据图密善给米修维斯·鲁弗斯和前任总督的布告，我已经加快了对那些宣称与生俱有自由权的人的审问步伐。就这个案子涉及的法令，我把目光投向元老院，我发现它仅仅只提到了省总督的职权。因此，陛下，在我收到您的指令前，我推迟了对该事件的干预。

图拉真皇帝给普林尼的信

只有你将你存在疑虑的元老院的法令寄给我，我才能判断你去审问那些宣称与生俱有自由权的人是否合适。

致图拉真皇帝

陛下，您对来自庞图斯[①]的朱利叶斯·拉尔古斯（一个我从来没有见过，直到最近才听说他名字的人）的私下评论让我相信他对您的忠心。基于对我的信任，根据他的遗嘱，他把他的房产赠送给我。首先我获得了1.5万赛斯特斯，其余的款项用于造福赫拉克勒亚和提欧斯[②]城，要么以您的名义修建一些公共设施，要么修建竞技比赛场所。这个比赛每五年举办一次，也被称作图拉真比赛。我请您作出指示，我应该如何做决策。

① 亚洲的一个省，以黑海为界。古代地理学家认为它是比提尼亚的一个省。

② 靠近黑海或欧克辛思海的本都的一个城市。

图拉真皇帝给普林尼的信

朱利叶斯·拉尔古斯把你想象成极好的人选，选择你作为他的委托人是谨慎的，其实他更希望这个城市的人们将他铭记于心，你可以根据该城市的情况做出正确的选择。

致图拉真皇帝

陛下，基于您的深谋远虑，您下令卡尔普尔尼乌斯·马瑟派军团的百夫长到拜占庭的做法是让人心悦诚服的。您将考虑的是朱利波利斯城[①]有没有得到同等待遇，尽管它是一座小城，却背负着重担，因此实际上它抵御伤害的能力很弱。不管您赐予这个城市什么样的福利，实际上它都有利于整个国家，毕竟它位于比提尼亚的入口，所有要进入这个省的人都会经过此城市。

图拉真皇帝给普林尼的信

拜占庭的情况是这样的：陌生人云集于此，我认为维持它的原有风俗不变是我们义不容辞的责任，派出那个百夫队长是为了捍卫那个地区的特权。但如果我们以同样的方式对待朱利波利斯城，那么它将援引很多其他城市的先例，并为他们增加一定比例的兵力。不管怎样，就你的管理而言我非常有信心，相信你将保护他们不受伤害。如果有人违反了我的法律，立马纠正他们；但如果发生在士兵以及罪犯身上，就应该立即受到惩罚，我应该把他们连同已被你判定为行为不端的人的忏悔书送到他们的长官那儿；但如果在去往罗马的路上有失职者，请书信告知我。

致图拉真皇帝

陛下，这是庞培[②]将军就比提尼亚人颁布的法律：在30岁以前，没有人

① 戈尔迪乌姆，佛吉利亚的旧首都，后来在奥古斯都皇帝统治的时候被命名为朱莉波利斯。

② 伟大的庞培将军已经使米达里特斯归顺，这样一来罗马帝国的版图就扩大了。他给新征服的省颁布了一些法律，其中包括提到的省。

有资格成为地方官，或是被选入元老院。同样的法律宣布那些有职位的地方官有资格成为元老院的成员。继这个法律之后，奥古斯都下诏，规定年龄在22岁的人应该能够胜任地方官。是否那些30岁以下的有职权的地方官也能合法地被监察官[①]选入元老院呢？如果是这样，是否可以理解成同等年纪的他们可以有资格成为地方官和参选议员（尽管他们没有职位）？按照惯例，至今了解到，那些贵族出身的人比起平民更易被元老院录用。我相信，庞培将军的法律和奥古斯都的法令都会使那些拥有行政职位的人在30岁前可能被元老院录用；为此，法令允许人们在30岁以前担任地方官，法律宣布那些已经是地方官的人有资格进入元老院（尽管他们受年龄限制）。因此，陛下，我有一些疑问，请您给以批示。我已将庞培律法同奥古斯都的法令附在了信里。

图拉真皇帝给普林尼的信

我亲爱的塞古都斯，我同意你的看法。庞培律法已经被奥古斯都皇帝下令废止了。那些年龄不低于22岁的人可以进入地方行政部门任职，也可以进入各自城市的元老院。但是我认为那些年龄不足30岁的人，当他们不能履行地方文职官员职务时，虽然就年龄而言他们可以任职，但依法律，他们还不能被选入元老院。

致图拉真皇帝

陛下，当我在位于奥林匹斯山脚下的鲁萨城的公寓派遣公共事务时，我打算同一天离开那座城市。这时地方官阿德皮德斯告诉我欧摩尔波斯向我提交了对科切亚努斯·迪奥在元老院所做的提议的上诉。迪奥似乎已被任命为公共建筑的监管人，他希望在形式上把工程分派给市政组织。欧摩尔波斯是弗拉维乌斯·阿奇普斯的法律顾问，在工程被分配给市政之前，

① 有选举权的参议员最初并不是监察官，西塞罗在某些地方称他们为城市监管纪律和行为的人。随着时间的推移，他们拥有的特权就是授予人们荣誉。

他坚持要求迪奥首先应该递交与该项目相关的账本，要求他不能有任何行动。然而，迪奥却在这幢建筑里增建了您的雕像，还存放迪奥的妻子及儿子的尸体，然后他怂恿我在公共法庭审理该案。我同意了他的要求，并推迟了我的行程。他渴望用一天时间准备审讯事宜，而且我也想让其他城市效仿这种做法。我指定在尼西城审判此事；当我坐下的时候，欧摩尔波斯假装还没有准备好呈词，审判又一次被推迟——但迪奥坚持应该听审。他们争论的观点都非常明确，哪怕该案件中很小的细节也不放过。当休庭的时候，我认为应该借鉴您以前就这种类似案例所做的判决，我让他们出示他们各自辩解的文章；我希望您根据他们在陈词里出现的漏洞做出判断。迪奥表示遵守该指示。欧摩尔波斯说他要草拟一份抗议书，还说他作为阿奇普斯的法律顾问对此事表示担心。他把阿奇普斯的委托书摆在我面前。关于阿奇普斯的墓地，他没有付费。在鲁萨，欧摩尔波斯为阿奇普斯出主意，它让我确信他要以正式形式提出控告。但欧摩尔波斯和阿奇普斯（尽管我已经等很多天了）都还未履行他们的承诺——迪奥的确已经做到了，我已将他的请愿书附在这封信里。我已检查过正在讨论的建筑，发现您的雕像被放置在图书馆；关于大厦里存放着迪奥的妻子和儿子尸体的说法，实际上它们存放在法庭中部紧靠柱廊的位置。因此陛下，我请求您，下旨处理上诉人的决定。实际上值得我们留意和定要留意的一点是：后来真相不仅浮出水面，而且有很多判例支持。

图拉真皇帝给普林尼的信

我亲爱的塞古都斯，你应该知道，我坚持的原则是：通过分析每个轻微的犯罪行为，不使用残暴凶狠的措施来使人们对我畏怯；因此，你没有理由在是否应该跟我商量这点上有片刻犹豫（因此，没有深入问题的核心，我也绝不会关注，尽管有很多类似的案例）。我建议你仔细检查迪奥已完成的公共建筑的账本，这是为了城市的利益；看样子，迪奥应该不会拒绝接受检查。

致图拉真皇帝

陛下，尼西安斯人交给我一封他们团体的联名信，请求凭借我对您的忠诚帮他们递上请愿书（应该是一个最神圣的请求）。我不认为我可以随便拒绝他们的请求，因此我已将它附到了该信中。

图拉真皇帝给普林尼的信

通过奥古斯都颁布的法令，我了解到尼西安斯人索要生前未立遗嘱的公民的房产的权利。因此，你应该召集几个跟此事有关的当事人，审查他们的理由，协助行政长官韦迪乌丝·杰米里尤丝和伊皮马楚斯（我的自由民有充分的论据辩驳他们的要求）确保公正处理此事。

致图拉真皇帝

陛下，我希望每逢您的生日，我都能被邀请。在此向您献上衷心的祝福，祝您万寿无疆、世代繁荣，我定将您的不朽功绩写入诗篇中。

图拉真皇帝给普林尼的信

我亲爱的塞古都斯，在国家走向繁荣的过程中，你祝福我享受快乐的生日，我感到很欣慰。

致图拉真皇帝

陛下，斯洛普的居民供水严重不足，然而，也许我们可以从对岸方圆六十英里[①]的地方引来大量理想的饮用水。的确，靠近水源一英里外的地面疑似沼泽地；以最省钱的方式，我已下令检查了它的地质结构是否足以坚固到可以支撑起任何建筑物。为了这个目的，我已谨慎地提供了充足的资金。陛下，如果您批准，这项工程有利于这个因缺水而万分痛苦的殖民

① 此处英文原书写作miles。查尔斯·艾略特收录的这部作品是一本英译本，英译本的翻译者在翻译的过程中，将此处的罗马计量单位换算为当时西方世界通行的计量单位。——编辑注

地人民的健康和幸福。

图拉真皇帝给普林尼的信

我亲爱的塞古都斯，我要你仔细检查你所怀疑的地面是否坚固到足以支撑水渠。我对应该给殖民地斯洛普供水无异议，提供给他们此项工程足够的资金有利于他们的健康和幸福。

致图拉真皇帝

您同意自由联盟城市阿米尼森[①]享有自己法律的特权。一封关于设立慈善机构的请愿书在此递交给您，我已附到这封信里。陛下，请您考虑，这样的机构在哪种情况下才能被批准或被禁止。

图拉真皇帝给普林尼的信

阿米尼森城的请愿书你已经转交给我，就设立慈善机构而言，我同意他们的法律，凭借联盟条约他们应该享受权利，对此我不会反对（尤其是如果他们出资雇用的不是发动暴动和宗派斗争的人，而是为了扶贫的话）。不管怎样，在受我们的法律管控的其他城市，我会禁止这类性质的集会。

致图拉真皇帝

陛下，苏维托尼乌斯·特拉奎路斯是一个优秀、值得尊敬和值得学习的人。我对他的品位和性格非常满意。我很久以前请他到我家做客，他成了我的常客和我佣人的朋友；我对他的喜爱多过于我对他的了解。这使我有必要依照法律规定把那些养育三个孩子的人享有的特权[②]授予给他——我的意思是请您恩赐这位经历失败婚姻的朋友，上天没有给这位朋友恩惠，他希望通过我说情而获得您的怜爱。陛下，我完全明白我所请求的特权的价值；但我

---

① 本都省的雅典殖民地的一个城镇。

② 这部法律是鼓励婚姻的，法律处罚那些自称有能力继承遗产但又独自生活的单身汉；同样地，如果已经结婚的人没有孩子，他们也不能从国家获得经济补偿。

也知道，和蔼的您一定会答应我的请求。目前我是非常想做好这件事情，您将在我不在的时候做出判断，我相信您将会答应我这个额外的请求。

图拉真皇帝给普林尼的信

我亲爱的塞古都斯，你显得很不明智，你让我如何授予他人请求的那种特权？元老院宣布我已不能再下令超出名额了。但无论如何，对于你的要求我妥协了，我已下旨给特拉奎路斯特权了。在一般情况下，我都会依法赐予那些养育三个孩子的人以特权。

致图拉真皇帝[①]

陛下，我把所有让我感到困惑的事提交于您决断，它是我不变的法则。有谁会比您更能消除我的顾虑和无知呢？我还未出席过任何有关基督教徒的审判，我也不知道该怎么审查他们。我不仅不了解他们的犯罪性质，甚至对他们应采取什么样的措施也不清楚：是否区分年龄，或者根本不区分年轻人和成年人？是否他们的忏悔可以让他们获得宽恕的权利，或者如果一个人一旦成为基督教徒，他的忏悔是无用的？从未参与过任何犯罪行为的人，只表白他会信基督教，又或者表白信奉基督教，是否就是犯罪，就应该受惩罚？我对以上所有的问题都存在着极大的疑虑。同时，在审问带到面前的基督教徒的时候，我遵循这样的方式：我问他们是否是基督教徒，如果他们承认，我就再问他们一遍，并且用惩罚威胁他们。如果他们顽固不化，我命令他们立即接受惩罚。可还有一些被带到我面前的罗马公民[②]，他们对基督教处于痴迷状态，我决定把他

① 这封信被认为是唯一的真正关于基督教的不朽作品，涉及传道者传道的时代。这封信写于圣保罗死后40年左右，它被基督教徒保留下来作为他们教义的纯洁性的有力证据。在早期教会作者反对他们的对手的诽谤时，这封信的内容经常被提及。

② 罗马帝国的公民受西普利法律保护，这是他们享有的特权。法律规定，可以根据人民的意愿来判定一个人是否有罪（好像到目前为止这条规定仍然有效）。在这里所指的是，有必要把这些罗马人押送到罗马城去接受审判。

们送到罗马去。一旦他们受到起诉，犯同类罪行的人数就增加了。在我面前摆着一封匿名信，信中指控多名人员。我审问他们时，他们否认他们是基督教徒。他们在您的雕像前摆上供宗教仪式用的酒和香烛（把您的雕像和所有的神灵放在一起），他们跟着我向神祷告，基至叫着基督的名字辱骂他。据说真正的基督教徒是不会被强迫去顺从的，因此我认为放走他们是很合理的。在这些人中，有些人已被证人指控；他们最初承认是基督教徒，但之后又立即否认了；其余的人承认他们之前确是基督教成员，但现在早已结束他们的错误。他们把您的雕像当作神一样崇拜，发出诅咒基督的声音，他们承认了全部的罪行或错误，这些错误起源于：在约定的一天，天亮以前，他们聚在一起，以写信的形式向基督祷告。这个神用庄严的宣誓形式捆绑他们，目的是让他们不再做任何邪恶的事情，让他们绝对不会犯诈骗、盗窃或是通奸罪，永远不说假话。当他们被要求去传道时，他们被要求彼此互相信任。在这之后他们就各走各的了，不久又聚在一起，共同享受一顿饭菜（这是他们的规定）。不管怎样，接到您颁布的命令后，我禁止了所有的聚会，发布命令禁止这样的仪式。在收到这些供词后，我断定更有必要竭力揭示事情的真相，我让人拷问了两名女奴隶，她们供认是她们主持了宗教仪式，但我发现这些证据都是荒谬和极为迷信的。因此，为了请示您，我认为推迟审判是最有利的。这好像是值得您高度重视的事情，特别是许多人已经卷入了被起诉的危险中，而且范围还在不断扩大，涉及各个阶层和年龄的人，不分男女。实际上这种迷信不仅在城市蔓延，而且已经蔓延到与城市相邻的村庄和其他国家。然而，我们仍然可以抑制它发展的步伐，至少人们又开始频繁出入那些已被遗弃的寺庙，长时间中断的祭神仪式又开始恢复。虽然我对这些受害人提出了要求，但最近又发现了极少数几个迷信者。从这里可以很容易判断，大赦那些愿意忏悔错误的人们的话，就会有大量的人可以被改造。

图拉真皇帝给普林尼的信

我亲爱的塞古都斯，你已用了正确的方法审问那些被带到你面前的基督教徒。对待这种案例不可能使用一般规则，请勿脱离你的方法去搜寻他们。如果他们的罪行已经被证实，他们应该被带到你面前，他们必须接受惩罚；不管怎样，要限制他们集会；否认是基督教徒的人，须提供他不是基督教徒的证据，让他（尽管之前没有任何嫌疑）请求我们的神饶恕他。匿名信针对的人不应该受到任何类型的起诉；一旦开了这样的先河，这对人们来说是非常危险的态势，而且它与我们这个时代的精神不符。

致图拉真皇帝

陛下，高雅和美丽的城市阿玛斯特里斯[①]，在其主体建筑之间有一条狭小的街道，水流经过此处，但它实际上是肮脏的公共下水道，看着极其不顺眼，同时散发出难闻而又非常有害的气味。因此，为了城市的健康和体面，将它遮盖起来是非常有利的。这一切需要得到您的批准，我会小心翼翼地去做，我会筹集足够的资金来执行这项高贵而必要的工作。

图拉真皇帝给普林尼的信

我亲爱的塞古都斯，你的想法是极其合理的，水横穿阿玛斯特里斯城是非常有害的。为了居民的健康，那条水道应该被遮盖起来。对于你的请求，我将保证以足够的资金来做好此事。

致图拉真皇帝

陛下，我们怀着喜悦之情，像往常一样庆祝并公开献上本年度更新了的誓词。我们恳求神灵保佑您江山长存及共和国繁荣昌盛、国泰民安、风调雨顺，尤其是您对神的虔诚和敬畏，理应得到神的庇护，您受之无愧。

---

① 位于帕夫拉戈尼亚的海岸。

图拉真皇帝给普林尼的信

我从你的信中我看到军民都一致地附议你，那些你修改过的誓言（让神灵保佑我江山长存和繁华昌盛）是振奋人心的。

致图拉真皇帝

在您继位之日，我们应该用最大的热忱庆祝您的登基。这是一次非常愉快的继位，它把保护人类的重担交给您，在神灵面前，您宣誓接管帝国，接受来自您臣民的效忠宣言和祝贺。

图拉真皇帝给普林尼的信

从你的信里，我十分乐意得知你们的做法，站在最前面的军民都兴高采烈地隆重庆贺我的加冕仪式。

致图拉真皇帝

陛下，瓦列里乌斯·珀利努斯已经将他的自由人的任免权转让给我，我请求您赐予他们中的三位罗马以自由人的身份。希望您对所有人都格外施恩——但我害怕您觉得我是得寸进尺，在这种情况下我应该更谨慎行事——我对如下三人提出这种请求：C. 瓦列里乌斯·阿斯如斯、C. 瓦列里乌斯·狄奥尼修斯和C. 瓦列里乌斯·阿皮尔。

图拉真皇帝给普林尼的信

你恳求我赐予信赖你的瓦列里乌斯·珀利努斯以自由人的特权的行为证明你的胸怀是宽广的。我已相应地授予你在信上所要求的他的自由民获得罗马市民权，而且为他们办理了证书。无论何时你提出请求，我都做好了授予其他人同等权利的准备。

致图拉真皇帝

陛下，第六骑手军团的百夫长阿提尤丝·阿库尤拉，要求我向您递交优待他女儿的请愿书。我认为拒绝他的这种请求是不厚道的，因为我知道您对待士兵的请愿书是很有耐心的，您对他们充满了关爱。

图拉真皇帝给普林尼的信

我已阅读你上呈给我的第六骑手军团百夫长阿提尤丝·阿库尤拉的请愿书，我答应了他的请求，我已授予他的女儿罗马市民权，同时我寄给你证书，请你转交给他。

致图拉真皇帝

陛下，关于收回比提尼亚和本都债务之事，我请求您的指示——要么出租，要么变卖商品，要么基于其他考虑。我发现比起其他的债权人，他们有特权让地方总督做出让步。这个惯例好像被法律确定了似的。我想请您谨慎考虑是否有必要颁布某种成文法，以此来确保他们的权利。对于其他人颁布的法令，无论颁布时显得多么明智，它们都是软弱无力的临时法令，除非您运用您的权力对它们加以确认和裁定。

图拉真皇帝给普林尼的信

本都或比提尼亚提出收回债务的权利问题，由于他们属于不同的团体，这就取决于他们各自的法律。必须确保他们比其他债权人享有特权。但是如果特权盛行（不是我对私有财产有偏见），我就不应该设立这样的制度。

致图拉真皇帝

陛下，萨姆松城的财务官当着我面儿反对20多年前公众赠送给朱利叶斯·庇索四万便士[①]之事，此事曾经得到城市集会和总理事会的一致通

① 古罗马货币。

过。他说，基于您的法令，这种类型的赠送是被禁止的。另一方面，庇索宣称，他已经将大量的资金回馈社会，他坚称岁月的进程阻碍了捐赠行为，他不应该被强迫以牺牲他最后的财产来偿还很久以前他得到的捐赠（此捐赠用于回报他对这个城市的贡献）。为此，陛下，我认为有必要在收到您的指令前推迟对此事的裁断。

图拉真皇帝给普林尼的信

尽管通过我的法令我已经规定不能用公众资金发送赏赐，然而，无数人希望确保他们的财产不会失去，因此不应该对很久以前的捐赠行为提出异议或将其取消。因此，我们将不会调查20多年前的这件事。因为我既要留意保护公共财富，也要确保个人财产的安全。

致图拉真皇帝

陛下，在本都和比提尼亚遵循的庞培律法没有为那些被监察官选入元老院的人指明需要交多少费用才能允许进入元老院。不管怎样，按照您所授予的一些特殊城市的特权，元老院可以接收他们为合法成员，这类成员被允许参加集会——他们需为自己的当选支付1 000或2 000便士[①]。在这之后，地方总督阿里尤丝·马克西姆斯规定（尽管他的法令与极少的城市有关）那些已被监察官选定的人因地域的不同也需要在国库存入一定数额的资金。因此，您将考虑的是，对于被选进委员会的成员，他们支付一定的入会费是否适当；它将成为您所颁布的法令中永恒的准则。

图拉真皇帝给普林尼的信

我不能给你指明适用于比提尼亚所有城市的大体方法，对于被选入各自理事会的成员，不管怎样，他们需要支付荣誉费才能入会。我认为较可靠的方法是遵循各自城市的特别法；我也认为相比其他候选人，监察官应

① 古罗马货币。

该让那些被选入元老院的人少交一部分钱。

致图拉真皇帝的信

陛下，庞培律法允许比提尼亚人把他们各自城市的自由权给他们认为合适的人——只要他不是外国人，而是这个省的城市的本地人就行。同样的法令规定，由于特殊原因，监察官可以开除元老院的任何成员，但是没有提到外国人。因此，监察官希望我决定，如果他们碰巧遇到外国身份的元老院成员，他们是否应该开除这个成员。但是我认为在该问题上有必要获得您的指示；不仅是因为法律禁止外国人被认可为市民——当然法律也没有指明外国身份的参议员会被开除——而且我了解到在这个省的每个城市有许多参议员都是外国人。因此，这个应该被执行的法律条款好像已经被习惯所代替了，很多城市及个人都因它而受到伤害。我已将这条法律的标题附到了我的信里。

图拉真皇帝给普林尼的信

我亲爱的塞古都斯，尽管在相同的省份，当监察官就他们有权把外国公民选入参议院之事请教你时，你对你应怎样回答存有疑惑。一方面是法律权威，另一方面是长期盛行的习俗，它们让你犹豫不决。在这种情况下，最合适的方法是不改变过去存在的事实，而是让那些当选的参议员，无论他们在哪个城市，保留他们的席位（尽管这违反法律）。在未来的选举中必须遵循庞培法的指示，如果让庞培法有溯及力，必将引起社会的混乱。

致图拉真皇帝

这是惯例：这里的人们穿着礼服——刚上任的地方官、市政工程人员、所有元老院成员，还有相当一部分平民，都在隆重庆祝他的婚礼，他分发给每个人一或两便士。我请求您告诉我这场典礼是否合宜，您对此是否赞成。尽管我主张在一些场合（尤其是公共节日），这种聚会应被允许。然而，当聚集了上千人，有时甚至更多人的时候（看来超越了适当的人数），场面可能会发生混乱，何况还有大部分的赠品被赠送。

图拉真皇帝给普林尼的信

你清楚地明白那些受邀的公共聚会已经牵涉到很多人，他们把赠品不仅分给几个熟人，而且还分给集体组织，这可能会导致新的党派形成。我任命你巡视政府职能部门，完全依赖你的谨慎，希望你用合适的方法说服这个省纠正他们的行为并稳定社会秩序。

致图拉真皇帝

在伊瑟拉试[①]比赛中的胜利者，陛下，他们认为自从他们带上胜利的王冠之日起，你为胜利者设立的奖金就该兑现——他们说它根本不关物质利益的问题，也不是他们想要立马衣锦还乡，他们所想的是什么时候他们应得这个荣誉。相反，当我考虑伊瑟拉试比赛的意义时，我强烈地倾向于将奖金颁发安排在他们进城之时。他们同样请愿在比赛场结束时您颁给他们奖金（虽然在此制度建立之前他们是胜利者），他们的要求是合理的，他们声称在这种情况下他们应该获得报酬（因为他们声称自从获胜后他们被剥夺了荣誉）。但我怀疑是否应该承认正在争论的问题——他们在获胜之际没有权利获得报酬。因此，我请求您解释您的捐赠意图，我相信您很乐意在这点上指导我的判断。

图拉真皇帝给普林尼的信

我认为不应该提前把奖金给伊瑟拉试比赛的获胜者——等到他带着他的胜利进入城市之后才颁给他。在修改规则前，我想，将奖品颁发给最终

① 这些比赛被称为Iselastic（这是希腊文），胜利者牵着白色的马，头戴胜利的王冠，被隆重地引导进入各自的城市。他们要通过专门为他们设计的城墙入口；正如希腊历史学家普鲁塔克所评论的，这种仪式宣告这个城市产生了凯旋而归的公民，城墙旁没有防卫。他们每年一次，接受来自公共支出的奖金。

的胜利者应该是适当的。对于竞技选手提出的要求，他们希望竞技比赛出的胜利者应该得到伊瑟拉试奖金；但一旦比赛中止，他们就会被拒绝授予奖金，这对他们是不利的。尽管对比赛规则做了新安排，但在改动之前，他们是不会被要求返还他们已获得的报酬的。

致图拉真皇帝

陛下，至今我从未在任何情况下下令将轻便马车授予任何人（除了与您相关的一些事情）。不管怎样，我发现自己目前有必要打破这个不变的法则。我的妻子收到关于她祖父去世的消息后，盼望火速回家看望她的姑姑。我认为不允许她运用特权使用马车是不厚道的，况且管理马车的负责人也很善解人意，我知道她的孝心之行有赖于您的批准。我是不是有点忘恩负义？——滥用了您对我的信任和恩惠，在未经您同意前，我擅自使用特权让我妻子使用马车（要是等到您的同意可能就太迟了）。

图拉真皇帝给普林尼的信

我亲爱的塞古都斯，我相信你的公正。无疑地，如果你等候我下达你妻子乘坐马车回家的命令，这就无法达成你的意图。她要火速回去看望她的姑姑是正确的，我也会同意你为她的行程使用特权。